suhrkamp taschenbuch 190

Rainer Maria Rilke, geboren am 4. 12. 1875 in Prag, ist am 29. 12. 1926 in Valmont (Schweiz) gestorben.

Die dritte und endgültige Fassung von Rilkes *Cornet* hat in der Ausgabe der Insel-Bücherei, deren Reihe sie 1912 eröffnete, eine weite Verbreitung gefunden. Die ursprüngliche Fassung vom Herbst 1899 und die mittlere Fassung, 1904, blieben hingegen weitgehend unbekannt. In einem Text- und Materialband werden die drei Fassungen nebeneinandergestellt. Eine zweite Abteilung vereinigt alle bis jetzt zugänglichen Briefe Rilkes und seiner Briefpartner, in denen der *Cornet* Erwähnung findet. Diese Briefsammlung gibt vor allem Einblick in die Entstehung der ersten Buchausgabe der Endfassung von 1906, aber auch in die sich wandelnde Einschätzung dieses Jugendwerks durch den Dichter selbst. Die dritte Abteilung bringt die kritische und betrachtende Literatur zum *Cornet*. Bei der Erfassung dieser oft schwer zugänglichen Zeugnisse der Wirkungsgeschichte der *Weise von Liebe und Tod des Cornets Christoph Rilke* ist Vollständigkeit angestrebt. Dabei kommen die zustimmenden wie ablehnenden Meinungen gleichermaßen zu Wort. Eine Bibliographie beschließt den Band.

Die Weise von Liebe und Tod des Cornets Christoph Rilke

Text-Fassungen und Dokumente

Suhrkamp

Bearbeitet und herausgegeben von
Walter Simon

suhrkamp taschenbuch 190
Erste Auflage 1974
© Suhrkamp Verlag Frankfurt am Main 1974
Suhrkamp Taschenbuch Verlag
Die Rechte an den Texten von Rilke
liegen beim Insel Verlag, Frankfurt am Main,
der für diese Ausgabe die Lizenz gab.
Alle Rechte vorbehalten, insbesondere das des
öffentlichen Vortrags, der Übertragung durch
Rundfunk und Fernsehen sowie der
Übersetzung, auch einzelner Teile.
Druck: Nomos Verlagsgesellschaft, Baden-Baden
Printed in Germany
Umschlag nach Entwürfen von
Willy Fleckhaus und Rolf Staudt

5 6 7 8 9 – 90 89 88 87

Inhalt

...die letzte Schönheit, bis zu der ein Ding kommen kann, ist immer sein Tod.

Rudolf Kassner

Aus einer Chronik
Der Cornet
— 1664 —

»Appel Rilke, Herr auf Langenau, Gränitz,
Greußen u.s.f. hat drei Söhne. Der Jüngste,
Otto, tritt in oesterreichische Dienste. Er fällt,
18 Jahre alt, als Cornet in der Compagnie des
Freiherrn von Pirovano gegen die Türken in Un-
garn (1664).«

Dieses ist der Inhalt einer Stelle, welche ich in alten Regesten gefunden habe. Man kann sie so lesen, oder auch auf folgende Art.

I.

Reiten, reiten, reiten durch den Tag, durch die Nacht, durch den Tag. Reiten, reiten, reiten. Und der Muth ist so müde geworden und die Sehnsucht so groß. Es gibt keine Berge mehr, kaum einen Baum. Nichts wagt aufzustehen. Fremde Hütten hocken durstig an versumpften Brunnen. Nirgends ein Thurm. Und immer das gleiche Bild. Man hat zwei Augen zuviel. Nur in der Nacht manchmal glaubt man, den Weg zu kennen. Vielleicht kehren wir nächtens immer wieder das Stück zurück, das wir in der fremden Sonne mühsam gewonnen haben? Es kann sein. Die Sonne ist schwer, wie bei uns tief im Sommer. Aber wir haben im Sommer Abschied genommen. Freilich. Die Kleider der Frauen leuchteten lang aus dem Grün. Und nun reiten wir lang. Es muß also Herbst sein. Wenigstens dort, wo traurige Frauen von uns wissen.

II.

Der von Langenau rückt im Sattel und sagt:
»Herr Marquis«.
Sein Nachbar, der kleine feine Franzose hat erst drei
Tage lang gesprochen und gelacht. Jetzt weiß er nichts
mehr. Er ist wie ein Kind, das schlafen möchte. Staub
bleibt auf seinem feinen weißen Spitzenkragen liegen;
er merkt es nicht. Er wird langsam welk in seinem
sammtenen Sattel.
Aber der von Langenau lächelt und sagt:
»Ihr habt seltsame Augen, Herr Marquis. Gewiß seht
Ihr Eurer Mutter ähnlich —«
Da blüht der Kleine noch einmal auf, und stäubt seinen
Kragen ab und ist wie neu.

III.

Dann erzählt Jemand von seiner Mutter. Ein Deutscher offenbar; laut und langsam setzt er seine Worte
wie ein Mädchen, das ein Kränzel bindet, sinnend die
Blumen probt und noch nicht weiß, was aus dem ganzen wird: so fügt er seine Worte. Zu Lust, zu Leide?
Alle lauschen, sogar das Spucken hört auf. Denn es sind
lauter Herren, die wissen was sich gehört. Und wer das
Deutsche nicht kann in dem Haufen, der versteht es
aufeinmal ...

IV.

Da sind sie alle einander nah, diese Herren, die aus
Frankreich kommen und aus den Niederlanden und
aus Kärntens Thälern und von den böhmischen Burgen
und vom Kaiser Leopold. Denn was der Eine erzählt,

das haben auch sie erfahren und gerade so. Als ob es nur *eine* Mutter gäbe . . .

V.

So reitet man in den Abend hinein, in irgend einen Abend. Man schweigt wieder aber man hat die lichten Worte mit wie schöne Geschenke. Und da hebt der Marquis den schweren Helm ab. Seine dunklen Haare sind weich und frauenhaft lasten sie auf seinem gesenkten Nacken. Jetzt erkennt auch der von Langenau: Fern ragt etwas in den Glanz hinein, etwas dunkles, schlankes. Eine einsame Säule, halbverfallen. Und wie sie lange vorüber sind, später, fällt ihm ein, daß das eine Madonna war.

VI.

Wachtfeuer. Man sitzt rundherum und wartet. Wartet bis Einer singt. Aber man ist so müd. Das rothe Licht ist schwer. Es liegt auf den staubigen Schuhn. Es kriecht bis an die Kniee, es schaut in die gefalteten Hände hinein. Es hat keine Flügel. Die Gesichter sind dunkel. Dennoch leuchten eine Weile die Augen des kleinen Franzosen mit eigenem Licht. Er hat eine kleine Rose geküßt, und nun darf sie weiterwelken an seiner Brust. Der von Langenau hat es gesehen, weil er nicht schlafen kann. Er denkt: Ich habe keine Rose, keine. Und dann singt er. Das ist ein altes, trauriges Lied, wie es zuhause die Mädchen auf den Feldern singen, im Herbst, wenn die Ernten zuende gehen.

VII.

Sagt der kleine Marquis: »Ihr seid sehr jung, Herr?«
Und der von Langenau in Trauer halb und halb in
Trotz: »Achtzehn!«
Dann schweigen sie.
Später fragt der Franzose: Habt Ihr auch eine Braut
daheim, Herr Ritter?
»Ihr?« gibt der von Langenau zurück.
»Sie ist blond wie Ihr, Herr Ritter –«
Und sie schweigen wieder bis der Deutsche ruft:
»Aber zum Teufel warum sitzt Ihr denn dann im
Sattel und reitet durch dieses giftige Land diesen tür-
kischen Hunden entgegen?«
»Um wiederzukehren« lächelt der Marquis.
Und der von Langenau wird traurig. Er denkt an ein
blondes Mädchen, mit dem er spielte – daheim, wilde
Spiele durch Tag und Tann. Und er möchte nach
Hause, nur für einen Augenblick, nur für solange, als
es braucht, um die Worte zu sagen:
»Magdalena, daß ich immer so war, verzeih!«
Wie – war? denkt der junge Herr.
Und sie sind weit.

VIII.

Einmal am Morgen ist ein Reiter da, und dann ein
zweiter, ganz in Eisen, groß. Dann tausend dahinter:
das Heer. Man muß sich trennen:
»Kehrt glücklich heim, Herr Marquis«.
»Die Maria hat Euch lieb, Herr Ritter«.
Und sie können nicht von einander. Sie sind Freunde
auf einmal, Brüder. Sie haben sich viel zu vertrauen,

denn sie wissen schon so viel Einer vom Andern. Sie
zögern. Und ist Hast und Hufschlag um sie. Da streift
der Marquis den rechten rauhen Handschuh ab und
leise friert seine feine Hand. Er holt die kleine Rose
hervor und nimmt ihr ein Blatt. Das ist, wie wenn man
eine Hostie bricht. »Das wird Euch beschirmen! Lebt
wohl«.
Der von Langenau staunt. Lange schaut er dem Franzosen nach. Dann legt er den fremden Frühling unter
den Waffenrock. Und das Blatt treibt so hin auf den
einsamen Wellen seines Herzens. Hornruf. Er reitet
zum Heer, der Ritter, und lächelt traurig. Ihn schützt
eine fremde Frau.

IX.

Ein Tag durch den Troß. Flüche, Farben und Lachen
– davon blendet das Land. Kommen bunte Buben gelaufen. Raufen und Rufen. Kommen Dirnen mit purpurnen Hüten im fluthenden Haar. Winken. Kommen
Knechte, schwarzeisern wie wandernde Nacht. Packen
die Dirnen heiß, daß ihnen die Kleider zerreißen.
Drücken sie an den Trommelrand. Und von der wilden
Gegenwehr hastiger Hände werden die Trommeln
wach, wie im Traum poltern sie – poltern – Und
Abends halten sie ihm Laternen her – seltsame: Wein,
leuchtend in eisernen Hauben. Wein oder Blut. Wer
kanns unterscheiden?

X.

Endlich vor Spork. Neben seinem Schimmel ragt der
Graf und auch sein langes Haar hat den glatten Glanz

des Eisens. Der von Langenau hat nicht gefragt, er erkennt den General, schwingt sich vom Roß und verneigt sich in einer Wolke Staub. Er bringt ein Schreiben mit, das ihn empfehlen soll beim Grafen. Der aber befiehlt: »Lies mir den Wisch!« Und seine Lippen haben sich kaum gerührt. Er braucht sie auch nicht dazu. Zum Fluchen sind sie grade gut genug. Was drüber hinaus ist, redet die Rechte. Punktum. Und man sieht es ihr an. Der junge Herr ist längst zuende. Er weiß nichtmehr, wo er steht. Der Graf ist vor Allem. Sogar der Himmel ist fort. Da sagt Spork, der große General:

»Cornet«.

Und das ist viel.

XI.

Die Compagnie liegt jenseits der Raab. Der von Langenau reitet hin, allein, allein.

Heißer Abend. Glanz bricht über das Land herein, von allen Seiten zugleich. Die Heide fängt Feuer, als ob sie plötzlich hundert brennende Hände nach dem Himmel streckte. Und der Mond wird rasch reif in dieser Glut. Er rollt aufwärts, ganz groß, ganz roth.

Der von Langenau träumt. Trab, trab.

Es ruft ihn ein Baum.

Ruft, wie wund. Trab, trab.

Ruft. Da wacht er auf und erschrickt: Halt!

Es ruft ihn ein Baum.

Er reitet heran: Ist ein braunes Mädchen daran gebunden, ruft: »Mach mich los!«

Ist ganz nackt das braune Mädchen.

Und ruft: »Mach mich los!«
Und hat die Nacht in den Augen, das braune Mädchen
und den Abend im Nacken, wie einen Mantel.

Heftig durchhaut er die Schnüre, die an den Füßen
zuerst, dann die an den Handgelenken, die warm sind
vom ungeduldigen Blut. Und zum Schluß erlöst er die
Brust. Und fühlt über seine Finger das erste Aufathmen
schlagen, wie eine landende Welle. Und zittert.
Und sitzt schon zu Roß.
Und jagt in die Nacht, allein. Blutige Schnüre fest in
der Faust.

XII.

Der von Langenau schreibt einen Brief ganz in Gedanken. Langsam schreibt er mit großen ernsten Lettern:

»Meine gute Mutter,
sei stolz: Ich trage die Fahne, sei ohne Sorge: ich trage
die Fahne. Hab mich lieb: ich trage die Fahne –«
Dann steckt er den Brief zu sich in den Waffenrock,
an den einsamsten Ort, nachbarlich dem Rosenblatt,
und denkt: er wird bald duften davon und denkt:
vielleicht findet ihn einmal Einer ... denkt; denn der
Feind ist nah.

XIII.

Sie reiten über einen erschlagenen Bauer. Er hat die
Augen weit offen und irgendein fremder, schwerer
Himmel spiegelt sich drin. Später heulen Hunde. Es
kommt also ein Dorf – endlich. Und hinter den Hütten
steigt steinern ein Schloß. Breit hält sich ihnen die

Brücke hin. Groß wird das Thor. Hoch willkommt das Horn. Horch! Hundegebell, Wiehern im Hof und Huf und Ruf.

XIV.

Rast! Gast sein einmal. Nicht immer selbst seine Wünsche bewirten, mit kärglicher Kost. Nicht immer *feindlich* nach Allem fassen, einmal sich Alles geschehen lassen und wissen was geschieht ist gut. Auch der Muth muß einmal sich strecken und sich am Saume seidener Decken in sich selber überschlagen. Nicht immer Soldat sein. Einmal die Locken offen tragen und den weiten offenen Kragen und in seidenen Sesseln sitzen und bis in die Fingerspitzen, so: nach dem Bad sein. Und wieder einmal lernen, was Frauen sind. Und wie die weißen thun und wie die blauen sind, was sie für Hände haben, wie sie ihr Lachen singen, wenn die blonden Knaben die goldenen Schalen bringen, von vielen Früchten schwer.

XV.

Als Mahl beganns. Und ist ein Fest geworden. Man weiß nicht wie. Die hohen Flammen flackten, die Stimmen schwirrten, viele Lieder klirrten aus Glas und Glanz und endlich aus den reifgewordnen Takten entsprang der Tanz. Und alle riß er hin. Und war ein Wellenschlagen in den Sälen, ein Sich-vermischen und ein Sich-vermählen, ein Abschiednehmen und ein Wiederfinden, ein Glanzgenießen und ein Lichterblinden, ein Willigwerden jenen stillern Winden, die wie die Flügel fremder Blüten sind. Aus dunklem Wein und

rothen Rosen rinnt die Stunde rauschend in den Traum
der Nacht.

XVI.

Und Einer steht und staunt in diese Pracht. Und er
ist so geartet, daß er wartet bis er erwacht. Denn nur
im Schlafe schaut man solchen Staat und solche Feste
und solche Frauen. Ihre kleinste Geste ist eine Falte,
fallend in Brocat. Sie bauen ein Lachen auf aus silbernen Gesprächen und manchmal heben sie die Hände so,
und du mußt meinen, daß sie irgendwo hoch in den
Lüften blasse Rosen brächen, die du nicht siehst. Und
da willst du geschmückt sein mit ihnen und anders beglückt sein und dir eine Krone verdienen – weil deine
Stirne so leer ist –

XVII.

Einer, der weiße Seide trägt, erkennt, daß er nicht
erwachen kann; denn er ist wach und verwirrt von der
Wirklichkeit. So flieht er bange in den Traum und
steht im Park, einsam im schwarzen Park. Und das
Fest ist fern. Und das Licht lügt. Und die Nacht ist
nah über ihm und kühl. Und er fragt eine Frau, die
sich zu ihm neigt: »Bist du die Nacht?«
Und sie lacht.
Und da schämt er sich für sein weißes Kleid.
Und möchte weit und allein und in Waffen sein. Ganz
in Waffen.

XVIII.

»Hast du vergessen, daß du mein Page bist für einen

Tag? Was verlässest du mich? Dein weißes Kleid gibt
mir ein Recht –«
»Sehnst du dich nach deinem rauhen Rock?«
Und da friert er so als ob ein Wind oder Winter wäre.
»Hast du Heimweh?« lächelt die Gräfin.

— — —

Aber es ist nur, weil das Kindsein ihm von den Schultern gefallen ist, dieses weichliche warme Kleid. Jemand hat es fortgerissen:
»Du?« fragt er groß mit neuer Stimme und staunt:
»Du«. Und steht da, jünglingsnackt im Gefühl, neu,
schlank.

XIX.

Langsam verlöscht das Schloß. Alle sind müde oder
verliebt oder trunken. Nach so vielen leeren nüchter-
nen Feldnächten: Betten. Breite eichene Betten. Da betet sichs anders als in der schlammigen Furche, unterwegs, die einen immer an das Grab gemahnt. »Herr,
wie du willst!« Kürzer sind die Gebete im Bett. Aber
inniger.

XX.

Sie haben das Licht in die Thurmstube gerettet. In
den Augen haben sie's mitgebracht, in den nichtgesagten Worten, in dem dunkeln Schooß ihrer Sehnsucht.
Und es entfaltet sich jetzt. Sie leuchten sich ins Gesicht
mit ihrem Lächeln. Sie betasten sich wie Blinde, die sich
erkennen; sie packen sich wie Kinder die Angst haben
vor der Nacht. Aber sie fürchten sich nicht. Sie wissen
nichts von Gestern und denken nicht an ein Morgen.

Die Zeit ist eingestürzt. Und sie blühn beide aus den
Trümmern. Sie fragen einander nicht,
weder Er: »Dein Gemahl?«
noch sie »wie heißt du –?«, sie haben sich ja gefunden,
um sich neue Namen zu geben, alle die ihnen einfallen
aus Geschichten, aus Träumen, in hundert Sprachen –

XXI.

Im Vorsaal über einem Stuhl hangt der Waffenrock
und das Bandelier und der Mantel von dem von Langenau. Seine Fahne steht steil, gelehnt an das Fensterkreuz. Sie ist schwarz und schlank. Ein Sturm hetzt
über den Himmel hin, plötzlich. Das Licht zittert vor
ihm. So kommt es, daß die reglose Fahne flatternde
Schatten hat, als ob sie träumte.

XXII.

Es ist eine unruhige Nacht geworden. Die Thüren
schlagen im ganzen Schloß hinter heimlichen Gästen
zu, die durch alle Zimmer gehen. Nur in das Thurmgemach findet Keiner. Die Fahne wacht an der Schwelle.
Wie hinter hundert Thüren ist dieser Schlaf, den zwei
Menschen so gemeinsam haben wie *eine* Mutter, oder
wie *einen* Tod.

XXIII.

Kommt der Morgen *so*? Plötzlich ist Alles hell:
Wände und Waffen, Stimmen und Stirnen, Helme und
Hörner, Lager und Land. Noch wälzt das Schloß den
rothen Gedanken in seinem Hirn, den ungeheuren, der
heimlich reift und die Thore ergreift, bis sie alle
schreien: *Brand!*

Was hilft da verrammeln? Jetzt ist es verrathen. Ganz nahe waren Janitscharen. Thaten! Thaten! Thaten! bedarfs. Schande den Schwachen, die zaghaft erwachen. Schmach! Langsam erlangt der Drachen das Dach, es schwankt: Krachen. Und im Hof erschrockene Hörner stammeln: Sammeln, sammeln, sammeln ...

XXIV.

»Cornet!« Der Cornet fehlt. Zu Pferd! Klirrn! Eile. Schon schwirrn Pfeile her. Hände, Helme, Hörner, Fluch und Spruch. Rufe: »Cornet!« – Hufe.

XXV.

Der Cornet fehlt. Er läuft mit den Gängen um die Wette, mit den fremden brennenden Gängen, immer die Fahne hoch. Endlich überholt er den letzten, athemlos, und bändigt ein Pferd und überhetzt Alles: Licht, Lärm, Land, Leute. Sie erkennen ihn, fern voran, weiß in Seide, helmlos und wie gepanzert in Licht. Er lacht. Da erwacht die Standarte über ihm, hoch im Wind. Wird groß, roth, – roth? Wessen die Farbe? Und sie sehen ihn nicht mehr, ihren Cornet. Sie sehen nur eine brennende Fahne mitten im Feind und jagen ihr nach.

XXVI.

Der Tag kommt viel zu spät. Alle Farben sind schon wach. Und der von Langenau leuchtet ihnen ins Gesicht, den fremden festlichen Farben: »Habt ihr auch Männer mit?« Und lacht. Seine Augen sind voll zum Überfließen von Seide, Geschmeide, Glut und Gold. Der Schrecken umschirmt ihn, und er hat Zeit die bunte Pracht zu schauen unter seiner langsam verlodernden Fahne.

XXVII.

Wie ein Garten ist das, und es ist kein Wind in den Zweigen. Da blitzt ein Yatagan, springt hell wie ein Quell durch die Luft. Und wieder ein Strahl und wieder einer. Und viele flimmernde Fontänen rings in den Gärten. Da lacht der Cornet, die Lippen zum Trinken bereit: Ist das das Leben? Und gibt sich ihm hin.

XXVIII.

Sein Waffenrock ist im Schlosse verbrannt und mit ihm das Rosenblatt der fremden Frau. Den Brief hat keiner gefunden.

Im nächsten Frühjahr, es kam traurig und kalt, ritt ein Courir des. Freiherrn von Pirovano langsam in Langenau ein, mit leeren Händen. Dort hat er eine alte Frau weinen sehen.

XXIX.

Ein riesiger Kürassier (er ist später bei St. Gotthardt gefallen) trug die Gräfin aus dem brennenden Schloß. Wie durch ein Wunder gelang die Flucht. Aber man weiß ihren Namen nicht und nicht den Namen des Sohns, den sie bald in anderen friedsamen Landen gebar.

Die Weise
von Liebe und Tod
des Cornets Otto Rilke

(Geschrieben 1899)

Rainer Maria Rilke

. . . Appel von Rilke, Herr auf
Langenau, Gränitz, Greußen u.s.f.,
hat drei Söhne. Der Jüngste, Otto,
tritt in oesterreichische Dienste.
Er fällt, achtzehn Jahre alt,
als Cornet in der Compagnie des
Freiherrn von Pirovano gegen
die Türken in Ungarn (1664).

I.

Reiten, reiten, reiten, durch den Tag, durch die Nacht, durch den Tag.
Reiten, reiten, reiten.
Und der Mut ist so müde geworden und die Sehnsucht so groß. Es gibt keine Berge mehr, kaum einen Baum. Nichts wagt aufzustehen. Fremde Hütten hocken durstig an versumpften Brunnen. Nirgends ein Turm. Und immer das gleiche Bild. Man hat zwei Augen zuviel. Nur in der Nacht manchmal glaubt man den Weg zu kennen. Vielleicht kehren wir nächtens immer wieder das Stück zurück, das wir in der fremden Sonne mühsam gewonnen haben? Es kann sein. Die Sonne ist schwer, wie bei uns tief im Sommer. Aber wir haben im Sommer Abschied genommen. Die Kleider der Frauen leuchteten lang aus dem Grün. Und nun reiten wir lang. Es muß also Herbst sein. Wenigstens dort, wo traurige Frauen von uns wissen.

II.

Der von Langenau rückt im Sattel und sagt: »Herr Marquis . . .«

Sein Nachbar, der kleine feine Franzose, hat erst drei Tage lang gesprochen und gelacht. Jetzt weiß er nichts mehr. Er ist wie ein Kind, das schlafen möchte. Staub bleibt auf seinem feinen weißen Spitzenkragen liegen; er merkt es nicht. Er wird langsam welk in seinem samtenen Sattel.

Aber der von Langenau lächelt und sagt: »Ihr habt seltsame Augen, Herr Marquis. Gewiß seht Ihr Eurer Mutter ähnlich —«

Da blüht der Kleine noch einmal auf und stäubt seinen Kragen ab und ist wie neu.

III.

Jemand erzählt von seiner Mutter. Ein Deutscher offenbar. Laut und langsam setzt er seine Worte. Wie ein Mädchen, das ein Kränzel bindet, nachdenklich die Blumen probt und noch nicht weiß, was aus dem Ganzen wird —: so fügt er seine Worte. Zu Lust? Zu Leide? Alle lauschen. Sogar das Spucken hört auf. Denn es sind lauter Herren, die wissen, was sich gehört. Und wer das Deutsche nicht kann in dem Haufen, der versteht es auf einmal, fühlt einzelne Worte: »Abends« . . . »Klein war . . .«

IV.

Da sind sie alle einander nah, diese Herren, die aus Frankreich kommen und aus Burgund, aus den Niederlanden, aus Kärntens Tälern, von den böhmischen Bur-

gen und vom Kaiser Leopold. Denn was der Eine erzählt, das haben auch sie erfahren und gerade so. Als
ob es nur *eine* Mutter gäbe ...

V.

So reitet man in den Abend hinein, in irgend einen
Abend. Man schweigt wieder, aber man hat die lichten
Worte mit. Da hebt der Marquis den Helm ab. Seine
dunklen Haare sind weich und, wie er das Haupt senkt,
dehnen sie sich frauenhaft auf seinem Nacken. Jetzt erkennt auch der von Langenau: Fern ragt etwas in den
Glanz hinein, etwas schlankes, dunkles. Eine einsame
Säule, halbverfallen. Und wie sie lange vorüber sind,
später, fällt ihm ein, daß das eine Madonna war.

VI.

Wachtfeuer. Man sitzt rundumher und wartet. Wartet, daß einer singt. Aber man ist so müd. Das rote Licht
ist schwer. Es liegt auf den staubigen Schuhn. Es kriecht
bis an die Knie, es schaut in die gefalteten Hände hinein. Es hat keine Flügel. Die Gesichter sind dunkel.
Dennoch leuchten eine Weile die Augen des kleinen
Franzosen mit eigenem Licht. Er hat eine kleine Rose
geküßt, und nun darf sie weiterwelken an seiner Brust.
Der von Langenau hat es gesehen, weil er nicht schlafen kann. Er denkt: ich habe keine Rose, keine.
Dann singt er. Und das ist ein altes trauriges Lied, das
zuhause die Mädchen auf den Feldern singen, im
Herbst, wenn die Ernten zu Ende gehn.

VII.

Sagt der kleine Marquis: »Ihr seid sehr jung, Herr?«
Und der von Langenau, in Trauer halb und halb in
Trotz: »Achtzehn«.

Dann schweigen sie.

Später fragt der Franzose: »Habt Ihr auch eine Braut
daheim, Herr Ritter?«

»Ihr?« gibt der von Langenau zurück.

»Sie ist blond wie Ihr«.

Und sie schweigen wieder, bis der Deutsche ruft: »Aber
zum Teufel, warum sitzt Ihr denn dann im Sattel und
reitet durch dieses giftige Land den türkischen Hunden
entgegen?«

Der Marquis lächelt. »Um wiederzukehren«.

Und der von Langenau wird traurig. Er denkt an ein
blondes Mädchen, mit dem er spielte. Wilde Spiele.
Und er möchte nach Hause, für einen Augenblick nur,
nur für so lange, als es braucht, um die Worte zu sagen:

»Magdalena, – daß ich immer *so war,* verzeih!«

Wie – war? denkt der junge Herr. – Und sie sind weit.

VIII.

Einmal, am Morgen, ist ein Reiter da, und dann ein
zweiter, vier, zehn. Ganz in Eisen, groß. Dann tausend
dahinter: Das Heer.

Man muß sich trennen.

»Kehrt glücklich heim, Herr Marquis –«.

»Die Maria schützt Euch, Herr Ritter«.

Und sie können nicht voneinander. Sie sind Freunde
auf einmal, Brüder. Haben einander mehr zu ver-

trauen; denn sie wissen schon so viel Einer vom An-
dern. Sie zögern. Und ist Hast und Hufschlag um sie.
Da streift der Marquis den großen rechten Handschuh
ab. Er holt die kleine Rose hervor, nimmt ihr ein Blatt.
Als ob man eine Hostie bricht.
»Das wird Euch beschirmen. Lebt wohl«. Der von
Langenau staunt. Lange schaut er dem Franzosen nach.
Dann schiebt er das fremde Blatt unter den Waffen-
rock. Und es treibt auf und ab auf den Wellen seines
Herzens. Hornruf. Er reitet zum Heer, der Ritter. Er
lächelt traurig: ihn schützt eine fremde Frau.

IX.

Ein Tag durch den Troß. Flüche, Farben, Lachen –:
davon blendet das Land. Kommen bunte Buben gelaufen. Raufen und Rufen. Kommen Dirnen mit purpurnen Hüten im flutenden Haar. Winken. Kommen
Knechte, schwarzeisern wie wandernde Nacht. Packen
die Dirnen heiß, daß ihnen die Kleider zerreißen.
Drücken sie an den Trommelrand. Und von der wilde-
ren Gegenwehr hastiger Hände werden die Trommeln
wach, wie im Traum poltern sie, poltern –. Und Abends
halten sie ihm Laternen her, seltsame: Wein, leuchtend
in eisernen Hauben. Wein? Oder Blut? – Wer kanns
unterscheiden?

X.

Endlich vor Spork. Neben seinem Schimmel ragt der
Graf. Sein langes Haar hat den glatten Glanz des
Eisens. Der von Langenau hat nicht gefragt. Er er-
kennt den General, schwingt sich vom Roß und ver-

neigt sich in einer Wolke Staub. Er bringt ein Schreiben
mit, das ihn empfehlen soll beim Grafen. Der aber befiehlt: »Lies mir den Wisch«. Und seine Lippen haben
sich nicht bewegt. Er braucht sie auch nicht dazu; sind
zum Fluchen gerade gut genug. Was drüber hinaus ist,
redet die Rechte. Punktum. Und man sieht es ihr an.
Der junge Herr ist längst zu Ende. Er weiß nicht mehr,
wo er steht. Der Spork ist vor Allem. Sogar der Himmel ist fort. Da sagt Spork, der große General:
»Cornet«.
Und das ist viel.

XI.

Die Kompagnie liegt jenseits der Raab. Der von
Langenau reitet hin, allein, allein. Heißer Abend.
Glanz kommt über das Land, von allen Seiten zugleich.
Die Heide brennt. Der Mond wird rasch reif in dieser
Glut; ganz groß, ganz rot.
Der von Langenau träumt.
Trab, trab.
Es ruft ihn ein Baum.
Ruft wie wund.
Trab, trab.
Ruft.
Da wacht er auf und erschrickt – halt:
Es ruft ihn ein *Baum*.
Er reitet heran: ist ein braunes Mädchen daran gebun-
den, ruft: »Mach mich los!«
Ist ganz nackt das braune Mädchen, schreit: »Mach
mich los!«

Hat die Nacht in den Augen das braune Mädchen,
schluchzt: »Mach mich los!«
Da durchhaut er die Schnüre. Die an den Füßen zuerst, dann die an den Handgelenken, die warm sind.
Und dann befreit er leise, linkisch, die Brust. Über
seine kalten Finger schlägt das erste große Atemholen
wie eine Welle. Ihn schwindelt.
Er zittert.
Und sitzt schon zu Roß.
Und jagt in die Nacht, allein. Blutige Schnüre fest in
der Faust.

XII.

Der von Langenau schreibt einen Brief, ganz in Gedanken. Langsam malt er mit großen, ernsten, aufrechten Lettern:

>»Meine gute Mutter,
>»seid stolz: Ich trage die Fahne,
>»seid ohne Sorge: Ich trage die Fahne,
>»habt mich lieb: Ich trage die Fahne –«

Dann steckt er den Brief zu sich in den Waffenrock,
an die heimlichste Stelle, neben das Rosenblatt. Und
denkt: er wird bald duften davon. Und denkt: vielleicht findet ihn einmal Einer ... Und denkt: . . . .;
denn der Feind ist nah.

XIII.

Sie reiten über einen erschlagenen Bauer. Er hat die
Augen weit offen und Etwas spiegelt sich drin; kein
Himmel. Später heulen Hunde. Es kommt also ein

Dorf, endlich. Und über den Hütten steigt steinern ein
Schloß. Breit hält sich ihnen die Brücke hin. Groß wird
das Tor. Hoch willkommt das Horn. Horch: Poltern,
Klirren und Hundegebell! Wiehern im Hof, Hufschlag
und Ruf.

XIV.

Rast! Gast sein einmal. Nicht immer selbst seine
Wünsche bewirten mit kärglicher Kost. Nicht immer
feindlich nach allem fassen; einmal sich alles geschehen lassen und wissen: was geschieht, ist gut. Auch der
Mut muß einmal sich strecken und sich am Saume seidener Decken in sich selber überschlagen. Nicht immer
Soldat sein. Einmal die Locken offen tragen und den
weiten offenen Kragen und in seidenen Sesseln sitzen
und bis in die Fingerspitzen *so*: nach dem Bad sein.
Und wieder erst lernen, was Frauen sind. Und wie die
weißen tun und wie die blauen sind; was für Hände
sie haben, wie sie ihr Lachen singen, wenn blonde Knaben die schönen Schalen bringen, von saftigen Früchten
schwer.

XV.

Als Mahl beganns. Und ist ein Fest geworden, kaum
weiß man wie. Die hohen Flammen flackten, die Stimmen schwirrten, wirre Lieder klirrten aus Glas und
Glanz, und endlich aus den reifgewordnen Takten:
entsprang der Tanz. Und alle riß er hin. Das war ein
Wellenschlagen in den Sälen, ein Sich-Begegnen und ein
Sich-Erwählen, ein Abschiednehmen und ein Wiederfinden, ein Glanzgenießen und ein Lichterblinden und

ein Sich-Wiegen in den Sommerwinden, die in den
Kleidern warmer Frauen sind.
Aus dunklem Wein und tausend Rosen rinnt die Stunde
rauschend in den Traum der Nacht.

XVI.

Und Einer steht und staunt in diese Pracht. Und er
ist so geartet, daß er wartet, ob er erwacht. Denn nur
im Schlafe schaut man solchen Staat und solche Feste
solcher Frauen: ihre kleinste Geste ist eine Falte, fallend
in Brokat. Sie bauen Stunden auf aus silbernen Gesprächen, und manchmal heben sie die Hände so –, und
du mußt meinen, daß sie irgendwo, wo du nicht hinreichst, sanfte Rosen brächen, die du nicht siehst. Und
da träumst du: Geschmückt sein mit ihnen und anders
beglückt sein und dir eine Krone verdienen für deine
Stirne, die leer ist.

XVII.

Einer, der weiße Seide trägt, erkennt, daß er nicht
erwachen kann; denn er ist wach und verwirrt von
Wirklichkeit. So flieht er bange in den Traum und steht
im Park, einsam im schwarzen Park. Und das Fest ist
fern. Und das Licht lügt. Und die Nacht ist nahe um
ihn und kühl. Und er fragt eine Frau, die sich zu ihm
neigt:
»Bist Du die Nacht?«
Sie lächelt.
Und da schämt er sich für sein weißes Kleid.
Und möchte weit und allein und in Waffen sein.
Ganz in Waffen.

XVIII.

»Hast Du vergessen, daß Du mein Page bist für diesen Tag? Verlässest Du mich? Wo gehst Du hin? Dein weißes Kleid gibt mir Dein Recht –«.

— — — — — — — — — — — —

»Sehnt es Dich nach Deinem rauhen Rock?«

— — — — — — — — — — — —

»Frierst Du? – Hast Du Heimweh?«
Die Gräfin lächelt.
Nein. Aber das ist nur, weil das Kindsein ihm von den Schultern gefallen ist, dieses sanfte dunkle Kleid. Wer hat es fortgenommen? »Du?« fragt er mit einer Stimme, die er noch nie gehört hat. »Du!«
Und nun ist nichts an ihm. Und er ist nackt wie ein Heiliger. Hell und schlank.

XIX.

Langsam lischt das Schloß aus. Alle sind schwer: müde oder verliebt oder trunken. Nach so vielen leeren, langen Feldnächten: Betten. Breite eichene Betten. Da betet sich's anders als in der lumpigen Furche unterwegs, die, wenn man einschlafen will, wie ein Grab wird.
»Herrgott, wie Du willst!«
Kürzer sind die Gebete im Bett.
Aber inniger.

XX.

Die Turmstube ist dunkel.
Aber sie leuchten sich ins Gesicht mit ihrem Lächeln. Sie tasten vor sich her wie Blinde und finden den An-

deren wie einen Weg. Fast wie Kinder, die sich vor der
Nacht ängstigen, drängen sie sich in einander ein. Und
doch fürchten sie sich nicht. Da ist nichts, was gegen
sie wäre: kein Gestern, kein Morgen; denn die Zeit ist
eingestürzt. Und sie blühen aus ihren Trümmern.
Er fragt nicht: »Dein Gemahl?«
Sie fragt nicht: »Dein Namen?«
Sie haben sich ja gefunden, um einander ein neues Geschlecht zu sein.
Sie werden sich hundert neue Namen geben und einander alle wieder abnehmen, leise, wie man einen Ohrring abnimmt.

XXI.

Im Vorsaal über einem Sessel hängt der Waffenrock,
das Bandelier und der Mantel von dem von Langenau.
Seine Handschuhe liegen auf dem Fußboden. Seine
Fahne steht steil, gelehnt an das Fensterkreuz. Sie ist
schwarz und schlank. Draußen jagt ein Sturm über den
Himmel hin und macht Stücke aus der Nacht, weiße
und schwarze. Der Mondschein geht wie ein langer
Blitz vorbei, und die reglose Fahne hat unruhige Schatten. Sie träumt.

XXII.

War ein Fenster offen? Ist der Sturm im Haus? Wer
schlägt die Türen zu? Wer geht durch die Zimmer? –
Laß. Wer es auch sei. Ins Turmgemach findet er nicht.
Wie hinter hundert Türen ist dieser große Schlaf, den
zwei Menschen gemeinsam haben; so gemeinsam wie
eine Mutter oder *einen* Tod.

XXIII.

Ist das der Morgen? Welche Sonne geht auf? Wie
groß ist die Sonne. Sind das Vögel? Ihre Stimmen sind
überall.
Alles ist hell, aber es ist kein Tag.
Alles ist laut, aber es sind nicht Vogelstimmen.
Das sind die Decken, die leuchten. Das sind die Fen-
ster, die schrein. Und sie schrein, rot, in die Feinde hin-
ein, die draußen stehn im flackernden Land, schrein:
Brand.
Und mit zerrissenem Schlaf im Gesicht drängen sich
alle, halb Eisen, halb nackt, von Zimmer zu Zimmer,
von Trakt zu Trakt und suchen die Treppe.
Und mit verschlagenem Atem stammeln Hörner im
Hof:
Sammeln, sammeln!
Und bebende Trommeln.

XXIV.

Aber die Fahne ist nicht dabei.
Rufe: Cornet!
Rasende Pferde, Gebete, Geschrei,
Flüche: Cornet!
Eisen an Eisen, Befehl und Signal;
Stille: Cornet!
Und noch ein Mal: Cornet!
Und heraus mit der brausenden Reiterei.

— — — — — — — — — —

Aber die Fahne ist nicht dabei.

XXV.

Er läuft um die Wette mit brennenden Gängen,
durch Türen, die ihn glühend umdrängen, über Trep-
pen, die ihn versengen, bricht er aus aus dem rasenden
Bau. Auf seinen Armen trägt er die Fahne wie eine
weiße, bewußtlose Frau. Und er findet ein Pferd und
es ist wie ein Schrei: über alles dahin und an allem
vorbei, auch an den Seinen. Und da kommt auch die
Fahne wieder zu sich und niemals war sie so königlich;
und jetzt sehn sie sie alle, fern voran, und erkennen
den hellen, helmlosen Mann und erkennen die Fahne...
Aber da fängt sie zu scheinen an, wirft sich hinaus und
wird groß und rot...

— — — — — — — — — — — — — —

Da brennt ihre Fahne mitten im Feind und sie jagen
ihr nach.

XXVI.

Der von Langenau ist tief im Feind, aber ganz allein.
Der Schrecken hat um ihn einen runden Raum gemacht,
und er hält, mitten drin, unter seiner langsam verlodernden Fahne.
Langsam, fast nachdenklich, schaut er um sich. Es ist
viel Fremdes, Buntes vor ihm. Gärten — denkt er und
lächelt. Aber da fühlt er, daß Augen ihn halten und
erkennt Männer und weiß, daß es die heidnischen Hunde sind —: und wirft sein Pferd mitten hinein.
Aber, als es jetzt hinter ihm zusammenschlägt, sind es
doch wieder Gärten, und die sechzehn runden Säbel, die
auf ihn zuspringen, Strahl um Strahl, sind ein Fest.
Eine lachende Wasserkunst.

XXVII.

Der Waffenrock ist im Schlosse verbrannt, der Brief
und das Rosenblatt einer fremden Frau. –
Im nächsten Frühjahr (es kam traurig und kalt) ritt
ein Kurier des Freiherrn von Pirovano langsam in
Langenau ein. Dort hat er eine alte Frau weinen sehen.

XXVIII.

Ein riesiger Kürassier – er ist später bei St. Gotthardt gefallen – trug die Gräfin aus dem brennenden
Schloß. Wie durch ein Wunder gelang die Flucht.
Aber man kennt den Namen der Gräfin nicht und nicht
den Namen des Sohns, den sie bald in anderen, friedsamen Landen gebar.

Die Weise von Liebe und Tod des Cornets Christoph Rilke / von Rainer Maria Rilke

Geschrieben   1   8   9   9

Axel Juncker Verlag
Berlin / Leipzig, Stuttgart

Gudrun Baronin Uexküll
Geborenen Gräfin von Schwerin
Im Gedächtnis einer Erhabenen
Aus tiefer Freundschaft
Zu eigen gegeben.

Rainer Maria Rilke

Paris/Frühling 1906

»... den 24. November 1663 wurde Otto von Rilke / auf Langenau / Gränitz und Ziegra / zu Linda mit seines in Ungarn gefallenen Bruders Christoph hinterlassenem Antheile am Gute Linda beliehen; doch mußte er einen Revers ausstellen / nach welchem die Lehensreichung null und nichtig sein sollte / im Falle sein Bruder Christoph (der nach beigebrachtem Totenschein als Cornet in der Compagnie des Freiherrn von Pirovano des kaiserl. oesterr. Heysterschen Regiments zu Ross .... verstorben war) zurückkehrt ...«

Reiten, reiten, reiten, durch den Tag, durch die Nacht, durch den Tag.

Reiten, reiten, reiten.

Und der Mut ist so müde geworden und die Sehnsucht so groß. Es gibt keine Berge mehr, kaum einen Baum. Nichts wagt aufzustehen. Fremde Hütten hocken durstig an versumpften Brunnen. Nirgends ein Turm. Und immer das gleiche Bild. Man hat zwei Augen zuviel. Nur in der Nacht manchmal glaubt man den Weg zu kennen. Vielleicht kehren wir nächtens immer wieder das Stück zurück, das wir in der fremden Sonne mühsam gewonnen haben? Es kann sein. Die Sonne ist schwer, wie bei uns tief im Sommer. Aber wir haben im Sommer Abschied genommen. Die Kleider der Frauen leuchteten lang aus dem Grün. Und nun reiten wir lang. Es muß also Herbst sein. Wenigstens dort, wo traurige Frauen von uns wissen.

2.

Der von Langenau rückt im Sattel und sagt: »Herr
Marquis . . .«
Sein Nachbar, der kleine feine Franzose, hat erst drei
Tage lang gesprochen und gelacht. Jetzt weiß er nichts
mehr. Er ist wie ein Kind, das schlafen möchte. Staub
bleibt auf seinem feinen weißen Spitzenkragen liegen;
er merkt es nicht. Er wird langsam welk in seinem
samtenen Sattel.
Aber der von Langenau lächelt und sagt: »Ihr habt
seltsame Augen, Herr Marquis. Gewiß seht Ihr Eurer
Mutter ähnlich —«
Da blüht der Kleine noch einmal auf und stäubt seinen Kragen ab und ist wie neu.

3.

Jemand erzählt von seiner Mutter. Ein Deutscher offenbar. Laut und langsam setzt er seine Worte. Wie ein Mädchen, das Blumen bindet, nachdenklich Blume um Blume probt und noch nicht weiß, was aus dem Ganzen wird –: so fügt er seine Worte. Zu Lust? Zu Leide? Alle lauschen. Sogar das Spucken hört auf. Denn es sind lauter Herren, die wissen, was sich gehört. Und wer das Deutsche nicht kann in dem Haufen, der versteht es auf einmal, fühlt einzelne Worte: »Abends« ... »Klein war ...«

4.

Da sind sie alle einander nah, diese Herren, die aus
Frankreich kommen und aus Burgund, aus den Niederlanden, aus Kärntens Tälern, von den böhmischen Burgen und vom Kaiser Leopold. Denn was der Eine erzählt, das haben auch sie erfahren und gerade so. Als
ob es nur *eine* Mutter gäbe ...

5.

So reitet man in den Abend hinein, in irgend einen Abend. Man schweigt wieder, aber man hat die lichten Worte mit. Da hebt der Marquis den Helm ab. Seine dunklen Haare sind weich und, wie er das Haupt senkt, dehnen sie sich frauenhaft auf seinem Nacken. Jetzt erkennt auch der von Langenau: Fern ragt etwas in den Glanz hinein, etwas schlankes, dunkles. Eine einsame Säule, halbverfallen. Und wie sie lange vorüber sind, später, fällt ihm ein, daß das eine Madonna war.

6.

Wachtfeuer. Man sitzt rundumher und wartet. Wartet, daß einer singt. Aber man ist so müd. Das rote Licht ist schwer. Es liegt auf den staubigen Schuhn. Es kriecht bis an die Kniee, es schaut in die gefalteten Hände hinein. Es hat keine Flügel. Die Gesichter sind dunkel. Dennoch leuchten eine Weile die Augen des kleinen Franzosen mit eigenem Licht. Er hat eine kleine Rose geküßt, und nun darf sie weiterwelken an seiner Brust. Der von Langenau hat es gesehen, weil er nicht schlafen kann. Er denkt: ich habe keine Rose, keine.

Dann singt er. Und das ist ein altes trauriges Lied, das zu Hause die Mädchen auf den Feldern singen, im Herbst, wenn die Ernten zu Ende gehen.

7.

Sagt der kleine Marquis: »Ihr seid sehr jung, Herr?«
Und der von Langenau, in Trauer halb und halb im
Trotz: »Achtzehn«. Dann schweigen sie.
Später fragt der Franzose: »Habt Ihr auch eine Braut
daheim, Herr Junker?«
»Ihr?« gibt der von Langenau zurück.
»Sie ist blond wie Ihr«.
Und sie schweigen wieder, bis der Deutsche ruft: »Aber
zum Teufel, warum sitzt Ihr denn dann im Sattel
und reitet durch dieses giftige Land den türkischen
Hunden entgegen?«
Der Marquis lächelt. »Um wiederzukehren«.
Und der von Langenau wird traurig. Er denkt an ein
blondes Mädchen, mit dem er spielte. Wilde Spiele.
Und er möchte nach Hause, für einen Augenblick nur,
nur für so lange, als es braucht, um die Worte zu
sagen:
»Magdalena, – daß ich immer *so war*, verzeih!«
Wie – war? denkt der junge Herr. – Und sie sind weit.

8.

Einmal, am Morgen, ist ein Reiter da, und dann ein zweiter, vier, zehn. Ganz in Eisen, groß. Dann tausend dahinter: Das Heer.

Man muß sich trennen.

»Kehrt glücklich heim, Herr Marquis –«.

»Die Maria schützt Euch, Herr Junker«.

Und sie können nicht voneinander. Sie sind Freunde auf einmal, Brüder. Haben einander mehr zu vertrauen; denn sie wissen schon so viel Einer vom Andern. Sie zögern. Und ist Hast und Hufschlag um sie. Da streift der Marquis den großen rechten Handschuh ab. Er holt die kleine Rose hervor, nimmt ihr ein Blatt. Als ob man eine Hostie bricht.

»Das wird Euch beschirmen. Lebt wohl«.

Der von Langenau staunt. Lange schaut er dem Franzosen nach. Dann schiebt er das fremde Blatt unter den Waffenrock. Und es treibt auf und ab auf den Wellen seines Herzens. Hornruf. Er reitet zum Heer, der Junker. Er lächelt traurig: ihn schützt eine fremde Frau.

9.

Ein Tag durch den Troß. Flüche, Farben, Lachen –:
davon blendet das Land. Kommen bunte Buben gelaufen. Raufen und Rufen. Kommen Dirnen mit purpurnen Hüten im flutenden Haar. Winken. Kommen
Knechte, schwarzeisern wie wandernde Nacht. Packen
die Dirnen heiß, daß ihnen die Kleider zerreißen.
Drücken sie an den Trommelrand. Und von der wilde-
ren Gegenwehr hastiger Hände werden die Trommeln
wach, wie im Traum poltern sie, poltern –. Und Abends
halten sie ihm Laternen her, seltsame: Wein, leuchtend
in eisernen Hauben. Wein? Oder Blut? – Wer kanns
unterscheiden?

10.

Endlich vor Spork. Neben seinem Schimmel ragt der
Graf. Sein langes Haar hat den Glanz des Eisens.
Der von Langenau hat nicht gefragt. Er erkennt den
General, schwingt sich vom Roß und verneigt sich in
einer Wolke Staub. Er bringt ein Schreiben mit, das
ihn empfehlen soll beim Grafen. Der aber befiehlt:
»Lies mir den Wisch«. Und seine Lippen haben sich
nicht bewegt. Er braucht sie nicht dazu; sind zum Fluchen gerade gut genug. Was drüber hinaus ist, redet
die Rechte. Punktum. Und man sieht es ihr an. Der
junge Herr ist längst zu Ende. Er weiß nicht mehr, wo
er steht. Der Spork ist vor Allem. Sogar der Himmel
ist fort. Da sagt Spork, der große General:
»Cornet«.
Und das ist viel.

11.

Die Kompagnie liegt jenseits der Raab. Der von
Langenau reitet hin, allein. Ebene. Abend. Der Beschlag vorn am Sattel glänzt durch den Staub. Und
dann steigt der Mond. Er sieht es an seinen Händen.
Er träumt.
Aber da schreit es ihn an.
Schreit, schreit,
zerreißt ihm den Traum.
Das ist keine Eule. Barmherzigkeit:
der einzige Baum
schreit ihn an:
Mann!
Und er schaut: es bäumt sich. Es bäumt sich ein Leib
den Baum entlang, und ein junges Weib,
blutig und bloß,
fällt ihn an: Mach mich los!

Und er springt hinab in das schwarze Grün
und durchhaut die heißen Stricke;
und er sieht ihre Blicke glühn
und ihre Zähne beißen.

Lacht sie?

Ihn graust.
Und er sitzt schon zu Roß
und jagt in die Nacht. Blutige Schnüre fest in der Faust.

12.

Der von Langenau schreibt einen Brief, ganz in Gedanken. Langsam malt er mit großen, ernsten, aufrechten Lettern:

>»Meine gute Mutter,
>»seid stolz: Ich trage die Fahne,
>»seid ohne Sorge: Ich trage die Fahne,
>»habt mich lieb: Ich trage die Fahne –«

Dann steckt er den Brief zu sich in den Waffenrock, an die heimlichste Stelle, neben das Rosenblatt. Und denkt: er wird bald duften davon. Und denkt: vielleicht findet ihn einmal Einer . . . Und denkt: . . . . Denn der Feind ist nah.

13.

Sie reiten über einen erschlagenen Bauer. Er hat die
Augen weit offen und Etwas spiegelt sich drin; kein
Himmel. Später heulen Hunde. Es kommt also ein
Dorf, endlich. Und über den Hütten steigt steinern
ein Schloß. Breit hält sich ihnen die Brücke hin. Groß
wird das Tor. Hoch willkommt das Horn. Horch: Poltern, Klirren und Hundegebell! Wiehern im Hof, Hufschlag und Ruf.

14.

Rast! Gast sein einmal. Nicht immer selbst seine
Wünsche bewirten mit kärglicher Kost. Nicht immer
feindlich nach allem fassen; einmal sich alles geschehen
lassen und wissen: was geschieht, ist gut. Auch der Mut
muß einmal sich strecken und sich am Saume seidener
Decken in sich selber überschlagen. Nicht immer Soldat sein. Einmal die Locken offen tragen und den weiten offenen Kragen und in seidenen Sesseln sitzen und
bis in die Fingerspitzen so: nach dem Bad sein. Und
wieder erst lernen, was Frauen sind. Und wie die weißen tun und wie die blauen sind; was für Hände sie
haben, wie sie ihr Lachen singen, wenn blonde Knaben
die schönen Schalen bringen, von saftigen Früchten
schwer.

15.

Als Mahl beganns. Und ist ein Fest geworden, kaum
weiß man wie. Die hohen Flammen flackten, die Stimmen schwirrten, wirre Lieder klirrten aus Glas und
Glanz, und endlich aus den reifgewordnen Takten:
entsprang der Tanz. Und alle riß er hin. Das war ein
Wellenschlagen in den Sälen, ein Sich-Begegnen und
ein Sich-Erwählen, ein Abschiednehmen und ein Wiederfinden, ein Glanzgenießen und ein Lichterblinden
und ein Sich-Wiegen in den Sommerwinden, die in den
Kleidern warmer Frauen sind.
Aus dunklem Wein und tausend Rosen rinnt die Stunde
rauschend in den Traum der Nacht.

16.

Und Einer steht und staunt in diese Pracht. Und er
ist so geartet, daß er wartet, ob er erwacht. Denn nur
im Schlafe schaut man solchen Staat und solche Feste
solcher Frauen: ihre kleinste Geste ist eine Falte, fallend in Brokat. Sie bauen Stunden auf aus silbernen
Gesprächen, und manchmal heben sie die Hände so –,
und du mußt meinen, daß sie irgendwo, wo du nicht
hinreichst, sanfte Rosen brächen, die du nicht siehst.
Und da träumst du: Geschmückt sein mit ihnen und
anders beglückt sein und dir eine Krone verdienen für
deine Stirne, die leer ist.

17.

Einer, der weiße Seide trägt, erkennt, daß er nicht erwachen kann; denn er ist wach und verwirrt von Wirklichkeit. So flieht er bange in den Traum und steht im Park, einsam im schwarzen Park. Und das Fest ist fern. Und das Licht lügt. Und die Nacht ist nahe um ihn und kühl. Und er fragt eine Frau, die sich zu ihm neigt:
»Bist Du die Nacht?«
Sie lächelt.
Und da schämt er sich für sein weißes Kleid.
Und möchte weit und allein und in Waffen sein.
Ganz in Waffen.

18.

»Hast Du vergessen, daß Du mein Page bist für diesen Tag? Verlässest Du mich? Wo gehst Du hin? Dein weißes Kleid gibt mir Dein Recht –«.

— — — — — — — — — — —

»Sehnt es Dich nach Deinem rauhen Rock?«

— — — — — — — — — — —

»Frierst Du? – Hast Du Heimweh?«
Die Gräfin lächelt.
Nein. Aber das ist nur, weil das Kindsein ihm von den Schultern gefallen ist, dieses sanfte dunkle Kleid. Wer hat es fortgenommen? »Du?« fragt er mit einer Stimme, die er noch nicht gehört hat. »Du!«
Und nun ist nichts an ihm. Und er ist nackt wie ein Heiliger. Hell und schlank.

19.

Langsam lischt das Schloß aus. Alle sind schwer: müde oder verliebt oder trunken. Nach so vielen leeren, langen Feldnächten: Betten. Breite eichene Betten. Da betet sich's anders als in der lumpigen Furche unterwegs, die, wenn man einschlafen will, wie ein Grab wird.
»Herrgott, wie Du willst!«
Kürzer sind die Gebete im Bett.
Aber inniger.

20.

Die Turmstube ist dunkel.
Aber sie leuchten sich ins Gesicht mit ihrem Lächeln.
Sie tasten vor sich her wie Blinde und finden den Andern wie eine Tür. Fast wie Kinder, die sich vor der Nacht ängstigen, drängen sie sich in einander ein. Und doch fürchten sie sich nicht. Da ist nichts, was gegen sie wäre: kein Gestern, kein Morgen; denn die Zeit ist eingestürzt. Und sie blühen aus ihren Trümmern.
Er fragt nicht: »Dein Gemahl?«
Sie fragt nicht: »Dein Namen?«
Sie haben sich ja gefunden, um einander ein neues Geschlecht zu sein.
Sie werden sich hundert neue Namen geben und einander alle wieder abnehmen, leise, wie man einen Ohrring abnimmt.

21.

Im Vorsaal über einem Sessel hängt der Waffenrock, das Bandelier und der Mantel von dem von Langenau. Seine Handschuhe liegen auf dem Fußboden. Seine Fahne steht steil, gelehnt an das Fensterkreuz. Sie ist schwarz und schlank. Draußen jagt ein Sturm über den Himmel hin und macht Stücke aus der Nacht, weiße und schwarze. Der Mondschein geht wie ein langer Blitz vorbei, und die reglose Fahne hat unruhige Schatten. Sie träumt.

22.

War ein Fenster offen? Ist der Sturm im Haus? Wer
schlägt die Türen zu? Wer geht durch die Zimmer? –
Laß. Wer es auch sei. Ins Turmgemach findet er nicht.
Wie hinter hundert Türen ist dieser große Schlaf, den
zwei Menschen gemeinsam haben; so gemeinsam wie
eine Mutter oder *einen* Tod.

23.

Ist das der Morgen? Welche Sonne geht auf? Wie
groß ist die Sonne. Sind das Vögel? Ihre Stimmen sind
überall.
Alles ist hell, aber es ist kein Tag.
Alles ist laut, aber es sind nicht Vogelstimmen.
Das sind die Balken, die leuchten. Das sind die Fenster,
die schrein. Und sie schrein, rot, in die Feinde hinein,
die draußen stehn im flackernden Land, schrein: Brand.
Und mit zerrissenem Schlaf im Gesicht drängen sich al-
le, halb Eisen, halb nackt, von Zimmer zu Zimmer, von
Trakt zu Trakt und suchen die Treppe.
Und mit verschlagenem Atem stammeln Hörner im
Hof:
Sammeln, sammeln!
Und bebende Trommeln.

24.

Aber die Fahne ist nicht dabei.
Rufe: Cornet!
Rasende Pferde, Gebete, Geschrei,
Flüche: Cornet!
Eisen an Eisen, Befehl und Signal;
Stille: Cornet!
Und noch ein Mal: Cornet!
Und heraus mit der brausenden Reiterei.
— — — — — — — — — — — —
Aber die Fahne ist nicht dabei.

25.

Er läuft um die Wette mit brennenden Gängen,
durch Türen, die ihn glühend umdrängen, über Trep-
pen, die ihn versengen, bricht er aus aus dem rasenden
Bau. Auf seinen Armen trägt er die Fahne wie eine
weiße, bewußtlose Frau. Und er findet ein Pferd und
es ist wie ein Schrei: über alles dahin und an allem
vorbei, auch an den Seinen. Und da kommt auch die
Fahne wieder zu sich und niemals war sie so königlich;
und jetzt sehn sie sie alle, fern voran, und erkennen
den hellen, helmlosen Mann und erkennen die Fahne ...
Aber da fängt sie zu scheinen an, wirft sich hinaus und
wird groß und rot ...
— — — — — — — — — — — — — —
Da brennt ihre Fahne mitten im Feind und sie jagen
ihr nach.

26.

Der von Langenau ist tief im Feind, aber ganz allein. Der Schrecken hat um ihn einen runden Raum gemacht, und er hält, mitten drin, unter seiner langsam verlodernden Fahne.

Langsam, fast nachdenklich, schaut er um sich. Es ist viel Fremdes, Buntes vor ihm. Gärten – denkt er und lächelt. Aber da fühlt er, daß Augen ihn halten und erkennt Männer und weiß, daß es die heidnischen Hunde sind –: und wirft sein Pferd mitten hinein.

Aber, als es jetzt hinter ihm zusammenschlägt, sind es doch wieder Gärten, und die sechzehn runden Säbel, die auf ihn zuspringen, Strahl um Strahl, sind ein Fest. Eine lachende Wasserkunst.

Der Waffenrock ist im Schlosse verbrannt, der Brief und das Rosenblatt einer fremden Frau. –
Im nächsten Frühjahr (es kam traurig und kalt) ritt ein Kurier des Freiherrn von Pirovano langsam in Langenau ein. Dort hat er eine alte Frau weinen sehen.

Ende

A Rainer Maria Rilke | Die Weise von Liebe und Tod des
   Cornets Otto Rilke [Einbandtitel der Faksimileausga-
   be]. 2 Blatt, 1 aufgeklebte Radierung (Reproduktion),
   16 handschr. gez. S., (1) S. Druckvermerk; 16,8 × 16,8
   cm, Pappe (grau-rosa) mit aufgeklebtem Titelschild, in
   Schuber [Mk 12,–]
 - Von der Reinschrift der im Herbst 1899 in Berlin-Schmargendorf entstandenen ersten Fassung (R.-A., Ms. 269) wurden
   insgesamt 675 Exemplare reproduziert, und zwar 150 für
   den Leipziger Bibliophilen-Abend am 11. Dezember 1927 und
   525 für den Buchhandel.
 - Siehe: Mises-Katalog Nr. 50. – SW III, S. 289-304.

B' Die Weise | Von Liebe und Tod | des Cornets Otto Rilke. |
   (Geschrieben 1899.) | Rainer Maria Rilke. [Reinschrift,
   kariertes Papier]. 2, (25) S.
 - Das Ms. dieser zweiten Fassung, die im August auf Borgeby-
   gård (Schweden) entstanden ist, diente wahrscheinlich als
   Satzvorlage für B. Später schenkte Rilke das Ms. Stefan
   Zweig.

B Die Weise von Liebe und Tod des Cornets Otto Rilke. |
   (Geschrieben 1899.) | Rainer Maria Rilke.
 - In: Deutsche Arbeit. Monatschrift für das geistige Leben
   der Deutschen in Böhmen, herausgegeben im Auftrage der
   Gesellschaft zur Förderung deutscher Wissenschaft, Kunst und
   Literatur in Böhmen. Druck u. Verlag v. Karl Bellmann, Prag
   (Verantwortlich: Prof. Dr. Adolf Hauffen, Prag I, Hußgasse
   20), Jahrg. IV, Heft 1 (Prag, Oktober 1904), S. (59)-65.

C Die Weise von Liebe und Tod des Cornets Christoph
   Rilke / von Rainer Maria Rilke | Geschrieben 1899 | Axel
   Juncker Verlag | Berlin/Leipzig, Stuttgart [1906]. (8),
   (28) S., (1) S. Druckvermerk, Kl.-8° [F] Halbperg.
   [Mk 4,–]
 - Siehe: Mises-Katalog Nr. 43. – SW I, S. 235–248, 782.

C' Die Weise | von Liebe und Tod des Cornets | Christoph
Rilke | von | Rainer Maria Rilke | Im Insel-Verlag zu
Leipzig. [1.-10. Tsd.: Juli 1912]. 33 S., (1) S. Druckvermerk, (2) Anz.-S., Kl.-8⁰ [F] Pappe und Leder

- S. (34): Druck von Breitkopf und Härtel in Leipzig. – Insel-
Bücherei Nr. 1.
- Siehe: Mises-Katalog Nr. 44.
- 11.-30. Tsd. [Sept. 1912], Anzeigen-S. verändert. – 31.-40.
Tsd. [März 1914]. – 41.-45. Tsd. [März 1915]. – 46.-60. Tsd.
[1915]. – 61.-72. Tsd. [1916]. – 73.-88. Tsd. [1916]. – 89.-
100. Tsd. [1917]. – 101.-140. Tsd. [1917]. – 141.-160. Tsd.
[1918], Druck von M. Lindenbaum & Co. Amsterdam. –
161.-180. Tsd. [1919], Druck von Breitkopf und Härtel in
Leipzig. – 181.-200. Tsd. [1920]. – 201. bis 230. Tsd. 1921:
31 S., (1) S. Impressum; Druck der Spamerschen Buchdrucke-
rei in Leipzig. – 231.-251. Tsd. 1922. – 252. bis 270. Tsd.
[1924]. – 271.-295. Tsd. [1924]. – 296.-320. Tsd. 1926. –
321.-350. Tsd. 1927. – 351.-375. Tsd. 1929. – 376.-400. Tsd.
1930. – 401.-450. Tsd. [1932]: Überzugspapier verändert
(grüne Musterung). – 451.-500. Tsd. [1934]: 34, (2) S.; veränderte Druckanordnung, größere Schrift; Einbandpapier (Strei-
fenmuster) von Fritz Kredel; es fehlt hinfort der Vermerk
›Geschrieben 1899‹. – 501.-550. Tsd. [1936]. – 551.-600. Tsd.
[1938]. – 601.-650. Tsd. 1940. – 651.-700. Tsd. 1941 (auch als
Feldpostausgabe). – 701.-720. Tsd. 1942: Feldpostausgabe
(graugrünes, ungemustertes Einbandpapier). – 721.-760. Tsd.
1943: Feldpostausgabe; Druck von Fr. Richter in Leipzig
(verschiedene Einbandpapiere). – Ohne Tausendzählung eine
›Feldpostausgabe‹, erschienen im Februar 1944 in 5000 Exemplaren, Druckerei ›Noor-Eesti‹ Dorpat. – 761.-770. Tsd. 1949:
Gedruckt von Otto in Heppenheim. – 771.-790. Tsd. 1949:
Insel-Verlag Zweigstelle Wiesbaden, Ottodruck GmbH. in
Heppenheim. – 791.-840. Tsd. 1950: Druck von K. G. Lohse
Frankfurt am Main. – (...) 886.-905. Tsd. 1954; Schrift: Gil-
gengart; Druck: Ludwig Oehms. – (...) 975.-1000. Tsd.
1959. – 1001.-1020. Tsd. 1962: Insel-Verlag Frankfurt am
Main; Schrift: Diotima-Kursiv. – (...) 1043.-1062. Tsd. 1966.

Lesarten

Berücksichtigt werden sowohl Überlieferungsvarianten als auch die Entstehungsvarianten in den Handschriften A und B'. Tilgungen von Rilkes Hand stehen in eckigen Klammern [...]; dabei ist unsichere Lesung durch ein Fragezeichen gekennzeichnet [...?].

Lesarten zur ersten Fassung (A)
– oben S. 7-21 –

Vorbemerkung: Der Jüngste, Otto,] B'B, Der Jüngste Otto A
Kap. 2: noch einmal] B'BC, *vielleicht Zusammenschreibung* A
Kap. 3: aus dem ganzen] A, aus dem Ganzen B'BC
Kap. 4: Kärntens] B'BC, Kärtens A
Kap. 7: »Um wiederzukehren«] BC, »Um Wiederzukehren« A
(?) B'; *Kap. 9:* Hände] Hände, A
Kap. 10: ein Schreiben mit, das] B'BC', daß AC
Kap. 11: Und ruft:] und ruft: A
Kap. 12: Einer ... denkt.[er]; denn] A
Kap. 13: Und hinter] Und *verbessert aus* Unter A; hinter den Hütten [ragt] steigt] A
Kap. 15: ein Willigwerden] *verbessert aus* ein Willig[sein] A
Kap. 17: »Bist du die Nacht?«] »bist A *(die Anführungszeichen nachträglich zugefügt);* Und da schämt er sich [über] für sein[en?] weiße[n]s Kleid] A
Kap. 20: »wie heißt du –?«] heißt *wahrscheinlich verbessert aus* heißt A
Kap. 25: Er läuft mit den [fremden] Gängen] A
Kap. 26: »Habt ihr auch Männer mit [,Turbane?]?«] A; Seide,] *kein Komma (Zeilenende)* A
Kap. 28: langsam in Langenau ein,] *vielleicht Doppelpunkt statt Komma* A

Lesarten zur zweiten Fassung (B'B)
– oben S. 23-38 –

Unberücksichtigt bleibt die th-Schreibung von B' (Muth, Thurm, roth etc.), die im Druck von 1904 (B) aufgegeben worden ist.

Titel: von Liebe] B, Von Liebe B'
Vorbemerkung: u.s.f.,] B, u.s.f. AB'; oesterreichische Dienste] AB', österreichische Dienste B

Kap. 1: Es gibt] ABC, Es giebt B'; Abschied genommen. Die Kleider] B, Abschied genommen. Freilich. Die Kleider AB'
Kap. 2: samtenen Sattel] BC, sammtenen Sattel AB'
Kap. 3: Wie ein Mädchen, das] ABC, wie ein Mädchen das B'; nicht weiß, was] ABC, nicht weiß was B'; die wissen, was] BC, die wissen was AB'; der versteht es aufeinmal, fühlt einzelne Worte:] B, der versteht es aufeinmal, (versteht *getilgt in* B') fühlt einzelne Worte: AB'
Kap. 6: ich (Ich A) habe keine Rose, keine] ABC, ich habe keine Rose; keine B'; ein altes trauriges Lied] B'BC, ein altes, trauriges Lied A
Kap. 7: gibt der von Langenau zurück] ABC, giebt B'; sie schweigen wieder, bis] BC, sie schweigen wieder bis AB'; »Um wiederzukehren«] BC, »Um Wiederzukehren« A(?)B'; nur für so lange (solange A), als es braucht, um] ABC, nur für so lange als es braucht um B'
Kap. 8: Herr Marquis.-«] BC, Herr Marquis.« AB'; Freunde auf einmal] ABC, Freunde aufeinmal B'; Lebt wohl«.] *danach Absatz in* A, *wahrscheinlich auch in* B' *(Zeilenende), nicht aber in* B
Kap. 11: Hat die Nacht in den Augen [,] das braune Mädchen,] B'; Über seine kalten Finger schlägt [der] das erste große [Athemzug] Athemholen] B'
Kap. 12: »seid [guten?] stolz:] B'; Einer . . .] *Absatz* B'; denn der Feind ist nah[e].] B'
Kap. 14: was geschieht, ist gut] BC, was geschieht ist gut AB'; bis in die Fingerspitzen *so*:] B', so: ABC; was für Hände] BC, wasfür Hände B'; die . . . Schalen bringen,] ABC, bringen B'
Kap. 16: daß er wartet, ob] BC, daß er wartet ob B'; Geschmückt sein] BC, geschmückt sein B'
Kap. 18: gibt mir Dein (ein A) Recht] ABC, giebt B'; rauhen Rock?«] ABC, rauhen *verbessert aus* grauen B'; dieses sanfte dunkle Kleid] B'C, dieses sanfte, dunkle Kleid B
Kap. 19: Nach so vielen leeren, langen Feldnächten:] BC, leeren langen B'
Kap. 20: Da ist nichts, was] BC, Da ist nichts was B'
Kap. 21: über einem Sessel hängt der Waffenrock] BC, hangt AB'
Kap. 22: ins Turmgemach] BC, in's Thurmgemach B'
Kap. 24: Gebete, Geschrei] B, Gebete [und?], Geschrei B'; Und heraus] BC, Und [dann?] heraus B'
Kap. 25: wie eine weiße, bewußtlose Frau] BCC', weiße bewußtlose B'; erkennen den hellen, helmlosen Mann] BCC', hellen helmlosen B'
Kap. 26: ist tief im Feind] BC, ist mitten im Feind B'

Vorbemerkung: Antheile] C, Anteile C'; Pirovano] AB'BC', Pirovano C *sowie der von Rilke benutzte Aktenauszug, dagegen im letzten Kapitel* Pirovano C

Kap. 4: da sind sie alle einander nah] AB'BC, da sind alle C'

Kap. 5: etwas schlankes, dunkles] AB'BCC', etwas Schlankes, Dunkles *die Ausgaben seit 1927*

Kap. 6: Er denkt: ich] B'BCC', er denkt: Ich A *und die Ausgaben seit 1927;* ein altes trauriges Lied, das zu Hause] daß zu Hause C, das zuhause B'B; zu Ende gehen] CC', zuende gehen A, zu Ende gehn B'B

Kap. 7: im Trotz] CC', in Trotz AB'B; um die Worte zu sagen:] *folgt Absatz in* AB'B, *weggefallen in* C *zwecks Einsparung einer Zeile, nicht berichtigt in* C'; daß ich immer so war] B'BC', daß ich immer so *war* C, so war A

Kap. 10: den Glanz] CC', den glatten Glanz AB'B; Er bringt ein Schreiben mit, das] B'BC', daß AC

Kap. 12: Und denkt: . . . . ; | Denn der Feind ist nah.] C

Kap. 13: Sie reiten über einen erschlagenen Bauer] AB'BC, Bauern C'

Kap. 14: Gast sein einmal] AB'BC', Gast einmal C

Kap. 15: aus den reifgewordnen Takten] AB'BC, aus den reifgewordenen C'

Kap. 16: fallend in Brokat] AB'BC', fallend im Brokat C; und manchmal heben sie die Hände so] AB'BC, heben sie Hände so C'

Kap. 19: Da betet sich's anders] B'BC, sichs AC'

Kap. 20: drängen sie sich in einander ein] B'BCC', ineinander GW IV, 1927, S. 27

Kap. 24: Und noch ein Mal] B'BC, Und noch einmal C'

In einem »Sonder-Abdruck aus der Monatschrift ›Deutsche Arbeit‹, IV, 1« (Fassung B), heute im Besitz des Deutschen Literaturarchivs Marbach am Neckar (Signatur: RA 1 B/18: 1899), hat Rilke eigenhändig im 3. Kapitel (S. 26 dieses Bandes) das Wort ›Kränzel‹ durchgestrichen und auf dem Rand durch ›Blumen‹ ersetzt.

Selbstzeugnisse / Briefe und Widmungsgedichte

– In zeitlicher Folge –

1 *Rilke an Clara Westhoff* (Schmargendorf, 18. XI. 1900)

Wie froh müssen die Ihren an diesem Festtag sein! Ich sende
Ihnen ›Mir zur Feier‹ mit einem Vers, den ich in Worps-
wede am Anfang geschrieben habe. Von meinen anderen
Büchern folgt gelegentlich alles Bessere oder Nennenswerte.
Dann ein Heft der alten ›Wegwarten-Hefte‹, die für das
Volk gedacht waren, als Gratisgabe. Dann der Wiertz-Ka-
talog, anknüpfend an ein Gespräch an einem Abend bei
Ihnen. Dann eine Dichtung, der ›Cornet‹, die einen Vorfahren mit Glanz umgibt. Lesen Sie sie an einem Ihrer
schönen Abende im weißen Kleid. Es ist die einzige erste
Niederschrift der Dichtung, und wenn ich das Gedicht mal
verwende zum Drucke, muß ich sie von Ihnen zurückerbit-
ten – aber das wird nicht bald sein. Auch den Wiertz-Kata-
log, den ich nur entliehen habe, senden Sie bei Gelegenheit
(...).

2 *Rilke an Lou Andreas-Salomé* (Furuborg, 3. XI. 04)*

Hast Du Dich noch des ›Cornet‹ erinnert? Man hat davon einige Separat-Drucke gemacht; glaubst Du, daß ich
einen an Helene schicken könnte? Ich thäte es gerne. –
Karin Michaëlis war mit Helene in Berlin oft beisammen,
kennt »das Buch« und alles was Helene sonst nahe ist. Wo-
her sie sich kennen weiß ich nicht.

* Im Nachlaß von Lou Andreas-Salomé ist das vollständige Heft 1 des
IV. Jahrgangs der ›Deutschen Arbeit‹ erhalten (Prag, Oktober 1904);
auf S. 59 steht von Rilkes Hand folgende Widmung: »Für Lou. Der
alte ›Cornet‹, theilweise umgearbeitet diesen Sommer in Borgeby gård.
(Soll später auch als kleines Buch herausgegeben werden.)«

3 *Rilke an Franz Xaver Kappus* (Furuborg, 4. XI. 04)

Das ist alles, lieber Herr Kappus, was ich Ihnen heute zu
sagen vermag. Aber ich sende Ihnen zugleich den Separat-
druck einer kleinen Dichtung, die jetzt in der Prager ›Deutschen Arbeit‹ erschienen ist. Dort rede ich weiter zu Ihnen
vom Leben und vom Tode und davon, daß beides groß und
herrlich ist.

4 *Rilke an Axel Juncker* (Meudon, 25. XI. [05])

Soweit über die *Letzten*. Ihr Vorschlag, den »Cornet« herauszugeben, ist mir nachgegangen. Er hat in der Ausgabe
der ›deutschen Arbeit‹, die ihn ja nur zu ganz bestimmten,
sehr beschränkten Kreisen gebracht hat, sehr warme Freunde gefunden, insbesonders einen mir nahestehenden Menschen, dem ich von Herzen gern die Freude einer schönen
Separat-Ausgabe machen würde die ihm gewidmet sein
müsste. Aber eine solche Ausgabe hätte nur Sinn, scheint
mir, wenn sie wirklich *sehr* schön und *sehr* tadellos wäre,
eine kleine aber durchaus vornehme Angelegenheit. Ich ging
damals, abgesehen von aller Beschäftigung, nicht gleich auf
Ihren Vorschlag ein, weil ich abwarten und überlegen wollte. Mir ist jetzt klar, daß es wohl Sinn hätte den Cornet
für sich allein in etwa 300 Exemplaren, in einer einmaligen
Auflage herauszugeben –: aber sind Sie sich klar, lieber Herr
Juncker, dass wir nicht sparen dürften und etwas in aller
Einfachheit mustergültiges machen müssten? Wir müssten
einen *guten Drucker* und einen *guten Buchbinder* haben und
jemand der etwas kann, müsste mein Wappen und ein paar
schöne Initialen zeichnen. (E. R. Weiß vielleicht?) Bedenken
Sie's in aller Ruhe. – Vielleicht könnten wir diese Ausgabe
zum nächsten Herbst vorbereiten zugleich mit der neuen
Auflage des B.d.B.? – (. . .)
Und noch eines: wenn es jetzt zu Neu[ausgaben]auflagen

der »Letzten«, des B.d.B. und vielleicht zur Publizierung des Cornet kommt, so rechne ich vertrauensvoll darauf, daß Ihr Entgegenkommen sich in Verträgen äussert die geeignet sind unser Verhältnis zu befestigen und mir zu helfen. Ich verstehe gar nichts von geschäftlichen Dingen und muss mich ganz auf Sie verlassen; Sie werden wissen, was Sie thun können.

5 *Rilke an Clara Rilke* (Meudon, 1. II. 06)

... was den Cornet betrifft, so wird in ihm nichts zu ändern sein als die kleine Vorbemerkung, die ich wahrscheinlich genau im Wortlaut des Archiv-Textes abdrucken werde, in all der gepreßten Vertrocknetheit. Und der Name: er heißt also endgültig Christoph, was schade ist, man hatte sich so an den Otto Rilke gewöhnt, der ruhig auf seinen Gütern gesessen hat und eines späten und unbekannten Todes verstorben ist. Ich denke aber, man hat der Wahrheit nachzugeben und den Cornet beim rechten Namen zu nennen, wie alles andere, soweit das möglich ist.

6 *Rilke an Axel Juncker* (Meudon, 5. II. 06)

Mein lieber Herr Axel Juncker,
danke – in aller Eile – danke für Brief und Verträge. Ich freue mich bald Genaueres von Ihnen zu hören und zu erfahren wie meine Vorschläge aufgenommen sind und wie Sie mit Herrn Endell in unseren Plänen stehen.

7 *Rilke an Axel Juncker* (Meudon, 15. II. 06)

Mein lieber Herr Axel Juncker, heute kam eine Karte von Ihnen. Dank. (...)

Was *Den Cornet* angeht, so ist da eine Stelle über der ich noch einen Augenblick verweilen muss, überlegend und prüfend; Sie erhalten ihn, sobald als möglich. Momentan habe ich sehr viel Arbeit für Rodin, aber ich komme sehr bald auf diese Sache zurück.

Wie steht es denn mit unseren Vorbereitungen; hat H. Endell zum Wappen passende Initialen gefunden? Und denkt er auch an das »B.d.B.«? Wird er in dem von mir gedachten Sinne uns bei allem helfen können? Und warum setzen Sie mich nicht mit ihm ihn Verbindung? – Alles das wüsste ich gerne bald.

Für heute nur dies und wie immer alle guten Grüsse Ihres bestens ergebenen:

Rainer Maria Rilke

8 *Rilke an Juncker* (Kärtchen o. D.; vor dem 15. IV. 06)

(...) Wegen des Cornet und d. B.d.B. muss ich Sie, lieber H⟨err⟩ A.J., wieder noch um längere Geduld bitten; hier hat mich unendliche Schreiberei erwartet; ich habe kaum manchmal eine halbe Stunde für mich. Der Cornet kann (hoff ich) nächste Woche an Sie abgehen. Sobald Sie etwas von den Zeichnungen hören, lassen Sie michs wissen; ich möchte alles selbst *sehen* so bald es etwas zu sehen giebt. Und falls das Wappen als Vorbild nicht mehr nöthig ist, bitte ich Sie, es gleich *auf das Sorgfältigste nach Worpswede zurücksenden* zu lassen. Frohe Ostern! Mit den ergebensten Empfehlungen an Ihre Frau Gemahlin immer Ihr

RMR.

9 *Rilke an Axel Juncker* (Meudon, 7. V. 06)

Mein lieber Herr Axel Juncker,
ich bin sehr traurig, dass ich Ihnen immer noch nichts schik-

ken konnte, nicht einmal den »Cornet«. Aber die Arbeiten, die ich mir hier zur Pflicht habe werden lassen, halten mich so in Athem, dass mir die äußere und, was sich noch mehr fühlbar macht, vor allem die innere Ruhe fehlt, die sehr delikate Änderung im Cornet und die so verantwortliche Umordnung am B.d.B. vorzunehmen. Sie werden verstehen, lieber Herr Juncker, daß ich nicht aus Nachlässigkeit diese Arbeit hinausschiebe –: ich bin nicht Herr meiner Zeit noch Kraft.

*

An Frau GUDRUN:
Selbstbildnis / aus dem Jahre 1906 /

Des alten, lange adlichen Geschlechtes
Feststehendes im Augenbogenbau;
im Blicke noch der Kindheit Angst und Blau,
und Demuth da und dort, nicht eines Knechtes,
doch eines Dienenden und einer Frau.
Der Mund als Mund gemacht, groß und genau,
nicht überredend, aber ein Gerechtes
Aussagendes. Die Stirne ohne Schlechtes
und gern im Schatten stiller Niederschau.

Das, als Zusammenhang, erst nur geahnt;
noch nie im Leiden oder im Gelingen
zusammgefasst zu dauerndem Durchdringen,
doch so: als wäre mit zerstreuten Dingen
von fern ein Ernstes, Wirkliches geplant.

Rainer Maria Rilke.

*

Das Gedicht ist wahrscheinlich im Frühjahr 1906 in Paris entstanden (siehe: SW I, S. 522) und wurde später als Widmung für Gudrun Baronin von Uexküll in ein Exemplar des ›Cornet‹ eingeschrieben (siehe: LWB, 1956, Abb. 128).

... dies wird nur ein kleiner Sonntagsbrief, weil ich eine große Arbeit habe: *die,* zu packen und aus meinem kleinen Hause auszuziehen in das alte Freisein hinaus mit all seinen Sorgen, mit allen seinen Möglichkeiten, mit dem großen Eigentum aller seiner Stunden. Ich bin voll Erwartung und froh. Wie das kam, darüber ist nicht viel zu sagen, und was zu sagen ist, mag ich nicht schreiben. Es mußte wohl kommen, und es kam so von selbst. Ich trug ja alles, auch diese letzte Zeit, in stiller, in mich gekehrter Geduld, und ich hätts wohl noch einen Monat oder zwei so getragen. Aber der Meister muß es gefühlt haben, daß ich litt –. Und nun kommt das Ende so rasch, rasch auch wohl über seine Erwartung, weil er ein wenig aufs Land gehen und Haus und Garten ganz abschließen will. So denk ich Sonnabend in die Stadt zu ziehen; ich habe ein Zimmer gemietet in dem kleinen Hotel der rue Cassette (- No. 29 -), in dem wir einst Paula Becker besuchten, das Zimmer im Hochparterre unter dem ihren, das noch, über die Mauer gegenüber fort, die Gegenwart der grünen Klosterbäume sieht und wissen läßt. Ich habe es ohne Verpflichtung gemietet, von Woche zu Woche. Dort will ich nun sein und will mich über mich selbst besinnen und ein wenig mit dem, was in mir ist, allein bleiben. Und daran gehen, gleich, den Cornet fertig zu stellen und das B.d.B. einzuordnen (wozu ich noch keinen Augenblick frei und fähig war). Und dann und wann das Louvre sehen und das Cluny und in den schon so dunklen Alleen des Luxembourg-Gartens auf die graue Sonne draußen zugehen – ...

11 *Rilke an Axel Juncker* (Paris, 29, rue Cassette, 23. V. o6)

Nun kommt die Neuigkeit: ich habe vor ein paar Tagen meine Funktion und Wohnung bei Rodin aufgegeben (notieren Sie, bitte, meine veränderte Adresse!) und will nun eine Weile ganz bei meinen Arbeiten verweilen. Ihre Manuscripte (»Cornet« und B.d.B.) gehen nun natürlich, der Anciennität und Würde nach, allem Wartenden voran und haben, nach dieser Wendung der Dinge, alle Aussicht bald fertig, druckfertig, zu werden. Geben Sie mir nur etwa vierzehn Tage: vor Mitte Juni haben Sie beides. – Wie aber steht es (wofür ich mich ungemein interessiere) mit den vorbereitenden, diese Bücher betreffenden Dingen: Den Titel-Blättern, der Wappen-Umzeichnung, den Initialen?; Sie könnten mir auf keine Art bessere Lust zur Vollendung der Manuscripte erzeugen, als indem Sie mich recht viel davon wissen liessen, eventuell mir vorlegen würden, was schon vorhanden ist. (Ich hoffe es ist schon etwas brauchbares da.) Bitte lassen Sie diese Dinge nicht aus dem Auge und sorgen Sie auch dafür, daß das Wappenblatt, wenn es nichtmehr gebraucht wird, auf das sorgfältigste an meine Frau nach Worpswede zurückgesendet werde. Es bleibt solange fort; ich bin in Sorge darum.

12 *Rilke an Gudrun Baronin Uexküll* (Paris, 24. V. 06)

Es macht mich glücklich, Ihnen den Cornet so geben zu dürfen, wie ich es wollte. Aber das kleine Buch, das Ihnen gehören will, mit allem, was es heraufruft aus dem Hintergrund der Zeit und aus der Fülle der Zusammenhänge, wird nun nicht vor dem Ende des Sommers da sein; aus demselben Grunde, der diesen Brief so sehr verzögerte. Seit ein paar Tagen nun habe ich Rodin verlassen, um zu meiner eigenen Arbeit, zu mir, zu alle dem seit lange Zurückgedrängten heimzukommen. / Ach, wie sehr aller Dienst Fremde ist, wenn es nicht der ureigenste ist, der unwillkürliche, der aus Herz und Händen geradeaus auf das Größte zugeht, wenn es nicht Dienst an Gott ist, ohne Mittelglied. / Nun soll alles langsam wieder zu mir kommen, die ganze fern ausgestreute Herde meiner Aufgaben und Arbeiten, die ohne Aufsicht waren. Der ›Cornet‹ soll noch einmal, endgültig, durchgeformt werden und Ton für Ton geprüft bis in jeden Nachklang hinein, und die neue Ausgabe vom Buch der Bilder, die um vieles vermehrt erscheinen wird, erwartet ihre Zusammenstellung.

13 *Rilke an Clara Rilke* (Paris, 25. V. 06)

... Ich bin noch weit vom Malte Laurids; der Cornet und das B.d.B. müssen erst ganz druckfertig sein. Und da ist es, im ›Cornet‹, die bewußte Stelle, die mich aufhält. Fast fürcht ich, es wird, trotz allem, stehenbleiben müssen, wie es ist. Dieselbe oberflächliche anschauungslose Darstellung ist ja eigentlich in dem ganzen Stück (nur in den umgearbeiteten Stellen nicht mehr), und das drängt sich nur in der Stelle von dem ›braunen Mädchen‹ unerträglich auf, während es sich sonst verbirgt. Meinst Du nicht? Es ist so sehr Jugendarbeit und bedarf vieler Entschuldigungen. – Die ganze Einordnung im B.d.B. steht auch noch vor mir und wird nicht leicht sein. – ... Ich schreibe nicht weiter, weil es zu kühl ist in meiner Stube; die Morgen sind so kühl und – leider – viele Tage auch, und doch wünscht man sich so sehr die Sonne und alles Sommerliche ... Guten Sonntag ...

14 *Rilke an Clara Rilke* (Paris, 29. V. 06)

... ich verstehe Deinen Brief, als hätt ich ihn selbst geschrieben, und wenn in meinem, den Du zum Sonntag hattest, von alledem nicht die Rede war, so ists weil ich meine, wir müssen noch Geduld haben: Du, solange Deine Arbeit weitergeht und sich schließt, und ich, bis mein Cornet zum mindesten und mein B.d.B. in den Druck gehen können und bis zum Moment, da ich mich ein wenig geordnet und geistesgegenwärtig und innerlich entschlossen fühle. Noch ist mir mein Fortgehen von Rodin zu nahe, noch ist vieles hier, was ich sehen möchte, noch muß dieses Sehen und dieses Alleinsein manches in mir tun ...

15 *Rilke an Axel Juncker* (Paris, 12. VI. 06)

Also: Der Cornet: abgesehen von einzelnen Worten, ist nur das ganze XI. Kapitel verändert und durch das inliegende Manuskript zu ersetzen. Voranzustellen ist I.: Die Widmung, II.: (in kleinerer Schrift, derselben, wie das letzte ohne Zahl angefügte Kapitel) der kleine Auszug aus den Archiv-Papieren. Das ist alles.
Schwieriger steht die Sache mit dem »B.d.B.«. Es ist mir nicht leicht, Ihnen dieses Manuskript in scheinbarer Konfusion zu übersenden. Aber ich habe alles getan, was möglich war, die neue Einordnung so kenntlich als möglich zu machen. (...)
Und nun, mein lieber Herr Juncker, tun Sie, bitte, das Ihre. Oder vielmehr lassen Sie uns zusammen das Gemeinsame tun und regen Sie unseren Zeichner an, die Sache ebenso ernst und energisch anzufassen wie wir. Schreiben Sie Herrn Endell meine Grüße und bitten Sie ihn, auch von mir aus, um sein Interesse und seine gute Kraft. – Und nun Glück auf.

16 *Rilke an Clara Rilke* (Paris, 14. VI. 06)

Wie lasen sich die drei Gedichte bei Dir ...? Es sind noch welche hinzugekommen, so daß ein kleiner Gedichtkreis daraus wurde (neun Blätter mit einem Titelblatt), den ich ›Die Stimmen‹ genannt habe (im neuen B.d.B.). Würdest Du Dir einen anderen Namen dafür denken? Verraten will ich Dir auch noch zu Deinem Sonntag, daß es mir schließlich im letzten Augenblick geglückt ist, das elfte Kapitel im Cornet umzuschreiben. Es war merkwürdig, eine kleine (ich weiß nicht, ob sehr gute) Farbenskizze an die Stelle des Liebigbildchens zu setzen, das so schön rosa glänzte. Juncker ... versprach den Druck der beiden Dinge nun entschlossen und rasch zu betreiben. –

17 *Rilke an Gräfin Lili Kanitz-Menar* (Paris, 15. VII. 06)

(. . . . .) Es war so nötig. Kaum mein eigener Entschluß (ich hatte nicht die Energie, ihn zu fassen), andere, merkwürdige Umstände haben mich von Rodin weggerissen, plötzlich; es war schwer und verwirrend. Nun aber ahn ich fast, daß die Dinge für mich handeln mußten, da ich zögerte, – nun, da ich sehe, wie alles Meine mich entbehrt hat.
Bald kommt nun der ›Cornet‹ als ganz kleines Buch heraus und die neue, um viele Stücke (auch um den Zaren-Kreis) vermehrte Ausgabe vom Buch der Bilder. Beides soll dann in Ihren Händen die Geschichten vom lieben Gott ersetzen –.
Clara ist noch an der Arbeit in Wwde. Wir gedenken vielleicht uns bald irgendwo am Meer zu begegnen (in der Bretagne oder in Belgien) und werden dann die zweite Augusthälfte bei Von der Heydt in Godesberg verbringen. Nur dies für heute ...

18 *Rilke an Axel Juncker* (Oostduinkerke-Bains près Furnes, Belgique. Am 10. August 1906.)

Mein lieber Herr Juncker,
es sieht sehr nach meinem Verschulden aus, dass Ihr Brief mich solange suchen musste; aber, als ich von Paris abreiste, wusste ich nicht an welchen Ort der belgischen Küste ich gehen würde und konnte mir nur vornehmen, Ihnen meine

Adresse zu senden, sobald ich eine bestimmte haben würde. Aus unserer beiderseitigen Abreise sind nun unliebsame Komplicationen entstanden; ich bekam Ihren Brief und die Drucksachen auf Umwegen erst vor einigen Tagen *und musste alles bei mir überlegen bevor ich Ihnen wieder schreiben konnte; nun aber habe ich keine weitere Adresse von Ihnen und sende diese Zeilen, die wichtig sind, eingeschrieben nach Berlin, in der Hoffnung, dass es ihnen möglich sein wird, Sie von dort aus irgendwie zu erreichen. Könnte ich nun wenigstens kurz und einfach meine Zustimmung schreiben, so wäre die Angelegenheit trotz aller Verzögerung doch noch schnell zu ordnen; aber ich bin leider fast in allen Punkten anderer Meinung und alles was Bejahung ist, beschränkt sich auf das *Dickdruck-Papier* XX, das ich gerne wählen würde.

Die Probe hingegen gefällt mir *gar nicht* und es scheint mir, als ob das alles umversucht werden müsste; vor allem müßten, um des Vergleiches willen, *mehrere* Proben vorliegen; das wäre so wichtig und unerlässlich, weil die Anschauung allein den richtigen und unbetrügenden Eindruck zu geben vermag. Wir haben zwar diese Schrift gewählt, aber sie scheint mir nun in der Probe *zu gross, zu weit im Satz*, unharmonisch, und die Seite macht den Eindruck einer Leseprobe im Zimmer eines Augenarztes. So sehr wenig kann man urtheilen, ehe man sich einen Eindruck aus der Erfahrung zu holen versucht. Mir kommt vor, daß, wo in alten Büchern ähnliche große Fractur gesetzt ist, die Zwischenräume zwischen den einzelnen Lettern und Worten weit kleiner sind, so daß ein festeres Zeilengewebe entsteht. Aber wir müssen auf alle Fälle noch eine Probe mit einer ein wenig kleineren Schrift machen; diese Druck-Proben sind so leicht herzustellen, und nur sie können uns dazu verhelfen, einen guten Entschluß zu fassen; *bitte*, lieber Herr Juncker, sorgen Sie nun dafür, daß man so bald als möglich noch ein

* (der Antwort-Termin den Sie mir stellten, war schon abgelaufen)

paar Proben herstelle; 1. mit derselben enger gesetzten Fractur, 2. mit etwas kleinerer Fractur.

Die Nummerierung ist ganz einfach oben oder unten anzubringen, ohne *Strich,* und in zu der Schrift besser passenden Zahlzeichen als die neulich verwendeten.

Wogegen ich ferner allen Einwand erheben möchte, ist das *Format.* Sie schreiben es wäre sehr annähernd ähnlich; aber ich finde es verliert durch seine größere Breite völlig an Character. Dieses Format, das viel eher ein Briefpapier oder Albumformat ist, findet sich nie bei alten guten Druckwerken und trägt dazu bei, die Art der Fractur zu entstellen. Urtheilen Sie selbst, ob die Seite nicht gewinnt, wenn man sie an der mit dem Strich bezeichneten Stelle umbiegt? Das Format müßte diese[m]s Verhältnis von Breite zu Länge jedenfalls einhalten: es ist das Wesentliche daran. – Es thut mir leid Ihnen auf Ihren lieben Brief hin mit lauter Einwänden kommen zu müssen; aber es ist in aller Aufrichtigkeit nicht anders möglich; ich empfände unser Buch als völlig verfehlt, wenn es in [dieser] der vorliegenden Weise gedruckt würde und meine Frau, die augenblicklich hier ist (und Ihnen für Ihr liebenswürdiges Gedenken herzlich dankt) theilt meine Meinung.

Also, lieber Herr Juncker, lassen Sie umgehend noch zwei oder drei Proben herstellen und berücksichtigen Sie dabei meine Eindrücke und Wünsche; vor allem auch was das Format angeht! (Das gewählte Papier müßte doch entsprechend beschnitten werden können!)

Ich bin kommende Woche unterwegs, aber vom 16. oder 17. an ist meine Adresse:

    bei Herrn Karl von der Heydt

      Wacholderhöhe

       Godesberg a/Rhein

wo ich bis Ende August bleiben werde; wollen Sie so gütig sein mich recht *bald* dorthin mehr und weiteres wissen zu lassen und womöglich die erwünschten Proben recht umgehend dorthin zu richten. Nur so kann unsere Angelegenheit, die ohnehin stark im Zögern steckt (es ist fast zwei Monate seit ich Ihnen das Mspt. sandte) in Gang kommen. Die Wappen-Zeichnung ist nicht schlecht, aber Sie schreiben nicht ob der Zeichner sonst noch etwas für uns vorbereitet? Es sollten doch einige Initialen verwendet werden? Das alles darf nicht zu lange mehr zögern wenn unsere beiden Bücher zur Zeit erscheinen sollen. Ich bin nun recht unruhig um ihretwillen. Und vertraue nur, daß Sie die Sache nun umsichtig und unter Berücksichtigung dieser Zeilen betreiben wollen.

Im übrigen wünsche ich Ihnen die besten Erholungs-Tage und bitte Sie, mich Ihrer Frau Gemahlin auf das Angelegentlichste empfehlen zu wollen.

Bald gute Nachrichten erwartend, grüße ich Sie herzlich und in alter Gesinnung.   ·

Ihr Rainer Maria Rilke

19 *Rilke an A. Juncker* (Schloß Friedelhausen, 21. IX. 06)

Mein lieber Herr Axel Juncker,
im Augenblick trifft Ihre Sendung ein und ich erledige sie umgehend; ich kann Ihnen freilich nicht verschweigen, daß ich all die Zeit *recht* besorgt war in betreff unserer Angelegenheit; Sie antworteten so flüchtig damals mit einer Karte, seither sind Wochen hingegangen und nun kommen wieder nur einige eilige Begleitworte, die mich nicht recht erkennen lassen, wo wir stehen. Zwar die eingesandten Probe-Bogen sind sehr in meinen Intentionen, aber es bleibt noch so viel zu thun und zu verabreden was schriftlich immer so mühsam und zeitraubend ist. Warum erhalte ich keine Proben vom »B.d.B.«? Möge es Ihnen nicht lästig sein, wenn ich Sie nochmals bitte, unsere Sache nun in der Hand zu behalten und mich *alles* sehen und wissen zu lassen, ehe es endgültig festgesetzt wird. Ich verspreche alles umgehend zu erledigen. (Bei dieser Gelegenheit bitte ich Sie, doch nie

mehr nach Westerwede zu schreiben, wo wir ja seit Jahren keine Wohnung mehr haben, das verursacht große Verzögerungen. Nun gilt, bis auf Weiteres diese obige Adresse.)

Nun zu den vorliegenden Proben. Sie sind ziemlich gelungen, theilweise sogar sehr schön. Ich würde nur folgendes zur Erwägung stellen:

1) Das Verlags-Zeichen *muß* meinem Gefühl nach *fortbleiben*; es wirkt allzu störend in seinem modernen Stylempfinden neben der alten Fraktur.*

2) Könnte man nicht zur Seiten-Nummerierung dieselben sehr ausdrucksvollen Zahlen anwenden, in denen die Jahreszahl (1906) auf dem Widmungsblatt angebracht worden ist?

3) Erbäte ich Proben vom endgültigen Wappendruck: er gilt doch als inneres Titelblatt? Nichtwahr? Wir müssen rechtzeitig versuchen können an welcher Stelle es sich am besten einordnet. –

Im Übrigen bin ich ganz einverstanden und wünsche nur, daß wir nun Fortschritte machen. Vor allem erwarte ich recht umgehend weitere Proben auch vom »B.d.B.« und so bald als möglich Correctur-Bogen.

Ferner bitte ich Sie, mir das alte Wappenblatt (Original) auf das Sorgfältigste verpackt jetzt hier her senden zu wollen; Sie benöthigen es ja auf keinen Fall mehr und ich hätte es gerade jetzt gerne, um es mit einigen alten Wappen in der hiesigen Bibliothek zu vergleichen.

Im Vertrauen auf Ihren freundschaftlichen und thätigen Beistand wie immer der Ihre:

Rainer Maria Rilke.

---

* Ihr Verlag steht ja so deutlich auf dem Titelblatt, daß die Verlags-Marke ohne Schaden fortbleiben kann.

Sehr geehrter Herr!

Zu meinem großen Bedauern und, offen gesagt, Erstaunen habe ich aus dem Buchhändler-Börsenblatt ersehen, daß Sie Ihre neuen Bücher einer anderen Firma zum Verlage übergeben haben. Auch Herr Dr. Voigt, der dieser Tage hier war, und dem ich davon erzählte, war recht traurig darüber. Nun werden Sie ja gewiß ganz bestimmte Gründe gehabt haben, die Sie veranlaßten, die Verbindung mit uns nicht fortzusetzen, aber es wäre mir doch lieb, diese Gründe zu wissen, und ich bitte Sie, sie mir doch offen zu sagen. Sollte es etwa daran liegen, daß Ihnen die andere Firma günstigere Bedingungen eingeräumt hat, so würde ich sehr bedauern, daß Sie mir in diesem Falle nicht davon Mitteilung gemacht hätten, Ihre Vorschläge und Wünsche zu erwägen und, soweit nur eben möglich, zu erfüllen. Ich hatte mich, nicht nur als Geschäftsmann, der Verbindung mit Ihnen aufrichtig gefreut, und muß es nun schmerzlich bedauern, daß sie ohne mein Verschulden ihr Ende gefunden hat. Für ein Wort in dieser Angelegenheit wäre ich Ihnen sehr dankbar. Nach wie vor in aufrichtiger Hochschätzung.

Ihr sehr ergebener Dr. Kippenberg

In einer Anzeige des Verlages Axel Juncker heißt es (Börsenblatt für den Deutschen Buchhandel, Jahrg. 73, Nr. 256, Leipzig, den 3. Nov. 1906, S. 11 049): Wir versenden in Kürze: Rainer Maria Rilke, Das Buch der Bilder / Zweite sehr vermehrte Ausgabe.
Rainer Maria Rilke, Die Weise von Liebe und Tod des Cornets Christoph Rilke. / Privatdruck in nur 300 numerierten Exemplaren. Preis gebunden M. 4.– ord., M. 3.– bar. / Dieses Buch, das zweifellos noch vor Erscheinen vergriffen sein wird, können wir nur bar liefern.
Rainer Maria Rilke, Die Letzten. 3 Novellen.

21 *Rilke an Anton Kippenberg* (Berlin, 10. XI. 06)

Sehr geehrter Herr Doktor,
Ihr sehr liebenswürdiges Schreiben kann ich nur mit der
Versicherung beantworten, daß ich das freundliche und
wertvolle Interesse des Insel-Verlages keineswegs zu übersehen oder zu unterschätzen beabsichtige; (...)
Nach dieser offenen Aussprache meiner Gesinnung werden
Sie nicht zögern, in dem Folgenden die kurze Aufklärung
eines Mißverständnisses zu erkennen:
Es handelt sich nicht um ein Fortgeben neuer Bücher an
einen anderen Verlag; das eine ist nur eine (etwas vermehrte) *zweite Auflage* meines Gedichtbuches ›Buch der Bilder‹,
die naturgemäß in den Händen bleiben mußte, in denen sich
die erste Auflage befand. Ferner erscheint bei demselben
Verleger ein kleines, vor sieben Jahren entstandenes Buch,
dessen Herausgabe (falls sie eines Tages beabsichtigt werden sollte) ihm seit Jahren schon versprochen war.

22 *Anton Kippenberg an Rilke* (Leipzig, 12. XI. 06)

Hochgeehrter Herr Rilke!
Mit ganz besonderer Freude empfing ich unter mancherlei
Unerfreulichem, das jedem Verleger zukommt, gestern, am
Sonntag, Ihren so liebenswürdigen Brief vom 10. ds. Mts.
Es ist mir ein sehr beruhigender Gedanke, daß nichts vorliegt, was Ihnen zu irgend welchen Bedenken gegen eine
weitere Verbindung mit uns Anlaß geben könnte, daß Sie
vielmehr die Absicht haben, uns auch in Zukunft Ihre Werke anzuvertrauen. (...)
Das Mißverständnis war ja leicht aufgeklärt. Aus der Anzeige des Verlages konnte ich nicht ersehen, daß es sich um
ein altes Buch handelte; nun haben Sie mir die Aufklärung

in erwünschter Weise gegeben. Mit nochmaligem Danke verbleibe ich in verehrungsvoller Ergebenheit

Ihr Dr. Kippenberg

23 *Rilke an Gudrun Baronin von Uexküll* (Capri, 3. [13.?]
XII. 06)

... Nun bin ich erst ungefähr so weit, daß ich einen Brief
an Sie, meine lieben Freunde, anfangen könnte; aber der
kommt nun ein andermal. Vorläufig wissen Sie, wenn Sie es
sollten vergessen haben, wie herzlich und aufrichtig ich zu
Ihnen hindenke und wie wohl es mir tut, Ihnen das wieder
einmal zu zeigen ...
NB.: Ihr Buch, verehrte Freundin, der ›Cornet‹, muß fertig sein; ich hab noch kein Exemplar zu meiner Bestür-
zung und hoffe, Sie finden es nicht irgendwo, bevor ich es
Ihnen geben kann; bitte, sehen Sie nicht hin, wenn es sich
so trifft.

24 *Rilke an Gräfin Lili Kanitz-Menar* (Capri, 18. XII. 06)

Clara wird Ihnen, eh sie reist, beide Bücher bringen. Daß
sie sie bringt, ist die Widmung, und außerdem wissen Sie,
daß das betreffende Blatt in den beiden Büchern nur für
andere Augen leer bleibt; Ihre Augen werden auch so die
Worte der Freundschaft lesen, die ich hineingeschrieben hätte.
Von ganzem Herzen   Ihr Rainer Maria R.

25 *Rilke an Axel Juncker* (Capri, Weihnachten 06)

... gestern vormittag kam Ihr Bücherpaket; ich habe die
beiden Bücher eingehend und aufmerksam durchgesehen

und mir eingestanden, was Sie sich, wie ich hoffe, auch sagen durften: daß es kein schlechtes Gelingen ist, das wir da durchgesetzt haben, und daß die beiden Ausgaben, rein typographisch betrachtet, nicht unsachlich und sehr interessant geworden sind. Besonders das B.d.B. hat mich überrascht durch die einfach ernste und überzeugende Wirkung, die auf das natürlichste von ihm ausgeht. Die Wahl der Schrift, des Formates, die Anordnung: alles stellt sich als im besten Sinne zweckgemäß heraus, ja, zu meiner Freude, gibt sich manches der Gedichte noch besser als in der ersten Ausgabe; der Fortfall der ästhetischen Prätension ist sehr nützlich: er läßt die Gedichte nun so ganz durch sich selbst wirken.

Dank also, herzlichen und dauernden Dank, für Ihre wirklich freundschaftliche Bereitschaft, meinem Buche Gutes zu tun, wobei Sie mir mit so viel Nachgiebigkeit, Einsicht und Verständnis entgegenkamen. Das Resultat ist nach unserem besten Wissen, Wollen und Können ein gutes; wir wollen uns dessen freuen und wünschen, daß es Ihnen auch noch Freude einbringt in idealem Beifall maßgebender Beurteiler, und vor allem, woran Sie, als Verleger, so sehr festhalten müssen, in praktischem Erfolg! Mich freuts jetzt, da ich das Buch zum erstenmal in Händen halte, zu merken, daß auch der Teil der Arbeit, der bei seinem neuen Zusammenfassen der meine war: die Anordnung der einzelnen Gedichte, nicht mißlungen ist; es ist inhaltlich eine neue, sehr charakteristische Einheit entstanden, ein wirklich neues Buch und, wie ich mir ohne Überhebung sage, ein berechtigtes ...

26 *Rilke an Sidonie Nádherný* (Capri, 26. XII. 06)

(...) Alle diese vielen einleitenden Worte bedeuten nur, daß ein kleines Buch sollte auf Ihrem Weihnachtstisch von Ihnen gefunden werden, eines, das aus Capri den weiten Weg in das stille winterliche Schloß zu nehmen bestimmt war. Aber es konnte nicht kommen, weil ich es selbst nicht erhielt und infolge verspäteter Fertigstellung auch jetzt noch nicht in Händen habe. Und nun bitte ich Sie, liebe Baronesse, erwarten Sie es, aber erwarten Sie nichts sehr Wichtiges; ein paar Blätter jugendlicher Arbeit, die im Lichte des Weihnachts-Baumes Ihnen vielleicht schöner erschienen wären als wenn diese Kerzen die alles zu Glanz und Wunder machen herabgebrannt sind und die tägliche Kritik wieder anstelle all der gerngläubigen Erwartung getreten ist.

26a *Arthur Holitscher an Rilke* (Budapest, 12. I. 07)

(...) Und nun, lieber lieber Freund, lassen Sie mir eine Weile Ihre Hand und lassen Sie sich Dank sagen für Ihre beiden Bücher. Sie wissen, welch ein Fest Sie mir bereiten, durch jede Zeile, die von Ihnen kommt. Ich genieße sie fast schon ohne Kritik (...). Aber Ihre Prosa müßten Sie, denke ich, energischer pflegen. Gewiß haben Sie eine große Anza⟨h⟩l von Prosablättern vor sich, die Sie immer und immer wieder revidiren, allein – ists vielleicht nur der Stoff, der Sie in dem Cornetenbüchlein dazu verleitet hat? – es besteht eine allzustarke Versinfusion in Ihrer Prosa und sie schadet ihr sehr, schadet vor allem der Stimmung, weil sie sie abbiegt. Ich kann alldies nicht ausführlicher sagen als spärlich in ⟨ein⟩ paar Worten, in einem Satz; meine Rede würde wol weniger stocken, schrieben wir uns häufiger (...).

27 *Rilke an Hedda Sauer* (Capri, 22. I. 07)

Nun geht endlich und sehr nachträglich das neue B.d.B. an Sie ab; von der kleinen Buchausgabe des ›Cornet‹ bitte ich ein Exemplar in Ihre Hände legen zu dürfen, die das zweite an Ihre Frau Schwester weitergeben mögen.

28 *Rilke an Gudrun Baronin von Uexküll* (Capri, 2. II. 07)

Liebe Freundin,
Ihr Brief hat mir gleichsam gezeigt, wie mein kleines Buch
bei Ihnen untergebracht ist, und ich danke Ihnen für die
Stelle, die Sie ihm gegeben haben. Ich fühle alles, was Ihre
lieben Worte meinen und sagen, und wenn es auch für den
Cornet selbst zu groß ist, so stimmt es doch auf das Gefühl, in welchem das kleine Buch zu Ihnen kam, das ich
nun so wunderbar geborgen weiß. So unvollkommen und
ungeschickt das kleine Kränzchen dieses Gedichtes auch gebunden ist, so ist mir doch, als ob ich darin zum ersten Mal
die Blüten zusammengestellt hätte, deren glückliche Vereinigung in einem Strauß oder Kranz aller dieser Bindekunst
äußerste Aufgabe darstellt: das wilde Jelängerjelieber des
Liebesstrauches und die stillen, eigentümlich schauenden
Sterne, mit denen der Baum des Todes blüht.
Daraus ist ja auch Schröders ›Elysium‹ gebunden, mit viel
Laub dazwischen, und wie schmerzlich und nachdenklich
mag Walter Calé das eine Blühen ans andere gehalten haben.

29 *Rilke an Ellen Key* (Capri, 9. II. 07)

Das neue Buch der Bilder und der Cornet, in seiner defini-
tiven Form, erwarten Dich hier, ebenso wie meine alten
Briefe an Dich, nach denen Du einmal fragtest (...).

30 *Rilke an Axel Juncker* (Capri, 28. III. 07)

(...) Auf meine Rechnung bitte ich Sie, mir (im Laufe des
April) noch *3* Exempl. v. B.d.B. und *3* Cornet zu senden.

31 *Rilke an Gräfin Mary Gneisenau* (Capri, 31. III. 07)

Den Cornet wollt' ich Ihnen geben, aber da schreiben Sie schon davon; auch da war ich zu spät gekommen. Wenn ich ihn Ihnen trotzdem noch geben darf, sollte es nicht einmal bei einem Wiedersehen schöner sein als so?
Und Ihr Buch bei Bard? Kommt es nicht mit dem Frühling in die Sonne?

32 *Rilke an Arthur Holitscher* (Paris, 20. VI. 07)

Ich will Ihnen nur sagen, daß nichts, was an Zustimmung von Ihnen zu mir kam, irgendwie verlorengegangen ist. Noch klingt mir nach, was Sie zum neuen Buch der Bilder schrieben. Mit der ›versinfizierten‹ Prosa des Cornet hatten Sie so recht. Sie ist von 1898, müssen Sie bedenken. Die, an der ich jetzt arbeite, sieht sehr anders aus.

33 *Rilke an Hedda Sauer* (Paris, 17. X. 07)

Dank und sehr herzlichen für Ihr liebevolles Verhalten zu unserem lieben Christoph Rilke.
Die ergebensten Grüße für Prof. Sauer und für Fräulein Edith Rzach füge ich allen denen an, die für Sie, liebe gnädige Frau, herzlich bestimmt sind . . .

34 *Rilke an Axel Juncker* (Paris, 1. VIII. 08)

Lieber Herr Juncker,
heute mit erster Post ist mir Ihre Abrechnung zugekommen, und ich beeile mich, Ihnen umgehend den Empfang von Mk 242,85 zu bestätigen. Danach dürfte ja eine Neuauflage des ›Cornet‹ noch nicht einmal nöthig sein. Aber ich erwarte

Ihre diesbezüglichen Nachrichten, die Sie mir in Aussicht stellten und die ja natürlich keine Eile haben. –

35 *Rilke an Anton Kippenberg* (Paris, 5. I. 09)

Was die beiden kleinen Gedichtbücher angeht, die die Firma Friesenhahn seinerzeit besaß, so habe ich Grund zu befürchten, daß Herr Juncker sie inzwischen erworben hat. Er hat früher wiederholt diese Absicht geäußert; in den sehr wenigen Briefen, die ich während der letzten zwei Jahre von ihm empfing, ist die Sache zwar nicht zur Sprache gekommen, aber ich glaube mich zu erinnern, daß der Buchhändler Heller in Wien im November 1907 etwas von einer Übernahme jener Jugendarbeiten durch den Junckerschen Verlag wußte.
Ich werde bei Herrn Juncker selbst danach fragen. Er hat mich kürzlich wissen lassen, daß meine Dichtung ›Die Weise von Liebe und Tod des Cornets Christoph Rilke‹ vergriffen ist, und ich erwarte seine Vorschläge in betreff einer neuen Auflage.

36 *Anton Kippenberg an Rilke* (Leipzig, 7. I. und 8. I. 09)

Sehr verehrter und lieber Herr Rilke!
Ich möchte heute nur auf einen Punkt Ihres letzten Briefes eingehen, der sich auf Ihre Dichtung ›Die Weise von Liebe und Tod des Cornets Christoph Rilke‹ bezieht. So viel ich weiß, hat Herr Juncker seiner Zeit diese Dichtung als einmalige numerierte Ausgabe angekündigt, und ich schließe daraus, daß Sie ihm das Verlagsrecht auch nur für diese eine Auflage gegeben haben. Nun treffen wir ja in dem Wunsche zusammen, Ihre Werke mit der Zeit nach Möglichkeit alle im Insel-Verlag zu vereinigen, und zwar leitet mich vor allem dabei auch der Gesichtspunkt, daß wir an die Möglich-

keit einer Gesamtausgabe denken und uns die Rechte in möglichst großem Umfange dafür sichern müssen. Ich möchte Ihnen daher vorschlagen, falls, wie ich annehme, der Vertrag das gestattet, daß Sie die zweite Auflage des Büchleins im Insel-Verlag erscheinen lassen. In jedem Fall würde es mich sehr interessieren, den Vertrag mit Juncker, sowie auch alle sonstigen Verträge, die Sie etwa noch in Händen haben, einmal hier durchzulesen. Wenn Sie es wünschen, behalte ich sie dann, wie die übrigen Verträge, die ich schon hier habe, als ihr Depositum im Eisenschrank, um Ihnen jeweilig mit meinem Rate nahe sein zu können.

Mit herzlichen Grüßen, in Eile, da ich vor einer Reise stehe,
Ihr aufrichtig ergebener Dr. Kippenberg

Lieber und sehr verehrter Herr Rilke!

Soeben sehe ich, daß sich die beiden Juncker'schen Verträge wohlverwahrt bei uns befinden. Wie aus dem über den Cornet abgeschlossenen hervorgeht, hat Herr Juncker das Verlagsrecht nur für eine einmalige Auflage von 300 Exemplaren, und da diese vergriffen ist, so ist das Verlagsrecht erloschen. Auch kann Herr Juncker das Buch, da er die Auflage ausdrücklich als einmalig angekündigt hat, nicht wohl neu erscheinen lassen. Ich möchte Ihnen nun den Vorschlag machen, daß Sie Herrn Juncker schreiben, es sei unter diesen Umständen unmöglich, das Buch für sich noch einmal erscheinen zu lassen und Sie beabsichtigten, es bei Gelegenheit mit anderen Dichtungen vereinigt in einem anderen Verlage herauszugeben. Vielleicht könnte man es dann mit dem Requiem verbinden und der einen oder anderen Dichtung, die bereits von früher vorhanden, oder sich zu guter Stunde dazu gesellen würde. Es würde meiner Meinung nach, zumal von einer einmaligen Auflage die Rede war, nicht schaden, wenn das Buch ein Jahr lang vergriffen wäre.

Mit vielen herzlichen Grüßen aufrichtig der Ihrige
Dr. Kippenberg

37 *Axel Juncker an Rilke* (10. I. 09)[*]

Der Einheitlichkeit wegen wäre es vielleicht zu empfehlen, den ›Cornet‹ in derselben Schrift neuzudrucken und dasselbe Papier zu nehmen, wenn möglich stärker, das wir für ›Buch d. B.‹ verwendet haben. – Der Druck könnte, nachdem Sie sich hierfür entschlossen haben, sofort beginnen. Änderungen im Text haben Sie wohl nicht vorzunehmen? – Bezüglich ›Advent‹ u. ›Traumgekrönt‹ habe ich, wie ich meinte Ihnen längst bekannt, erworben und kann es mir nur sympatisch berühren, wenn Sie eine Neuausgabe dieser beiden Bde. durch mich planen; ich würde dann natürlich die restlichen Expl. zurückziehen. – Ich denke, es handelt sich um eine Auswahl aus diesen Bden. und vielleicht aus ›Larenopfer‹ unter einem gemeinsamen Titel. Auch für diesen Band würde ich vorschlagen Satz und Papier wie aus ›B.d.B.‹ zu nehmen, damit alle meine Bde. von Ihnen die Einheitlichkeit bewahren. Als Honorar offeriere ich Ihnen denselben Procentsatz wie bei den anderen Bänden; Auflage 1000. Zahlung in 2 Hälften voraus.

38 *Rilke an Anton Kippenberg* (Paris, 15. I. 09)

Was Herrn Juncker angeht, so hat sich mein letzter Brief mit seinen ›Vorschlägen‹ gekreuzt, die ja nun von selbst hinfällig werden durch meine Absage, den ›Cornet‹ betreffend (auf die ich noch ohne Antwort bin). Aber die Friesenhähnschen Bücher sind also in seinem Besitz. Ich hatte ihm gegenüber nicht von einer Neuausgabe gesprochen, wie Sie denken können, vielmehr nur zu wissen verlangt, unter welchen Bedingungen er die beiden kleinen Bücher übernommen hat. Da mit Friesenhahn kein Vertrag be-

* Renate Scharffenberg, Rilke und sein Verleger Axel Juncker. In: Imprimatur, N.F. Band V (1967), S. 79.

stand, kann Herr Juncker Anspruch machen, weitere Auflagen jener Gedichte zu verlegen, oder ist es meine Möglichkeit, ihm das zu versagen?

39 *Anton Kippenberg an Rilke* (19. I. 09)

Was nun die Angelegenheit des Herrn Juncker angeht, so ist die ›Cornet‹ Frage wohl durch Ihren Brief erledigt. Vielleicht halten Sie mich über die Angelegenheit und auch über die anderen schwebenden dadurch auf dem Laufenden, daß Sie mir die weiteren Briefe des Herrn Juncker zusenden. Ich werde sie mit den übrigen Papieren, die Ihnen gehören, als Ihr Depositum sorgfältig aufbewahren.

40 *Anton Kippenberg an Rilke* (Leipzig, 5. VIII. 09)

Allerdings lag insofern ein Stein des Hindernisses da, als Herr Juncker auch das Verlagsrecht an der ›Weise von Liebe und Tod‹ zu besitzen meinte und er sich mit meiner zweifellos richtigen Auffassung, daß es ihm nicht mehr gehöre, nicht einverstanden erklären konnte. Vielleicht aber gelingt es doch noch, das Buch von Herrn Juncker zu erwerben, damit wir nach und nach alle Ihre Dichtungen im Insel-Verlag vereinigen. Mit vielen herzlichen Grüßen
aufrichtig Ihr Dr. Kippenberg

41 *Rilke an Anton Kippenberg* (Paris, 30. VI. 10)

Mein lieber Dr. Kippenberg,
der erste Teil der ›Neuen Gedichte‹, den Sie mir ankündigten, trifft eben ein; ich werde ihn aufmerksam durchsehen, ich weiß mich nicht zu erinnern, ob mir je ein Fehler darin aufgefallen ist ...

Nun haben Sie wirklich in all Ihrer ernsten ununterbroche-
nen Arbeit mein Exlibris nicht vergessen. So unbescheiden
es ist, darf ich vorschlagen, daß wir doch noch den Versuch
machen, auf die richtigen Tinten zurückzugehen? Sie erinnern, die Farben des Blattes im ›Cornet‹ sind falsch,
es geht, dem alten Armorial zufolge, alles in Schwarz und
Silber vor sich. Ich glaube, wir erreichen diese Korrektur
wenn wir einfach *alles,* was jetzt rot ist, schwarz drucken;
das Grau gibt ja schon den Silberton. Oder aber wir beschränken uns darauf, die Farben heraldisch zu markieren,
d. h. Silber einfach weiß lassen und schwarz durch senkrecht
gekreuzte Schraffierung ausdrücken.
Beschließen Sie das, was weniger Mühe macht, bitte.

42 *Anton Kippenberg an Rilke* (Leipzig, 13. VII. 10)

Sehr geehrter Herr!
Wir übersenden Ihnen beifolgend einige Abzüge Ihres Exlibris und bitten, uns Ihre Meinung darüber zu sagen. Ihrem
Wunsche zufolge haben wir das Rot durch Schwarz und das
Grau durch Silber ersetzt; es bleibt nun noch ein gelber Ton
übrig, und bitten wir uns mitzuteilen, ob die Anordnung
so richtig ist, oder ob dieser Ton ganz fortfallen soll. Be-
merken möchten wir noch, daß die Exlibris der Auflage natürlich noch bedeutend besser ausfallen werden.
Mit vorzüglicher Hochachtung sehr ergeben
Die Leitung des Insel-Verlages

Dr. Kippenberg

43 *Anton Kippenberg an Rilke* (Leipzig, 27. XII. 10)

Anfang nächsten Jahres werde ich dann gelegentlich einer
Berliner Reise einmal bei Axel Juncker persönlich vorspre-
chen und mit ihm über das Buch der Bilder verhandeln. Ich

möchte so gern, daß wir den ›Cornet‹ in dieser oder jener Form bald neu brächten.

44 *Anton Kippenberg an Rilke* (Leipzig, 18. IX. 11)

Ich muß offen sagen, daß ich Juncker's Antwort nicht anders erwartet hatte. Er klammert sich mit nordischer Zähigkeit an dieses Buch, das er wohl selbst weitaus als das beste seines Verlags empfindet, und ich muß gestehen, ich täte es auch. (. . . . .) Fraglich ist ja die ganze Angelegenheit des Cornet. Ich will in den nächsten Tagen einmal mit einem auf dem Gebiete des Urheberrechts erfahrenen Juristen darüber sprechen und mit ihm beraten, was zu tun ist.

45 *Rilke an Anton Kippenberg* (München, 22. IX. 11)

Mein lieber Dr. Kippenberg,
wie immer und in allem fanden Sie in Ihrem Diktat das Rechte, mich über Junckers Eigensinn zu trösten, so wollen wirs mit der Geduld aufnehmen; wenn nur der ›Cornet‹ doch ihm weg verwendet werden könnte. Heymel lechzt danach, ebenso wie – sagt er – nach einer billigen Auswahl meiner Gedichte; letzteres gehört in den Umkreis seiner jetzigen Bestrebungen, Massenwirkungen zu veranlassen –. Ich weiß nicht, was alles er vorhat, er hatte viel auf dem Herzen, ich habs ihm leise wieder darauf gestellt, que faire? (. . .)

46 *Anton Kippenberg an Rilke* (Leipzig, 29. XI. 11)

Endlich der Cornet! Wir müssen ernstlich daran denken, eine neue Ausgabe davon zu bringen. Ich schlage vor, daß wir zunächst einen Vertrag über die neue Ausgabe schließen. Ich werde von diesem fait accompli dann Juncker Mitteilung machen. Sollte er Einwände erheben, so wird man sie beseitigen müssen. Irgend welche Rechte auf eine neue Ausgabe gibt ihm der mit ihm abgeschlossene Vertrag, den ich ja hier habe, nicht.

Und nun noch die herzlichsten Grüße und alle guten Wünsche für Gesundheit und Arbeit von Ihrem

A. Kippenberg

47 *Anton Kippenberg an Rilke* (Leipzig, 10. XII. 11)

2) Axel Juncker habe ich soeben brieflich auf den Operationstisch gelegt und hoffe, ihn bald als geheilt entlassen zu können.

3) Die Madeleine soll nicht teuer werden (. . . . .)

48 *Anton Kippenberg an Rilke* (Leipzig, 13. I. 12)

Juncker liegt noch auf dem Operationstisch freilich nicht etwa in der Narkose, sondern bei allerfrischesten Geisteskräften, die sich darin zeigen, daß er ein Erkleckliches aus dem Handel herausschlagen möchte. Wir sind schon so weit, die Entschädigungsfrage zu diskutieren. Ich habe ihm vier blaue Scheine hingestreckt heute in einem Briefe und bin nun gespannt, ob er sie ausschlägt oder annimmt. Bekommen wir den ›Cornet‹, so wäre zu erwägen, ob wir ihn nicht in die Dreißig Pfennig-Bücherei, die inzwischen [nach Verrechnung] *unter Vermehrung* des präsumtiven honorarii Fünfzig Pfennig-Bücher geworden sind, hineinnehmen. Dort würde er weiter Wirkung tun und Sie aufs würdigste vertreten. Andernfalls wäre an ausgewählte Gedichte zu denken (. . .).

Mein lieber Freund,
die Post bringt mir heute Ihr herzliches Diktat vom 13.,
es überkommt mich sofort die unmittelbarste Lust zu antworten, nämlich, daß:
die Idee, den ›Cornet‹ in den ›Fünfzig-Pfennig-Büchern‹ zu
bringen, bei mir stark eingeschlagen hat: ich fände, nichts
könnte besser am Platze sein, und sehe einen, der sich lär-
mend freut: Heymel.
Junckers Natur macht mir Sorge, wirklich. Da wir doch
noch einige Operationen an ihm vorhaben... Ich fühle
mich immer ein bißchen schuldig an diesem ›schweren
Fall‹, dessen Behandlung Ihnen so teuer wird. Bitte, lassen Sie mich den Ausgang wissen.

Mein lieber Herr Rilke!
Kurz nur die Nachricht, daß Axel Juncker die M 400,–,
nachdem er zunächst noch versucht hatte, sie zu erhöhen,
akzeptiert hat. Damit haben wir nunmehr den Cornet
definitiv für eine Einzel-Ausgabe in unseren Händen. Unser
Vertrag wäre nun natürlich, da wir den Cornet in die 50
Pfennig-Serie aufnehmen wollen, abzuändern. Bei dieser
Serie könnten für je 10 000 Exemplare M 400,– gezahlt
werden; wenn Sie damit einverstanden sind, so lasse ich
Ihnen einen neuen Vertrag zugehen. Ich glaube wir können
auf eine Reihe neuer Auflagen mit Sicherheit rechnen.
Wie lange denken Sie noch in Duino zu bleiben und sehen
wir Sie auf der Rückreise?

Allerherzlichst Ihr A. Kippenberg

51 Rilke an Anton Kippenberg (Duino, 25. I. 12)

Mein lieber Freund,
inliegend finden Sie den nunmehr ungültigen Vertrag über
den ›Cornet‹, den ich mit Freude gegen den neuen aus-
tauschen werde. Ich danke Ihnen nochmals für das Opfer, da Sie sichs haben kosten lassen, so findet sich doch
langsam alles unter Ihrem Schutze zusammen: aus den alten
verstreuten Provinzen wird nach und nach das Reich Ihrer
guten klugen Verwaltung ...
Sie fragen nach meinen Plänen, alles schwebt noch (...)

52 Anton Kippenberg an Rilke (Leipzig, 20. II. 12)

(...) Ob es mit den 50 Pfennig-Büchern im Frühjahr noch
wird, ist fraglich geworden, sonst jedenfalls im September.
Und der Cornet Rilke soll No. 1 der Sammlung werden ...

53 Rilke an Anton Kippenberg (Venedig, 13. V. 12)

So bin ich schlecht für den Almanach zu verwenden; aber
wär es nicht das gegebenste, drei, vier Gedichte des ›Ma-
rienlebens‹ zu bringen, wir könnten noch überlegen, welche?
Dem ›Cornet‹ seh ich mit herzlichster Stimmung entgegen,
nur beunruhigt michs ein wenig, daß man, wie Dr. Buch-
wald mir schrieb, auch den Abdruck in der ›Deutschen Arbeit‹ berücksichtigt hätte; zufällig fand ich ihn einen der
letzten Tage in Duino, er ist einer älteren Fassung nach-
gedruckt, fehlerhaft in bezug auf die Namen, unbedingt war
die Buchausgabe, die Juncker gemacht hatte, ihm gegenüber
überall im Recht: hat man so verfügt? Darüber sorg ich
mich ein bißchen.

Die Insel-Bücherei

Jeder Band:
Gebunden 50 Pfennig

Die Autoren der ersten zwölf, im Juni erscheinenden
Bände sind:

Rilke, Hofmannsthal, Verhaeren, van de Velde;
Flaubert, Jens Peter Jacobsen; Goethe, Bürger
(Münchhausen), Cervantes; Bismarck,
Friedrich d. Große, Plato

Wir haben ein ausführliches Rundschreiben über die
Insel-Bücherei versandt; Firmen, die es nicht erhalten
sollten, bitten wir zu reklamieren.

Im Mai 1912

Der Insel-Verlag zu Leipzig

Börsenblatt für den Deutschen Buchhandel vom 23. Mai 1912, vordere
Umschlagseite.

107

54 *Rilke an Anton Kippenberg* (Venedig, 3. VIII. 12)

Lieber Freund,
seit vier, fünf Tagen schon will ich Ihnen danken für diesen Vorrat guter Nachrichten; ich bin es gewöhnt, von Ihnen aufs treuste unterstützt zu sein, aber Sie finden immer noch Wege, mich mit Besserem zu überraschen, so daß das Gute nicht zur Gewohnheit wird. (...)
Juncker kennt wirklich keine Grenzen – und dabei ist doch der ›Cornet‹ auf dem Gaul, den er ihm zur Verfügung gestellt hat, sehr wenig weit gekommen, lieber Freund, was haben Sie diesen guten Christoph Rilke beritten gemacht. Wer hätte das gedacht.

55 *Rilke an Marie Taxis* (Venedig, 3. VIII. 12)

Der ›Cornet‹ ist nun in derselben Sammlung aufs Neue gedruckt worden und hat seinem jetzigen Verleger die vergnüglichste Überraschung bereitet, stellen Sie sich vor, 8 000 Exemplare in 3 Wochen –, wir drucken 20 000 andere, der Himmel weiß, wie es zugeht.

55a *Rilke an Sidonie Nádherný* (Venedig, 5. VIII. 12)

(...) Den ›Cornet‹, der sich nun auch wieder aufgemacht hat, nur nebenbei, und ein englisches Buch, von dem man mir viel und merkwürdig gesprochen hat (...).

56 *Marie Taxis an Rilke* (Bayreuth, 8. VIII. 12)

Aber jetzt muß ich Ihnen danken, vielmals danken für Brief und Buch – Ich habe den ›Cornet‹ wieder gelesen mit großer Freude, und Ihr Brief war auch köstlich und rasend interessant. Wissen Sie Dottor Serafico ich bin froh daß sowohl die Duse als die Poletti abgeschoben sind – sonst wären Sie wirklich wie von den Ameisen aufgefressen worden (. . .).

Ich finde aber gar nicht daß es ein Glück ist daß von der ›weißen Fürstin‹ nicht mehr die Rede war – es ist so schön daß es doch hätte probirt werden sollen – schließlich das große Publicum ist doch nicht allein maßgebend – Gewiß ist die erste Ausgabe des ›Cornet‹ nicht so gegangen – ich freue mich für die zweite, wundere mich aber gar nicht!

Danke auch für die Briefe an ›Gustgen‹, Placci kannte sie nicht – ich habe ihm indessen den Cornet gegeben.

57 *Rilke an Anton Kippenberg* (Paris, 7. IV. 13)

Wie fühlt sich die Patientin, und denken Sie an Rom? Es ist jetzt herrlich dort, ich habe allerhand Nachrichten, und eine ist entzückter als die andere von dem heurigen Frühling der Campagna und der erhabenen Stadt. Andere Briefe sprachen mir, weither, vom ›Cornet‹; es scheint, er streifte in Holland umher und reitet jetzt durch: Argentinien. Tausend herzlichste Grüße Ihres

Rilke

58 *Katharina Kippenberg an Rilke* (Leipzig, 19. VIII. 13)

Lieber Freund!

Ich habe das englische Manuskript durchgesehen und finde es im ganzen zu loben. Die Übersetzerin hat sehr wörtlich übersetzt, was in diesem Falle wohl angeht. Einige Stellen habe ich mir erlaubt, fraglich zu machen, weil ich sie nicht leiden mochte oder das Original sie viel stärker ausgedrückt hat. Ich glaube doch, daß eine Übersetzung zustande kommen wird, die ihren Mann steht, und daß der Cornet *überhaupt* über den Kanal setzt? – geben Sie es zu, – in den Cottages, die die Heckenrosen überblühen, in den Wohnzimmern am duftenden Kamin muß er verstanden werden und wäre es auch nur an dem Abend, wo er so behaglich und sauber, so ganz und gar ein gentleman sein darf. ›Übergänge‹ aber vermisse ich gar nicht in der Probe, kann sie nicht vermissen, denn wie könnte der Dichter sie wohl seiner Sprache gegeben haben, da er uns eine Jugend schenkt? Sie ist ja ganz und gar ohne Übergänge und grade deshalb Jugend. Die Hast, der Sturm, das Reden, das Verstummen, das Sehen und das für-sich-Wollen, alles ist ohne Übergang, *muß* es sein und deshalb stoßweise, oft sich hart überstürzend, herausgebracht, in fliegender Unrast, nicht mit einer sprachlichen Verschleifung oder zögerndem Rhythmus rückwärts schauend. Nur voran. In das Material selbst aber, in den Inhalt, den die Worte tragen, ist die Weichheit hineingelegt, die ebenso reich und so notwendig ist wie das andere und mit ihm zusammen nun den Leser aufleuchten läßt in eignem Jungsein. Ich möchte wohl gern den Dichter selbst einmal fragen, ob er auch so atemlos war, als er schrieb, wie der Cornet, als er die Fahne in den Tod hineinstürzte? Ich könnte mir denken, in einem blinden Zuge geschah beides und die Außenwelt zu Seiten der Augen mischte sich zu etwas Farblosem dabei, ganz unwesentlich. –

59 *Rilke an Anton Kippenberg* (Paris, 5. XI. 13)

Mein lieber Freund,
mein Nachbar (nicht der, der mich durch sein Klavier im Frühling wider sich gerüstet hat, sondern einer seiner Freunde, der ihn zur Zeit recht günstig vertritt), dieser ungarische Nachbar hat mir gestern den magyarischen Cornet zurückgebracht mit der Versicherung, daß man uns da eine äußerst

ungeschickte und unzulängliche Übersetzung angeboten hat. Nach den paar Gesprächen, die ich mit dem sehr verständigen und künstlerisch unterrichteten jungen Menschen hatte, bin ich geneigt, ihm ein geltendes Urteil zuzuschreiben, und es dürfte sich demnach empfehlen, Herrn Singers Intentionen dankbar abzulehnen. So bekommen wir wohl fürs nächste nur die englische Version der geborenen Urenkelin ›von‹ Herders.

Insel-Bücherei
Jeder Band gebunden 50 Pfennig

Das Rundschreiben über die zweite Serie ist versandt worden. Von den Bänden 1 (Rilke), 5 (Verhaeren) und 8 (Hofmannsthal) ist der Neudruck – je das 11. bis 30. Tausend – beendet worden. Wir bitten von den ersten zwölf Bänden das Lager für die lebhaftere Geschäftszeit, die nun begonnen hat, gut zu versehen und auf dem beigefügten Zettel zu verlangen. Seit dem Erscheinen der Insel-Bücherei (Anfang Juli) sind bereits über 100 000 Bände verkauft worden; das wird auch die Firmen, die ihren genügenden Anteil an dieser Zahl nicht hatten, von der Absatzfähigkeit der Bände überzeugen.
Der Insel-Verlag

Börsenblatt für den Deutschen Buchhandel, Jahrg. 79, Bd. 3, Nr. 223 (Leipzig, Dienstag den 24. September 1912), S. 11251.

Der gewiß sehr liebevolle polnische Brief geht mir recht
nahe, denn ich kann ihn nicht lesen und weiß vor der Hand
auch niemanden, der die Übertragung des ›Cornet‹ in
dieser Sprache beurteilen könnte. Was tun? Ist nicht in
Leipzig jemand (Student oder dergleichen) aufzutreiben,
der mir erst mal den Brief übertrüge, ich ahne ihn stellenweise, kraft des Russischen, aber alle diese zarten kleinen
Zeilen durchzuahnen, dazu fühl ich mich nicht eindringlich
genug. Verfügen Sie, bitte, nach Ihrem Ermessen, und seien
Sie mir, lieber Freund, aufs dankbarste tausendmal gegrüßt.

Ihr Rilke

Lieber Freund!
Ihr Brief vom 17. ds. Mts. bringt gute Nachrichten; (...)
Daß Ihre Polyglottie vor dem Polnischen Halt machen
würde, ahnte ich freilich schon, wollte Ihnen aber doch für
alle Fälle das Manuskript schicken. Geben Sie es mir nur
bitte gelegentlich wieder zurück, ich will dann schon einen
Polen hier ausfindig machen, der uns darüber berät, ob man
mit gutem Gewissen die Autorisation erteilen kann. Bisher
haben wir ja recht schlechte Erfahrungen gemacht.
Daß der Cornet bald ins 31.-40. Tausend reitet, sei neben-
her angemerkt.
Von Herzen verehrend der Ihrige

A. Kippenberg

Der gute ›Cornet‹ – : es wäre schön, wenn die polnische
Übertragung verwendbar wäre; Sie irren übrigens in der

Annahme, daß ich sie hier hätte, Herr Keller hat mir nur den Brief gesandt, den ich Ihnen neulich wiedergab, mit der Frage, ob mir das Manuskript der Übersetzung erwünscht wäre (mit dem ich ja nun leider mich nicht zu verständigen wüßte).

63 *Rilke an Anton Kippenberg* (Paris, 14. II. 14)

Heute bekomme ich von der ›Insel‹ die italienische Übertragung des ›Cornet‹, so kehren wir, Gott sei Dank, zu den Sprachen zurück, über die ich eine Spur Einsicht habe; trotzdem werd ich vielleicht das Urteil italienischer Freunde zu Rate ziehen, um desto sicherer antworten zu können.

64 *Rilke an André Gide* (Paris, 15. II. 14)

Je suis content que le Hölderlin vous accompagnera et vous parlera dans ce beau pays – qui, hier, m'a fait la surprise d'un salut charmant, en forme d'une belle traduction italienne de mon petit vieux livre du Cornet Christophe Rilke.
Tout amicalement votre

                                        Rilke,
en vous priant de dire mes respects dévoués à Madame Gide.

65 *Rilke an Magda von Hattingberg* (Paris, 16. II. 14)*

Vorgestern Abend war noch etwas, ganz zum Schluß, was ich Dir nicht berichtet habe. Denk: mein jugendlichstes Gedicht, die ›Weise‹ von meinem Vorfahr, dem Cornet

---

* Vgl. M. v. Hattingberg, Rilke und Benvenuta. Ein Buch des Dankes. Wien 1943 (²1947), S. 186–187.

Christoph Rilke, der (1662?) wider die Türken ritt, jagte mir in einer *fremden* reichen ritterlichen Sprache durch das, von Dir stürmende Herz. Auf einmal übersetzt alle Welt dieses viele Jahre wie vergessen gewesne Gedicht, englische, polnische, ungarische – der Himmel weiß was für Übersetzungen wurden in den letzten Monaten dem Verlag angeboten –, nun war eine italiänische da, nicht ohne Glück gelungen, wie mir schien: ich las sie zweimal laut in der hohen Stille des Zimmers, die fremde Sprache, zu der ich viel Neigung empfinde, gab mirs, wie in einem anderen Blute noch einmal aufspringend, wieder, ich gedachte der einen wehenden Mondnacht, da ichs geschrieben hatte (– vor … fünfzehn Jahren –) mir war, als hätt ich damals den kürzesten Weg durch mein Herz gewußt, oder wars gar kein Weg – gings nur geradezu über Heck und Zaun? –, das kleine Jugendbildnis meines Vaters mochte dazu auf mich gewirkt haben, ein Bild wohl auch seines jungverstorbenen Bruders, den ich nie gekannt hatte als auf dem kleinen Ölgemälde, das ihn zeigte in seiner schlanken Ulanen-Uniform kurz vor seinem Tode (er starb, glaub ich, an einer Lungen-Entzündung, verursacht durch einen Sturz vom Pferde in ein kaltes reißendes Gewässer). Das mochte mirs eingegeben haben, daß ich die paar Zeilen über den Cornet, wie sie, kärglich genug, aus Archiv-Papieren ausgezogen, vor mir lagen, wie eine Rakete behandeln konnte, die an einem Funken Herzglut auffuhr, und in die geräumige Nacht meines Lebens-Vorgefühls ihre kühne, unaufhaltsame Kurve warf. – Damals, da ich leichtsinnig in einer träumerisch-schaffenden Nacht (denn Hervorbringung war da noch nicht so unabsehbar weit zu verantworten –) erfuhr, erriet, daß es *viel* sei, warm aus der Kindheit heraus, durch einen Moment Mannesthums, mit heißen Wangen in den Tod zu jagen –: Schwester, da ahnte ich noch nicht, wie ich später die Jung-Sterbenden bewundern würde, nicht ihr Vorüberstürzen nein geradezu ihr Totsein, die Überlegenheit, die Nachsicht, die uns zugekehrte Milde ihres Totseins. In allen Ländern ging ich ihnen nach, ihren Bildern, ihren Briefen –, ihren schattigen Gedichten; und wie kam es mir rührend großmütig vor, daß sie sich Zeit genommen hatten, ein Mädchen zu lieben und nicht fürchteten, der Aufwand der Erwartung (alle die vergeblichen Warte-Stunden der Liebe) könnte zu groß sein für ihre wenige Zeit. Als mir in Rom, völlig unbegreiflich, zuerst die erfundene Figur Malte's geistig gegenübertrat, da erschütterte es mich, gleich zu verstehen, daß er jung sterben müsse. Und wenn ich später, in Malte's Beziehungen hinein, den kleinen Erik erfand, auf den die Gespenster so große Stücke halten, so wars wieder dies, was mich wunderlich beschäftigte, die Längen und Leeren und Ausführlichkeiten der Kindheit, die sich in aller Langsamkeit und Gelassenheit unverkürzt vollzogen, als ob nichts zu versäumen sei, selbst in einem Leben qui n'aura qu'un tout petit lendemain transparent. In Padua, wo man die Grabtafeln vieler junger Menschen sieht, die dort (während ihrer Studien an der berühmten Universität) hinstarben, in Bologna, in Venedig, in Rom, überall stand ich, als ein Schüler des Todes, vor ihrer grenzenlosen Wissenschaft und ließ mich erziehen.

Du mußt sie ja auch erinnern aus Genua und Verona, wie sie in den Kirchen ruhen, jugendlich hingelegte Gestalten, neidlos gegen unser Kommen und Gehen, sich innen genügend, als hätten sie im Todeskrampf erst recht die Frucht des Lebens aufgebissen und erkosteten nun endlos die Tiefen ihrer Süßigkeit. (Denn da ist kein Ende).

66 *André Gide an Rilke* (17. II. 14)

Mon cher Rilke,
Verriez-vous sans déplaisir une traduction du Cornette Christophe Rilke, par moi dans la N.R.F.? ...
Depuis des jours et des jours je doute et hésite à vous demander cela, par grande crainte d'être au-dessous de la

tâche ... mais l'espoir de retrouver bientôt Madame May-
risch en voyage (c'est avec elle déjà que j'avais traduit
les deux fragments de Malte Laurids Brigge) subitement
m'encourage – car j'ai l'assurance, avec elle, de vous »com-
prendre« parfaitement. Mais traduire cet intraduisible ...?
Enfin – me permettriez-vous tout au moins d'essayer? Et
me permettez-vous, si je vois que je n'obtiens rien que
d'informe, de vous confesser ma défaite, humblement?
Bien affectueusement votre

André Gide.

67 *Rilke an André Gide* (Paris, 18. II. 14)

Mais, mon cher Gide, mais je serais *ravi* au sens le plus
céleste de ce mot, si un jour il y aurait une traduction du
Christophe Rilke *par vous,* cher ami; mais jamais je n'aurais
rêvé n'y espéré chose si belle. D'abord je suis sûr que
vous en feriez une merveille: en premier lieu parce que
c'est vous –, et puis parce que vous me comprenez comme
il est rare d'être compris en poésie par un esprit qui s'agite
et se calme dans l'élément d'une autre langue (car à la fin
nous arrivons à une certaine identité d'expression et d'idées,
et parfois je me dis qu'une chose qui, par exemple, s'appelle
»Hacas« ne peut pas pour un autre s'appeler »Casa« –
qu'un des deux doit avoir tort –) et – enfin personne que
vous ne pourrait pénétrer et rendre ce qui fait à peu
près (il me semble) la seule qualité de ce poème de jeunesse: c'est-à-dire le rythme tout intérieur, le rythme du
sang qui le traverse, qui le porte, qui l'entraîne d'un bout
à l'autre, sans qu'il y ait un moment d'hésitation ou d'in-
certitude.
L'autre soir, lisant la traduction italienne, je me suis rap-
pelé de cette nuit rêveuse que j'avais écrit ces pages, étonné,
presque malgré moi, ravi par la rapidité de cet aïeul ado-
lescent qui, les joues encore toutes chaudes de l'enfance,

traverse l'amour pour trouver la mort, l'apothéose de la mort – ébloui!

Ah, que ce temps est loin, cher Gide, que l'on a pu s'adonner à une telle tempête, sans demander rien, sans s'apercevoir d'aucune difficulté, en une seule nuit et le matin sachant à peine si peut-être on n'a pas dormi profondément.

Donc, merci, de votre intention qui me paraît grande et généreuse, *mais qu'elle ne vous pèse point:* vous le ferez ou non selon les saisons de votre être dont on ne sait jamais rien d'avance. C'est déjà une si complète joie pour moi que de sentir le parfum de la possibilité fleurie.

(Qu'une journée me semble bonne qui commence avec une telle nouvelle.)

68 *Rilke an Anton Kippenberg* (Paris, 19. II. 14)

Gestern früh bekam ich von Gide die mir überaus liebe Mitteilung, daß er *sehr* damit umgehe, den ›Cornet‹ zu übertragen. Er, bei seinem Gefühl für den Rhythmus, würde das sicher herrlich hervorbringen. Doch bleibe das noch ganz im Vertrauen unter uns, denn er mags, wie ichs ja auch tun würde, nicht versprechen und bekennen, bevor er nicht weiß, ob es ihn wirklich von einem Ende zum anderen trägt und ob es durchaus Sache seines Gewissens und seiner Freude sei.

69 *Rilke an Lou Andreas-Salomé* (Paris, 20. II. 14)

– Denk Dir, dieser ›Cornet‹: man druckt das dreißigste bis vierzigste Tausend: von Übersetzungen sind uns angeboten: eine Englische, eine Polnische, eine Ungarische; eine Italiänische, *ausgezeichnete,* ging neulich durch meine Hände, – eben höre ich, daß eine Französische werden soll. (Wer uns das in Schmargendorf, einst, hätte glaubhaft machen können!)

70 *Lou Andreas-Salomé an Rilke* (Göttingen, 1. III. 14)

Seltsam reitet der ›Kornet‹ Dir voran! wie ganz andere Gestalten sind es, denen er die ihm Folgenden dadurch zuführt, und doch tut er es, man bleibt bei ihm nicht stehn, das werden die übrigen Auflagen je länger je deutlicher zeigen. Du steckst doch eben schon in diesem Vorreiter. Ellen (*sc.* Delp) schrieb soeben *entsetzt* über Werfel und seinen Vortrag (. . .).

71 *Rilke an Marie Taxis* (Paris, 24. II. 14)

(. . . . .) – Denken Sie, liebe Fürstin, es giebt eine *sehr* schöne Übersetzung ins Italiänische vom *Cornet Rilke,* stellenweis prachtvoll, von einem Dr. Braschi aus Mailand. Diese autorisieren wir guten Gewissens; eine englische kommt eben auch, eine französische steht bevor, eine polnische und eine ungarische haben wir eben als unzulänglich abgelehnt: kurz der *Cornet* ist lebendiger als ich, immerzu.

72 *Marie Taxis an Rilke* (San Remo, 1. III. 14)

Ich habe sehr gelacht über Ihr Staunen Dottor Serafico! Ich staune auch! Warte auf den versprochenen Brief und freue mich indessen über die vielen Übersetzungen. *Unsere* sollen, nach dem was Damerini schreibt, in diesem Monat erscheinen. Ich denke darüber nach, von hier aus eine Tournée, Nîmes Avignon etc. vielleicht bis Perpignan, zu machen. Vielleicht mit Pia V. Haben Sie keine Lust mitzukommen?   Herzlichst MT.

73 *Rilke an Marie Taxis* (München, 12. III. 14)

P.S. Ich habe mit Frau von H. eben in Berlin den italiäni-
schen *Cornet* durchgearbeitet, das war sehr schön, allerdings
haben wir uns zu so viel Eingriffen und Vorschlägen hin-
reißen lassen, daß ich dem Übersetzer zu schreiben gedachte:
nous venons de faire votre traduction . . .
Schreiben Sie mir, ob die Pia mit Ihnen ist?

74 *Rilke an Anton Kippenberg* (Berlin, 3. III. 14)

Mein lieber Freund,
hier ist nun das Manuskript unseres italienischen ›Cornets‹:
ich habe meinen zuerst hinzugefügten Anmerkungen noch
einige fragliche Vorschläge angeschlossen, auf die meine
italienischen Freunde mich aufmerksam gemacht haben.

                                                    Am 8.
Erst heute, lieber Freund, schreib ich weiter; ich habe den
›Cornet‹ noch einer gründlichen Durcharbeitung unterzogen,
Satz für Satz; denn einzelne Stellen sind so lebhaft schön
und nutzen das Italienisch so prachtvoll aus für sich, – daß
ich die weniger guten, vielleicht ja wirklich gar nicht recht
übersetzbaren –, doch noch mit fürsorglichen Hinweisen und
Vorschlägen umgeben wollte, dem Übertrager einen oder
den anderen Ausweg zeigend, den zu nehmen er zu befan-
gen war. Allerdings ist nun meine Einmischung so stark geworden, daß ich mich bei Dr. Braschi in einem eigenen Briefe möchte entschuldigen dürfen. Ich habe seine Adresse, die
der Insel-Verlag mir aufgab, in Paris gelassen: darf ich sie
nochmals erbitten?

[Die beiden] Den italien. Cornet[e] gebe ich Ihnen anbei zurück. Zum italienischen bemerke ich, daß die Adresse des Herrn Dr. Braschi Mailand, Via S. Maria Valle 5 ist; zum englischen, daß Miss Drake-Brockmann im Irrtum ist wenn sie meint, die Autorisation, den Cornet englisch veröffentlichen zu dürfen, aus unserer Hand zu besitzen. Es ist ihr, wie üblich, geschrieben worden, sie möge einen englischen Verleger veranlassen, sich mit uns in Verbindung zu setzen. Leider hat man indessen hinzugefügt, *grundsätzlich* wären wir geneigt, ihr die Autorisation zu geben, da man von einer Korrespondenz mit der Herder-Enkelin nichts wußte. Der letzteren, von der ich seit einigen Monaten nichts gehört habe, habe ich nun einen Termin bis zum 1. April gestellt. Findet sie bis dahin keinen Verleger, so sind wir nach allen Richtungen hin wieder frei. (. . .)
Zum Schluß noch die gute neue Mär, daß vom Cornet das 31.-40. Tausend gedruckt ist und daß mit dem Satz der Neuen Gedichte für die dritte Auflage begonnen worden ist. Den Text wünschen Sie gewiß nicht noch einmal durchzusehen; ich werde ihn wieder Dr. Hünichs bewährter Sorgfalt überlassen.
Von Herzen verehrend der Ihrige   A. Kippenberg

À Assisi (j'étais au ›Subasio‹ quand-même, où il avait une petite bibliothèque très agréable) j'ai lu l'article de votre Oncle dans la *nuova Antologia*. Puis à Milan j'ai donné rendez-vous à la traductrice du ›Cornet‹, une jeune fille intelligente et de bonne volonté –, mais il est à craindre qu'elle ne trouve point d'éditeur pour sa traduction.
Mille choses et merci de toute indulgence et bonté.

                                                    Votre Rilke.

Da ist, lieber Freund, wieder ein Übersetzer, und, wie es scheint, der entschlossensten einer, Pole, ›eingeborener‹, wie er sagt – aber (Rettinger): vielleicht polnischer Jude. Entscheiden Sie über sein nächstes und alle seine weiteren Vorhaben, er hat deren gleich alle auf ein Mal, und daß er beim ›Cornet‹ den Anfang macht, vermehrt nur die vielen ausländischen Schicksale dieses, weiß Gott, immer wieder heiratsfähigen Buches. Lassen Sie alle gewohnte Strenge walten; freilich, verlangen wir, statt seiner Briefmarken, die Übersetzung zu sehen, so sind wir wiederum im Fall, niemanden zu haben, der die polnische Künstlichkeit zu durchschauen versteht. So weiß ich nicht, was zu tun sein wird, – aber Sie wissens ohne Zweifel. Grüße (aus der erschöpfendsten Hitze), einige, mühsame.

Ihr Rilke

78 *André Gide an Rilke* (22. VII. 14)

Je pensais que vous n'étiez plus à Paris, sinon j'aurais cherché à vous voir lorsque je l'ai traversé, à mon retour d'Asie Mineure. J'avais emporté avec moi votre petit livre, que j'avais la prétention, vous vous en souvenez, de traduire; j'y ai travaillé plusieurs jours, mais j'ai dû enfin y renoncer en me rendant compte que je vous trahirais, et que cette traduction ne pouvait pas ne pas vous trahir, et prendrait forcément en français, un banal aspect de »Fiancée du timbalier« ou de je ne sais quelle autre ballade de la période romantique; rien n'y resterait plus de la saveur originale. Je n'ai pas renoncé sans regrets à ce travail, ni sans me promettre de prendre un jour une belle revanche avec quelque autre poème de vous.

Rilke: Erinnerung (Bruchstück; September 1914)*

(...) An den Zwischenwänden, viel zu klein für die Verlegenheit von einem Fenster zum andern, hing je eine eingerahmte Lithographie, die sich erst nach und nach aufklärte. Ich wußte dort waren Schlachtszenen zu sehen –, Radetzky und Spork und weiter oben, immer etwas schief hängend, Friedrich der Schöne, und ich kannte längst alle diese schlanken oesterreichischen Waffenröcke, vor denen nur Radetzky, gedrungen und kurzhalsig, auf einem ausgezeichneten Pferde saß. Oft hatte ich Zeit gehabt, diese Bilder zu betrachten, wenn ich aber, in dieser Frühstunde, mich auch vor einzelnen aufhielt, ich denke, daß ich nicht sehr bei der Sache blieb. Vielleicht dachte ich weiter an meinen Vater, denn, so fremd mir das Kriegszeug auch war, so wünschte ich doch, es möchten bis an mich heran viele aus unserem Geschlecht an solchen Vorgängen bedeutend beteiligt gewesen sein; am liebsten hätte ich jeden, der sich da augenscheinlich hervortat, für einen vergangenen Verwandten gehalten; auch jenen, die sich mit vornehmer Langmut neben ihrem Czako halb im Staube aufrichteten, nahm ich es übel, daß sie gar nicht mit mir zusammenhingen.

79 *Rilke an Clara Rilke* (Frankfurt a. M., 18. XI. 14)

P.S. Gestern abend hab ich noch seltsam ergreifend erzählen hören, einen Husarenoffizier, der unter den ersten war, die vor Longwy verwundet worden sind, – es kommt doch darauf an, wirkliche Stimmen zu hören, – und rührend ist der *Cornet* in alles das verwoben, der Husarenoffizier, ohne mich zu kennen, fragte mich, ob ich von dieser Ballade wüßte ..?! Und dann welches Erkennen, daß sogar ich es sei, der ihn geschrieben hat.

* Siehe: SW VI, S. 1081 und die zugehörige Anmerkung S. 1491.

Herrn von Mosch
in Erinnerung an unsere schöne Begegnung in
Frankfurt

Noch weiß ich sie, die wunderliche Nacht,
da ich dies schrieb: was war ich jung.
Nun hat seither des Schicksals Forderung
Geschehen über Tausende gebracht,
Mut über Tausende, Not über sie,
und über Hunderte das Heldentum
das plötzliche: als hätten sie noch nie
ihr Herz gekannt. So war auch meines ganz
wie neu für mich in jener fernen Nacht
da ungeahnt, unausgedacht,
dieses Gedicht aus ihm entsprang ...
So sind wir etwas, *sinds* und wissens nicht
und Schicksal ist nicht mehr als wir: es will.
Dann wollen wir und wollen streng und still –:
unendlich aber aus dem Herzen bricht
mehr als wir wollen, *mehr* als Schicksal kann.

Rainer Maria Rilke.
(Geschrieben an Frau Marianne's Schreibtisch am
2. Dezember abends.)*

*

80 *Rilke an Anna Freifrau von Münchhausen* (München,
4. II. 15)

Die Musik zum Cornet, die von einem jungen Herrn v.
Pászthory stammt, hat mir meine Freundin, Frau v. Hat-

---

* Gemeint ist Marianne Goldschmidt-Rothschild, Berlin W. 10, Bend-
lerstraße 6.

tingberg (die sie nun auch, zusammen mit Kurt Stieler, in Leipzig aufführt) hier einmal ungefähr vorgestellt; sie enthält schön und rein bewegte Momente, ob sie mir gleich manches zu sentimental faßt; was ich aber dagegen einzuwenden hätte, wenn es darauf ankäme, geht nicht gegen sie, sondern gegen das Nebeneinander von Musik und Wort, das die melodramatische Form (die für mich keine Kunst-Form ist) an sich hat. Vielleicht kann ein starker Sprecher den augenblicklichen Einklang herstellen: das wird sich nun zeigen. Ich halte diese Verbindung für eine lose und vorläufige und habe dem Leipziger Versuch nur deshalb zugestimmt, weil Frau von Hattingberg für die Musik Pászthorys die lebhafteste Überzeugung hatte und weil eine Einwirkung auf Viele von ihr zu erwarten war: (auf die Vielen, um die sichs nun handelt, wo der Einzelne untergeht oder im gemeinsamsten Sinne wirkt oder schweigt.) Freude würde es mir bereiten, im Falle Sie wirklich nach Leipzig reisen wollen, zu erfahren, wie *Ihr* Eindruck war ...

Immer getreulich Ihr Rilke

81 *Katharina Kippenberg an Rilke* (Leipzig, 16. II. 15)

Lieber Freund!
Ein leider nur kurzer Besuch von Frau v. Hattingberg hat mich so zu Ihnen hingeführt, daß ich heute Abend noch mit Ihnen reden muß. Wie geht es Ihnen in München? Und wie ist die Abreise aus Berlin zu verstehen? Wars eine Flucht oder soll der Aufenthalt in München nur eine Episode sein? Ich werde Ende Februar wahrscheinlich nach Berlin fahren und wünschte, Sie wären dann dort. Eine Hardtsche Premiere ist mehr der Anlaß als die Ursache dieses Planes (Ursache so recht könnte eine solche wohl niemals werden) und wie sehr tut man seine Pflicht als Frau des Verlegers.
Daß der Cornet in der Vertonung mit großem Erfolge hier

aufgeführt ist, haben Sie sicher schon von fünf Seiten gehört, aber jedem wird sein Eindruck ja ganz für sich geschenkt. Ich sah in ihn wie in ein junges, junges Gesicht, das man sich mit großer Verwunderung zurückruft, wenn es älter geworden seine eigne gültige Welt ausstrahlt und doch stehen in seinen lieblichen Zügen schon die ganzen Gedichte I. und II. Teil. *Wie* die Hand zufaßt, wie sie formt, was sie wichtig findet und was sie beiseite läßt, ist mit der Arbeitsart, scheint mir, in ihnen so verwandt! Freilich, ein langer und auch ein mühsamer Weg muß es bis dahin gewesen sein, bis es gelang, daß die Sprache schweigsam wurde. – Stieler hatte wenig mit Wortdruck und Tonfall nachzuhelfen: wie die Kelche einer Blume öffneten sich die einzelnen kleinen Abschnitte, strömten ihren Duft aus und schlossen sich leicht und wie von selber, wenn es für sie Abend wurde. Der Schauspieler hatte kaum etwas dabei zu tun. – Mein Nachhauseweg mit einem jungen Menschen nach der unvermeidlichen Durststrecke allgemeiner Konversation und Verabschiedung, ging durch eine stille Allee und es grünelte etwas, das erste Mal in diesem Jahr, eine ganz leichte Schicht von etwas Beschwingterem streckte sich zwischen das Winterliche. Das war ein guter Abschluß des Tages.

Gute Nacht! Ihre, freundschaftlich

Katharina Kippenberg

82 *Rilke an Katharina Kippenberg* (Irschenhausen, 22. II. 15)

Liebe Freundin!
in Eile: ja, München ist allerdings ›Episode‹, nur weiß ich noch nicht eine wie ausführliche; meine Zimmer in Berlin bestehen noch, die meisten Sachen sind dort (...).
Viele Grüße, Dank für die Nachrichten über den Cornet, und das immer herzlichste Gedenken.

Ihr Rilke

83 *Marie Taxis an Rilke* (Wien, 20. II. 15)

Aber jetzt zu etwas anderem – Wir möchten, wenn Sie damit einverstanden sind, und es erlauben, Ihren ›Cornet‹
hier aufführen – es soll in Leipzig ein so großer Erfolg gewesen sein – Mein Vetter Franzi Auersperg gibt mir dazu
seinen wunderbaren Saal von rasenfarbenem Marmor
(möchte Ihnen gefallen D.S.!) Frau v.H. würde spielen, ein
sehr guter Schauspieler sprechen – Es wäre für das Rothe
Kreuz, oder Inval⟨iden⟩ Dank oder so was – und könnte
Mitte März stattfinden. Dazu kommen thun Sie natürlich
nicht, wie ich Sie kenne D. S.?

84 *Rilke an Marie Taxis* (Irschenhausen, 24. II. 15)

Da schwätz ich mit dicker Tinte und verschreibe mich, mehr
als daß ich schreibe, und dabei wollt ich Ihnen doch eigentlich nur danken, daß Sie mich, Schweigling, nicht aufgegeben haben, und wegen des ›Cornets‹ antworten. Entre nous
soit dit: mir ist die allzu dringende Gethulichkeit der Frau
v. H. nicht ganz lieb, ich war froh, daß die Leipziger Sache
vorüber ist, aber offenbar ist ihr mit solchen Veranstaltun-
gen eine große (und im Grunde unschuldige) Freude bereitet, so daß ich nicht zum Hindernis ausfallen möchte; vielleicht ist ja auch im Interesse des Herrn v. Pászthory eine
weitere Aufführung wünschenswert. Kurz: ich sage zu, muß
nur noch den Insel-Verlag davon verständigen, an den ich
insofern gebunden bin, als ich es ihm (um der eigenen Ruhe
willen) überlassen habe, in allen derartigen Fällen einfach
zu entscheiden. Nun wird ihm hier sicher recht sein, was mir
recht ist, so daß ich glaube, dieses hier mag unbedingt als
meine Zustimmung gelten können. Ein schöner Saal und soviel guter Wille zur Darstellung, ich hätte nicht das Herz,
nein zu sagen, hoffe aber im Stillen, M.v.H. läßt es dann
bei diesen zwei Triumphen. Gespannt bin ich, welchen Ein-

druck Sie von Pászthory's Musik haben werden, sie ist sicher stellenweise schön, quoique parfois elle donne au texte une interprétation quelque peu mollasse (z. B.: wo sie den Brief begleitet: »Meine gute Mutter ...« u.s.f.); als mir Frau v. H. in München, selbst die Worte mitsprechend, die Komposition vorführte, sagte ich mir gleich, daß ich so natürlich nur einen angedeuteten Eindruck bekommen könne; wenngleich ich mir nicht denken kann, daß selbst die geübteste Darstellung über das Doppelte und Zwittrige des Melodramatischen hinauszuhelfen verstünde; dies ist offenbar ein Nebeneinander, eine fortwährende *Concurrenz* von Musik und Wort, diese Gattung Kunst ist als solche dilettantisch, nicht ernst zu nehmen –: das ist es, was ich gegen die Sache selbst einzuwenden habe; billigt man, für den Moment, ihre Existenz, so mag die Lösung, die Pászthory versucht, für eben diesen Moment, nicht uninteressant sein. Ich habe übrigens in Berlin einmal in einem kleinen Kreise (bei Frau v. Boddien) den *Cornet* vorgelesen (seit wie lange zum ersten Mal!), es war schön, und sein eigener Gang ist doch eigentlich Musik genug – (Ceci encore entre nous).

85 Rilke an Thankmar Freiherrn von Münchhausen (München, 6. III. 15)

Mein lieber Thankmar,
lassen Sie uns einander, wenn es möglich ist, wieder einmal ein Zeichen geben; ich erfuhr Ihre Adresse Sonntag draußen in Sendling bei Hellingraths, wo ich auch einen guten Brief Ihrer Mutter las, die auch mir vor vierzehn Tagen in ihrer guten herzlichen Art geschrieben hat. Damals wurde der Cornet in Leipzig mit Musik aufgeführt, in melodramatischer Verwendung seines Textes, sie wollte dazu hinreisen, ich riet nicht durchaus dazu, denn dieses Rezitieren neben der Musik ist ein Nebeneinanderherlaufen der einen neben der anderen Kunst, als käms darauf an, welche gewönne:

und es gewinnt auch wirklich nur eine. Ich wünsche dem Herrn von Paszthory, in diesem Fall, es möchte die seine sein, seine recht entschieden empfundene Musik, die den Leuten denn auch in Leipzig alles Vergnügen bereitet hat, die sie sich erwarten durften; einmal geschah der Versuch vor einer großen Menge, das andre Mal auf einem kleinen Schlößchen in der Nähe von Leipzig (Darstellende Kurt Stieler und Frau Magda v. Hattingberg), und nun soll die Unternehmung (wieder in wohltätiger Absicht) in Wien wiederholt werden, wo der Fürst Franz Auersperg einen schönen Saal dafür zur Verfügung stellt. So komm ich, Lieber, ganz unversehens unter die Autoren dieses ausnahmsvollen Jahrs, meine Stimme von vor fünfzehn Jahren redet hinein ins Aufhorchen der seit Monaten geschreckten Menschen – –, meine? Die Stimme jener einen fernen Jugendnacht, in der ich den Cornet schrieb, aufgeregt dazu von Wolken, die in seltsamer Flucht hoch am Mond vorüberzogen ...

Aber Sie können daran, daß man den Christoph Rilke so ans Heutige anwendet, immer wieder merken, wie stumm wir hier geworden sind. Ich bin sicher, jeder ist es im Innersten, wenn gleich einige sich selber hören müssen und an sich schlagen mit dem und jenem Gedanken –, es ist keiner, der die Luft, die durch ihn hinstreicht, zum Tönen brächte, nicht einmal zum Klagen, – es ist eine Stille angehaltener, unterbrochener Herzen, ich bin gewiß, es liebt keiner in dieser Zeit, soviel ein oder das andere Herz jetzt auch leisten mag, es wirkt aus irgendwelchen allgemeinen Vorräten menschlicher Güte, Wärme, Willigkeit und Hingabe, es gibt nicht das Seine, sondern hinter jedem Handeln sind uralte Vorratskammern der Menschennot aufgetan, auch Ihr draußen handelt und ringt aus solchen Kräften, die aufgespeichert waren in irgendwelchen Scheunen der unwillkürlichen Gemeinsamkeit. Mich mutet es an, als ob unser Herz in jedem nur ein weitergebendes wäre, beschränkt darauf, den Vorrat anzustaunen, der durch seine Hände geht.

86 *Marie Taxis an Rilke* (Wien, 6. III. 15)

D. S. ich habe einige Stellen der Musik des Cornet gehört; und die gefielen mir – aber ich begreife was Sie sagen. Es ist auch die Meinung von K⟨assner⟩ – Doch jetzt sind wir *in for it.* Es soll am 27ten gegeben werden, und zwar für Kriegswohltätigkeitszwecke natürlich. – Und noch eine Seccatur und Zumuthung – Dürfte der Schauspieler (der sehr gut sein soll) Ihre ›Skizze zu Sct Georg‹ vorlesen? Wir müssen noch einiges haben – und ein unbekanntes Werk von Ihnen wäre sehr schön. Aber wenn Sie nicht wollen, schreiben Sie wuthentbrannt (. . .).

87 *Anton Kippenberg an Rilke* (Halle, 9. III. 15)

Mein lieber Freund!
Ich bin für einen Tag nach Leipzig herübergekommen und benutze die Gelegenheit, Ihnen in folgender Angelegenheit einige Zeilen zu senden.
Ihnen ist ja bekannt, daß Herr Pasthory eine melodramatische Musik zu unserem lieben Cornet geschrieben hat, die, nachdem sie hier mit Erfolg aufgeführt worden ist, auch, wie ich von der Fürstin Taxis in Wien neulich erfuhr, von ihr dort dem Wiener Publikum zu Gemüte geführt werden soll. Nun möchte die Firma Max Brockhaus, hier, die Musik von Pasthory mit dem Text verlegen und bittet um die Erlaubnis dazu. Sie bittet aber ferner, daß bis zum Jahre 1917 keinen anderen Verleger oder Komponisten die gleiche Erlaubnis erteilt würde und daß, wenn nach 1917 ein anderer eine Musik zum Cornet schriebe, gleichfalls der Firma Brockhaus das Recht zustehen sollte, sie zu verlegen. Ich sehe keine Bedenken gegen eine solche Abmachung und empfehle Ihnen, ihr gleichfalls zuzustimmen. Geld ist ja bei derartigen Musikalien nicht groß zu verdienen, trotzdem würde ich aber der Firma Brockhaus nahelegen, für den

Fall, daß sich später ein bekannter Komponist finden sollte, Ihnen eine kleine Entschädigung zu zahlen. Bei Pasthory kann ich das nicht gut verlangen. Der Insel-Verlag seinerseits würde auf jede Entschädigung natürlich verzichten.

88 *Rilke an Anton Kippenberg* (München, 11. III. 15)

Es soll also wirklich zu der Wiener Darstellung des ›Cornet‹ kommen. Ich hatte nicht wieder davon gehört; nur daß ein schöner Saal im Palais des Fürsten Franz Auersperg da sei, ist mir angekündigt gewesen.
Über Ja und Nein des Brockhausschen Vorschlages zu entscheiden (und dann natürlich unter den von Ihnen gut geheißenen Bedingungen), möchte ich ganz Ihnen überlassen. Ich finde keine rechte Stellung dazu; wenn ich nicht irre, ist schließlich nur Herrn von Pászthorý ein Dienst damit getan, wenn Brockhaus seine Musik verlegt. Daß der ›Cornet‹ nun noch melodramatisch herumkomme (nachdem er seine sonstige, unbegleitete Bewegung schon fast auf die Spitze getrieben hat), kann mir nicht allzu lieb sein, er sinkt damit in eine zwiespältige und zweideutige Kunstgattung, die ich für keine ganze, ehrliche halte, und nimmt, halb gelöst in seiner Musik, ein etwas zu flüssiges Entgegenkommen an, als gelüstete ihn nach immer noch mehr Popularität. Es bereitet mir einen leichten Schmerz, ihn so leutselig zu sehen, – aber ich will mich nicht wehleidig geben, wenn Sie finden, daß er auch so auf guten Wegen ist. Ermessen und entscheiden Sie also im Sinne seiner guten Ehre, lieber Freund, und fühlen Sie mich als den Ihrigen, herzlichen

Rilke

89 *Anton Kippenberg an Rilke* (Halle, 18. III. 15)

Mein guter Freund!
Ich habe Brockhaus Ihr und unser Einverständnis mitgeteilt,

freilich so wenig mit innerem Antheil wie Sie. Aber man konnte wohl dem Komponisten wie dem Verleger ihren Wunsch nicht abschlagen. Ich habe die Musik, die Herr von Paszthory zum Cornet geschrieben hat, nicht gehört, aber nach dem, was meine Frau und andere mir sagten, ist es damit nicht weit her. Überhaupt aber sind mir melodramatische Begleitungen sehr zuwider und ganz besonders, wenn sie unseren jungen Helden, den Cornet, umranken. Melodramatische Musik ist mehr oder weniger auf sentimentale Texte eingestellt, und wo sie andere nimmt, wie Ihren Cornet, macht sie sie sentimental. Auch die öffentlichen Aufführungen sind nicht nach meinem Geschmack und passen nicht zu unserem Freund, der zwar durch die Insel-Bücherei allgemein bekannt geworden ist, sich aber dennoch eine vornehme Zurückhaltung bewahrt hat. So ist es mir denn eigentlich nicht unerwünscht, daß Herr Brockhaus mir schrieb, voraussichtlich käme der Druck überhaupt nicht zustande, da Herr von P. seine Musik auf die Aufführungen beschränken will. Warum, habe ich nicht recht verstanden, ist aber ja auch im Grunde gleichgültig.

Übrigens wird es Sie erfreuen, daß der Cornet die 5. Runde zurückzulegen im Begriffe ist: soeben ist das 41.-50. Tausend erschienen.

Wie immer aufs herzlichste und freundschaftlichste gesinnt der Ihrige

A. Kippenberg

90 *Rilke an Marie Taxis* (München, 18. III. 15)

Fürstin, aber Sie warten, ob ich zugebe, daß man die ›Skizze zum St. Georg‹ spricht. Natürlich. Was immer von den Sachen, die Ihnen gehören, mag der guten Absicht helfen, soweit es Ihnen recht ist, und der *Georg* ist ja wohl an der Zeit.

Zugleich mit Ihrem guten Briefe kamen ein paar Zeilen der

Frau v. Hattingberg, auf das Programm zum 27. März geschrieben (ach, Fürstin, ach, der Aufdruck auf den Couverts!), ich merke, sie ist wieder einmal völlig in ihrem Unternehmungs-Element, man weiß nicht recht, wer in Gefahr ist berühmt zu werden, wenn sie so weiter macht, sie oder ich, hoffentlich ist Pászthorý der *tertium gaudens*.

91 *Rilke an Marianne Gilbert* (München, 19. III. 15)

Frau v. Hattingberg lebt ganz in der Luft der Unternehmungen, da der ›Cornet‹ mit Pászthory's Musik nun am 27. in Wien im Palais Auersperg (unter dem Protektorat der Fürstin Taxis und der Fürstin Christiane Windischgrätz) in glänzender Umgebung (zu Gunsten des »Invalidendanks«) vorgeführt wird!

92 *Marie Taxis an Rilke* (Duino, 8. IV. 15)

Nach dem Vortrag der Weise des Cornet haben beide (*sc.* Rudolf Kassner und Frau) bei mir soupirt. Wenn ich mich jemals in so etwas wieder hineinmische, so thue ich es ganz bestimmt ganz allein. Die gute H. ist ein Confusionsrath, und Onno hat zwar die Weise sehr schön gesagt (Musik wirklich schön, bis gerade auf den von Ihnen gerügten Punct, der Brief, der meiner Ansicht nach ganz falsch aufgefaßt ist) aber die Gedichte hat er sehr schlecht gelesen – Übrigens war in dem ovalen Marmorsaal der sonst entzükkend gewesen wäre, so ein Wiederhall daß man sehr schwer verstehen konnte.

93 *Rilke an Marianne Gilbert* (München, 22. IV. 15)

Ich weiß nichts von einer Aufführung des *Cornet* in Berlin –, versäumen Sie ihn ruhig, wenn Sie ihn lesen hat er auch Musik, eine, die mir ganz anders lieb war, als jene, nach der man ihn nun (durchaus nicht zu meiner Freude) in den Städten tanzen läßt. (Im Vertrauen seis gesagt.) Wo gehen Sie weiter hin?

94 *Rilke an Elsa Bruckmann* (München, 13. VII. 15)

Verehrte Freundin,
mir kommt, nach einigen stilleren Tagen, unvermutet ein wunderlicher Antrieb, der: das ›Stundenbuch‹ öffentlich vorzulesen; es hat mich selber, wenn ich es jetzt für mich las, so merkwürdig gesteigert und erbaut, daß ich meine, es müßte manchem, wenn ichs überzeugt und ergriffen vorbringe, jetzt von ähnlichem Einfluß sein.
Sie schlugen mir einmal eine Vorlesung des Cornet vor, vielleicht denken Sie die Sache gegen das Stundenbuch zu um und sagen mir, ob sich ein solcher Abend – bald – (je eher, je besser) unter dem Schutze der ›Kriegshülfe‹ (und zu ihren Gunsten natürlich) einrichten ließe. In der Ludwigstraße oder im Kunstsalon Steinicke?? Mir wäre daran gelegen, daß sich nicht nur ein unmittelbar mitwissender ästhetisch orientierter Kreis mir gegenüber einfände, sondern *Menschen*, daher ein billiger Eintrittspreis und eine diskrete, aber immerhin mitteilsame Plakatierung des Unternehmens erwünscht wäre. Auditorium aber möglichst nicht über 200.

95 *Rilke an Katharina Kippenberg* (München, 1. X. 15)

Dagegen gehen mich beunruhigende Gerüchte um, als ob Frau v. Hattingberg neue Anschläge machte, den musikalisch aufgemachten Cornet, mit Kurt Stieler zusammen, trotz meines ausdrücklichen ja heftigen Einspruchs, weiter in die Welt zu tragen, von Ort zu Ort oder so ähnlich. Frau v. H. sagt mir nichts davon, es wird mir von anderer Seite berichtet et j'en tressaille. Liebe Freundin, Sie tun mir den wesentlichsten Gefallen, wenn Sie sich genau erkundigen, ob der Insel-Verlag diesen Unfug irgendwie zugegeben hat, oder ob es etwa in seiner Macht gar nicht steht, ihn zu hindern?! Wenn der musikalische Cornet ohne weiters, was Gott verhüte, frei ist, so werden wir den netten ›Zirkus Rilke‹ diesen Winter von Kottbus bis Kötzschenbroda seine Kasse füllen sehen; voilà une admirable perspective!

96 *Katharina Kippenberg an Rilke* (Leipzig, 2. X. 15)

Nun wünsche ich aber von Herzen, daß Sie dieses Ungeheuer von Brief bis hierher lesen, denn sonst entgeht Ihnen das Wichtigste, die Cornet-Frage. Der ›Insel-Verlag soll den Unfug irgendwie zugegeben haben?‹ Gar nichts hat er zugegeben, kann es überhaupt gar nicht, nur hat die Frau des Verlegers sich beständig davon zurückgezogen. Nur Sie, Sie allein können erlauben und verbieten. Freilich, wenn man sich auf den juristischen Standpunkt stellt, in diesem Fall auch nicht einmal, wie mir nach Befragen von ›Voigtländers

*

Einer jungen Dame
in dieses Ihr Buch:

Die Jugend haben –, oder Jugend geben –
gleichviel wozu man sich entschließt:
denn ewig unverlierbar ist das Leben,
wo es aus reinen Kräften sich vergießt.

Rainer Maria Rilke. (Wien, Januar 1915)

*

Urheber- und Verlagsrecht‹ scheint. Ich habe Ihnen die betreffende Stelle daraus abschreiben lassen, urteilen Sie selbst. Aber man wird sich doch nicht auf den juristischen Standpunkt stellen wollen. Die Erlaubnis des Abdrucks von Gedichten hängt ja sogar vom Dichter ab (und nicht vom Verlag), wie sollten wir da über die Aufführung eines vertonten Werkes etwas zu sagen haben.

97 *Rilke an Katharina Kippenberg* (Wien, 30. III. 16)

Heute mehreres, verehrte Freundin, aber nur eben schlagwörtlich. Ganz zuerst den Dank für den Wasmann, in dem zu lesen ich schon begonnen habe und der mich sehr beschäftigen wird.

Dann gleich zu beiliegendem Brief, den ich vom Verlag aus möchte beantwortet wissen; es ist nicht gut etwas anderes möglich (scheint mir) als eine höfliche Ablehnung, da doch der Cornet, nun vollends durch die Feldausgabe der Inselbücherei, genügend verbreitet ist; ein Abdruck in einer Zeitschrift wie ›Die Ernte‹ läßt sich, bei seiner Zugänglichkeit, als durchaus überflüssig ansehen und wäre mir im übrigen schon deshalb unlieb, weil ich, wie Sie wissen, der zunehmenden Anwendung dieses Gedichts an die Öffentlichkeit längst nicht ohne Ärgernis zusehe.

Herr von P. treibt hier eine wahre Ausbeutung damit: Wüllner bringt es wieder und wieder mit der Musik, der Hofschauspieler Walden ebenso, und der unternehmende Komponist spielt einen gegen den anderen aus und läßt sich von jedem bezahlen. Ist denn das alles in der Ordnung? Und läßt sich rein nichts dawider tun, da ich selbst doch von Grund aus *gegen* diese Aufführungen bin? Sollte Pászthory *allein* aus diesen Abenden Einnahmen ziehen, so ist das doch ein offenbarer Verstoß gegen meine Rechte, und andererseits wäre es mir ebenso fatal*, an diesen

* nein, noch fataler!

Tantièmen zu partizipieren (aber tut das der Verlag etwa rechtmäßig in meinem Namen?), da die Vorführungen selbst und ihre reklamehafte Einrichtung gegen meine Natur und gegen den stillen Gebrauch sind, den wir bei der geschäftlichen Verwendung meiner Sachen durchaus eingehalten haben. Ich kann gar nicht alle Gründe aufzählen, die ich gegen die P.'sche Geschäftsfertigkeit habe, stellen Sie sich nur das Eine vor, daß Plakate und Anzeigen des kürzlich hier veranstalteten Abends den Vermerk trugen: ›Auf allgemeines Verlangen‹ (!), diese Marke, mit der Variétés und Schaubuden für ihren Zuspruch arbeiten. Was ich von Anfang an vorausfürchtete, ist nur zu sehr eingetroffen: Diese P'sche Musik, indem sie rücksichtslos auf ihrer Ausübung besteht, hat etwas wie eine Bresche in die geschlossene Zurückhaltung meines Werkes geschlagen, die ihm gerade jetzt, mehr noch als sonst, natürlich gewesen wäre. Müssen wir da immer weiter zusehen und gewähren lassen? Ich weiß nicht, wie der rechtliche Standpunkt aussieht, kann nur immer wieder versichern, daß mir mit einer vollständigen Versagung weiterer Vorführungen eine fühlbare Erleichterung geschaffen würde. Aber habe ich Ihnen das alles nicht schon früher einmal geklagt? Wenn es möglich gewesen wäre, würde der Verlag wohl längst Einhalt getan haben? Hier, von nahe gesehen, machen diese fortwährenden Wiederholungen des Cornet wirklich einen zudringlichen Eindruck, manche meiner Freunde wundern sich, wie ichs zulasse. Kann ich denn anders? Auch Heller wird Ihnen inzwischen von dieser Kalamität geschrieben haben. Nichts anderes heute. Der Frühling ist da, kann man sagen, Ihr Garten wirds Ihnen täglich versichern. Aber was hilfts? Viele, alle herzlichsten Grüße Ihres

Rilke

Lieber Herr Rilke!
Der ›Ernte‹ haben wir eine höfliche Ablehnung zukommen
lassen. Selbstverständlich.
Die Cornet-Aufführung, und besonders ihre Handhabung
ist ja wirklich unmöglich und im höchsten Grade unsympa-
thisch. Zu dem Vermerk ›Auf allgemeines Verlangen‹ fehlte
nur noch der Zusatz ›Hochaktuell‹. Soviel ich mich erinnere, habe ich Ihnen schon einmal einen Auszug aus einem
juristischen Handbuche geschickt, wo die Frage des Verbie-
tens und Gestattens einer komponierten Dichtung vom Verleger oder Dichter aus, erörtert wurde. Ich telephonierte
gestern mit einem hiesigen Verlagsbuchhändler, der mir aber
keinen rechten Bescheid geben konnte, da dieser Fall aus
verschiedenen Gründen sehr verwickelt ist. Nun hoffe ich,
am 8. ds. Mts. meinen Mann in Köln zu treffen; dann werde
ich seinen Rat einholen. Was geschehen kann, um Einspruch
gegen dieses Treiben zu erheben, soll geschehen.

[Handschriftlich:]   Köln, den 11. April 1916

Lesen Sie das letzte und das heutige Datum, lieber Freund!
Solange habe ich den Brief nicht weiterschreiben können
und nun ist er nach Köln mitgereist. Daß ich erst einmal das
Geschäftliche erledige: mein Mann gab mir die Adresse
eines in Verlagsrechten kompetenten Justizrates in Leipzig.
An ihn solle ich mich wegen des Cornet-Treibens wenden.
Sie hören dann bald seine Auskunft. –

99 *Katharina Kippenberg an Rilke* (Leipzig, 12. V. 16)

Lieber Herr Rilke!
Ich schicke Ihnen heute die Korrespondenz zwischen dem
Justizrat Dr. Anschütz und mir. Schrecklich ist dies ver-

schachtelte Juristendeutsch, aber man muß ja leider daraus entnehmen, daß nichts zu machen ist. Nun ist nur noch der Weg der persönlichen Bitte offen, und daß ein Mensch von etwas Anstand und Geschmack sich ihr verschließen sollte, kann ich mir nicht denken. Wollen Sie oder sollen wir an Paszthory schreiben?

100 *Rilke an Gräfin Aline Dietrichstein* (München, 12. IX. 16)

Was Sie nun Ihre ›sehr unbescheidene Frage und Bitte‹ nennen, Gräfin Aline: ich sehe darin einen fast zu kleinen Wunsch und werfe mir nur vor, daß ich, da es Zeit dafür war, ihm nicht überhaupt zuvorgekommen bin. Den ›Cornet‹ Ihnen zu lesen: ja, das soll natürlich geschehen; hier ist die freudigste und verbrieflefteste Zusicherung. Nehmen Sie mich beim Wort. Ich denke niemals daran, daß etwas von diesen frühesten Arbeiten zu was anderem gut sei, als höchstens mir mein Junggewesensein zu bezeugen, wenn mich die jetzige Schwere und Langsamkeit meines Gemüts mir selber gar zu unvordenklich macht.

101 *Katharina Kippenberg an Rilke* (Leipzig, 15. IX. 16)

Lieber Herr Rilke!
Sie wissen wohl, daß wir seit langem eine illustrierte Ausgabe des ›Cornet‹ planen. Herr Dr. Hausenstein empfahl uns für die Bilder sehr einen jungen Künstler namens Beeh, der soeben Probezeichnungen eingesandt hat. Wir möchten sie Ihnen gern vorlegen und Sie bitten, sich zu äußern, wie sie Ihnen gefallen. Eines davon möchten wir vielleicht in den diesjährigen Almanach hineinnehmen. Würden Sie so freundlich sein, es zu bezeichnen. Es eilt etwas, da der Almanach schon in der Herstellung begriffen ist.

Ach, lieber Freund, ach: nach den Ehren der Musik die
Ehren des Stifts – und der arme ›Cornet‹ liegt wieder wehr-
los da auf dem Paradebett seines Ruhms: ach!
Auch von Breslau sind mir vor ein paar Wochen Zeichnungen angekündigt worden –, von René Beeh hat mir
Dr. Hausenstein auch schon, in anderen Zusammenhängen,
gesprochen; wenn ich an einzelne Blätter denke, die ich von
ihm gesehen habe, so scheinen mir diese vorliegenden nicht
zu seinen interessantesten zu gehören; außer dem schon von
Ihrer Frau ausgezeichneten Blatt (Cornet mit der Fahne)
hätte ich höchstens noch eines hervorzuheben, den Akt am
Baum, das eine von den Blättern gleichen Gegenstands, das
in Empfindung und Ausdruck nicht ohne Stärke ist.

Die Beeh'schen Zeichnungen zum Cornet fanden auch
meine Frau und ich nicht auf der Höhe früherer Arbeiten
von Beeh, und des Cornets nicht ganz würdig. Aber wir
glauben, daß Beeh, der augenblicklich im Felde ist und natürlich nicht die nötige Muße zum Arbeiten hat, noch besse-
res leisten kann, und wir wollen ihm also die Aussicht, seinen Namen mit dem Cornet zu verbinden, nicht rauben.
Das Blatt, der Cornet mit der Fahne, das auch Sie als das
beste empfinden, soll also in den Almanach.

Lieber Herr Rilke!
Kasimir von Paszthory bittet den Verlag um die Erlaubnis,
den Text des Cornet zu seiner Musik, für die er einen Verleger gefunden hat, veröffentlichen zu dürfen. Ich habe
meinem Mann diese Frage vorgelegt und eigentlich wider

mein Erwarten schrieb er: meinetwegen. Da ich nun weiß, wie unangenehm Ihnen diese ganze Musiziererei ist, so möchte ich Sie fragen, was Sie zu diesem Vorschlage sagen; ich könnte dann Ihre Bedenken meinem Manne gegenüber noch einmal geltend machen. Könnten Sie vielleicht recht schnell antworten, da der Weg von München nach Leipzig über Gent nach Wien lang ist.

105 *Rilke an Katharina Kippenberg* (München, 13. X. 16)

Liebe Freundin,
Sie haben mich gerührt mit Ihrer Anfrage. Nun warten Sie und ich möchte täglich schreiben: ›Nein‹ –, aber ich seh schon, in den Cornet sind die Motten gekommen, die Mal-Motten, die Musik-Motten: man muß das liebe alte Pelz-werk aufgeben. Denn wenn der Insel-Herr, der ja meine Abneigung gegen die Cornet-Ausbeutungen zur Genüge kennt, kein Mittel weiß und ›meinetwegen‹ sagt, muß ich dann nicht einfach: ›seinetwegen‹ sagen und mich unter-werfen? *Eine* einzige Versuchs-Aufführung hatte ich sei-nerzeit, als eine Courtoisie, Frau v. Hattingberg zugestan-den, durch diese Ritze drang das Mottenvolk ein, und nun bin ich eben bestraft. C'est plus fort que nous.

*

Ruth
zu ihrem fünfzehnten Geburtstage

Was Kühnheit war in unserem Geschlecht,
ward in mir Furcht: denn auch die Furcht ist kühn.
Dir aber giebt das Leben endlich recht:
Aus Furcht und Kühnheit darfst du ruhig blühn.

München, am 12. Dezember 1916.

*

105a *Rilke an Sidonie Nádherný* (München, 13. XII. 16)

Ich eile, dieses zur Post zu bringen; gestern hatten wir
Ruths Geburtstag. Goethe's Gedichte lagen auf ihrem kleinen Tisch und der Cornet, den sie sich gewünscht hatte, und
in dem stand zum ersten Mal ein wirklicher ernster Vers
an das ruhig herangewachsene Mädchen.

106 *Katharina Kippenberg an Rilke* (Leipzig, 27. I. 17)

Lieber Herr Rilke!
Halten Sie es für möglich, daß Kokoschka den ›Cornet‹ illustrieren kann? Ich wüßte sonst wahrhaftig niemand. Zwar
schwirrt es von Cornet-Illustrationen auf der Insel; kürzlich schickte eine Genfer Dame mit einem unsäglich ver-
kehrten Deutsch den bebilderten Cornet und versicherte
dabei, daß sie geborene Ungarin sei und mit deutschen Farben gemalt habe. Auch Beeh scheint mir zu versagen. Schon
jetzt findet man das Blatt im Insel-Almanach nicht mehr
so gut wie zu Anfang.
Kokoschka steht Ihnen wohl nahe und es wäre möglich,
da er überhaupt versprochen hat, gern etwas für uns zu machen, daß er sich auf die Aufgabe einstellte.

107 *Rilke an Katharina Kippenberg* (München, 30. I. 17)

Die Zeichnungen – Beeh ist auch nicht der Rechte – Kokoschka? Er ist eigentlich keiner, dem man einen Gegenstand vorschlagen kann, der nicht schon aus ihm gekommen ist. Aber ich frage mich aufrichtig nur: warum soll, sollte
einer ›der Rechte‹ sein, da doch der gute Cornet so gut auf
sich gestellt war von vornherein, was soll ihm Musik, was
Bild? Motten, Motten, wie ich Ihnen einmal schrieb.

Aber vergangenen Tag war mein Mann zur Konsulatsuntersuchung in Davos. Er brachte (wie mein Vater früher von seinen Reisen immer) mir ein Reisegeschenk mit, den Cornet. Und nun werde ich es wohl kaum lassen können, diesen Gesang, denne Sang om Elskov og Død, für mich zu übertragen. – (. . . . .)
Wären dann nicht die Grenzschwierigkeiten, würde ich unendlich gern nach München kommen. Sollte ich zu dem Zweck Ihre Hilfe in Form einer Erklärung von Ihrer Hand über Zusammenarbeit wegen ›Malte‹ oder ›Cornet‹ brauchen, dürfte ich Sie zu der Zeit darum bitten?

Da Sie sich nun immer mehr zu meiner Übersetzerin ausbilden, so könnte ich mit dem besten Gewissen bestätigen, daß eine gemeinsame Arbeit räthlich sei, ja wer weiß, ob es nicht, falls wir den Malte Laurids anbringen, ganz nöthig wird, ihn nochmals vor der Drucklegung gemeinsam durchzugehen. Wie lieblich und wehmütig klingt der Titel des Cornet auf Dänisch. Da werden Sie's nun, wenn Sie ihn übertragen wollen, mit etwas Unausgeglichenem, nichts als Jugendlichen zu thun bekommen, mit einem Gedicht, in dem Athem und Puls alles ist. Leben Sie wohl heute, – danke für den guten Plauderbrief, – ich eile mich, auch den Fragebogen heute noch zurückzusenden.

Ihr Rilke

Liebe Freundin,
Ihr von so viel innerem Erlebnis bewegter Brief hat mich hier erreicht, ich kann ihn nur eben bestätigen (. . .).

Gestern bin ich, nein vorgestern, draußen am Grunewald-
rand durch die Straße gegangen, in der (das Haus steht
nicht mehr) dem Walde gegenüber in einer einzigen Herbstnacht der Cornet geschrieben worden ist. Es war dasselbe
Zimmer, wo auch auf mich monatelang die Gegenwart des
Fürsten Andrei B. den bestimmtesten Einfluß hatte –, damals las ich Krieg und Frieden in einer langen Folge gleichmäßig verwandelter Abende –, später, bei zunehmender Erinnerung, wars dann die Gestalt Pierres, die sich als noch
erlebter in mir durchsetzte, vielleicht weil ich ihresgleichen
noch näher in Rußland berührt hatte, während mir der
Fürst B. nur innerlich begegnet ist. Aber wie sehr, mit wie
eindringlicher, von allen Seiten ausgebildeter Gegenwart!

111 *Rilke an Clara Rilke* (Berlin, 4. XI. 17)

(...) Stobbe hatte ich beauftragt, auf der Auktion Rowohlt
einen ›Kentauer‹ für Dich zu erwerben, habe aber noch
keine Nachricht, ob er nicht ins Unerwerbliche gestiegen ist.
Für die neuen Gedichte, erste Auflage, die noch nicht einmal
vergriffen sind, ist auf der Auktion Heymel 370 Mark gezahlt worden, der alte ›Cornet‹ soll gelegentlich das Dreifache erreicht haben, – die Leute sind eben auch in dieser
Beziehung verrückt. (...)
In Leder ist freilich kein Cornet mehr aufzutreiben, es sei
denn, daß man ihn binden ließe, was entsetzlich teuer ist,
aber der Pappband (im 140. Tausend!) wird immer weiter
gedruckt und kann höchstens vorübergehend einmal vergriffen sein.

112 *Inga Junghanns an Rilke* (Haus Surlej, 23. III. 18)

Ich sehne mich so danach, Malte ganz fertig zu haben, aber
dazu wäre es doch am sichersten, wenn Sie ihn zuerst ge-

sehen, ich möchte Sie noch hie und da etwas fragen, im ›Rodin‹ auch. Der ›Cornet‹ ruht. Ich war lange zu herunter. Gerade bei diesem Werke wird das Übersetzen fast ein Mitschaffen. Viele Seiten darin sind wie Gedichte. Beim ersten Lesen spürt man dies kaum, ich übertrug nur so darauflos, ohne Reime zu berücksichtigen. Um diese erste Übersetzung einmal in Form zu bringen, müßte ich frischer sein (. . .).

113 *Rilke an Marie Taxis* (München, 30. III. 18)[*]

Was ich nach Wien geantwortet habe, lag auf der Hand; wurde aber dort nicht gleich gelten gelassen. Jener für sein Metier begeisterte Herr forderte durchaus einen ›fliegenden‹ *Cornet* von mir, – solche Transponierungen vermag nicht einmal der liebe Gott, da er sich entschloß, einen fliegenden Hund zu machen, wurde es eine triste übertriebene Fledermaus.

114 *Rilke an Anton Kippenberg* (München, 2. X. 18)

PS: Mir wird erzählt, daß die Schillingssche Cornet-Komposition in Berlin schon mit großem Apparat zur Aufführung vorbereitet wird: wehe, wehe –

115 *Anton Kippenberg an Rilke* (Leipzig, 14. XI. 18)

(. . .) und möchte Ihnen heute nur kurz schreiben, daß ich Herrn von Schillings so wie die Anlage lautet geantwortet habe. Sie schreiben, daß Sie materielle Vorteile aus der Schilling'schen Vertonung nicht ziehen wollten. Ich halte aber, wie ich Ihnen offen sagen muß, diesen Standpunkt für gänzlich falsch. Wenn der ›Cornet‹ mit der Schilling'schen

[*] Vgl. J. R. von Salis, R.M.R's Schweizer Jahre ³1952, S. 24 (unten S. 340).

Musik Erfolg hat, so ist das mindestens zur Hälfte auf die Dichtung zurückzuführen, und wenn er etwas abwirft, so sehe ich nicht ein, warum der Dichter sich nicht mit dem Komponisten darein teilen soll, zumal der letztere sich materiell in einer erheblich günstigeren Lage befindet. Ich hoffe für Sie, daß die Erträgnisse, die Ihnen natürlich wieder ungeteilt zufließen, nicht unerheblich sein werden.

116 *Rilke an Anton Kippenberg* (München, 19. XI. 18)

Mein lieber Freund,
Ihr kurzes Diktat vom 14. ds. Mts. hat mir die freudigste Erleichterung gebracht: denn was war es, Sie in diesem erschütterten Moment nicht bei der ›Insel‹, außer Landes und in einem Gebiet zu wissen, das (wie man hier erzählte und wie Sie bestätigen) mehr als jedes andere von der Grippe heimgesucht sei. Ich bin wirklich glücklich, Sie zu Hause zu wissen.
Ihre Antwort an Schillings (die ich in der Beilage zurückgebe) ist mir natürlich recht; mein Bedenken war, aus einer Sache, die ich nicht billige, Nutzen zu ziehen. Aber vor der Tatsache ihrer Existenz besteht wohl Ihr genau geschäftlicher Standpunkt nicht mit Unrecht.

117 *Anton Kippenberg an Rilke* (Leipzig, 21. XI. 18)

Mein lieber Freund!
Ihren Brief vom 19. ds. Mts. erhielt ich heute Morgen. Inzwischen ist in Sachen Schillings weiteres geschehen. (...)
Ich habe nun dem hiesigen Anwalt wiederholt, was ich Schillings bereits geschrieben habe: daß ich als Bevollmächtigter zu der Aufführung des vertonten ›Cornet‹ nur dann meine Zustimmung geben könne, wenn Ihnen sowohl von allen Aufführungserträgnissen wie auch von den Erträgnis-

sen eines etwaigen Druckes die volle Hälfte zufiele. (. . . . .)
Nun wollen wir nur hoffen, daß der Cornet durch alle Kon-
zertsäle schreitet. Wie mir der besagte Anwalt erzählte, hat
Schillings die Anregung zum Cornet von dem Schauspieler
Kleving bekommen, der als Rezitator dann durch ganz
Deutschland ziehen will. Gott segne den Cornet auf diesen
neuen Pfaden! Amen!

118 *Rilke an Anton Kippenberg* (München, 25. XI. 18)

Mein lieber Freund,
immer noch einmal Schillings! Hoffentlich zum letzten Mal.
Ich kann Ihnen gar nicht sagen, wie widerwärtig mir diese
Angelegenheit ist, bei der sich herausstellt, daß wir von
vornherein einer C.schen Unternehmerlust ausgeliefert waren. Hab ich die Anwendung, die die Rezitatoren dem ›Cornet‹ während des Krieges gegeben haben, schon immer für
einen gegenständlichen Mißbrauch gehalten, so muß ich
seine nun vorbereitete Ausbeutung durch die Herren C.-S.
als etwas so durchaus Unzeitgemäßes ansehen, daß ich mich
fast darüber beruhige: denn es ist kaum anzunehmen, daß
die Konzertsäle in den jetzigen Verhältnissen zu Stätten
des Triumphes für eine Darbietung werden, die, so wie sie
gegeben sein wird, sicher zum Abgespieltesten des Krieges
gehört. So sehr ich nun (das kann ich nicht verschweigen)
Ihren Standpunkt muß gelten lassen, ich werde den Stachel
nicht los, daß wir aus einer uns widerwärtigen Unternehmung, nur weil wir sie nicht verhindern konnten, Anteil
und Ertrag gewinnen sollen. So sag ich nicht ›Gott segne
den Cornet‹ und ›Amen‹, sondern ich gräme mich.
Mit Freude und Spannung las ich von Ihrer Erwerbung des
handschriftlichen Nachlasses Büchners; es ist keine kleine
Sache, dieses Werk auf solcher Grundlage neu herauszugeben.

119 *Lou Andreas-Salomé an Rilke* (Höhenried, 7. VI. 19)

Lieber Rainer! ich schäme mich wie ein Pudel, daß ich Dich schon wieder tribuliere und dränge, wie gestern, aber sicherlich, stecktest Du in mir, dächtest Du nicht anders: *zu schön* war es zu sehn, wie Frau Heyseler sich an Deinem Telegramm freute, – wie ein Kind, und so für den Mann in Rußland mit! Nun ist am Sonntag des kleinern Sohnes, Bernt, Geburtstag, sie hat endlich doch den ›Cornet‹ irgendwo erstanden, aber nicht gewagt, in München Dich um Deinen Namen oder den des Sohnes in's Buch zu bitten. Wäre es nicht möglich, auf ein Blatt Papier (das das Inselformat nicht überragt) was aufzuschreiben und mir eingeschrieben zu schicken? ich klebe es dann ein. Der Junge würde Dich entzücken, er ist Jemand der einmal Denen ganz nahe stehen wird, für die Du im wahren Sinn auf die Welt kamst; er ist (mit dem Reh!) meine stündliche Freude. Verzeih mir deshalb, ja? Die Frau damit zu beschenken ist so herrlich (ich lerne sie in manchem erst hier ganz kennen).

Heut nur dies! Lou

120 *Rilke an Lou Andreas-Salomé* (München, 10. VI. 19)

Liebe Lou,
hier ist mein Verslein für Bernt Heyseler; ich hab's eben zustande gebracht, als Vorletztes vorm Schlafengehen; das Letzte ist der Gedanke an Dich: daran, daß Du nächstens ein paar Tage hier wohnen wirst (. . .).

[Beilage:] Gruß zum Geburtstag für Bernt Heyseler

> Untergang und Überstehen: beides
> ist am Jugendlichen selbst schon alt;
> nur wie An- und Abtun eines Kleides
> streift es die entsteigende Gestalt.

> Rainer Maria Rilke. Juny 1919.

Entwurf einer Inschrift (Sommer 1919)

> Da war nicht Krieg gemeint, da ich dies schrieb
> in *einer* Nacht. Kaum Schicksal war gemeint,
> nur Jugend, Andrang, Ansturm, reiner Trieb
> und Untergang der glüht und sich verneint.

*

121 *Rilke an Hauptmann Otto Braun* (Zürich, 20. VII. 19)

(...) Da geschieht das Wunder, daß Sie und die Ihren, die
zu kennen ich nicht die Ehre habe, mehr als meine einge-
weihtesten Freunde, mir an Verständnis und Teilnehmung
nahestehen, indem Sie mich mit einer ebenso auszeichnenden
wie rührenden Einladung überraschen. Ich muß dieses wohl
für den tiefsten Erfolg halten, den mir die Weise vom Cornet Christoph Rilke eingetragen hat –, ihm dank ichs nun,
daß, in einem Augenblick, da ich meine Heimatlosigkeit
ganz besonders schwer erfahre, die Stimme der ältesten
Heimat rein und ruhig nach mir herüberreicht!

122 *Anton Kippenberg an Rilke* (Leipzig, 30. IX. 19)

Auch der ›Cornet‹, der vor dreiviertel Jahren in 20 000
Exemplaren gedruckt wurde, befindet sich wieder in Arbeit.

123 *Rilke an Amélie de Gamerra* (Locarno, 22. I. 20)

Gnädigste Frau Baronin,
es ist eine angenehme Verpflichtung für mich, Ihren gütigen
Wunsch zu erfüllen; leider geschieht es in der allerunvoll-
kommensten Weise.

Von allen meinen Büchern sind nur die beiden Bändchen momentan erreichbar gewesen, die ich bitte in Ihre Hände legen zu dürfen.

Das ›Marienleben‹ ist eine kleine Nebenarbeit, vor ungefähr sieben Jahren entstanden, als Einlösung einer alten Zusage an einen langjährigen Freund –, und was vollends das andere Bändchen angeht, den Cornet Rilke, so ist das eine Jugend-Arbeit, die nicht weniger als zwanzig Jahre zurückreicht; daß sie (in einer einzigen Herbst-Nacht niedergeschrieben) voll jugendlicher Bewegung ist, von der ersten Zeile bis zur letzten, das möchte ihre einzige Qualität ausmachen; ihr allein mag ich auch eine gewisse (wenn man so sagen darf) Popularität zuschreiben, zu der die ›Weise von Liebe und Tod‹ es in den letzten acht Jahren gebracht hat: in fast schon zweihunderttausend Exemplaren ist sie unter die Leute gegangen.

Das Datum der Entstehung (1899) beweist Ihnen schon, daß das bewegte Gedicht nichts mit den Kriegsläuften der unseligen jüngsten Jahre zu tun hat; den Anlaß dazu bot vielmehr jene auf der ersten Seite eingereihte Stelle aus den Familienpapieren, die auf meinen Vorfahren, den Cornet Otto von Rilke Bezug nimmt, der 1663 gegen die Türken in Ungarn geblieben ist. Die Aventure selbst ist nicht historisch, meine jugendliche Imagination hat sie in den Rahmen der gegebenen Daten als ein freies Spiel eingezeichnet.

Empfangen Sie, allergnädigste Baronin, den Ausdruck meiner ehrerbietigen Ergebenheit.

Rainer Maria Rilke

124 *Rilke an Guido von Salis-Seewis* (Schloß Berg, 19. II. 21)

Lieber Freund,
im Bedürfnis, Ihrer lieben Sorgfalt rasch zu erwidern, hab ich ihr nicht recht Genüge getan; einige gütige Fragen sind

offen geblieben, nun schließ ich ihnen, zum Sonntag, die Fenster. Der Kaffee läßt öfters *das* zu wünschen übrig, daß er nicht die Datsche zum ›Schauplatz‹ hat, in dieser Enttäuschung kühlt er natürlich auch rascher aus; aber das ist nicht Lenis Schuld, die meiner sich immer still und verständig annimmt.

Der ›väterliche Freund‹ hat nur Wohltun gebracht und keinen anderen Geruch hinterlassen, als den einiger starker Zigarren. Selten, denk ich mir, hat ein Verleger so beruhigend gewirkt, wie dieser meine, dem ich seit einem Jahrzehnt keine Arbeit anbieten konnte. Er tröstete mich sogar darüber, (soweit ich tröstliche Stellen habe). Es macht ihm einen so herzlichen Stolz, daß die alten Bücher lebendig sind, daß z. B. die kleine naive Jugendarbeit, der Cornet Rilke, im 200 000 steht, das rühmt er mit so guter Frohheit – und hat sich ausgedacht und ausgerechnet, daß, stellte man alle diese Exemplare Rücken an Rücken in einer Reihe auf, ich mehr als eine Viertelstunde brauchte, um, im Schnellschritt, daran vorbeizukommen –, an einem einzigen meiner Bücher! ›Praktisch‹ wie ich bin, (!) dachte ich gleich: ob das ein Mittel wäre gegen meine kalten Füße?

Durch diese Beiträge zu meines Verlegers und meinem (Ihnen freundschaftlich zugekehrten) Bildnis, hoffe ich mich einigermaßen ergänzt zu haben und wünsche einen guten Sonntag in der Datsche.

Ihnen Beiden herzlich zugetan und ergeben,

Ihr Rilke

125 *Rilke an Gräfin Margot Sizzo* (Muzot, 28. XI. 21)

Meine Gnädigste Gräfin,
die Unruhe und Unstetheit, in die die Verhängnisse der Kriegsjahre mein Leben, für lange hinaus, gestürzt haben, hat mich vor Ihnen zum Allerundankbarsten werden lassen. Ich wage gar nicht, das Datum Ihres Briefes, Ihrer Sendung

(der so schön überraschenden) zu konstatieren . . . Mit einem Wort, ich bin unverzeihlich spät und auf mehr Nachsicht angewiesen, als irgend jemand verdienen kann . . .

Es ist sehr viel, daß Ihr gutes Gefühl zum Cornet vorreichte, so viel Arbeit an ihm zu tun, die keine leichte gewesen sein mag. Was Sie damit gewonnen haben, ist alles Rühmens wert –. Ich habe Ihre Version mehr als einmal aufmerksam durchgesehen und mir, über dem letzten Lesen, sogar einige bescheidene Anmerkungen erlaubt, wo mir ein Äquivalent nicht zu genügen schien oder wo, geradezu, ein Irrtum der Auffassung vorlag.

Aber am Ende frag ich mich doch, was einer meiner französischen Freunde sich gefragt hat, zur Zeit, da er daran dachte, den Cornet zu übertragen: ob eine Hinüberwerfung in jene, oft so anders bewegte und gesinnte Sprache überhaupt möglich sei? (Der sich – und mich – so fragte, zählt zu den bedeutendsten Dichtern der mir gleichzeitigen Generation, und ich verdanke ihm die unerhört vollendete Nachbildung einiger Fragmente aus den ›Aufzeichnungen des Malte Laurids Brigge‹.)

Ihre Arbeit, Gnädigste Gräfin, so vieles Gute ich ihr immer nachsagen werde, überzeugt mich – daß ichs offen sage – doch nicht völlig von dieser damals bezweifelten Möglichkeit. Der ›Cornet‹ (Sie können sich denken, aus einem wie großen Abstand ich eine Arbeit ansehe, die vor zweiundzwanzig Jahren – in *einer* Nacht übrigens, einer herrlichen Herbstnacht – entstanden ist) der ›Cornet‹ hat, wenn man ihm *ein* Gutes zugeben will, eine eigentümliche Bewegtheit für sich, eine Unaufhaltsamkeit im Hin- und Vorübergehen seiner Rhythmen –: das möchte sein einziger Vorzug sein, und gerade *den* mit den Mitteln einer anderen Sprache zu erreichen, dürfte außerhalb auch noch des besten Gelingens liegen. (Ich sah eine italienische, eine russische, eine polnische Übertragung durch, im Laufe der Jahre: keine wollte mir recht genugtun!)

Ich weiß nicht, wie weit sich das, was mir wesentlich zu fehlen scheint, durch noch weitere Verbesserungen etwa einholen ließe: eigentlich müßte es das Erste sein: dieser Drang, dieser Zug, dieser *eine* große fliegende Atem von Anfang zum Ende! – So geb ich Ihnen – (und muß auch *hierin* wieder Undankbarkeit manifestieren!) Ihr Manuskript als eine offene Frage wieder in die gütigen Hände.

Da Sie der künstlerischen Erscheinung in Empfindung und Aufnehmen so nahe stehn, ja ihr sogar nachgestaltend zustreben, so kann es Sie nicht wundern, daß sie sich als ein Unerbittliches erweist in ihrem genauen inneren Glück.

In Dankbarkeit und Verehrung bin ich, Gnädigste Gräfin,

Ihr Rainer Maria Rilke

126 *Rilke an Baron von Ungern-Sternberg* (Muzot, 28. I. 22)

Ihr kleines Wappen-Siegel, voller Lilien und Sterne, zwischen denen doch noch so viel reiner Schildraum bleibt –, hab ich schon bewundert, ehe ich dann seine alte Überlieferung las ... Mir sagen Wappen außerordentlich viel, es ließe sich aus ihnen viel mehr schließen und wahr-sagen, als je versucht worden ist.

Ich siegle mit unserem *Windhund*; leider sind mir alle alten Petschafte mit meinem Pariser Eigentum abhanden gekommen, auch das große starke Wappensiegel meines Urgroßvaters (Herrn auf Kamenitz an der Linde, in Böhmen), der der erste war, der, nach fast hundertjähriger Unterbrochenheit, sich des Wappens wieder bediente. In der Zeit der sächsischen Landsässigkeit der Familie (deren größte Blüte in den Tagen des ›Cornets‹ schon überschritten war) siegelte man mit dem steigenden Hund, während in unserem eigentlichen Stammland Kärnten, so lang es noch ›Rilkes‹ dort gab, neben dem steigenden auch der laufende Windhund, sogar als die älteste Form, vorkam. In der Literatur über den Kärntner Ur-Adel fand ich meistens *dieses* Wappen genannt, und im alten Ständehaus in Klagenfurt kommt es noch, immer wieder erneuert, unter den Wandmalereien vor, mit der Jahreszahl 1276 (wenn ich recht unterrichtet bin. Ich kenne keine der Stellen, wo die Familie durch die Zeiten hin angesessen war). Das Siegel, das ich gebrauche, ist (sehr schlecht) in Paris einmal nach einem ›Wappenbild‹ des 18ten Jahrhunderts geschnitten worden, – das mir Freude machte durch den übertrieben hohen Hund in der Helmzier: in der Zeichnung war er sehr reizvoll, im Siegelstock ist er nicht glücklich wiederholt und muß sichs gefallen lassen, bald als Bock, bald als Pferd angesprochen zu sein. Aber heraldisch ist ja, zum Glück, eines immer noch rühmlicher als das andere. –

127 *Rilke an Anton Kippenberg* (Muzot, 26. VI. 22)

Wie Sie beide hier erwartet sind, das wissen Sie längst! Inzwischen traf vorgestern Ihr Diktat zu einem italienischen ›Cornet‹ ein; der Herr (dessen Namensbestandteile einen italienischen Sieg über Jugoslawien reizvoll illustrieren) wird sich eine Weile gedulden müssen. Denn ich habe ja so etwas wie eine italienische Übersetzerin – und frühlings 1914 (Sie werden sich dessen vielleicht erinnern) hielt ich mich, von Venedig kommend, eigens in Mailand auf, um mir ihre Version, gerade auch des ›Cornet‹, vorlesen zu lassen. Ich denke, es war keine schlechte Arbeit, und so scheint es mir angemessen, daß ich – vorausgesetzt, daß die Adresse sich findet – erst bei jenem Fräulein anfrage, was aus ihrem Manuskript geworden ist, und ob sie daran denke, es öffentlich geltend zu machen. Sie hätte doch, in jedem Falle, ein Vorrecht darauf . . .
Wie gut, wie gut, daß alles übrige sichere Aussicht hat (sichere! lieber Freund), mündlich zwischen uns vorzukommen.
Das Allerherzlichste!   Ihr Rilke

J'ai cependant réfléchi sur les traductions qui ont été faites; elles sont plus nombreuses dans les langues scandinaves et surtout en russe. En français il n'existe jusqu'à présent que des fragments dont ces admirables pages où André Gide s'est tout approché de ma prose ... Mais de tout cela, je ne possède rien.

Par contre ce que j'ose vous soumettre, ci-inclus, vous impose non une lecture, mais excusez ma témérité, — presque un travail. Vos loisirs vous permettraient-ils de feuilleter ce manuscrit et de me communiquer, un jour, (sans urgence aucune) vos impressions?

Le petit livre qu'on a essayé de traduire (et dont on a présenté à mon éditeur, presque au même moment, deux versions françaises, et celle-ci, italienne), n'est pas un spécimen très valable de ma production, puisque je l'avais composé en 1899 (il y a vingt-trois ans!) dans une seule nuit d'automne, subissant, pour ainsi dire, ce coup / de vent de l'inspiration qui faisait passer devant mes yeux étonnés le sort légendaire et violent d'un de mes jeunes ancêtres. Je ne voyais jamais à ces pages rapides d'autre vertu que celle d'un naïf élan juvénile..., mais il paraît que la simple jeunesse a suffi à doter ces rythmes d'un attrait à longue échéance: car cette mince plaquette avait d'innombrables éditions, et les traducteurs de tous les pays s'y sont attachés de préférence. (Il existe même, depuis 1913, une autre traduction italienne, entreprise par Mlle Dr. Braschi, à Milan, mais qui, si je ne me trompe point, n'a jamais paru). Jugeriez-vous cette autre, la nouvelle, digne de voir la lumière de la publicité? Très engagé dans mes travaux actuels, je ne pouvais pas encore m'en occuper; et d'ailleurs mon italien serait-il assez fort pour me permettre un jugement définitif?

Suis-je importun, très chère Madame, de solliciter le vôtre qui décidera du sort de ce travail? — Je serai extrêmement curieux de votre diagnostic, mais je répète que c'est une affaire qui ne presse nullement. J'ajoute le petit volume allemand, que je vous prie de ranger dans un petit coin parmi vos livres.

[Dem Brief beigefügt eine ›Cornet‹-Ausgabe (I.-B. 1921) mit folgender Widmung:]

A Madame Lella Gallarati-Scotti:
Ce petit bouquin plus que suranné,
pour accompagner vers son jugement
une traduction italienne de ces pages de jeunesse
Rainer Maria Rilke
Château de Muzot
en août 1922

*

Widmungsgedicht für Max Nußbaum*

Leben und *Tod*: sie sind im Kerne Eins.
Wer sich begreift aus seinem eignen Stamme,
der preßt sich selber zu dem Tropfen Weins
und wirft sich selber in die reinste Flamme.

*

128a *Anton Kippenberg an Rilke* (Leipzig, 7. VII. 23)

Lieber Freund!
In einer an sich ganz gleichgültigen Sache muß ich heute um eine Auskunft von Ihnen bitten. Wir hatten seinerzeit dem Herrn von Paszthory, wie Sie wissen, die Genehmigung gegeben, den ›Cornet‹ zu vertonen, und zwar die ausschließliche Genehmigung. Nun hat ein Komponist, Paul

---

* Eingeschrieben in ein Exemplar des ›Cornet‹ für cand. med. Max Nußbaum, auf Bitten von Otto Kohn: Muzot, 22. Dezember 1922.

von Klenau, gleichfalls eine Vertonung des ›Cornet‹ in der Universal-Edition erscheinen lassen, und dagegen wendet sich in einem Brief an uns Herr von Paszthory. Ich schrieb an die Universal-Edition, und sie teilte mir mit, daß Sie Herrn von Klenau zur Vertonung autorisiert hätten. Würden Sie die große Güte haben, mir zu schreiben, wie sich die Sache verhält? Sollte wirklich die Genehmigung noch einmal erteilt sein, so wäre es kein Unglück. Ich muß gestehen, daß ich mir eigentlich wider Willen die Ausschließlichkeit von Herrn von Paszthory habe abringen lassen. Es ist ja ein Unsinn, grundsätzlich künftigen Komponisten das Maul zu verbinden.

128b *Rilke an Anton Kippenberg* (Muzot, 20. VII. 23)

In der Tat, ich habe Herrn von Klenau seinerzeit (als er mich, 1916 oder 1917, in München aufsuchen kam) auch eine Art Zustimmung zur Vertonung des ›Cornet‹ zugestanden, nicht erinnernd, daß die Pászthorysche Melodramatisierung (die mir ja nie recht sympathisch gewesen ist) eine Art Monopol besitze; lagen doch, selbst damals schon, außer jener, zwei oder drei andere Kompositionen vor, die sich ab und zu bemerkbar machten, indem sie bei Ihnen oder bei mir um Berechtigung rangen. Klenau, ob ich gleich keine Musik von ihm kenne, ist mir persönlich sympathisch, und so überraschte er mich in einer gewissen Nachgiebigkeit. Ich wäre bestürzt, wenn das nun komplikative Folgen hätte –, aber fürsorglich wie immer, beruhigen Sie mich gleich, indem Sie eine solche Ausschließlichkeit für unnötig erklären. Sie ist es insofern, als die höchst eigenmächtigen Musiker ja meistens erst die bereits vollzogene Vertonung herausforderlich eingestehen, so daß man Ihnen jeweils das Maul erst verbände, wenn sie es übervoll haben.

129 *Anton Kippenberg an Rilke* (Leipzig, 4. IX. 23)

Durch einen Zufall konnte ich ein Exemplar des junckerlichen ›Cornets‹ durch Tausch erwerben, und da ich weiß, daß Ihnen dieses Buch fehlt, so mache ich mir die Freude, es Ihnen zu senden.

130 *Rilke an Anton Kippenberg* (Schöneck, 11. IX. 23)

Der alte ›Cornet‹ hat mich gerührt, und Ihre liebe Inschrift eignet mir ihn — auf einer höheren Ebene gewissermaßen — zu. Ich hatte das kleine Buch so lange nicht mehr gekannt, daß es dem Wiedersehen an Bewegung (fast möcht ich sagen: auf beiden Seiten) nicht gefehlt hat.

*

Für Frau Gertrud von Mumm
in ihr Exemplar der *Weise von Liebe und Tod*
auf Veranlassung Edgar von Spiegl's, des lieben gemeinsamen Freundes.*

Wer begreift, warum ihn, auserlesen,
ein Geschick, das einst verging, bewegt?
Längst war es verstummt; doch seinem Wesen
scheint es plötzlich dringend eingelegt:

dies Vergangne, das ihn kaum betrifft.
Unvermutet wird er sein Vermuter —,
und Verschollnes stürzt sich ausgeruhter
in ein Dasein oder in den Stift.

Rainer Maria Rilke. (Château de Muzot, im May 1924)

* Siehe auch den Entwurf zu diesen Versen in ›Gedichte 1906 bis 1926‹, Wiesbaden 1953, S. 611.

131 *Rilke an Sophie Dorothee Gallwitz* (7. VIII. 24)

Ich habe nun gleich gestern, verehrtes Fräulein Gallwitz, Ihr Buch in einem Zuge durchgelesen, und ich kann mich gar nicht genug eilen, Ihnen zu sagen, *wie völlig unbegreiflich mir die Anklage ist,* die Heimsuchung und Schaden über Sie gebracht hat. Ich habe es gelegentlich mit Plagiaten (des ›Cornet‹ z. B.) zu tun gehabt, und ich erinnere mich des widerwärtigen Gefühls, das solche Produkte bei der ersten Berührung hervorrufen.

132 *Rilke an Dr. Hermann Pongs* (Muzot, 17. VIII. 24)

Der ›Cornet‹ war das unvermutete Geschenk einer einzigen Nacht, einer Herbstnacht, in einem Zuge hingeschrieben bei zwei im Nachtwind wehenden Kerzen; das Hinziehen von Wolken über den Mond hat ihn verursacht, nachdem die stoffliche Veranlassung mir, einige Wochen vorher, durch die erste Bekanntschaft mit gewissen, durch Erbschaft an mich gelangten Familienpapieren, eingeflößt worden war.

133 *Rilke an Dr. Alois Schreier* (Muzot, 18. IX. 24)

Sehr geehrter Herr Doktor,
Durch einen Brief meiner guten Mama erfahre ich einen Wunsch ihrer Tochter, Fräulein Eva Schreier: ich eile ihn zu erfüllen, nicht alleine, weil ich weiß, wie groß die Wertschätzung ist, die meine Mutter, seit so vielen Jahren, Ihnen entgegenbringt, sondern auch, weil mich der Wunsch selber freut. Ein schon lange geliebtes Buch vom Verfasser selber zugewendet zu erhalten, in seinem inneren, still erworbenen Besitz durch ihn bestätigt zu sein, ist eine Freude, die ich selbst dann und wann viel zu lebhaft erlebt habe, um nicht zu verstehen, was ihre Erfüllung, unter Umständen, bedeutet.

Fräulein Schreier denkt besonders an ›Die Weise von Liebe und Tod...‹, diese (fast in geometrischem Sinne genommen:) ›Parabel‹ einer jugendlichen Bewegung, im Schicksalstraum eines Vorfahren ausgezogen... In einer Nacht, einer Herbstnacht vor fünfundzwanzig Jahren, hingeschrieben, stellt diese Arbeit nicht viel mehr vor als eine Improvisation –; sie bestünde schlecht vor meinem heutigen Urteil. Aber in ihrer Allüre hat sie den Schwung ihrer Entstehung bewahrt, und das gibt ihr wohl immer noch eine gewisse Macht über die verwandten Erregungen eines glücklichen Alters.

Daran meinte ich, in meiner Einschrift für Fräulein Schreier erinnern zu dürfen, – mich selbst, wie Sie sehen, in einem gewissen Sinne, noch zu den gleichen Ergriffenheiten bekennend. Mit den besten Wünschen und Empfehlungen für Fräulein Schreier (die, wie mir meine Mama schreibt, erfolgreichen Kunststudien mit Eifer gewidmet ist) bitte ich Sie selbst, verehrter Herr Doktor, die kleine ›Erfüllung‹ weiterzugeben, und zeichne als Ihr vollkommen ergebener

R.M.Rilke

[Eine Beilage:]

Für Fräulein Eva Schreier

Es muß wohl sein, daß jugendlicher Schwung
zur Jugend spricht. Da ich in einer Nacht
(wie lang ist's her!), vom Nachtwind angefacht,
aufglühte *so*, daß dieses Lied von Schlacht
und Lust und Mut und Untergang
aus meinem Blut in seine Gußform sprang –:
was war ich jung!
Und nun seid ihrs. Oh seids, oh seids!
Ohne Bedenken, ohne Geiz.

Ich bin es *noch*. Und bin sogar noch Kind.
Fühlende *bleiben*, was sie fühlend *sind*.

Rainer Maria Rilke
(Château de Muzot, im September 1924)

Sehr werter Herr Dr. Pongs,
eine nahe bevorstehende Reise, (...) zwingen mich kürzer
und schlagwörtlicher zu sein, als ich es sonst den Anregungen gegenüber gewesen wäre, die mir durch Ihren Brief und
den ›Frage-Bogen‹ angeboten sind.
Der Bogen zunächst: (...)

Würde es nicht lohnen, die Prosastücke der ganzen frü-hen Zeit zu sammeln und neu herauszugeben?
Im Frühfrost 1897
Ohne Gegenwart (Drama) 98
Am Leben hin (Novellen) 98
Zwei Prager Geschichten 99
Das tägliche Leben 1902
Die Letzten 1902
Vom lieben Gott 1900
oder noch mehr?

Aus Gründen, die ich neulich schon andeutete, ist diese frühe Produk-tion ohne bleibenden Wert; außer-dem war ich, wie die meisten vom Gedicht zuerst Vergewaltigten, un-fähig, eine auch nur erträgliche Prosa zu schreiben. Beweis dafür: daß ich mich gehen lassen konnte, im »Cornet« diese beiden, weit getrennten Formungen durchein-anderzumengen, eine Geschmack-losigkeit, die mir jene kleine Improvisation einer einzigen Herbstnacht durch die Jahre hin unausstehlich machte, bis ich ihr schließlich wieder die Naivität ihrer jugendlichen Allüre zugute gab.

Sehr verehrter Meister, ich möchte Sie um die Erlaubnis bitten, ›Die Weise von Liebe und Tod des Cornets Chr. R.‹,
die ich gemeinsam mit Herrn R. Derche in's Französische
übertragen habe, in der Nouvelle Revue Française erscheinen zu lassen. Ich lege diesen Zeilen das Manuskript bei –
die Übersetzung ist mancherorts nicht so, wie ich es wünschte, und ich habe der Unerbittlichkeit der franz. Syntax des
öfteren den rythmischen Wohlklang des Liedes opfern müssen. Über manche Stellen bin ich mit Herrn Derche noch

nicht ganz einig; wir werden dieselben vor der ev. Veröffentlichung nochmals durcharbeiten. Ich wäre Ihnen dankbar, wenn Sie mir, sofern Sie mit der Herausgabe der Übersetzung einverstanden sind, etwelche Mißklänge anzeichnen wollten. –

Es mutet mich sonderbar an, daß ich Ihnen, wie einem fremden, unbekannten Menschen, diesen sachlichen Bericht schrieb, und ich kann denselben nicht abschicken, ohne Ihnen zu sagen, daß ich Ihrer nicht wie des berühmten und anerkannten Schriftstellers gedenke, aber wie eines lieben, verständnisvollen Freundes, irgendwo in der Ferne ...

Möchten die paar Herbstblümlein aus dem großen Strauß vor mir Ihnen erzählen, wie oftmals in den weichen Abendstunden ich mich freue, daß Sie sind, und wie immer wieder etwas Schönes und Tröstendes mir aus Ihren Gesängen kommt.

In herzlicher Verehrung Paule Levy.

P.S. Herr Derche schrieb mir:
En écrivant à Rilke, vous pouvez, si cela ne vous dérange pas, joindre à la votre l'expression de ma sympathique admiration pour son œuvre et surtout sa forme de sensibilité.

136 *Rilke an Paule Levy* (Muzot, 4. XI. 25)

Verehrtes Fräulein Paule Levy,
ich bin vor Ihnen in der Lage eines ganz und gar Undankbaren: allein schon durch meine lange (durch hundert Umstände verschuldete) Verspätung. Die möchte am Ende gut zu machen sein, denn Ihr Brief, in seinen Schlußsätzen, läßt mich vermuten, daß ich Nachsicht bei Ihnen finden dürfte. Aber ...
Aber mein Fall kompliziert sich dadurch, daß ich nun, endlich antwortend, mich immer noch undankbarer, heillos undankbar, sehen Sie, herausstelle.

Ihre (zusammen mit Monsieur Derche) bearbeitete französische Version meines ›Cornet‹ ist die fünfte oder sechste Übertragung, die mir im Laufe der letzten Jahre vorgelegt worden ist, leider konnte ich die früheren Texte, die bei mir irgendwo aufbewahrt sein mögen, augenblicklich nicht mit dem Ihrigen vergleichen ...; aber ich entsinne mich, daß ich durch all die Zeit geneigt war, auf die erste der irgendwo verwahrten Übersetzungen zurückzugreifen, wenn einmal der (im Übrigen kaum erwünschte) Moment einer Drucklegung sich einstellen sollte. Denn nicht allein schien mir jene älteste Übertragung immer noch die beste und lebhafteste, sie stammte von befreundeter Hand, aus befreundetem Gefühl –, und mußte schon deshalb meiner Bevorzugung empfohlen bleiben. Gegenwärtig, nach langen Monaten der Abwesenheit, nach Hause zurückgekehrt, mit Rückständen und Arbeiten aller Art überhäuft, zudem leidend, – gelang es mir noch nicht, jenen ältesten Text unter meinen Papieren aufzustöbern, um ihn mit dem Ergebnis Ihrer Bemühung zu vergleichen; aber ich vermute, daß ich auch jetzt noch Vorliebe für ihn hätte: denn, um es offen zu sagen, Ihre Fassung scheint mir vieler Verbesserungen und Änderungen zu bedürfen; so, wie sie jetzt vorliegt, befriedigt sie mich weder dem Wortlaut nach, noch in ihrem rhythmischen Benehmen. Es ist wahr, ich habe Mühe, das zu erkennen und festzustellen: Sie müssen bedenken, wie weit man von einer raschen Jugendarbeit sich entfernt fühlt, von der einen an die dreißig Jahre trennen, ein ganzes Leben, und deren Struktur mir heute so entfremdet ist, daß ich nicht einmal zuzugeben wüßte, ob so ein Ineinander, ein solches Gemeng von Prosa mit Gedichtanläufen überhaupt irgendwo zulässig sei! Ich habe versucht, die einzelnen Seiten Ihrer Übersetzung mit Vorschlägen zu begleiten, – aber ich bin da selber unsicher; säße ich neben Ihnen, und wir könnten miteinander uns über die Lesarten einigen, es wäre wahrscheinlich die Arbeit einer oder zweier Stunden. Aber so, mit der Feder in der Hand, Ihre Seiten entlang zu gehen, meinem eigenen Text fremd und (seit wie lange!) entzogen, – scheint mir ein mühseliges und zuletzt nicht einmal zuverlässiges Unternehmen. Was tun?

Ich erinnere mich, daß Mr. Gaston Gallimard mich sein Interesse für diese alte Arbeit freundlich erkennen ließ und glaube aus Ihrem Schreiben schließen zu können, daß diese Übersetzung für die Editions der Nouvelle Revue Française gemeint sei. Noch einmal: was tun? Soll Ihre und des Mr. Derche Anwendung umsonst gewesen sein? Ich bin auf der vierten Seite meines Briefs, und, offen gesagt, diese ›Weise von Liebe und Tod‹ scheint mir so viel Aufwand: Ihre ganze Arbeit, Ihren Brief, meinen Brief ... gar nicht wert zu sein. Aus einem Moment tiefen und starken Jungseins (der Cornet entstand mir in einer einzigen Herbstnacht) mag in jene Zeilen eine Bewegung eingeflossen sein, ein Etwas an unausgegebenem und unausgebbarem Glück, ein Vorrat, der sich aus ihnen auch heute noch mitteilt: Sonst wäre ja nicht zu verstehen, wieso gerade diese so mangelhafte Leistung in Hunderttausenden von Exemplaren sich ausbreiten konnte.

Indessen, haftet (frag ich mich) dieser Zauber nicht ganz und gar am deutschen Original? In der Tat hat keine der Übersetzungen in andere Sprachen (soweit es sich um solche handelte, in die hinein ich meinen Wortlaut begleiten konnte) mich recht überzeugen können.

Ich schließe also, für diesmal, mit lauter Fragezeichen. Der Inhalt ist so dürftig in diesem ›Gedicht‹, seine Sprache so unentwickelt, daß das Einzige, was sein Bestehen zu entschuldigen vermöchte, eben jene Allüre bleibt, die Gangart, dieses atemlose Vorübergehen, für das, damals in jener Nacht, Wolken, die über den Mond zogen, mir mehr noch Vorbild waren, als Alles, was ich, legendär, von jenem Vorfahren wußte, wissen konnte ... Und eben *das* einer anderen Sprache neu mitzugeben, möchte das Schwierige, wenn nicht Unmögliche sein. Es wäre gut, sich, vor Allem, über

Eines zu einigen: über die Notwendigkeit, daß dieses höchst nebensächliche Buch französisch bestehe?

Lassen Sie mich schließen für dieses (späte) Mal. Die Worte, mit denen Ihr Brief schließt, die ihm mitgegebenen Herbstblumen ›aus dem großen Strauß‹ geben mir meine Undankbarkeit erst recht zu tragen. Ich kann es kaum versuchen, das Wort ›Dank‹, das ich auf soviel eiligen Seiten zu widerlegen nicht aufgehört habe, doch noch an den Schluß zu stellen. Erleichtern Sie mir meine beschämende Lage und glauben Sie, trotz Allem, an die vollkommene Ergebenheit

Ihres Rainer Maria Rilke

137 *Rilke an Gräfin Margot Sizzo* (Muzot, 12. XI. 25)

In der letzten Zeit hab ich manche nachdenkliche Stunde damit zugebracht, die Papiere zu ordnen, die, als einziges Gerettete, meinen verlorenen Besitz in Paris überdauert haben und die nun hier einen ganzen Koffer füllen. Dieses Aufgegebene war mir schon legendärisch entrückt gewesen, so daß ich fast enttäuscht war, nicht mehr und Wunderbareres in den verstaubten Kisten zu entdecken; mehr als meine eigenen (übrigens unvollständigen) Notizen, auf die ich ja kaum je zurückkommen werde, freuten mich die erhaltenen Briefschaften, gerade Rodins Briefe, viele kleine Zettel von seiner unmittelbarsten Hand, so hingezeichnet wie Entwürfe von dessins ..., die Briefe Verhaerens, der Duse ..., ach so vieler hingesunkener und verlorener Freunde. Wie groß, fühlte ich wieder, ist doch die Wasserscheide des Krieges, wie haben plötzlich alle Verläufe eine andere Richtung, ein anderes Gefäll, wie viele Menschen, Beziehungen, Hoffnungen und Erwartungen sind ›drüben‹ zurückgeblieben, in jener ›vorigen‹ Welt! ... Wissen Sie, daß ich einen kleinen Augenblick mir vorstellte, ich könnte auch Ihre Briefe entdecken und sogar *Ihr* Manuskript des Cornets: soweit hatte ich, im Gefühl, die liebe Beziehung, die Sie mir gewähren,

zurückdatiert, in einer Art Freude, ihr eine Kontinuität und ein Überstehen vieler Veränderungen gutzuschreiben! Übrigens: *Ihr* ›Cornet‹: ich werde immerfort mit neuen französischen Übertragungen bedrängt, eben hat der Verleger, Mr. Gallimard, sich eine, die er veröffentlichen will, kosten lassen, noch hab ich meine Zustimmung nicht gegeben im Gedanken an die erste, Ihrige, der ich so gerne Treue geschworen hätte. Nun weiß ich nicht, wird Gallimard, der diese neueste ›bestellt‹ hat, von ihr abzubringen sein? – Ich schließe rasch, meine liebe Gnädigste Gräfin, sonst treib ichs den ganzen Tag so weiter... Wenn Sie sich entschließen können, etwas Musik zu machen einmal, spielen Sie mir sie herüber in meine leicht übermäßige Stille.
Immer in ganzer, in aller Ergebenheit,

Ihr Rilke

138 *Rilke an Anton Kippenberg* (Val-Mont, 28. III. 26)

Wir stecken hier im widerwärtigsten Winterrückschlag; nur die Vogelstimmen, die's besser wissen, ignorieren ihn eindringlich.
In der Beilage wieder eine der üblichen Landplagen. Bitte, lassen Sie, gelegentlich, nach *Ihrem* guten Ermessen erwidern; wenn ich recht erinnere, so hat es schon mehrmals Schwierigkeiten gegeben, wegen der Veröffentlichung früherer Partituren; es existieren ja wohl vier oder fünf, davon mehrere gedruckte? Und Sie wissen, wie wenig Rührung ich empfinde über diese Zutunlichkeit der Musik zu meinen, sich selbst genügenden Anlässen.

139 *Anton Kippenberg an Rilke* (Leipzig, 31. III. 26)

Mein lieber Freund!
Ihr Brief vom 28. ds. Mts. mit den Einlagen ist eingetroffen.

Herrn Krasa habe ich in Ihrem Auftrage geantwortet, Sie hätten leider die ausschließliche Genehmigung zur Veröffentlichung der Komposition der ›Weise von Liebe und Tod‹ in Verbindung mit dem Text Herrn von Paszthory gegeben. Sollte er, Krasa, von Herrn von Paszthory eine Lizenz erreichen können, so könne er Ihrer Zustimmung zur Veröffentlichung auch seiner Komposition mit dem Text versichert sein.

140 *Anton Kippenberg an Rilke* (Leipzig, 31. V. 26)

Lieber Freund!
Ich sende Ihnen anbei Stefan Zweigs Beschreibung des in seinem Besitz befindlichen Manuskriptes vom unsterblichen ›Cornet‹. Bitte sagen Sie mir, ob Sie mit der Faksimilereproduktion dieses Manuskriptes für die böhmische Gesellschaft der Bibliophilen einverstanden sein würden.
Wir waren die Pfingsttage über in Weimar, wo wir der Aufführung der ›Hypatia‹ des Fürsten Bastiano beigewohnt haben.

141 *Rilke an Inga Junghanns* (Muzot, 25. VI. 26)

Daß nun Axel Juncker in seine Heimath zurückkehren mußte, damit die langerwartete Erscheinung Ihrer großen Arbeit sich erfüllen könne. Ich weiß nicht, *wann* ich ihm froher zusagte: jetzt oder vor zwanzig Jahren, als ihm sein Herz rieth, sich des ›Cornet's‹ anzunehmen.

Um das Feuer auf der Erde,
vor den Hufen seiner Pferde
liegt das östreichsche Pikett.
Auf dem Mantel liegt ein jeder,
von den Tschakos weht die Feder,
Leutnant würfelt und Kornett.

Zweite Strophe des Gedichts ›Prinz Eugen‹ von Ferdinand Freiligrath;
vertont von Carl Loewe (opus 92).

Philemeri Irenici Elisii [Martin Meyer von Hayn] Continuatio V. Diarii Europaei (...). Franckfurt am Mayn 1661

14. Nov. 1660. – Der Zeit wurden die Kayserl. Völcker bey der Montecuculischen vnd Susischen Armeen reducirt vnd zusammen gezogen / so daß folgende Regimenter noch verblieben:

Zu Fuß	Zu Roß	Tragoner
Baden	Montecuculi	Baschewa
Susa	Pfaltz-Graf Robert	Bissere
Starenberg	Sporck	Croaten
Lacorona	Götze	Gusteintz
Strozzi	Heister	
Von Meurs	Caprara	
Wallis	Walther	
Koppe	Schaff, Knigge	

Jedwedes von diesen Regimentern zu Fuß war starck 3000. Mann völlig / vnd bestund in 10 Compagnien: deßgleichen hielten die Regimenter zu Pferde Jedes auch 10 Compagnien vnnd 1000. Reuter / wie nicht weniger auch die Tragoner vnd Croaten; die Officirer aber von den abgedanckten Regimentern bekamen indessen Herberge vnd halben Sold / biß man sich ihrer bey nächsten newen Werbungen würde bedienen können.

[Martin Meyer:] Theatri Europaei Continuatio. Tomus IX. Franckfurt am Mayn 1672, p. 52

[Die kayserl. Armee bezieht 1660 unter Baron Des Souches ein Feldlager bei der Festung Tockay:]

Allhie nun blieb die gesampte Kayserliche Armee den gant-
zen Sommer und Herbst über / sonder eintzige andere Ver-
richtung / stille ligen / als daß sie der Belagerung von Groß-
Wardein von weitem zusahe / und die Gräntze verwahrte /
biß die Türcken die Winter-Quartieren bezogen / die aber
nicht wie vor diesem / in den vorigen Kriegen / wieder nach
Hause giengen / sondern / wieder solchen ihren Gebrauch
und Gewohnheit / theils umb Groß-Wardein / theils auch
umb Temeswar und Griechisch-Weissenburg liegen blieben /
damit sie auff den zukünfftigen Frühling gleich bey der
Hand seyn / und einen frühen Feld-Zug anfangen könten:
denn sie gaben vor / daß sie nicht eine Handbreit von
dem / was der verstorbene Fürst Ragotzy in dem Fürsten-
thumb Siebenbürgen und Ober-Ungarn / besessen / dahin-
den lassen wolten.

Der Bassa / oder Commendante / zu Groß-Wardein that
dieses schrifftlich und schrieb an den Herrn Grafen Caroli /
Ober-Hauptmann in Zathmar / gar schimpfflich und be-
drohlich / daß / weil der Groß-Türck ihn zum Herrn über
die Gespanschafften Zathmar / Szaboleck / Ungwar /
Zemplin und Tockay gemacht hätte / er ihne die unter sich
habende Vestung Abtretter / und dem Obristen zu Etsched
(oder Echyed) dergleichen andeuten solte / wiedrigen Falls
er sie mit Macht an sich bringen müßte; Und in dieses
Schreibens Ober- und Unterschrifft titulirte er sich schon
einen Herrn und Ober-Gespan aller dieser Oerter / wiewol
ohne Fug und Recht / massen die über der Theysse gelegen
sieben Gespanschafften schlecht hin und für sich selbst noch
nicht zu Siebenbü⟨r⟩gen gehörten / sondern / wie obge-
dacht / nur umb Friedens willen / mit gewissem Beding
von vorigen Fürsten eingeraumet worden.

Weil man dann auß allen Umbständen und Anzeigungen
sich nichts guts zu den Türcken und deren neuen und so
nahen Nachbarschafft zu versehen hatte; So ward die Kayserliche Armee auch nicht weit abgeführt / sondern in die
nächste Gespanschafften und deren Gräntz-Vestungen ein-

quartirt / so daß das Haupt-Quartier und der General-
Staab in und umb Caschau zu ligen kam: Die Artillerie lag
zu Tasnad (...); Das Heysterische / Ratschinische / Palati-
nische / Copische und Colaltische Regiment umb Zathmar /
und die übrigen 2. Regimenter Sporck und Post / nebst 4.
Compagnien Bissereischer Tragoner zu Kato / andere wurden gar wieder herauß und nach Mähren in die Quartier
geführt.

G. J. Rosenkranz: Graf Johann von Sporck (1854), S. 66

[Nach Ragoczy's Tod (Mai 1660) greifen die Türken Groß-
Wardein an:] Der österreichische General Des Souches stand
mit einem kaiserl. Korps beobachtend in der Nähe; er hatte
aber zu wenig Mannschaft, als daß er es wagen durfte, dem
Überflutungsstrome der Osmanen Einhalt zu tun. Daher
konnte er während des feindlichen Unternehmens gegen
Groß-Wardein bei Allem dem, daß so viel von der Erhal-
tung dieses Bollwerks abhing, bloß den müßigen Zuschauer
abgeben. Eine sechswöchentliche angestrengte Berennung lieferte die starke Vormauer nach der hartnäckigsten Gegenwehr der heldenmütigen, aber schwachen Besatzung am
27. August 1660 den Türken aus.
Da durchlief ein gewaltiger Schrecken den Kaiserstaat und
in dem Hofkriegsrate sah man jetzt ein, daß es die höchste
Zeit sei, mit Kraft und Nachdruck Maßregeln der Sicherheit
gegen die jählings anschwellende Türkengefahr vorzubereiten. Das Oberkommando für den Zweck der Verteidigung
des Ungarlandes, auf welches der nächste Stoß der Christen-
feinde zu befürchten war, erhielt der Feldmarschall Montecuccoli, ein Feldherr der rechtern Wahl, dessen kriegerischer
Ruhm von nun an einen hellen Strahl durch die Geschichte
wirft. Derselbe ließ ein ansehnliches Defensiv-Korps unter
Des Souches zusammenziehen und in Ober-Ungarn an den
Grenzen Siebenbürgens zur Hut aufstellen. Es ist nicht un-

wahrscheinlich, daß Sporck dem Generalstabe des Heeres, der sein Hauptquartier in Kaschau hatte, beigesellt war. Sein Regiment kam nach Kolló zur Verstärkung dieser Festung, auf welche es die Türken seit der Einnahme von Groß-Wardein ganz besonders abgesehen hatten. Da ihre hochmütige Aufforderung zur Übergabe kein Gehör fand, so hatten sie den Versuch gemacht, den Platz durch Überrumpelung zu nehmen, waren aber von der wachsamen Besatzung mit Unterstützung der Bauern der Umgegend schmachvoll zurückgetrieben worden. Nicht besser erging es den Feinden mit ihrem Anschlage auf das benachbarte Szathmar, welches sie um die nämliche Zeit angegriffen hatten, und so konnten diese beiden festen Punkte auf der äußersten Verteidigungslinie im Besitz der Kaiserlichen erhalten werden.

Außer einigen unbedeutenden Scharmützeln kam es zwischen der Mannschaft des österreichischen Beobachtungs-Korps und den Osmanen zu keinen blutigen Ereignissen, weil diese sich den Winter über in ihren Lagerplätzen still verhielten und erst den Eintritt der günstigen Jahreszeit zu neuen Bewegungen im Felde erwarteten.

Philander von Sittewald (d. i. Hanß-Michael Moscherosch): Gesichte II 3, Straßburg 1650, S. 323

Bey den Soldaten ist das Cornet das jenige Zeichen / so die Helden bey Frewd vnnd Muth erhaltet / darnach sie alle sehen / vnnd wo dieses verlohren / so ist Hertz vnnd Muth vnnd die gantze Compagni / das gantze Regiment / das Feld verlohren.

Hannß Friedrich von Fleming: Der Vollkommene Teutsche
Soldat *etc.*, Leipzig 1726, S. 116 (§ 5)

Der Cornet ist ein Officier, der die Standarten führt, er
commandirt, weil er der dritte Officier von der Compagnie ist. In einen Combat ist sein Platz in der Mitten
des ersten Ranges der Esquadron. Er muß eher das Leben, als sich seine Standarten nehmen lassen. Es betrifft seine
Ehre, und die Ehre seines Corpus, wo er stehet. Er trägt
niemahls die Standarte, es sey denn, daß die gantze Compagnie marchirt; In einen Detachement wird keine
geführt. Fähndrich wurde von diesen der genennt, der so
wohl die Fahne in der Infanterie, als Cavallerie
führte. Muß eben Fuß halten, wie der Cornet. In mar-
chiren trägt ein Soldate die Standarte oder Fahne, aber
der Cornet muß sie selbst führen in der Musterung, oder
wenn er auf die Wache ziehet, oder in einer Action. Die
Fahnen sind viel länger und breiter als die Standarten.

Leonhart Fronsperger: Von Kriegß Regiment vnd Ordnung,
Franckfurt am Mayn 1555, fol. XL.

Im Láger steckt der Fånderich seinen Fanen bey seiner Zelt
auff / vnnd lasset jn fliegen / damit seine Reutter vnnd an-
der das Quartier darbey erkennen vnnd finden kónden. So
ein Lårmen ist soll er sehen / das er der erst auff dem pferdt
sey / den nechsten so er ein zimliche anzal seiner Reutter bey
dem Fanen hat / fůrs Láger hinauß wischen auff ein platz /
den Fanen fliegen lassen / damitt die vberigen seine Reutter
jne darbey wissen zůfinden vnd sich zůsamlen. (...)
So er aber ye von feynden so hart getrungen / weytter nit
kommen mag / so zimpt jme wol / das er den Fanen vom
Spieß reiß / vnd wie er mag daruon bring / oder wa er nit
baß mag / den Fanen zů kleinen fåtzlin zerreyß / damitt er
den feynden nit zůteyl werde.

Adam Junghans von der Olßnitz: KriegsOrdnung zu Wasser
vnd Landt (. . .) vbersehen durch Andream Reuttern.
Côlln 1594, S. 26

›Wie ein Oberster dem Fendrich das Fendlin vbergibet‹
»Also mein lieber N. N. von N. / nach dem ich euch zu dem
hohen vnn herlichen Ampt vor einen Fendrich haben vnd
setzen wil / so versehe ich mich zu euch / jhr werdet euch
darbeij brauchen lassen / wie einem Ehr vnd trewliebenden
/ redlichen Kriegßman zustendig«.
Antwort: » Ja Herr Oberster / so weit als mein Vernunfft /
mein vermögen / Ehr vnd Redligkeit / darzu mein Leib
vnd Leben wendet / vnd auch die ehrlichen Kriegsleut beij
mir standhafftig bleiben / biß auff den letzten Mann / vnd
ich das Fendlin an der Stangen tragen werde«.
»Nun wollan / mein lieber N. N. allhier thu ich euch das
Fendlin vbergeben / als eine Braut / vnd mein leibliche
Tochter / vnnd thue es euch so hoch vnd thewer befehlen /
als Gottes Sohn Christus der Herr / seine liebe Mutter am
Stam des Creutzes befahl / darbeij solt jr leben vnd sterben / Trew vnd Ehr / Gut vnnd Blut / Haut vnd Haar
lassen / vnd auffsitzen / vnd sollets euch lassen befohlen
seyn / auß der rechten Handt in die lincke Handt / da euch
beide Arm abgeschossen oder gehawen würden / solt jrs in
den Mundt nehmen / ist keine Hülff noch Rettung da / so
verwickelt euch darein / vnd befelet euch Gott / darinne zu
sterben vnd zu erstechen lassen / als ein ehrlicher Mann /
so habet jhr ewerm Ampt vor Gott vnd der Welt gnug ge-
than (. . .)«.
Wann nun ein Fenrich das Fendlin in seine Hände bekommen hat / sol ers mit allem fleiß bewahren vnd bewachen
lassen / besser als seinen eigen Leib / stets bey seinem Läger
haben / vnd keine Nacht daruon bleiben / ohne vorwissen
des Hauptmanns. Er soll auch daruon nicht gehen / er soll
es zuuor dem Fuhrer oder dem Vnderfendrich befehlen / so
von den Gefreyten darauff zu warten / bescheiden ist.

Rilkes 'Cornet'
im Urteil der Mit- und Nachwelt

Auszüge aus der Memoirenliteratur, der
wissenschaftlichen Literatur, aus
Zeitschriften und Zeitungen

– In zeitlicher Folge –

Ellen Key: Seelen und Werke (1910/11)*

Seit dem Jahre 1904 hat Rilke mehrere neue Bücher herausgegeben. Darunter das Prosagedicht über den jungen Kornett Otto von Rilke, Herr auf Langenau, der 1664 gegen die Türken in Ungarn kämpfte und fiel.

Fritz Schwiefert: Rainer Maria Rilke (1912/13)

Um die gleiche Zeit etwa wie die Gedichte des Buches ›Mir zur Feier‹ geschrieben (1899), aber erst im Jahre 1907 veröffentlicht und bald vergriffen (eine zweite Auflage machte der Inselverlag im Jahre 1912), stellt die lyrisch-epische ›Weise von Liebe und Tod des Cornets Christoph Rilke‹ eins der reifsten und gediehensten Frühwerke des Dichters dar. Eine Aufzeichnung der Familienchronik, wonach Christoph von Rilke als Cornet in der Kompagnie des Freiherrn von Pirovano des kaiserl. österr. Heysterschen Regiments zu Roß im Kampfe gegen die Heiden in Ungarn gefallen war, gibt den Stoff für eine Ballade, die in zyklischer Weise einzelne Stimmungsbilder und Impressionen zu einem epischen Ganzen zusammenfaßt, das die beiden Grundmotive der Dichtung ›Liebe‹ und ›Tod‹ in die Schale einer kurzen Stunde rauschend zusammenfließen läßt. Und zwar gelingt es hier dem Dichter, ein Weltbild aufzubauen, das in jähen Aufeinanderfolgen alle großen Motive des Daseins auswirkt und so, weit entfernt, ein historisches Abbild einer vergangenen Zeit zu sein, vielmehr in der Zeitlosigkeit seiner Existenz ein typisches, vorbildliches Sein darstellen will, das, in die Pole der einfachsten Formen und Gegensätze des Lebens eingespannt, in sich ganz groß und vollständig ist. Wie der Hofmanns-

* Der schwedische Originaltext lautet: Sedan 1904 har Rilke utgivit flera nya böcker. En är en prosadikt över den unge kornetten Otto v. Rilke, herre till Langenau, som 1664 kämpade mot turkarna i Ungern och där stupade.

thalsche Mensch (ich denke an Claudio im ›Tor und Tod‹, an Madonna Dianora in ›Die Frau im Fenster‹ und an Elektra) die großen Kräfte, die das geistige und seelische Sein bewegen und den langsamen Reifeprozeß der inneren Existenz ausmachen, in der jähen Zusammendrängung in *eine* flüchtige Stunde erfahren, und so in diesem unheimlich beschleunigten Reifeprozeß alle immanenten und latenten Gefühle auswirken (ähnlich dem Shakespeareschen Individuum, nur mit viel stärkerer Bewußtheit seiner Existenz, mit viel minderer Intuition und psychischer Aktionskraft), so erlebt auch der junge, achtzehnjährige Cornet, der aus der harten Mühsal des Felddienstes in die behagliche Üppigkeit des reichen Schlosses und aus nächtlicher Liebesruhe auf weichem Lager in den plötzlichen Tod der Feldschlacht, oder, auf seine innere Existenz bezüglich, aus der Unbewußtheit und zagen Sehnsucht der Kindheit in die heiße Leidenschaft des erwachenden und bewußt werdenden Jünglingstums und in die herbe Reife des Mann- und Heldseins gerissen wird, die geistigen Kräfte, die das Dasein formen, in jäher Aufeinanderfolge in sich, den Zirkel seines Lebens früh und schnell, aber vollständig beschließend.

Was Rilke späterhin mit aller Bewußtheit anstrebt und unermüdlich darzustellen sucht, die massive Großheit eines nur von wenigen Hebeln aus regierten Seins, das ist hier, nur primitiver und weniger bewußt, bereits Wirklichkeit geworden, mit einer Wucht und Eindringlichkeit der Darstellung, die seinen späteren Gebilden nicht immer eigentümlich ist. So tritt diese Ballade von Liebe und Tod gleichsam als erste Darstellung eines typischen, in der Geschlossenheit seiner Formen vorbildlichen Lebens auf, der gerade durch ihre Unbewußtheit und Unabsichtlichkeit der Reiz des ganz Natürlichen und Lebendigen innewohnt, und die doch gleichzeitig durch die Größe ihrer Anschauungskraft ihren typischen Gehalt mit einer großen und eindringlichen Geste ausspricht.

Betrachtet man die balladeske Darstellung als *ein* größeres, zusammenhängendes Gedicht, so kann man formell an ihr die gleichen Symptome feststellen, die auch den Gedichten des Buches ›Mir zur Feier‹ eigentümlich sind, vor allem jenes Hineinwachsen in die Konzeption, jene rhythmische Spannung und Verdichtung nach dem Ende zu, die für den Dichter überhaupt charakteristisch ist. Das Gedicht beginnt mit einer impressionistischen Prosa, die zunächst noch kein Gesetz rhythmischer Notwendigkeit in sich trägt, dann schließen sich, – etwa gegen die Mitte des Buches hin – einzelne Zeilen zu rhythmischen Gliedern zusammen, die ihre ganz bestimmte Tonhöhe und -tiefe haben, ihre gesetzmäßig verteilten Akzente; schließlich ballen sich ganze Strophenmassen zu rhythmisch bewegten Sprachkörpern zusammen und am Ende gesellt sich wie eine ganz selbstverständliche Notwendigkeit der Reim dazu, die Akzente noch stärker und leichter verteilend. In einzelnen Abschnitten des letzten Teiles ist die Sprache von jener Gelenkigkeit und Biegsamkeit und jenem Reichtum metaphorischer Prägsamkeit, wie sie erst wieder den letzten lyrischen Werken des Dichters eigentümlich ist, daß man oft ganz überrascht ein reifes Spätwerk Rilkes vor sich zu haben glaubt. Namentlich jener Abschnitt: »Als Mahl beganns. Und ist ein Fest geworden (...)«, der mit den Worten schließt: »Aus dunklem Wein und tausend Rosen rinnt die Stunde rauschend in den Traum der Nacht« ist von höchster sprachlicher Schönheit.

S. D. Drožžin: Der deutsche Dichter R. M. Rilke (1913)*

1904 erhielt ich von ihm eine kleine Schrift in deutscher Sprache, die einer meiner Bekannten für mich übersetzte. Der Titel lautete: »Die Weise von Liebe und Tod des Cor-

* *Der russische Originaltext lautet:* V 1904 godu ja polučil ot nego brošjuru na nemeckom jazyke, kotoruju dlja menja perevel odin iz

nets Otto Rilke (geschrieben 1899). Rainer Maria Rilke. Sonderdruck aus der Monatschrift ›Deutsche Arbeit‹ IV, 1. Verlag Karl Bellmann, Prag 1904«. Auf dem Umschlag dieser kleinen Schrift steht von der Hand des Autors: »Dem Dichter und Freunde Spiridon D. Drožžin sendet herzliche Glückwünsche und Dank für freundliches Gedenken Rainer Osipow.(itsch) Rilke«.

Stefan Zweig: Die Autographensammlung als Kunstwerk (1914)*

Zu diesen Manuskripten, die fast alle käuflich erworben sind, kommen nun all jene zeitgenössischen, die ich größtenteils von den Autoren selbst, zum andern Teil durch Vermittlung von Verlegern oder Freunden bekommen habe und die vielfach Wichtigstes unserer zeitgenössischen Literatur darstellen. So besitze ich (...) von Heinrich Mann den ›Weg zum Hades‹, von Rainer Maria Rilke ›Die Weise von Liebe und Tod‹, von Rosegger eine Novelle (...).

Stefan Zweig: Die Welt von gestern (1942)

Lieh man ihm (sc. Rilke) ein Buch, das er nicht kannte, so bekam man es zurück in Seidenpapier faltenlos eingeschlagen und wie ein Festgeschenk mit buntem Bande verschnürt; ich erinnere mich noch, wie er mir als kostbare

moich znakomych. Ona v perevode ozaglavlena tak: »Izobraženie ljubvi i smerti korneta Otto Ril'ke (napisano v 1899 g.) Rajner Marija Ril'ke. Otdel'nyj ottisk ežemesjačnogo obozrenija ›Nemeckij Trud‹ IV, I. Izdanie Karla Bel'mana, Praga 1904, g.« Na obložke brošjruy značitsja nadpis' rukoju avtora:
»Poétu i prijatelju Spiridonu D. Drožžinu posylaet serdečnejšie pozdravlenija i spasibo za dobruju pamjat' Rajner Osipov. Ril'ke«.
* Es handelt sich um die Handschrift der *zweiten* Fassung (B'); auf obige Quelle gehen offenbar die ungenauen Angaben von W. Frels und H. Arens zurück (siehe Literaturverz. Nr. 11).

Gabe das Manuskript der ›Weise von Liebe und Tod‹ in mein Zimmer brachte, und bewahre noch heute das Band, das es umhüllte.

Harry Maync: R. M. Rilke und seine ›Weise von Liebe und Tod‹ (1916)
Versuch einer psychologisch-ästhetischen Literaturanalyse.

In unseren kriegerisch so ungeheuer bewegten und erregten Zeiten hat eine kleine Dichtung eines unserer Besten, die längst schon viele Freunde zählte, sich neue große Kreise erobert – ich meine Rainer Maria Rilkes ›Weise von Liebe und Tod des Kornetts Christoph Rilke‹. Durch die Aufnahme in die wohlfeile schmucke Inselbücherei ist ihre Verbreitung sehr befördert worden. Das im Jahre 1899 geschriebene Werkchen ist durchaus keine Kriegsdichtung im eigentlichen Sinne, wohl aber eine ergreifende Dichtung vom Kriege. Ihr Gegenstand ist das heut in Tausenden von Familien erlebte tragische Schicksal von dem jungen Menschen, der im Völkerkriege überrasch zum Manne heranreifend, noch in der Knospe geknickt wird, sein stürmisches Jünglingsblut, das nach dem sich ihm eben erschließenden Leben lechzt, auf der Walstatt verspritzt; das Motiv, das Wilhelm Hauffs von unseren Soldaten so viel gesungenes Lied in die rührend schlichten Verse faßt:

> Kaum gedacht,
> War der Lust ein End' gemacht.
> Gestern noch auf stolzen Rossen,
> Heute durch die Brust geschossen,
> Morgen in das kühle Grab!

Die in dem Inselbändchen auf 33 bezifferte Seiten verteilte kleine Prosaerzählung umfaßt nur rund 350 Zeilen. Was uns Rilke in ihr von seinem Namensvetter (oder Vorfahren?) berichtet, hat sich vor mehr denn dritthalb Jahrhunderten zugetragen. Der ›Held‹ ist ein zwar recht ansprechender, aber doch unentwickelter und unbedeutender junger Mensch, sein Schicksal ein Dutzendschicksal, ein einzelner Tropfen im Meere großer Weltbegebnisse. Er hat nichts Bleibendes geleistet und hinterlassen. Warum berührt uns die Erzählung gleichwohl so nahe, menschlich und zeitlich, warum folgen wir ihr voll mitfühlender Ergriffenheit? Nun, einfach weil sie die Schöpfung eines echten Dichters und Künstlers ist. Rilke hat das zeitlich Bedingte und Einzelne durch seine symbolisierende Kunst ins Allgemeingültige, Ewige erhoben. Er kündet nicht sowohl von Liebe und Tod des Kornetts Rilke, als von Liebe und Tod überhaupt, der Menschheit größten Gegenständen, und zwar von beiden in ihrer höchsten Form, ihrer tiefsten Fülle, ihrem reinsten Gehalt: vom Leben in Liebesarmen und vom Sterben fürs Vaterland. Nicht mit irgendwelcher nebenkünstlerischen, wenn auch sittlich noch so hochwertigen Tendenz. Seine Dichtung ist keine anfeuernde Fanfare, kein dithyrambischer Preis des ›pro patria mori‹, kein nationaler Weckruf. Ihr gedanklicher und moralischer Gehalt ist gewiß bedeutungsvoll und erhebend, aber den Ausschlag geben doch ihre rein künstlerischen Werte. Rilkes angeborener hoher Kunsttrieb und sein ausgebildeter hoher Kunstverstand haben in glücklichster Vermählung ein Kunstwerk von seltener Reinheit und Geschlossenheit geschaffen, und es sei in der folgenden Analyse einmal der Versuch gemacht, den künstlerischen Mitteln, der dichterischen Symbolik und Formensprache, die solche Wirkung erzielt haben, genauer nachzuspüren. Diese Analyse möchte nicht nur dem einzelnen Fall gerecht zu werden suchen, sondern zugleich an einem typischen Beispiel eine Methode der literarischen Kritik anwenden, die heutzutage im literaturwissenschaftlichen Betriebe nach oft geäußerter Ansicht vielfach vernachlässigt wird und über der biographisch-historischen Betrachtungsweise zu kurz kommt. Ich will mich dabei meines eigenen Literarhistorikertums und aller schulmäßigen Interpretationsart bewußt entschlagen. Ich habe es im Gegensatze zu unserer sonstigen Methode absichtlich unterlassen, mir eine Summe von Allgemeinwissen über den Dichter zu verschaffen, das uns nur zu oft vom Einzelnen und Eigentlichen ablenkt. Mir ist von Rilkes Persönlichkeit und seinem Leben so gut wie nichts bekannt, und ich habe es grundsätzlich vermieden, meine höchst lückenhafte Kenntnis seiner übrigen Werke schon jetzt zu erweitern und zu vertiefen. Ich kenne nichts und will nichts kennen als seinen ›Kornett Rilke‹. Ich weiß nichts von den Quellen und der Entstehungsgeschichte dieser Dichtung und habe keine Brief- oder Tagebuchstellen zur Verfügung, die mir als Wegweiser dienen könnten. Ich will mich nur als künstlerisch empfindender und kritisch geschulter Mensch in ein Kunstwerk hineinfühlen, mit dem Wunsche, dadurch anderen Lesern die Einfühlung zu erleichtern, im Sinne also der Goetheschen Worte: »Edlen Seelen vorzufühlen, ist wünschenswertester Beruf«.

In noch weit höherem Maße als letztlich jedes Kunstwerk hat das vorliegende des trefflichen Lyrikers Rilke seine eigene Form, ist innerlich und äußerlich von ganz eigener Art. Es ist weder Gedicht, noch Erzählung, noch Drama, doch von allem etwas. Bald spricht der Dichter lyrisch aus der Seele seines Helden heraus, bald rückt er ihn episch von sich ab, bald setzt er ihn dramatisch zu anderen Personen in redenden Austausch. Das ist nicht die stillos willkürliche Vermischung und Verwischung der Gattungen, wie sie die Romantiker pflegten, das ist ein neuer Kunstorganismus; nicht gemacht, sondern geworden. Die leisen, feinen Schattierungen und Übergänge entsprechen bis ins kleinste künstlerisch Gefühltem; die äußere Form bildet mit der sogenannten inneren Form die untrennbare Einheit, die nun einmal Grundbedingung aller echter Kunst ist. Auch sonst verbindet sich hier scheinbar Verschiedenes, Auseinanderstrebendes zu einem organischen Dritten, das die Probe auf seine höhere Daseinsberechtigung besteht. So haben, entsprechend Rilkes Naturtrieb und Kunstbewußtheit, auch Kunstdichtung und Volksdichtung hier einen guten Bund geschlossen, vor allem haben aber Musik und bildende Kunst zu diesem reizvollen Gebilde beigesteuert. Wir sind längst gewohnt, gemäß der Methode der wechselseitigen Erhellung, wie Wilhelm Scherer sie genannt hat, Erscheinungen der Dichtkunst mit solchen der Nachbar- und Schwesterkünste zu vergleichen, uns durch Analogien zu belehren. Wir unterscheiden ferner längst zwischen solchen Dichtern, bei denen das Ohr das bevorzugte Organ zur Erfassung der Außenwelt ist und die sich demnach auch überwiegend an den Gehörsinn des Genießenden wenden, und solchen, die in erster Linie mit dem Auge aufnehmen und dem Leser vor allem bildhafte Gesichtseindrücke vermitteln. Rilke gegenüber ist solche Hereinziehung von Ton- und Bildkunst weit mehr als bloße Analogisierung und beide halten sich bei ihm, gleichermaßen stark ausgebildet und entwickelt, einigermaßen die Waage. Bei ihm kann man nicht nur, nein muß man der Einwirkung der Schwesterkünste auf seine Dichtung nachgehen, sie bei der Bestimmung seiner poetischen Kunstleistung stark in Rechnung stellen. Zufällig weiß ich, daß Rilke den Worpswedern und vor allem auch Rodin nahe steht, und seiner Dichtung entnehme ich, daß er von der musikalischen Begabung seines böhmischen Stammes tief berührt ist.

Daß unsere Dichtung aus dem Geiste der Musik geboren ist, deutet schon ihr Titel an. Eine ›Weise‹ nennt sie Rilke und bezeichnet damit das vielfach Liedhafte, ja Volksliedhafte seiner Darstellung. An den Stellen, wo Gefühl und Stimmung sich zu besonderer Fülle und Sattheit verdichten, geht die sorgfältig gepflegte Kunstprosa, in die auch sonst zuweilen versteckte Reime oder halbe Reimanklänge eingebettet erscheinen, in freiere oder festere, in die gebräuchlichen metrischen Schemata schwer unterzubringende Versrhythmen über, und nicht selten haben wir fast den Eindruck von nur äußerlich nicht abgesetzten, in nur scheinbare Prosa aufgelösten Versen. An den Stil des Volksliedes gemahnt die wirkungsvolle Verschleierung und Sprunghaftigkeit, die nur die Höhepunkte der Handlung beleuchtet, Zwischenteile aber im Schatten läßt oder ganz übergeht, gemahnt auch die Knappheit in Motivierung und Charakteristik, all das Abgerissen-Bruchstückmäßige, das Unbestimmt-Schwebende, die Art, Bindung und Einheit weniger durch Logik als durch Stimmung zu erzielen. Indessen ist nicht zu übersehen, daß diese vom Volkslied meist triebhaft angewandten und eine einfache Kunst bezeichnenden Stilmittel von Rilke sehr bewußt verwertet werden. Seine höchst ausdrucksfähige Poesie ist durchaus nicht naiv, sondern Ausfluß einer sehr gesteigerten und verfeinerten ästhetischen Kultur, seine Technik geradezu raffiniert. Der Stil des Volksliedes, der wesentlich auf das Typische gerichtet ist und im Ausdruck oft so brüchig und herb erscheint, ist nicht der seine; er bedient sich seiner nur am gegebenen Ort zu bezweckter Wirkung. So ist z. B. gerade das Bruchstück- und Lückenhafte seiner Darstellung durchaus berechnet. Seine sprachlichen Mittel sind sehr reich, sein fessellos biegsamer Stil vermag sich auch der leisesten Gefühlsabtönung anzuschmiegen. Gefällt sich dieser Stil zuweilen in sachlicher Schlichtheit, so schwelgt er doch noch lieber in einer künstlerischen Gewähltheit und Gesuchtheit, der die Klippe artistischer Manieriertheit droht. Er bedient sich kostbarer Bilder und sinnschwerer Wörter, die, was an sich gewiß keinen Vorwurf bedeutet, nicht immer gefunden, sondern nicht selten geradezu erfunden sind. Er setzt seine Worte – sagt er im ›Kornett‹ von jemandem – »wie ein Mädchen, das Blumen bindet, nachdenklich Blume um Blume probt«. So macht das Ganze bei allem ursprünglichen Reiz, der jedem echten Dichtertum eignet, doch den Eindruck des Komponierten, des musikalisch Gesetzten. Diese feinabgestimmte Dichtung, die z. B. von dem sprachlichen Klangmittel der Alliteration durchweg einen auffallend reichlichen Gebrauch macht, ist förmlich instrumentiert wie ein Musikstück. Wir sind versucht, sie Satz für Satz mit musikalischen Vorzeichnungen über Tonart und Takt, und mit musikalischen Vortragsbezeichnungen zu versehen; hier

ein crescendo und decrescendo, dort ein presto oder ritardando, ein moderato oder con fuoco dazu zu setzen. Dabei
überwiegen die Moll-Tonarten; auch durch das feurigste
Bejahen vernehmen wir, wie eine schwere Ahnung, eine leise,
dunkle Unterstimme in gebrochenen Tönen. Und gerade
diese reizvolle Mischung, die uns ähnlich in Mörikes Mozart-
Novelle bezaubert, gibt der auf das Verhaltene und Unaus-
gesprochene, das Rätselhaft-Dumpfe, das Triebhaft-Dämo-
nische eingestimmten Dichtung den ausgesprochen deutschen
Charakter.

Abschnitt 1 hebt an mit einem in Anführungsstrichen gegebenen und mit einer altertümlich geformten Zeichensetzung
versehenen Chronikauszug in schwerfällig-trockenem Akten-
stil: ». . . den 24. November 1663 wurde Otto von Rilke
(. . .)«

Es wäre verfehlt, schon hier den starken musikalischen Einschlag der Erzählung entdecken zu wollen. Das ist kein
musikalischer Auftakt, kein stimmunggebender Akkord
oder gar eine Ouvertüre, sondern im Gegenteil eine fast
gesucht sachliche Festellung, die den stofflichen Inhalt im
voraus preisgibt, den Schluß nicht bloß andeutet, sondern
förmlich vorwegnimmt. Nur ein Künstler, der seines Kön-
nens gewiß ist, darf dergleichen wagen. Dieser Eingang bedeutet nichts anderes als eine bewußte Ablehnung der Forderungen, die von der breiten Menge gestellt werden. Er
bedeutet: wer bloß stofflich gefesselt und in eine äußerliche
Spannung versetzt werden will, bleibe draußen. Bei mir
hier ist der äußere Stoff nur Nebensache und Rohmaterial
für Feineres. Die Abfolge der Geschehnisse ist nur der not-
wendige Rahmen für das, worauf es mir ganz wesentlich
ankommt, nur ein Spalier für das blühende Rankenwerk
meiner schöpferischen Phantasie, nur Symbol für Unsag-
bares. Alles äußere Geschehen ist nichts als die Hülle von
innerem Werden. Diese Kunst ergeht sich nicht in die Breite,
sondern in die Tiefe. Die Handlung der Erzählung ist In-
nenhandlung, Seelenerlebnis; das Beste steht zwischen den

Zeilen. Und ferner: nicht sowohl das Was als das Wie soll hier den Ausschlag geben; die Sprache will Wortkunst sein, eine Kunst der Klangwerte, ohne doch diese zum Selbstzweck zu erheben. Als Leser kommt demnach nur in Betracht, wer in psychologisch-ästhetischer Einfühlung der Mitarbeiter des Dichters zu sein befähigt ist.

So entnehmen wir denn dem einleitenden Abschnitt, der auf eine sorgfältig ersonnene Exposition und jede künstliche Umhüllung (die anderwärts natürlich wohl am Platze sind) bewußt Verzicht leistet, lediglich, was uns zu wissen gerade not ist: wir befinden uns im 17. Jahrhundert, in den Türkenkriegen; der Held ist ein junger österreichischer Edelmann im Heere; auf den weiten Ebenen Ungarns ist er gefallen, doch seine Leiche nicht geborgen.

Und nun begleiten wir diesen achtzehnjährigen Junker zunächst auf dem langen Ritt zu seinem Regiment. Als Kornett zieht er mit ihm dem Feinde entgegen. Auf einem Schlosse wartet der Krieger kurze Rast, des jungen Kornetts der erste Liebesrausch. Aber noch in derselben Nacht geht das Schloß in Flammen auf. Der Junker, mit Not sich und die ihm anvertraute Fahne rettend, stürzt sich in die heranbrausenden Feinde und wird von ihrer Übermacht niedergehauen.

Dies der Stoffinhalt der Dichtung, nicht in lückenloser epischer Abfolge erzählt, sondern impressionistisch dargestellt in einer Anzahl scharfumrissener, rasch wechselnder Bilder, in denen einzelne charakteristische Situationen blitzlichtartig beleuchtet erscheinen. Wir haben im ganzen 28 solcher Szenenabschnitte; sie schwanken im Umfang zwischen 6 und 24 Zeilen, und jede ist von der folgenden dadurch scharf und zuweilen auch überscharf abgehoben und auf sich selbst gestellt, daß sie für sich eine selbständige einzelne Druckseite in Anspruch nimmt.

Das ist indessen keineswegs die formlos lockere Guckkastentechnik der Sturm- und Drang-Dramatiker, kein roh naturalistisches Nebeneinander, sondern das wohlberechnete und wohlgegliederte feste Gefüge einer idealistischen Kunstform. Diese verwickelte Kunstform ins ästhetische Bewußtsein zu rücken, ist unsere Aufgabe. Es handelt sich für uns nicht darum, als ›Zergliederer unserer Freuden‹, in schulmäßig-pedantischer Aufdröselung von etwas kunstvoll Gebundenem nur das Knochengerüst der logischen Disposition aufzuzeigen, sondern vielmehr darum, erst unterscheidend und dann verbindend, in einer analysierenden Synthese einen künstlerischen Organismus als solchen zu erkennen und zu deuten. Wir werden eine Art dreisätziger Symphonie erblicken, zu der die 28 Abschnitte, gruppenweis in Unterorgane zerfallend, sich zusammenfügen. Wir werden beobachten, wie Motive angeschlagen werden und immer wiederkehren, wir werden künstlerische Responsionen und Retardationen erkennen, den rhythmischen Wandlungen, der Sprachmelodie und weiteren Kunstmitteln nachspüren und so den hohen ästhetischen Wert unserer Dichtung mit gefühlsmäßigen Methoden zu erfassen und zu bestimmen suchen.

Abschnitt 2, die eigentliche Handlung beginnend, versinnlicht nicht nur durch den sachlichen, sondern auch durch den formalen Wortinhalt, durch Wiederholung und Rhythmus den Monate währenden, endlos scheinenden Ritt durch endlose Ebenen, das gleichmäßige Traben, nur zuweilen durch einen kurzen Galopp unterbrochen. Die abgehackt kurzen Hauptsätze, ohne starke syntaktische Einschnitte und Akzente, taumeln, rhythmisch kaum gebunden, schwer und müde dahin; denn todmüde, gleichgültig gegen alles, fast völlig abgestumpft durch die dumpfe Eintönigkeit, sind die Reitenden, von denen sie aussagen. Nicht episch, von außen her, sondern lyrisch, im Wir-Stil, aus ihren Seelen heraus, spricht der Dichter. Er läßt uns von der Umwelt nur so viel sehen, als ihnen selbst zum Bewußtsein kommt. Auch wir sehen die vorüberfliegende Landschaft durchaus nur vom Standpunkte der Reiter. Und sie schauen kaum noch auf von den Sätteln, denn das ewige Einerlei der plattgedrückten Flächen peinigt das Auge, das vergebens einen unterbrechenden Haltepunkt sucht. Nirgends eine Bodenerhebung – nirgends eine Satzhöhe. Die Tonlage ist tief, der Rhythmus fallend. Die Farben sind matt und blaß, gedämpft und gleichsam verstaubt; ohne Leuchtkraft. Keinen Zierat duldet die Rede; das Charakteristische, nicht das Schöne ist ihr Zweck und Ziel. Aber zu welcher Anschauungssattheit weiß der Dichter doch ein paar schmucklose Alltagswörter zu fügen: »Fremde Hütten hocken durstig an versumpften Brunnen«. Jedes Wort für sich und zumal ihre gedrängte Häufung löst den benötigten Gefühls- und Stimmungswert aus. Der fröhliche Tatendrang der Reiter ist eingeschlafen, man fragt nicht mehr nach dem Ziel, glaubt kaum noch an einen Wechsel. Längst sind die anfangs kühn und begehrlich vorwärtsstürmenden Gedanken umgekehrt in die hinter ihnen liegende Ferne. Größer und größer wird die Sehnsucht nach der Heimat. Und diese verkörpert sich plötzlich im Weibe. Das Grund- und Leitmotiv der Dichtung wird damit alsbald vernehmlich angeschlagen: »Die Kleider der Frauen leuchteten lang aus dem Grün«. Und zugleich klingt der dunkle Unterton des Ganzen hinein: Es sind »traurige Frauen«, die von den trabenden Reitern wissen, in Gedanken ihnen folgen – ein vordeutendes Motiv, denn bald wird neue, andere Trauer bei ihnen einziehen, wenn nämlich die Kunde kommt, daß die jungen Reiter von den stolzen Rossen gesunken seien.

Abschnitt 3. Eine knappe, episodenhafte Einlage, dramatisch belebt. Ein paar Worte entringen sich den vertrockneten, verstummten Lippen der Trabenden. *Dem* Weibe gelten sie, das den Jünglingen bisher *das* Weib war, der Mutter, in deren Schoß sich aller Gedanken schmiegen. Der von Langenau hat das Wort gesprochen; zu dem kleinen feinen Franzosen, der – ein überaus bezeichnendes Bild! – langsam »welk« geworden ist in seinem samtenen Sattel und nun noch einmal »aufblüht«. Und dann, wie so häufig in dieser so manches nicht aussprechenden Dichtung eine vielsagende äußere Gebärde zur Andeutung und Bezeichnung von Innerlichem, Seelischem: jetzt plötzlich streift er den Staub ab, den er solange unbeachtet auf seinem weißen Spitzenkragen sich hat ansammeln lassen.

Abschnitt 4. Das Wort Mutter hat sie alle geweckt. Einer, »ein Deutscher offenbar« – der Dichter gibt sich nicht als Wissenden, Bestimmenden, sondern spricht wieder aus der Seele der dargestellten Personen –, erzählt von seiner Mutter, langsam die Worte setzend. Alle lauschen und, wie charakteristisch wieder dies an sich unschöne Nebenmotiv, sogar das Spucken unterlassen die Herren, als fühlten sie sich jetzt in Damengesellschaft. Das Ganze zugleich ohne alle ablenkende Aufdringlichkeit ein Preis deutscher Art und deutscher Sprache mit ihren Gefühlsinhalten: »Und wer das Deutsche nicht kann in dem Haufen, der versteht es auf einmal, fühlt einzelne Worte: ›Abends‹ ... ›Klein war‹ ...«

Abschnitt 5. Aus aller Herren Länder sind sie zusammengewürfelt, aber das eine bringt sie einander innerlich nahe: »Als ob es nur *eine* Mutter gäbe ...«

Abschnitt 6. Bald ist das Schweigen wieder eingebrochen über die Reitenden, »aber man hat die lichten Worte mit«. Das Frauenmotiv verklingt fortan nicht mehr. »Frauenhaft« dehnen sich die dunklen Haare des Marquis, als er den Helm abnimmt. Warum nahm er ihn ab? denkt der versonnene von Langenau. Erst hinterher kommt dem achtlosen Reiter zum Bewußtsein, daß das Schlanke, Dunkle, das neben ihm dahingehuscht, eine Säule mit einer Madonna war: von der irdischen Mutter führt der Stationsweg des Frauenhaften zunächst an der göttlichen Mutter, der himmlischen Jungfrau vorbei.

Abschnitt 7. Man ist einmal abgesessen und hockt am Wachtfeuer, körperlich und geistig gleich abgespannt und passiv. Wieder lauter kurze, magere Hauptsätze ohne Bewegung. Selbst das Feuer vermag sich nicht aufzuschwingen und zu lodern: Innen- und Außenwelt scheinen in Wechselwirkung zu stehen oder doch in einem betonten Parallelismus. Und wie das geschaut ist: »Das rote Licht ist schwer. Es liegt auf den staubigen Schuhn. Es kriecht bis an die Kniee, es schaut in die gefalteten Hände hinein«. Der Dichter nimmt wiederum nicht den Standpunkt des objektiven Beobachters und Schilderers ein, sondern er versetzt sich in die Seele des vermenschlichten Feuers, macht das Objekt zum Subjekt, zum aktiv handelnden Wesen, das schwer ankämpft gegen Hindernisse; nicht von oben her sehen wir es, sondern begleiten es von unten aufwärts. Dem kleinen Franzosen aber leuchtet ein inneres Licht. Er küßt eine welke Rose, die er an der Brust trug. Der von Langenau, den der Schlaf flieht, hat es gesehen. Er fühlt das Entbehren. Ein Lied tritt ihm auf die Lippen, und siehe, es ist »ein altes *trauriges* Lied, das zu Hause die *Mädchen* auf den Feldern singen, im Herbst, wenn die Ernten zu Ende gehen«. Sehnen und Sterben, Weib und Schicksal: immer dasselbe Motiv. Und immer bewußter wird im Verlaufe des Geschehens der zunächst noch halb unbewußte Trieb des knabenhaften Mannes zum Weibe. Immer enger umkreisen seine Gedanken diesen Inbegriff des Manneslebens; Stufe um Stufe führt ihn die langsam steigende Handlung diesem Ziele zu.

Abschnitt 8. Und immer deutlicher arbeitet es sich heraus aus dem Unterbewußtsein und übersteigt die Schwelle: *das* Weib, das ist nicht die Mutter; *das* Weib ist die Geliebte, ist *mein* Weib. Der Franzose und der Deutsche fallen abermals in ein karges Gespräch voll verhüllter, inhaltsschwerer Fragen. Ob der Junker auch eine Braut habe. Der bringt das Nein nicht über die Zunge, als müsse er sich dessen schämen, sondern gibt dem Glücklicheren die Frage zurück; aber »traurig« gedenkt er schweigend eines blonden Mädchens, mit dem er einst gespielt und in dem er damals noch nicht, wie heut in der Erinnerung, das Weib erkannt hat. Warum war er immer *so*? Was gäbe er jetzt darum, ihr nahe zu sein!

Abschnitt 9. Endlich ist man am nächsten Ziel und stößt zum Heere. Eine äußere und zugleich auch innere Bewegung, die der Satzrhythmus widerspiegelt, unterbricht die Gleichgültigkeit und lastende Gedrücktheit. Marquis und Junker müssen sich trennen. Sie fühlen auf einmal, daß sie Freunde, Brüder geworden sind; wissen sie doch schon soviel (!) einer vom andern! Als Abschiedsgabe und Talisman nimmt der Franzose ein Blatt von der welken Rose: »Als ob man eine Hostie bricht«. Der Deutsche lächelt, aber immer noch traurig: ist es doch eine fremde Frau, die ihn schützt. – Wir denken an Goethes Frankfurter Knabenliebe: »Die ersten Liebesneigungen einer unverdorbenen Jugend nehmen durchaus eine geistige Wendung«.

Abschnitt 10. Die Bewegung nimmt zu und entsprechend die Gliederung der Sätze, die Tonhöhe der Rede, der Schmuck der Sprache, die Sattheit der Farben. Auf das schwere Andante folgt ein feuriges Allegro, an die Stelle Lenauscher Steppenmelancholie treten gleichsam Chopin und Liszt und Brahms mit der wilden Lust ihrer Nocturni, Rhapsodien und Tänze. Ein buntes Bild des lockeren Lagerlebens in wirkungsvollem Helldunkel. Nach so viel lähmender Stille und Einförmigkeit eine schier überwältigende Fülle von sich mischenden Gesichts- und Gehörseindrücken. »Flüche, Farben, Lachen« – in abgebrochenen Sätzen, im atemlosen Telegrammstil werden impressionistisch die wechselnden Eindrücke wirkungsvoll für einen Augenblick festgehalten und dann wieder weggewischt. Zum erstenmal treten neben Assonanzen und Alliterationen Reimanklänge auf; sie alle leihen der Diktion den Reiz des halb und lose Gebundenen, vermitteln den Eindruck des Sinnlich-Verführerischen. In abermals neuer Gestalt naht sich das Geheimnis Weib – als lockende Buhlerin. Kriegsentbehrung und Lebenslust, Kraft und Schönheit, Schwere und Leichtigkeit, Dunkel und Hell stoßen aufeinander. Klangmalerei, die einerseits mit den charakteristischen Lautfarben der Vokale, andersseits mit einem Mehr oder Weniger von Senkungssilben arbeitet, bringt uns die Gegensätze nahe: »Dirnen mit purpurnen Hüten im flutenden Haar... Knechte, schwarzeisern wie wandernde Nacht«. Die Krieger packen die geputzten Dirnen, »drücken sie an den Trommelrand«. So hat Lovis Corinth den geharnischten Ritter gemalt, der mit triumphierendem Lächeln an sein Eisen das lachende nackte Weib preßt, den Siegeslohn des Kriegers. Den roten Wein trinkt der geblendete von Langenau aus funkelnder Eisenhaube: »Wein? Oder Blut? – Wer kann's unterscheiden?« Eine lang ausgehaltene Fermate, durch die vernehmlich wieder die dunkle Unterstimme klingt.

Abschnitt 11. Weg mit dem Dämon Weib! Der Junker steht vor dem gewaltigen Feldhauptmann, sieht nichts weiter als ihn, und wächst mit einem Schlag über sich selbst hinaus, als der mit barschem Befehlswort ihm den Platz anweist: »Kornett«. Der Jüngling hat den Ritterschlag als Mann empfangen – vom Manne; aber das Weib muß ihn mitbelehnen, ehe er es ganz ist.

Abschnitt 12. Die männlich straffe Diktion lockert sich alsbald wieder und befreit sich gewaltsam. Wieder überkommt den Junker der dumpfe, schwere Traum vom Weibe. Er reitet allein in die Mondnacht, aber er schaut nicht auf und um sich, sondern nur in sich hinein, das Rätsel, die Schicksalsfrage zu lösen. Daß der Mond steigt; er sieht es – wie zwingend ist das wieder dargestellt! – nur an seinen Händen, die den Zaum halten. Die Prosa geht in stumpf gereimte freie Rhythmen, geradezu in eine Art Ballade über. In starken, schrillen Akkorden brandet es unversehens auf, ein mächtiges, rasch wieder abflutendes crescendo, ein spukhaft grausiges Nachtbild. Ein Frauenschrei zerreißt jählings seinen Frauentraum, wie eine Antwort auf sein Fragen. Ein junger, glühender Leib, »blutig und bloß«, bäumt sich, an einen Baum gefesselt. Er durchhaut die Stricke und – entflieht, flieht noch vor sich selbst und seinem Triebe, jagt zurück in die Nacht, »blutige Schnüre fest in der Faust«.

Abschnitt 13. Es war nur ein vordeutendes Intermezzo. In den beiden nächsten retardierenden und knapp zur Höhe überleitenden Abschnitten sinken wieder Rhythmus und Tonhöhe. Der Jüngling rettet sich vor dem Weibtum in sein Manntum. Der Feind ist nah und ernsthaft setzt der Junker ein kurzes Brieflein auf an die Mutter. Es meldet nur eines, dieses eine aber in dreimaliger Wiederholung unterstreichend: »Ich trage die Fahne«. Neben dem Rosenblatt birgt er den Brief und denkt – was er doch nicht ausdenken mag: ›Bald wird die Trompete blasen usw.‹.

Abschnitt 14. Der Dichter erzählt nicht: »man nähert sich einem Dorfe«; ein erschlagener Bauer am Wege, heulende Hunde zeigen es an. Ein Schloß erhebt sich, »breit hält sich ihnen die Brücke hin«. Hier, wie so oft, der Kunstgriff wieder, Sein in Geschehen, Totes in Lebendiges, das Passivum in das Aktivum umzusetzen, zur Erhöhung der Bewegung, der Anschaulichkeit. Eine kräftige stilistische Steigerung erzwingt die Höhe der Handlung, an deren stärkstem Einschnitt wir stehen.

Abschnitt 15. Der große Mittelsatz dieser episch-lyrisch-dramatischen Symphonie beginnt; mit dem letzten eng verbunden, stellt er nach der langen »Erwartung« des ersten – um mit Novalis' ›Ofterdingen‹ zu reden – die »Erfüllung«, stellt des deutschen Junkers »Glück und Ende« dar. Die Tonart schlägt in Dur um, die Instrumentierung wird reicher, prunkender. Sie läßt neben dem Charakteristischen mehr und mehr das lediglich Schöne zu, gefällt sich in vollaustönenden Akkorden, zieht gelegentlich alle Register und verstärkt die Tonfülle gleichsam durch Gebrauch der Pedale. Die Sprache dehnt sich in wohltuendem Rasten und ergeht sich breit und stolz. Die vorher oft harte und starre wiegt sich wohlgefällig auf den Wellen ihres eigenen Wohllauts. Die Farben gelangen zu Tizianscher oder Rubensscher Sattheit, werden saftig und leuchtend; die bildhaften Elemente verstärken sich und verschmelzen mit den musikalischen zu schwebender Stimmungsfülle. Die Rast auf dem Schlosse wird zum Fest, und in einer festlich ausladenden gehobenen Sprache mit zum Teil verschwenderisch-üppigen klingenden Reimbindungen, mit einer gepflegten, nach dem Eigenartig-Seltenen strebenden Bildlichkeit wird das wohlige Behagen der Herren nach so langer Entbehrung dargetan, andeutend geschildert, wie sie erst wieder hineinwachsen müssen in diese Welt, die doch die ihre ist. »Und wieder erst lernen, was Frauen sind«: sofort wird das Hauptmotiv wieder angeschlagen.

Abschnitt 16. Und immer breiter und freier legt sich die Sprache aus, immer schmiegsamer wird sie und biegsamer und endlich selbst zum Tanz; aus ihren »reifgewordenen Takten« entspringt er und alles wiegt sich mit hingegebener Lust in den »Sommerwinden, die in den Kleidern warmer Frauen sind«. Der Atem einer künstlerisch geadelten Sinnlichkeit überhaucht und heiß.

Abschnitt 17. Traumberauscht und sehnsuchtsbang staunt der Junker in diese neue, fremde, lockende Welt: ist das Leben ein Traum oder der Traum ein Leben?

Abschnitt 18. Im nächtlichen Park, in den hinaus er gewichen, findet er sich allein mit der schönsten Frau, der Gräfin. Sie lächelt und ihm wird schwül und angst: wäre er weit und ganz in Waffen!

Abschnitt 19. Doch ihn umhüllt heut festlich weiße Seide, und ihr Page soll er sein. Lange weiß er nichts zu erwidern auf ihre verhüllten Liebesfragen, aber das sanfte dunkle Kleid des Kindseins ist ihm von den Schultern gefallen. Noch schauert ihn, dann löst sich ein Du von seinen spröden Lippen, »mit einer Stimme, die er noch nicht gehört hat«, und nun ist er in die neue Wirklichkeit eingetreten, ganz Mann zum Weibe, ohne scheue Befangenheit, im Sinne der Stormschen Verse: »Die holde Scham ist nur empfangen, daß sie in Liebe sterben soll«.

Abschnitt 20. Ein retardierendes Andante. Die Sprache wird wieder knapp, schwer; ein Akzent dicht neben dem anderen, ohne das spielende Rankenwerk schwebender Senkungssilben. Breite Betten nehmen die Herren auf, der Schlaf sinkt tief hernieder auf das Schloß.

Abschnitt 21. Sein Lager in der Turmstube teilt die Schloßherrin. Nicht zu leichtfertiger Lust in bangem Sündertum. Nichts von Frivolität und Ehebruchsatmosphäre. Zwei Menschen haben sich gefunden, die Natur selbst hat sie zusammengeführt. Brünnhilde, selbst durch ihn aus der Starrsucht erweckt, weckt Jung-Siegfried, den »kindischen Helden«, zum Mannsein: »Lachend muß ich dich lieben!« Sie fragen nicht, sie denken nicht, sind ganz Trieb und Gefühl. »Da ist nichts, was gegen sie wäre: kein Gestern, kein Morgen; denn die Zeit ist eingestürzt. Und sie blühen aus ihren Trümmern«.

Abschnitt 22. Ein retardierendes Stilleben von symbolischer Bedeutung. Ohne Nothung, die Eisenbraut, ist Siegfried nicht Siegfried. Im Vorsaal, bei Waffenrock und Bandelier, steht am Fenster steil die Fahne, schwarz und schlank. Der Dichter hat sie vermenschlicht, mit einem Eigenleben begabt. Sie träumt, und der Sturm der Mondscheinnacht wirft unruhige Schatten auf sie. Neue, gewaltige Bewegung kündigt sich an, die Sprache beginnt zu wogen wie das unruhig werdende Meer.

Und nun hebt der kürzeste, aber inhaltvollste Satz der Symphonie an, ein mit allen Mitteln musikalischer und bildnerischer Wortkunst geschaffener Feuerzauber.

Abschnitt 23. Gehäufte knappe Fragen treiben Rhythmus und Tonlage aufregend in die Höhe. Je tiefer der Schlaf der Ruhenden wird, desto wacher wird der Sturm. Er braust durch die Gänge und heult den in Liebe Versunkenen ein fürchterliches Tagelied ins Turmgemach, doch dieses großen Schlafes wird er nicht mächtig.

Abschnitt 24. Erst der gewaltige Brand weckt die Arglosen langsam zum Leben der Wirklichkeit. In ihr anfangs nur unbewußt tastendes Empfinden und werdendes Erfassen sich hineinversetzend, führt uns der Dichter das grause Geschehen vor. Er berichtet nicht: Das Schloß brennt, und wie der Brand auskam, tut nichts zur Sache. Aus den dumpfen Sinneseindrücken der Halbwachen, aus abgerissenen zweifelnden Fragesätzen entnehmen wir, was sich begeben und begibt, schreiten wir mit ihnen vom triebhaften allmählichen Halberfassen zur plötzlichen Gewißheit auf. Ist das plötzliche Licht die Sonne? Sind die unbestimmten Geräusche früher Vogelsang? Und dann auf die irre schwankenden Fragesätze mit stärkster Akzentuierung sinnschwerster Wörter und einer durch stärkste Tonintervalle bezeichneten Bewegung der Sprachmelodie die Gewalt der Tatsachen: »Das sind die Balken, die leuchten. Das sind die Fenster, die schrein« – »Brand«. Jetzt drängt alles, »mit zerrissenem Schlaf im Gesicht«, tappend durch die Gänge ins Freie, wo zum Sammeln geblasen wird. Atemlose, schwer stapfende Verse im Kurztakt und stumpfe Reime. Als Fermate eine wirkungsvoll abschließende und zugleich überleitende Assonanz.

Abschnitt 25. Die Fahne fehlt. Die Rufe nach ihr und dem Kornett entsprechen in ihrer unterstreichenden Wiederholung dessen vormaliger Versicherung: Ich trage die Fahne. Doch ohne sie muß schließlich die Reiterei dem Feinde entgegenbrausen.

Abschnitt 26. In heißester Not nur findet der zu spät Erwachte – von der Frau ist nicht mehr die Rede – den langen Weg vom Turm ins Freie. Die Sätze rasen ohne Einschnitt und Haltepunkt wie atemlos mit ihm dahin. Eben noch lag er in den Armen der schönsten Frau, und »wie eine weiße, bewußtlose Frau« trägt er jetzt auf seinen Armen die teure Fahne durch den Flammengraus. Wie gejagt setzt er den Seinen nach, in der Hast an ihnen sogar vorbei und ganz allein mitten in die Türkenscharen hinein. Und befeuert stürzen die Seinen ihrer Fahne nach, die zu leben scheint und beseelt ist: sie kommt »wieder zu sich und niemals war sie so königlich«. Plötzlich wird sie durchsichtig, groß und rot.

Abschnitt 27. Sie hat Feuer gefangen und verlodert langsam in der Hand ihres Trägers. Der sieht sich von allen Seiten umringt und mustert erstaunt die fremdartige Umgebung, die ihn so jäh umfängt. Wieder vermischen sich ihm Traum und Wachen. Er lächelt des Bunten vor ihm. Dann erkennt er die heidnischen Hunde und wirft sein Roß kühn mitten unter sie. Als fremde bunte Gärten erscheinen ihm die farbigen Massen, in denen er versinkt, Gärten, wie er sie vor wenig Stunden noch am Arm der schönen Frau wirklich, vor wenig Minuten *in* ihrem Arm träumend durchstreift hat. »Und die sechzehn runden Säbel, die auf ihn zuspringen, Strahl um Strahl, sind ein Fest. Eine lachende Wasserkunst«. So endet dieser Siegfried: »Leuchtende Liebe, lachender Tod«!

Und der Sinn dieses Lebens und Sterbens? »Es stirbt als Knabe, wen die Götter lieben«. Ein seliger Tod, abgerufen werden von der Höhe, vom Vollgenuß des irdischen Glückes. Dieser Tod ist ein Fest, ist Gnade, eine stolze Götterdämmerung und bezahlt nicht zu teuer den Augenblick im Paradiese. Denn nicht die Dauer gibt dem Leben Wert, sondern die innere Fülle, und die hat sich diesem Glücklichen in einem einzigen feurigen Trunk geschenkt, so wie ein ganzer Rosengarten sich in ein paar Tropfen köstlichen Rosenöls vergeistigt. In einer Stunde hat sich ihm alles zusammengedrängt, was sonst ein langes Leben ausmacht. Der Knabe ist zum Manne geworden und hat Weibes Wonne und Wert erkannt und genossen; gestillt ist ihm die heiße dumpfe Sehnsucht, gelöst die bange Schicksalsfrage. Der Daseinskreis hat sich gerundet, der ihn aus dem Schoß der Mutter in den Schoß des Weibes geführt hat. Aus vollem Liebestraum ist er unmittelbar, ohne Erwachen und Enttäuschung und Abstieg eingegangen zum Todesschlaf; Weibesliebe und Waffenehre, die höchsten der Güter, winden dem Frühvollendeten den Glorienkranz um das blonde Jünglingshaupt.

Hier ist die wahre Tragik des Schicksals, welches den Menschen erhebt, wenn es den Menschen zermalmt, und erhebend, nicht niederschmetternd ist der Gesamteindruck dieser so kunstvoll aufgebauten und ausgebauten kleinen Dichtung, deren äußerer und innerer Rhythmus ein so entschieden steigender ist. Sie ist freudig bejahender Natur: Das Leben ist des Lebens wert und doch der Güter höchstes nicht; es ist nicht der Sünde Sold für den, der es wahrhaft, wenn auch noch so kurz, gelebt hat, sondern ein Göttergeschenk. Was ist leiblicher Untergang! Ein Lebenssieger im Tode, nimmt der Held Abschied von der »schönen freundlichen Gewohnheit des Daseins und Wirkens«; lächelnd, nicht trauernd. Die Trauer verbleibt den Überlebenden. Ihnen wendet sich der knappe Abgesang zu.

Abschnitt 28. In kunstvoller Korresponsion kehrt der Schluß zum Anfang zurück, schließt das Ganze sich ringförmig. In ähnlich wortkargem, unpersönlich chronikalischem Bericht führt er zurück zu den »traurigen Frauen«, von denen wir anfangs hörten. Der Dichter malt nicht aus, sondern deutet nur leise an, um dann den Schleier sinken zu lassen. Des Meeres der Leidenschaft hat er genug durchmessen in stürmischer Fahrt; jetzt fühlt er wieder festen Boden unter sich, strafft sich und kehrt gemessenen Schrittes und gehaltenen Sinnes in die Welt des Alltags zurück. »Im nächsten Frühjahr (es kam traurig und kalt) ritt ein Kurier des Freiherrn von Pirovano langsam in Langenau ein. Dort hat er eine alte Frau weinen sehen«. Kein stürmisch-prächtiges Finale, kein machtvoll schmetternder Tusch, keine ungelöst bleibende Schlußdissonanz, sondern ein stilles, schwachbewegtes Ausklingen auf einer lang nachzitternden Note. Wir empfinden voll in diesem nur andeutenden Verschweigen des Letzten die »Gewalt der dunkel verzitternden Tiefe«, von der Friedrich Vischers ›Ästhetik‹ einmal spricht; sie ergreift uns stärker als die ergreifendste Totenklage, die hier nur abschwächend wirken könnte.

Harry Maync: Besprechung der Illustrationen von E. Thum (1918)*

Rilkes ›Weise von Liebe und Tod‹ (der ich im Juli-Heft 1916 der ›Zeitschrift für den deutschen Unterricht‹ eine eingehendere Analyse gewidmet habe) hat namentlich jetzt im Kriege und dank ihrer leichten Zugänglichkeit in der Inselbücherei sehr große Verbreitung und viel Anerkennung gefunden. Auch die Nachbarkünste haben dazu beigetragen. Ludwig Wüllner trägt sie gern öffentlich vor, ein Opernkomponist hat sie jüngst auf die Bühne gebracht, und nun hat der Graphiker Erich Thum, der durch Kriegsdarstellungen von eigenartiger Kraft die Aufmerksamkeit auf sich zieht, zu ihr eine Folge von Lithographien geschaffen. Wesentlich im Hinblick auf den uns so werten Dichter sei sie hier angezeigt, aber nur knapp und allgemein, denn unsere Zeitschrift ist eine literarische und der Besprechende kein Kunsthistoriker von Fach.
Was uns an diesen Blättern zuerst auffällt, ist die Tatsache, daß hier nicht, wie gewöhnlich, eine Dichtung von einem wesensverwandten bildenden Künstler nachgeschaffen worden ist. Thums Persönlichkeit ist vielmehr sehr verschieden von der Rilkes; nur vom Stoffe, nicht vom Stil des Dichters hat sich der Zeichner anregen lassen, und die Auffassungsweise beider deckt sich keineswegs. Mit Rilkes blühender Romantik hat Thum nichts gemein. In seiner mit einem fast raffinierten Kunstverstand üppig ausgestalteten kleinen Dichtung verschmilzt Rilke einen malerischen und einen musikalischen Trieb zur höheren Einheit, verschwistert er eine gepflegte Bildlichkeit und beziehungsreiche, fein abgetönte Ornamentik mit einer dem dichterischen Geschehen wirkungsvoll angepaßten Rhythmik. Bei Thum ist die bewegte Linie, die er mit großer Wucht und Lebendigkeit herausarbeitet, das durch starken Nachdruck Übergeordnete. Seine im Gegensatz zu der Rilkeschen in den Mitteln

* Siehe Mises-Katalog Nr. 59.

äußerst sparsame Kunst spricht sich in wenigen kraftvollen, breit gewischten, anscheinend nur so ›hingeschmissenen‹ Linien aus. Er verzichtet im Gegensatz zu Rilkes liebevoll ausgefeiltem, an Kostbarkeiten reichem, auch das Kleinste individualisierendem Stil auf jeden Schmuck und jede Einzelheit – kein einziges Gesicht z. B. ist ausgeführt –, geht vielmehr überall auf das große Ganze und Typische aus und beschränkt sich auf Skizze und Andeutung. Kein Besonderes soll von dem Allgemeinen ablenken. Darum gefällt er sich in einem barocken Helldunkel mit starken Lichtern und Schatten. Rilke zielt auf Schönheit und Harmonie ab, Thum auf das Charakteristische. Strebt jener nach einer bis ins kleinste Teilchen abgestimmten geschlossenen Form, so gefällt sich dieser (um eine der Wölfflinschen zur Unterscheidung von Renaissance und Barock aufgestellten Kategorien heranzuziehen) in einer offenen, atektonischen Form. Thums auf den ersten Blick primitiv wirkende Bildkunst ist aber keineswegs mit dem Schlagwort Realismus abzutun; in ihr sucht vielmehr ein neues Lebensgefühl nach Symbolen für Geistiges und Seelisches, nicht im herkömmlichen Anschluß an die Natur, sondern eher auf dem Wege jener Abkehr von ihr, die den Expressionismus kennzeichnet. Ich möchte bei dieser Gelegenheit nachdrücklich auf Oskar Walzels Abhandlung ›Goethe und die Kunst der Gegenwart‹ im neuesten, vierten Bande des Jahrbuchs der Goethe-Gesellschaft hinweisen, die zum Verständnis des Expressionismus namentlich auch auf literarischem Gebiet, wertvolle Beiträge liefert.

Manches in den Thumschen Blättern (vgl. vor allem Nr. 7) erscheint bis zur Unkenntlichkeit verschwommen und verzeichnet, ja nähert sich dem Bilderrätsel, manches mutet uns bizarr und geradezu verfehlt an, aber eine starke Eigenart der Auffassung und der Technik, eine stimmungssatte Gefühls- und Suggestivkraft fordert ernste Beachtung. Jedenfalls spricht sich hier ein geborener Graphiker aus, kein bloßer Illustrator alten Stils, der Literarisches mechanisch ins Bildnerische übersetzt. Wer sich die illustrierten Bücher eines Anton v. Werner oder Thumann noch nicht abgewöhnt hat, wird Thum ratlos gegenüberstehen. Nur die Zeit kann entscheiden, ob hier neue Werte von bleibender Bedeutung geschaffen werden.

Max Koch: Geschichte der Deutschen Literatur (1920)
Siehe unten S. 223 f.

Robert Faesi: Rainer Maria Rilke (1921)

Dieses Gefühl der Zugehörigkeit zu seinen Vorfahren, zu einem Geschlecht hat dem Dichter neben einer langen Reihe rückschauender Gedichte noch manche Frucht gereift; als duftigste und leuchtendste, wenn auch nicht als schwerste, die romantische, stimmungssatte ›Weise von Liebe und Tod des Cornets Christoph Rilke‹, wie es scheint aus einer dürftigen Notiz der Familienchronik hervorgegangen und immer noch unvergeßlicher durch das, was sie verschweigt, als durch das herrlich Gesagte.

Berthold Schulze: Rilkes ›Cornet‹ (1921)

Eine der eigenartigsten, berückendsten Dichtungen der neueren Zeit ist und bleibt Rainer Maria Rilkes ›Weise von Liebe und Tod des Cornets Christoph Rilke‹. Daß der österreichische Dichter flüchtigste Dinge, die leisesten Bildschatten und die zartesten Wellenregungen der Seele, einzufangen und ›das Kleine groß nachzumalen‹ verstand, zeigt sein ›Stundenbuch‹ und sein ›Buch der Bilder‹. Wie Traumgesichte oder wie Gobelinbilder tauchen solche Impressionen vor unseren Augen auf. »Gehoben ist es wie aus Wandgeweben; solche Gestalten hat es nie gegeben« sagt er selbst von diesen Flachmalereien.

Im ›Cornet‹ aber leistete Rilke das scheinbar Unmögliche: blutfrisches und erdenschweres Geschehen von größerer zeitlicher Erstreckung bannte er in ein Werk zusammen, das man doch wohl ein Epos nennen muß und das doch dem Wesen impressionistischer Kunst treu blieb.

Ein Epos, eine Novelle verlangen aber deutliche Zusammenhänge. Und wenn man bei Zola oder im Hinblick auf G. Hauptmanns ›Bahnwärter Thiel‹ auch von Impressionskunst spricht, so meint man damit doch nur, daß diese oder jene Szene dem abgerissenen, flüchtigen Wesen des Impressionismus entspricht. Hier aber schuf Rilke aus lauter abgerissenen Bildern und Szenen ein Ganzes, das man geruhig ein Epos nennen darf, weil ihm die höhere Einheit einer Erzählung nicht mangelt, wenn ihm auch die Verzahnungen und Übergänge abgehn.

Die Kunst des Impressionismus läßt die Einzelerscheinung gewissermaßen nur wie eine Welle im All auftauchen und wieder vergehn. Es ist die Kunst der flüchtigen Erscheinung. Das kleine Epos, das von dem Ritt des Fahnenjunkers ins Türkenland, von seinem Liebeserlebnis und heldischen Tode kündet, erzählt nicht zusammenhängend, sondern läßt nur einzelne Situationen und Hergänge dieses Geschehens wie düstere oder farbenfreudigere Traumbilder lichtbildartig vor uns auftauchen und wieder vergehn. Aus dem wechselnden Spiel der Situationen heben sich einige Bilder gespenstischer oder greller Art höher heraus und bleiben wie Höhepunkte der Musik in uns haften: sie vollenden sich in unserer mitschaffenden Phantasie zu Balladen: so das düstere Abenteuer mit der geschändeten, angebundenen Frau, die von roten Lichtern überflackerte Troßszene, die Begegnung des Junkers mit dem eisernen General Spork, der Tanz im Bankettsaal, dann: wie das Feuer durch das Schloß läuft, der Aufruf zum Sammeln, der Heldentod des Jünglings: alles auftauchend, auflodernd und wieder in sich zusammensinkend ins Nichts, ins All.

Nirgends ein totes Nebeneinander oder ruhig-breiter, ›epischer‹ Verlauf. Wie gibt gleich zu Anfang das: »Reiten, reiten, reiten, durch den Tag, durch die Nacht, durch den Tag« den Auftakt rhythmischer Bewegtheit! Selbst die Artikel dürfen nicht die Substantive stützen und verankern. Abgerissen tauchen sie auf: »Flüche, Farben, Lachen« oder: »Endlich vor Spork«: solche Satzbruchstücke fliegen uns vor die Augen, und unsere Phantasie muß sie zu erzählenden Sätzen ausmeißeln, wie der aus dem Rohen gehauene Block etwa Rodins sich in seinem Verlauf zum Menschenleib oder -antlitz ausgestaltet. Ebenso springt das Verb als lebendig Bewegtes unvorbereitet wie aus dem Nichts uns an: »Kommen bunte Buben gelaufen (...) kommen Dirnen mit purpurnen Blüten im flutenden Haar. Winken. Kommen Knechte, schwarzeisern wie wandernde Nacht. Packen die Dirnen heiß« u. ä. Und das Tote, Körperliche bietet sich lebendig dar, nicht als Ding, wie es ist: als Eindruck wechselnder Erscheinung. Auf der Pußta stehen nicht seltsame niedrige Hütten, nein: »Fremde Hütten hocken durstig an versumpften Brunnen«: wie gespenstisch-traumhaft das erscheint! Da ist nicht mit einem Male ein Schloß mit Brücke und Tor, nein: »Über den Hütten steigt steinern ein Schloß. Breit hält sich ihnen die Brücke hin. Groß wird das Tor«. So halten tatsächlich und in solcher Folge die Dinge ihren Einzug in die Sinne der Reiter: es sind eben Impressionen.

Das Ganze ist Prosa, naturgemäß. Denn die Rhythmik des Geschehens und Erscheinens wechselt fort und fort und fällt als solche nur hier und da ins Ohr. Aber von selbst beseelt sich's an Höhepunkten musikalisch: das bewegtere Gefühl will nun in erster Linie zum Ohre hineindringen, und so arbeitet der Dichter da nicht mit den augenfälligen Mitteln des Gesichts, sondern mit den transitorischen des Klanges. Von selbst stellen sich Stab- und Endreime und gleichmäßig bewegte Rhythmen ein, so in der Bankettszene: »Als Mahl beganns. Und ist ein Fest geworden, kaum weiß man wie. Die hohen Flammen flackten, die Stimmen schwirrten, wirre Lieder klirrten aus Glas und Glanz, und endlich aus den reifgewordenen Takten: entsprang der Tanz«.

So dienen viele Mittel dazu, dieses Epos als ein ganz besonderes, als sprunghaft und lyrisch bewegt erscheinen zu lassen, als eine Folge abgerissener, fast traumhafter Impressionen.

Und doch hat eine tiefere Kunst diese Abgerissenheit zur Einheit des Empfindens im Leser oder, besser gesagt, im Hörer zu verschmelzen vermocht. Das vereinigende Mittel ist ein musikalisch-dichterisches. Es sind die überall schlummernden und doch wieder und wieder zur Oberfläche dringenden Höhenmotive der Dichtung.

Eine ›Weise‹ nennt Rilke die Reihe seiner Impressionen. Es ist ein singendes, klingendes Gedicht, es ist Musik. Zwei Motive dämmern gleich zu Anfang auf, schwellen zu Melodien an, erklingen neben- und gegeneinander und verschmelzen zuletzt ineinander: das Motiv des Helden und das der Frau.

Ein kurzer Vorspruch meldet dumpf von dem Soldatentode des Helden. Dann begleiten wir ihn auf seinem Ritt gegen die türkischen Verwüster des Ungarlandes durch die Pußta; da erklingt eine Sehnsuchtsweise: dem Reiter, dem jungen, tritt vor die Seele der leuchtende Glanz von Kleidern der Frauen, die von ihm vor Monden trauernd Abschied nahmen: sie leuchteten noch lange durch das Grün. Jetzt, wo die Richtung festgelegt ist, in der die Dichtung verlaufen soll, werden die Akkorde voller. Zwar verschwindet zunächst der heldenhafte Eindruck des ritterlichen Kriegsgesellen; um so inniger tönt das Motiv der Frau, der Mutter. Die Augen des französischen Kameraden, des Marquis, die eine so deutliche Sprache reden können, lassen den Junker das Wort ›Mutter‹ sprechen, das eine, kurze Wort, das doch einen so wunderbar bezaubernden Klang hat. Diesen Klang verstehen alle, selbst die Reitersleute, die die Sprache ihres deutschen Kameraden gar nicht verstehen; sie erahnen doch nach der ganzen Stimmung den Sinn der abgerissenen Gesprächsbrocken: »Abends . . . –, klein war«. Nur zuckend flackt hier das frauliche Motiv auf, und doch spinnen sich in der Phantasie des Lesers tausend Fäden weiter. Hier erscheint die Mutter so recht als Lichtwesen, nach dem man sich sehnt. »Als ob es nur *eine* Mutter gäbe«. Das Motiv klingt weiter, erfährt aber eine Wandlung. An die Stelle des Sehnens nach der Mutter tritt unmerklich ein Sehnen nach der Braut. Diese abgewandelte Form des fraulichen Motivs klingt erst leise an, um dann an Tonstärke zuzunehmen. Auf dem Marquis ruht der Blick, der die Madonna, die Mutter zugleich und Jungfrau ist, ehrfürchtig grüßt. Der küßt eine welke Rose; von wem ist sie? Und fragt dann: »Habt ihr auch eine Braut daheim?« Da bricht die Sehnsucht durch. Gern möchte der Junker jetzt auch ein Mädchen wissen, da zu Hause, das ihn liebt. Halb verschafft sich seine Sehnsucht eine Braut. – Doch zu lange schon hat das Motiv gewirkt. Auch das Heldenmotiv will hervor. »Ganz in Eisen, groß«: so verkörpert sich das Heer. Der Weg führt durch den tollen Troß. Da vermählt sich grobschlächtig Schwert und Weib: wilde Knechte zwingen ausgelassene Lagerdirnen sich zur Lust und kredenzen in eisernen Hauben Wein, rot wie Blut. Und dann steht er selbst da, er nur Befehl, nur Sinnbild des Krieges, erzgegossen, der Spork, der General. Alles andere, jede Erinnerung an die Frau ist versunken. »Er weiß nicht mehr, wo er steht. Der Spork ist vor allem. Sogar der Himmel ist fort«. Jetzt lodert die ›Weise‹ in grellen Lichtern auf. Die helle, reine Gestalt der Frau hat andere Farben angenommen. Nicht ruft sie mehr ein reines Sehnen wach. Der grause, erbarmungslose Krieg läßt sie verzerrt erscheinen, daß sie die Sinne reizt zugleich und entsetzlich abstößt: Das geschändete Weib, das der Cornet losbindet, glüht ihn schrecklich mit den Blicken an. Aber der Schmutz der Lagerszene und dieses Erlebnisses reicht nicht an seine Fahne. Wie stolz und pflichtbewußt flüchtet sich sein Heldentum und sein Frauendienst in seinem Briefe, dem letzten, der sie erreichen soll, zu seiner Mutter; die Mutter und sein Fahnenamt sind nun seine Leitsterne; wie vielsagend klingt das dreimalige: »Ich trage die Fahne!« Noch einmal leuchten beide Motive hier in strahlender, keuscher Reinheit.

Nun aber ereilt es ihn. Da ihm berückend die Herrin des Schlosses naht, wo die Sinne von Üppigkeit und vollem Lebensbehagen berauscht sind, da ist's ihm, als müßte er schämig fliehen, sein weißes Pagenkleid reinhalten. Weit und allein und in Waffen möchte er sein; aber das Weibliche zieht ihn zu sich hin, übertönt und schweigt die mahnenden Rufe der Pflicht. Nur als ungehörte dumpfe Untertöne klingen sie noch in das Klangmeer der Lust: »Im Vorsaal über einem Sessel hängt der Waffenrock, das Bandelier und der Mantel. Seine Fahne steht steil«. Soll der Ruf nach dem Cornet mit der Fahne ungehört verhallt, das heldische Motiv verklungen sein? Nein: noch einmal braust es auf. Aber in sein Brausen flutet hinein und verschmilzt damit unlösbar das andere: an sich rafft er die Fahne, reißt sie und sich aus dem lodernden Schlosse, sprengt mit ihr hoch zu Roß allen voran und hinein in die türkischen Geschwader. Wie im Rausch ist er, verliebt und Held in einem: die Fahne trägt er auf den Armen wie eine Geliebte; sie ist ihm, was Körner das Schwert an seiner Linken; und die buntbeturbanten Feinde, sind es die Büsche des verschwiegenen Parks, der Stätte seines werdenden Liebesglückes? Rauschen da springende Brunnen leuchtend auf? Zwanzig Türkensäbel sind der Springquell, der ihn berauscht, in den sein rotes Blut verrinnt.

Verklungen die Weise. Noch einmal tönt ihre Grundmelodie wehmütig an, das frauliche Motiv in seiner reinsten Gestalt: in der Heimat sitzt eine Mutter und weint um ihren Buben.

Gleichfalls mit seinem Lebensgefühl, das im Menschen nur eine Form des allgemeinen und unvergänglichen Lebensstromes sieht, hängt Rilkes Auffassung zusammen, daß sein Ich, wie es immer mit einer Fülle ihm verwandter Erscheinungen des Lebens in Natur und Dingwelt verbunden ist, – auch als Ich, als heutiges Individuum, ein Ergebnis, eine Potenz früherer Generationen und Gestalten ist.

Bereits in ›Mir zur Feier‹ wird diese Beziehung zu scheinbar vergangenen und abgelebten Lebenseinheiten ausdrücklich betont:

> Ich weiß es im Traum,
> und der Traum hat Recht:
> Ich brauche Raum
> wie ein ganzes Geschlecht.
>
> Mich hat nicht Eine Mutter geboren.
> Tausend Mütter haben
> an den kränklichen Knaben
> die tausend Leben verloren,
> die sie ihm gaben.

Von da ab beschäftigt ihn dies Problem durch sein ganzes Werk. Im ›Buch der Bilder‹ steht folgendes Gedicht:

> Der Letzte.
> Ich habe kein Vaterhaus,
> und habe auch keines verloren;
> meine Mutter hat mich in die Welt hinaus
> geboren.
> Da steh ich nun in der Welt und geh
> in die Welt immer tiefer hinein,
> und habe mein Glück und habe mein Weh
> und habe jedes allein.
> Und bin doch manch eines Erbe.
> Mit drei Zweigen hat mein Geschlecht geblüht
> auf sieben Schlössern im Wald,
> und wurde seines Wappens müd

> und war schon viel zu alt; –
> und was sie mir ließen und was ich erwerbe
> zum alten Besitze, ist heimatlos.
> In meinen Händen, in meinem Schooß
> muß ich es halten, bis ich sterbe.
> Denn was ich fortstelle,
> hinein in die Welt,
> fällt,
> ist wie auf eine Welle
> gestellt.

Das Gedicht enthält einmal persönliche Mitteilungen als solche, die im Auge zu behalten sind (vgl. auch ›Selbstbildnis aus dem Jahre 1906‹). Wesentlicher ist, daß das Bewußtsein, in seinem gegenwärtigen Ich eine Kette und Fülle früherer Lebenseinheiten weiterzuleben, Rilkes Möglichkeiten der Anschauung, Vorstellung und persönlichen Beteiligung in hohem Grade vertieft. Vergangenheit, Gegenwart und Zukunft werden in seiner Intuition wieder zu der Einheit: Zeit – und geben so seinem Weltgefühl einen ungetrennten Zusammenhang mit allem immer wiederkehrenden Leben, das in ihm seinen Mittelpunkt findet. So heißt es in dem Gedicht: ›Der Sänger singt vor einem Fürstenkind‹, das dem Andenken von Paula Becker-Modersohn gewidmet ist:

> Das ist der Sinn von allem, was einst war,
> daß es nicht bleibt mit seiner ganzen Schwere,
> daß es zu unserm Wesen wiederkehre,
> in uns verwoben, tief und wunderbar.
> – – – – – – – – – – – – – – – –
> Und so geschah Unwichtiges und Schweres,
> nur, um für dieses tägliche Erleben
> dir tausend große Gleichnisse zu geben,
> an denen du gewaltig wachsen kannst.
> Vergangenheiten sind dir eingepflanzt,
> um sich aus dir, wie Gärten, zu erheben.

Auch für Gedichte und Gedichtzyklen, wie: ›Fragmente aus verlorenen Tagen‹, ›Der Sohn‹, ›Aus einer Sturmnacht‹, ›Karl der Zwölfte reitet in der Ukraine‹; der 1899 begonnene Zyklus ›Die Zaren‹ — im Buch der Bilder ist die intuitive Einheit von Vergangenheit und Gegenwart oder die dichterische Tendenz, sie herzustellen, die eigentliche Voraussetzung. Es ist kaum möglich, den sachlichen Gehalt dieser Gedichte darzutun. Rilke gibt hier nicht Berichte über persönliche Erfahrung und faktische Begebenheiten, sondern Gleichnisse. Ihren Sinn verdeutlicht vielleicht am besten das Bild des »blassen Zaren«, der an einem Kremlfenster sich des Übergangs der Vergangenheit in seine Gegenwart und umgekehrt bewußt wird:

> Die großen Glocken, die so herrisch lauten,
> sind seine Väter, jene ersten Zaren,
> die sich noch vor den Tagen der Tataren
> aus Sagen, Abenteuern und Gefahren,
> aus Zorn und Demut zögernd auferbauten.
>
> Und er begreift auf einmal, wer sie waren,
> und daß sie oft um ihres Dunkels Sinn
> in *seine* eignen Tiefen niedertauchten
> und ihn, den Leisesten von den Erlauchten,
> in ihren Taten groß und fromm verbrauchten
> schon lang vor seinem Anbeginn.
>
> Und eine Dankbarkeit kommt über ihn,
> daß sie ihn so verschwenderisch vergeben
> an aller Dinge Durst und Drang.
> Er war die Kraft zu ihrem Überschwang,
> der goldne Grund, vor dem ihr breites Leben
> geheimnisvoll zu dunkeln schien.
>
> In allen ihren Werken schaut er *sich*,
> wie eingelegtes Silber in Zieraten,
> und es gibt keine Tat in ihren Taten,
> die nicht auch *war* in seinen stillen Staaten,
> in denen alles Handelns Rot verblich.

Die gleiche wechselwirkende Beziehung zur Vergangenheit ist in Rilkes Novelle ›Die Letzten‹ zum Ausdruck gekommen, die eine Parallelstelle zu dem Gedicht ›Der Letzte‹ bietet. Harald, der Letzte eines alten Geschlechts, »lebt zwei Leben. Eines nach vorn und eines tief zurück in die Vergangenheit«: »Er ist reif. Er hat jahrhundertelange Entwicklungen hinter sich. Unter ihm sind Feldherren, Bischöfe – Könige vielleicht sogar. Und ganz zuhöchst: Er, Harald. Und alle leisesten Schwankungen dieser breiten Basis sind in ihm sichtbar«. Noch deutlicher als diese Novelle und das entsprechende Gedicht zeigt Rilkes verbreitetste, beinahe volkstümliche Schrift den lebendigen Zusammenhang, der zwischen seinem Verhältnis zur Vergangenheit und seiner Zugehörigkeit zu einer alten Familie besteht: ›Die Weise von Liebe und Tod des Cornets Christoph Rilke‹. Der Dichter datiert ihr Entstehen in das Jahr 1899. Erschienen ist sie im Jahre 1906. Um die Zeit, da die Gedichte im Buch der Bilder entstanden, mag sie ihre heutige Gestalt erfahren haben. Jedenfalls steht sie ihrem Stil nach in dieser Nähe. Ein Blatt aus der Familienchronik bot den Anlaß. Rilke notiert zu Beginn: »... den 24. November 1663 wurde Otto von Rilke (...) zurückkehrt ...«

Auch hier ist der faktische und historische Hintergrund, so lebendig er in den siebenundzwanzig Bildern geschnitten ist, nicht das Wesentliche. Die eigentlich verlebendigende Atmosphäre ist die des jungen Rainer Maria, der in der Person des achtzehnjährigen Cornets Christoph Rilke eigene geschaute und wirkliche Erlebnisse verwirklicht. Der Aufbau des Werkchens ist ein recht eigenartiger. Der Anfang ist in einer impressionistisch skizzierenden Prosa geschrieben. Die einzelnen Stückchen sind Kabinettbeispiele der Kunst, durch wenige Pointen und mehr Andeutungen eine akzentuierte Bewegung und eine sehr lebhafte Bildwirkung zu erzielen. Da ist eines:

Endlich vor Spork. Neben seinem Schimmel ragt der Graf. Sein langes Haar hat den Glanz des Eisens. (...) Und das ist viel.

Etwa in der Mitte des Buches gerät dieser skizzierende Stil in den Zwang eines vertonenden und schwebenden Rhythmus, wird gebundener und geht Ende der ›Weise‹ in die lyrische und gereimte Form über. Hier sind die Höhepunkte des kleinen Kunstwerkes; besonders das fünfzehnte Bild ist von außerordentlicher sprachlicher Schönheit:

> Als Mahl begann's. Und ist ein Fest geworden, kaum weiß man wie. (...) Aus dunklem Wein und tausend Rosen rinnt die Stunde rauschend in den Traum der Nacht.

Diese Gebundenheit der Rhythmik erinnert schon an die der Neuen Gedichte. Im Buch der Bilder kommt es selten zu einer derartigen Geschlossenheit des Bildes. Die ersten haben noch etwas von der Verhaltenheit und Melodik der Frühen Gedichte (Mir zur Feier) ...

Mathilde Heß: Der Prosastil Rainer Maria Rilkes (1925)

Wie in den ›Letzten‹ immer etwas Unausgesprochenes bleibt, ein keusches Schweigen, als wolle uns der Dichter nicht mitnehmen zu seinem Heiligtum, so ist auch in der ›Weise‹ ein weihevolles Ungesagtes, ist alles äußere Geschehen, sind die Worte Symbole für Ungenanntes. Mehr als in den ›Letzten‹ wird dieser innere Stil in der Form sichtbar. Die Andeutungen sind hier geradezu Prinzip des Aufbaus. Situation reiht sich an Situation, knapp skizziert, unausgeführt; Bild folgt auf Bild, impressionistisch dargestellt; Motive steigen auf, verklingen, kommen wieder; sprunghaft, abgerissen sind viele Sätze; stichwortartig stehen einzelne Worte. Nur Gipfelpunkte der Handlung und der Stimmung treten hervor – scharf beleuchtet, voll Höhensonne – alles andere bleibt im Schatten, oft ganz unsichtbar. Aber trotz der Umrissenheit des einzelnen Bildes ist der künstlerisch disponierte Bau der ›Weise‹ festgefügt. Wie man bei Bergspitzen am Horizont, deren Verbindungswege vorgelagerte Höhen verdecken, den Zusammenhang nicht sieht und doch weiß, so erlebt man hier die unsichtbare

Verknüpfung stark und bestimmt mit. – Alte Technik taucht auf, nun meisterhaft gebraucht. Wie im ›Christkind‹ ist der Ausgang der Erzählung an den Anfang gestellt. Aber während dadurch der Aufbau der ersten Novelle an unglücklicher Verwirrung leidet, ist er in der ›Weise‹, von hoher Kunst getragen, voll Schönheit und Kraft und zeugt von bewußter Künstlerschaft. Was wir dort vermissen: Hier sehen wir es erfüllt: Das Ende kehrt zum Anfang zurück. Nicht inhaltlich allein, auch formal schließt sich der Kreis. Ein Chronikauszug beginnt:

> »... den 24. November 1663 wurde Otto von Rilke / auf Langenau / Gränitz und Ziegra / zu Linda mit seines in Ungarn gefallenen Bruders Christoph hinterlassenem Anteile am Gute Linda beliehen ... zurückkehrt ...« (S. 5).

Und wortkarg, unpersönlich, in chronikartigem Bericht klingt die ›Weise‹ aus:

> Im nächsten Frühjahr (es kam traurig und kalt) ritt ein Kurier des Freiherrn von Pirovano langsam in Langenau ein. Dort hat er eine alte Frau weinen sehen (S. 33).

Eines nur mag ein kleiner Mangel im Aufbau sein: Der Standpunkt des Dichters ist nicht ganz einheitlich. Im zweiten Abschnitt, dem eigentlichen Anfang der Erzählung, geht das ungewisse, farblose ›man‹ plötzlich in das bestimmte ›wir‹ über, das uns zur Handlung unmittelbar in Beziehung setzt, das uns nahe geht, uns ergreift, so daß wir über dem Bekenntnishaften die Mittlerrolle des Dichters ganz vergessen.

> Nur in der Nacht manchmal glaubt man den Weg zu kennen. Vielleicht kehren wir nächtens immer wieder das Stück zurück, das wir in der fremden Sonne mühsam gewonnen haben? ...

Aber dann kommt die nächste Szene und stellt uns aus dem Geschehen hinaus in den Zuschauerraum. Sachlich beginnt sie:

> Der von Langenau rückt im Sattel und sagt: »Herr Marquis« – Sein Nachbar, der kleine Franzose, hat erst drei Tage lang gesprochen und gelacht (S. 8).

Das folgende Bild jedoch bringt uns wieder mitten unter die Reiter:

> Jemand erzählt von seiner Mutter. Ein Deutscher *offenbar* (S. 9).

Später aber:

> Die Kompagnie liegt jenseits der Raab. Der von Langenau reitet hin, allein (S. 17).

So wechselt der Blickpunkt häufig. Die innere Umstellung, zu der wir gezwungen werden und die an sich etwas Unbefriedigendes hat, kommt uns aber nur schwach zum Bewußtsein, weil die auf sich gestellten, scharf abgehobenen Abschnitte ein schnelles Mitgehen erfordern, weil wir in Gedanken so viel zwischen den einzelnen Situationen ergänzen müssen, daß wir die geänderte Stellung als etwas Gegebenes hinnehmen, ohne lang nach ihrer Berechtigung zu fragen.

Die Formgebung ist geradezu unsagbar schön, von vollendeter Harmonie und Rhythmus, Wortwahl und Klang, in Stil und Inhalt (Einzelheiten erübrigen sich, da Harry Maync in seinem Aufsatz ›RMR und seine Weise von Liebe und Tod‹, ZfdU XXX, 7 mit feinstem Verständnis für Inhalt und Form eine eingehende psychologisch-ästhetische Analyse des Werkes gibt). Dieses Kunstwerk steht auf der Grenze zwischen Prosa und Poesie. Von beiden Gattungen hat es das Beste in sich aufgenommen. Schon der Name ›Weise‹, der dem Reiche der Musik entstammt, nimmt ihm die Erdenschwere der ungebundenen Rede. Dazu ist die Sprache so rhythmisch durchpulst, so kristallklar und edel, daß man die ›Weise‹ am liebsten eine Dichtung nennen möchte, daß man es unbedingt tun muß in den Teilen, in denen der Rhythmus zu einer gewissen Regelmäßigkeit kommt, in denen neben stabreimartigen Bindungen Reimklänge emporsteigen (vgl. Heygrodt, oben S. 212).

Frédéric Lefèvre: Une heure avec R.-M. Rilke (24. VII. 26)*

– *Est-ce en Russie que vous avez commencé à écrire ›Les Cahiers de Malte Laurids Brigge‹?*
– Non, beaucoup plus tard, à Rome. Et je dois ajouter: presque involontairement. Mes œuvres s'imposent à moi; je n'en suis pas le maître. Il faut qu'elles mûrissent, et je ne sais pas moi-même ce que, un jour ou l'autre, je serai contraint d'écrire. Il m'arrive de noter des fragments de vers dont je ne découvrirai le sens véritable que longtemps après, et j'ai mis ainsi des années à composer certaines de mes ›Elégies‹, de même que j'ai écrit d'autres poèmes ¬ comme les trente pages du cornette Christoph Rilke – sans une rature, dans l'élan d'une seule nuit.

Julius Bab: Rainer Maria Rilke † (27. XII. 26)

Rilke war *reiner* Lyriker. Auch seine viel rezitierte Geschichte vom *Cornet* ist nur für sehr äußerliche Begriffe in ›Prosa‹ geschrieben und in Wahrheit ein erweitertes lyrisches Gedicht, eine Ballade.

* Eine deutsche Übersetzung dieses Abschnitts steht in der Abendausgabe der Süddeutschen Zeitung vom 30. XII. 26: Auf die Frage, ob er in Rußland begonnen habe die ›Aufzeichnungen des Malte Laurids Brigge‹ zu schreiben, antwortete der Dichter: »Nein, viel später in Rom, und ich muß hinzufügen, wahrhaftig unfreiwillig. Meine Werke drängen sich mir auf, ich werde ihrer nicht Herr. Sie müssen reifen, und ich weiß selbst nicht, wann ich eines Tages gezwungen sein werde, sie niederzuschreiben. Es geschieht, daß ich Fragmente von Versen notiere, deren wahren Sinn ich erst lange nachher entdecke, und so habe ich viele Jahre mit der Abfassung einiger meiner ›Duineser Elegien‹ zugebracht, auf dieselbe Weise, wie ich andere Gedichte geschrieben habe, z. B. die dreißig Seiten des Cornets Christoph Rilke, die ich, ohne auch nur ein einziges Wort durchzustreichen, in der Begeisterung einer einzigen Nacht niedergeschrieben habe«.

[Anonym:] Zum Tode Rainer Maria Rilkes (30. XII. 26)

(...) Er war nie in aller Leute Mund, aber er hatte doch
eine unsichtbare und vielleicht sogar eine recht große Ge-
meinde. *Ein* Buch jedenfalls hat seinen Namen in weite
Kreise getragen: Das in der Inselbücherei erschienene zarte
Prosagedicht ›Die Weise von Liebe und Tod des Cornets
Christoph Rilke‹. In ihm spiegelte sich die ganze Eigenart
des Dichters, ein Berauschtsein durch Klang und Rhythmus,
ein Malen mit einer Flut seltener Bilder und eine wunderbare Fähigkeit, zarteste Regungen und Erschütterungen des
Gefühls in Worten festzuhalten und zu übermitteln.

A. Levinson: Rainer-Maria Rilke poète allemand (31. XII.
26)

Du prosateur, il faut retenir, avec l'essai célèbre sur Rodin,
la *Légende de l'amour et de la mort de la cornette Christophe Rilke,* vision épique de la guerre de trente ans, tirée,
sans doute, de la tradition familiale du Rilke. La che-
vauchée des reîtres avec sa fiévreuse cadence, la macabre
apothéose de l'incendie du château, sont de grandes pages
de prose lyrique.

Karl Viëtor: Rilkes dichterisches Vermächtnis (3. I. 27)

(...) Mit der Weise von ›Liebe und Tod des Cornets Christoph Rilke‹ (1907) hatte er seinen größten Erfolg, so wenig
das effektvolle Werk den Rang seiner besten Gedichte behauptet. Die stehen vielmehr in den ›Neuen Gedichten‹,
einer klassischen Sammlung, mit der Rilke am längsten fort-
dauern wird. Hier ist seine Weltreligiösität aufs höchste entwickelt.

Paul Wertheimer: Rainer Maria Rilke (4. I. 27)

(...) Und er (*sc.* Gott) schaut uns aus üppig-schönen Bild-
werken der Sprache entgegen, die der Künstler Rilke wie
in farbigem Erz vor uns hingestellt: aus der flirrenden,
seit Jacobsen im Prunk des Wortes nicht mehr erhörten
Erzählung des jungen Reiters Christoph Rilke, seines Ahnen, aus den schwermütig-müden ›Bekenntnissen des Malte
Laurids Brigge‹.

F. Th. Csokor: Geschichten von R. M. Rilke (11. I. 27)

›Die Weise von Liebe und Tod‹ seines Kornetts wurde nach
jahrelang heimlich gefristetem Dasein im Kriege plötzlich
zum Modebuch, gelesen, melodramatisch unterlegt und so
fort. Rilke ärgerte das ein wenig. »Was mein Kornett nur
hat«, nörgelte er; »erst war er so bescheiden, und jetzt macht
er Geschrei, als ob er ein Feldwebel wäre«. Aber auch Rilke
selbst blieb nun nicht mehr so verborgen, wie er es immer
gewünscht hatte. Einer der letzten Regierungsakte des Kaisers Karl verlieh ihm – zusammen mit Wildgans und Schaukal – das Offizierskreuz des Franz Joseph-Ordens. Als
Rilke das Dekret erhielt, brach die Monarchie nieder. Es
war ein Verfallssymptom.

F. Th. Csokor: Der Kornett und die Feldwebel (5. X. 51)

Es fehlt auch heute nicht an Bemühungen, Rainer Maria
Rilke für diese oder jene politische Richtung buchen zu
wollen. So brachte kürzlich eine in Leipzig erschienene lyrische Anthologie ein Rilke-Gedicht über den Kriegsausbruch 1914, das von der damaligen Massenbegeisterung, die
auch Gerhart Hauptmann und Richard Dehmel ergriffen
hatte, berührt schien. Rilke selbst hat dieses Gedicht später

sehr kritisch beurteilt, und er schien geradezu entsetzt über die Auswertung seiner ›Weise von Liebe und Tod‹ durch die Kriegspropaganda. »So still und bescheiden war mein Kornett zuerst«, klagte er einmal, »und jetzt macht er ein Geschrei wie ein Feldwebel!« Am allerwenigsten durfte man einen Anhänger eines aggressiven deutschen Nationalismus in Rilke sehen, der als Österreicher bei der k.u.k. Armee einrücken mußte zu dem Wiener Landwehrregiment Nr. 1.

Übrigens war es groteskerweise gerade sein ›Kornett‹, der ihm, nachdem er bei der Ausbildung zum Rekruten einen körperlichen Zusammenbruch erlitten hatte, die Kommandierung in die literarische Abteilung des Wiener Kriegsarchivs eintrug, das der Propaganda für die Sache der Zentralmächte diente. An solcher Propaganda, für die ihn seine Vorgesetzten des von ihm nun verwünschten ›Kornetts‹ halber geeignet hielten, nicht teilnehmen zu müssen, das war die Bitte, die ich in seinem Namen weiterleitete, und zu Ehren unseres damaligen Kommandanten General Hoehn muß gesagt werden, daß er Rilkes Versicherung, eines patriotischen Journalismus nicht fähig zu sein, anerkannte. So schickte man ihn denn in das Büro des Oberoffizials Budeschinsky, unter dessen Obhut er Zettelkataloge der einlaufenden Kriegsakten verfaßte, deren schöne Handschrift – Rilke schrieb wie gestochen – ihm das vollste Lob seines Chefs verschaffte.

Siegfried Trebitsch: Begegnung mit R. M. Rilke (10. II. 27)

(...) Die Begegnung (*sc.* mit Rilke im Juli 1898) ist deshalb so unvergeßlich schön gewesen, weil sie sich nicht an den üblichen Orten nüchterner Zusammenkünfte in Wirtshäusern oder Kaffeehäusern abspielte, sondern in einem Schloß stattfand, das für meine viel später nachprüfende, vergleichende Empfindung vollkommen jenem Schlosse glich, das Rainer Maria Rilke in seiner unsterblichen Dichtung vom Kreuzzug seines Ahnherrn, des Cornet Rilke, geschildert hat.

Wir trafen einander bei einer glänzenden Tafelrunde in dem eine Stunde von Prag entfernten Schloß zu Veleslavin, das von der schöngeistigen Frau van Oesteren und ihren wundervollen Töchtern bewohnt wurde. (...) Still und in sich gekehrt mit leuchtenden Augen saß er da und blickte in den Wirbel des Festes, dessen Wogen sich bis in den prachtvollen alten Park erstreckten, wo buntleuchtende Lampions die weißen Kieswege erhellten, auf denen heißgetanzte Paare Kühlung suchten.

H. Kurz – M. Wedel: Deutsche Literaturgeschichte (1927)

In einer Überfülle unnennbarer Schönheiten hat er die ›Weise von Liebe und Tod des Cornets Christoph Rilke‹ gesungen. Weniger lag dem Dichter die Novelle und der Roman (›Aufzeichnungen des Malte Laurids Brigge‹).

Robert Neumann: Mit fremden Federn. Parodien (1927)

Aus der Weise von Liebe und Tod des
Cornet Christoph Rilke
Nach Rainer Maria Rilke

Rast! Einmal wieder ruhen. Träumen von den heimischen Truhen und sich ruhig im Grase dehnen und das Sehnen und Kühlewähnen der verrauschenden Lichtfontänen nicht mehr senden in alle Welt. Schreiten in weiten festlichen Schuhen vor dem aufgeschlagenen Zelt. Und wieder einmal die Hände fassen und wieder lernen, was Spiel und Tanz ist auf der allabendlich atmenden Au. Und daß in blendenden Himmelsfernen nicht so viel sonniger Seidenglanz ist wie in den zarten, silberblassen Zügen einer sanft schreitenden Frau.

Brand! Und er klirrt an der Glätte. Über die Kette der Minarette flackt schon Geknatter. Weiße Wände heben die Hand. Aber ein satter Nachtgevatter ist ohne Blende über die niederen Nelken geneigt. Schweigt. Lüsterne Flüsse ahnen allen Bestatter. Der von Langenau bricht – und das Licht ist das Tor – vom Gesicht aus der Nacht durch die Wacht in den Chor und sendet flatternder Fahnen Gewicht hell heiß aus den brechenden Brettern hervor. Verwirrt das Gehöft. Durchklirrt die Gefahr und schirrt seine Stute. Und der ganzen staunenden Mädchenschar – ihr girrt noch gebluft über Tag und Jahr der Rilkische Rhythmus im Blute.

Lou Andreas-Salomé: R. M. Rilke (1928)

In ein paar frischgestimmten Tagen entstand der ›Cornet‹ (Die Weise von Liebe und Tod des Cornets Christoph Rilke), der hinterher so unerwartet berühmt werden sollte, daß sein Verfasser ziemlich erstaunt fand, der »bescheidene Fähnrich erhöbe ein Geschrei wie ein Feldwebel«.

E. Jaloux: Anzeige einer franz. Übersetzung (7. I. 28)

›La Vie et la Mort du Cornette Christoph Rilke‹ est une ballade épique en prose, progressivement rythmée. C'est l'œuvre de Rilke qui a eu le plus de succès en Allemagne. Elle se compose de vingt-sept morceaux courts, brusques comme des éclairs et qui jettent successivement la lumière sur les épisodes de la vie d'un cornette au XVIIe siècle. A la suite d'une fête dans un château, le cornette est tué par les ennemis et les dernières choses qui lui ont appartenu disparaissent avec l'incendie du château. Au dernier tableau, nous avons simplement la vision d'une vieille femme qui est en larmes. Ce petit récit est d'une grande beauté.

Il est rapide et il suggère en courant bien des choses. C'est un procédé de narration foudroyant où la vie apparaît en quelques traits de feu, puis s'évanouit dans les ténèbres. Récemment, un excellent connaisseur a critiqué la traduction de ce petit livre, qui a été faite par Mlle Kra. Je n'ai pas l'autorité suffisante pour en juger, et, d'ailleurs, toute traduction est forcément infidèle. Mais je sais seulement que Rilke lui-même, qui connaissait admirablement le français, avait toujours refusé de laisser paraître les traductions qu'on lui avait soumises du cornette Rilke et qu'il m'a dit de celle-ci: »C'est la meilleure que j'aie lue. Je n'ai plus le droit d'empêcher que mon *Cornette* entre en France«.

Georges Altman: Sur une ›chanson‹ de Rainer-Maria Rilke (29. VII. 28)

Et voici (...) un poème du grand écrivain allemand Rainer Maria Rilke: »La chanson d'amour et de mort du cornette Christoph Rilke«, admirablement transcrit en français par Suzanne Kra.

Dans l'œuvre douce et mystérieuse du poète Rilke, mort trop jeune, cette »chanson« se place comme un des plus simples et des plus purs poèmes qui soient: la traduction, qui suit pas à pas le rythme et transcrit fidèlement l'image permet de découvrir l'étrange et profonde beauté de ce conte du XVIIᵉ siècle. Une simple histoire de guerre, d'amour et de mort, l'aventure de deux seigneurs, l'un français, l'autre allemand, qui chevauchent par les sentiers de la légende, dans le tumulte des armes, et qui balancent ensemble leur rêverie.

Mais, à cette histoire, un accent d'humanité, une suite d'images qui semblent, dans leur nouveauté, jaillir d'une source jamais tarie.

»... C'est en été que nous avons fait nos adieux. Les robes des femmes brillèrent longtemps dans la verdure ...«

Poésie mélancolique d'apparitions blanches, de rêves entre-vus; l'incendie dans la salle des hommes d'armes:
».. . Et le sommeil déchiré sur leurs visages, tous se pressent, mi-fer, mi-nus, de chambre en chambre, de refuge en refuge, et cherchant l'escalier.
Et le souffle étranglé des clairons bégayant dans la cour: rassemblement, rassemblement!
Et des tambours tremblants . . .«
D'admirables images, en vérité, donnent à cette simple légende une atmosphère de perfection dans le rêve et la poésie.

Josef Nadler: Literaturgeschichte der deutschen Stämme und Landschaften (1928)

(...) Denn sein Vater war Offizier, und der Junge ist in der Kadettenschule die ersten Schritte der gleichen Bahn gegangen. ›Die Weise von Liebe und Tod des Kornetts Christoph Rilke‹, 1899 geschrieben, 1907 gedruckt, hat die Stimmung des Fähnrichseins, der vielsprachigen Armee, des Marschierens und Lagerns, der Rast mit Bad und Bett und Frauen, des Alarmes fabelhaft österreichisch getroffen. Da war im Keime der ganze ungewordene k.u.k. Leutnant und seine Offiziersdichtung. Aber Rilke ist so sehr Prager, wie unter den Deutschen keiner mehr geschichtlich bezeugt ist.

Josef Nadler: Literaturgeschichte Österreichs (1950/51)

Prosa und nicht Verse offenbaren zuerst, was mit Rilke geschehen ist. ›Die Weise von Liebe und Tod des Cornets Christoph Rilke‹, Herbst 1899 entstanden aus dem Rhythmus jagender Wolken, »Reiten, reiten, immer reiten . . .«, 1904 in August Sauers Zeitschrift ›Deutsche Arbeit‹ und 1906 als Büchlein gedruckt, ist die Familienlegende eines

Jünglings, der 1663 in Ungarn gefallen sein soll. Was man dem Dichter davon gesagt hatte, das wurde in jener Mondnacht plötzlich lebendig und gab der Geschichte die Echtheit ihrer Farben und Gefühle. Fortan unverlierbar blieb dem Dichter das Erlebnis: Tod der große Vollender, die Schwelle von Leben zu Leben. Neben der am leichtesten steht die am schwersten zugängliche seiner Dichtungen. Die ›Geschichten vom lieben Gott‹ 1900 sind fast gleichzeitig in sieben aufeinander folgenden Nächten geschrieben.

Kurt Zarnewski: R. M. Rilkes ›Weise von Liebe und Tod des Cornets Christoph Rilke‹ im deutschen Unterricht der Prima (1928)

(...) Aber immer mehr ist Rilke in der Form zu gesuchten Spielereien, im Inhalt zu preziöser Manier und Haschen nach schillernder Geistreichigkeit übergegangen. Er ist auf diese Weise der Liebling dekadenter, übermoderner Ästhetenkreise geworden, hat jedoch darüber Wahrheit des Gefühls und natürliche Einfachheit eingebüßt.
Unter diesen Fehlern leidet nicht minder, als schon frühere Arbeiten es tun, auch seine ›Weise von Liebe und Tod des Cornets Christoph Rilke‹. Die balladenartige Gedichtreihe war bereits 1906 erschienen, ist jedoch erst während des Krieges zu ihrem großen Erfolg gelangt, der auch Musiker und Zeichner zur Beschäftigung mit der impressionistisch gehaltenen Skizze anregte. Der junge österreichische Reitersmann erlebt im Feldzug gegen die Türken von 1663 auf einem ungarischen Schlosse ein galantes Abenteuer und kommt dadurch verspätet auf den Kampfplatz, wo er in wildem Getümmel fällt. Unklar, gesucht und gespreizt ist diese formlose Halbprosa; im Inhalt ist ohne jede wärmere Empfindung der Nachdruck auf das Erotische gelegt; das Ganze nach dem Faustwort als ›schlecht und modern‹ zu bezeichnen.

Mit dem dritten Bande von Vogt-Kochs Geschichte der deutschen Literatur (Leipzig und Wien ⁴1920), in dem auf S. 242 das oben absichtlich genau wiedergegebene Urteil über Rilkes ›Cornet‹ zu lesen steht, kommt am Ende einer Deutschstunde ein Primaner zu mir, fragt mich nach meiner Meinung über die Sache und deutet sein eignes Urteil mit der Bemerkung an: »Mir hat nämlich die Dichtung gar nicht schlecht gefallen – ganz im Gegenteil!«

Da sehen wir ihn deutlich, den Wunsch der jungen Generation, von uns selbst ja vor Jahren tief gefühlt und leider nicht immer befriedigt, der Deutschlehrer möge ihnen auch Führer ins Land der zeitgenössischen Dichtung sein. Was tun? Ein leises Bedenken – wir kommen noch darauf zurück – gegen die Behandlung im Unterricht steigt mir einen Augenblick lang auf. Aber, wie man sieht, dieser und jener Schüler liest die Dichtung ja doch, auch ohne die Schule. Kommt ihm dann das Urteil der weitverbreiteten Kochschen Literaturgeschichte vor Augen, dann sieht er vielleicht wirklich nichts als ein ›galantes Abenteuer‹ darin, dann tritt in seiner Vorstellung die ja an sich nicht wegzuleugnende Erotik[1] absolut in den Vordergrund, in *ungebührlichem* Ausmaß, wie ich gleich hinzufügen möchte. Rilkes Dichtung wird dann so etwas wie eine verbotene Frucht, und wenn ein Schüler seinen Kameraden von einer solchen erzählt, dann – das wissen wir wohl alle! – greifen die anderen erst recht danach und lesen – mit einer m. E. von vornherein falschen Einstellung, nicht mehr unvoreingenommen! Ich meinerseits aber sehe in Christoph Rilkes Erleben doch etwas mehr als ein ›galantes Abenteuer‹, etwas

---

1 Das Erotische (auch in seinen bedenklichen, erschütternden, tragischen Seiten) läßt sich ja aber ohnehin nicht aus der Schule und ihren Lesestoffen verbannen. S. Engelmann, Methodik des deutschen Unterrichts, Leipzig ²1927, stellt S. 121 fest: »Daß das brennende Interesse unserer heutigen Jugendlichen den Problemen der Dichtung gegenüber nach drei Richtungen drängt: der metaphysisch-religiösen, der staatsbürgerlich-politischen und der sexuell-erotischen«. Das stimmt auch für die männliche Jugend, bei der allerdings eine *besondere* Hinneigung zu staatsbürgerlich-politischen Fragen festzustellen ist.

viel Tieferes, ja etwas geradezu Typisches. Nach allem halte ich es nicht bloß für mein gutes Recht, sondern sogar für meine sittliche Pflicht, dem Fragesteller und seiner Klasse den ›Cornet‹ in der richtigen Weise nahezubringen. Also entwickle ich *nicht* meine erbetene eigene Meinung, sondern setze die Dichtung zur Durchnahme in der Klasse an – ein Band der Insel-Bücherei ist ja allgemein erschwinglich – und vertröste den Fragesteller darauf.

Was nun die hier zu verwendende Methode anlangt, so kommt ein *rein* arbeitsunterrichtliches Verfahren kaum in Frage, wenn anders die Durchnahme nicht übermäßig viel Zeit beanspruchen soll. (. . .)

Wir stellten jeweils – ich habe die Dichtung, nachdem ich erst einmal dazu gekommen war, sie durchzunehmen, *mehrfach* in Prima angesetzt, und von vornherein sei bemerkt, daß jede neue Besprechung Neues beibrachte, was hier nicht von einander geschieden ist – zuerst den Gang der Handlung fest. Etwas anders als bei Vogt-Koch sahen unsere Feststellungen aus: »Christoph Rilke zieht in den Türkenkrieg und wird vom Heerführer, General Sporck, zum Cornet ernannt. Er ist stolz, die Fahne tragen zu dürfen. Nach langem Ritt bezieht seine Truppe Quartier auf einem ungarischen Herrensitz, einem Schlosse. Ein glänzendes Fest wird zu Ehren der kriegerischen Gäste gefeiert, und dabei gewinnt der junge Cornet die Liebe einer schönen Frau. Als alle, vom Fest ermüdet, in schwerem Schlafe liegen, überfällt der Feind das Schloß und steckt es in Brand. Schnell sammeln sich die Reiter und brausen dem Feinde entgegen – doch ohne den Cornet, ohne ihre Fahne. Verspätet erst kann Christoph das Feldzeichen brennend aus dem Feuermeer retten. Er wirft sich mit der ihm anvertrauten Fahne aufs Roß, stürmt den Seinen nach und findet im Kampfgetümmel einen frühen Reitertod«.

»Eine Episode! Ein kleiner Ausschnitt nur aus großen Kämpfen – ein einzelnes Menschenschicksal in großem Geschehen, viel dürftiger an sich als etwa das Schicksal Zrinys und der Seinen, wie es Theodor Körner dramatisch gestaltet hat. Lohnt sich das als Gegenstand einer ganzen Balladenfolge?«

Wir kamen mit dieser Frage nicht so recht weiter, griffen also auf den Titel zurück: ›Weise von *Liebe* und *Tod*...‹ – Liebe und Tod seines Helden müssen also doch für den Dichter selbst die Angelpunkte sein, wenn er schon den Titel so gestaltet. Damit wird es nun klarer. Die zusammengetragenen Beobachtungen, eine zur anderen gefügt, ergeben folgendes Bild:

Christoph Rilke zieht als ein Werdender ins Feld, ein Jüngling, fast noch ein Knabe. Der Jüngling wird zum Manne. Im Rauschen des Festes durchzuckt ihn der Gedanke (S. 22, Nr. 1 der Insel-Bücherei, wonach zitiert wird): »Dir eine Krone verdienen für deine Stirne, die leer ist«. Er verdient sich diese Krone. In der Liebe der Gräfin fällt ihm das Kindsein von den Schultern, wird er zum Manne (S. 24). Zum ersten Male ist die Liebe *ernsthaft* in sein Leben getreten. Und nun folgt der Überfall, und der junge Träger und Hüter der Fahne kämpft und fällt – als Mann. *Ein* Tag bringt ihm höchstes Glück des Manneslebens: die Liebe einer edlen Frau, Heldenkampf und Heldentod. Im Verlauf weniger Stunden lernt Christoph den Wirbel kennen, »der an Körper Körper mächtig reißt«, und die »Reiterlust, am frühen Tag zu sterben«.[2]

Das ist doch wohl der *Kern des Ganzen*, und alles andere, was noch zu leisten ist, darf man füglich als Feinarbeit bezeichnen, die der Lehrer nach eigenem Ermessen beschränken oder weiter ausdehnen kann. Gelegentlich schadet entschieden ein genaueres Eingehen auf Einzelheiten nichts: es bietet den jungen Leuten ein Beispiel, wie man zum besseren Erfassen und schöneren Genießen einer Dichtung kommt; es zeigt ihnen, wie nur gewissenhaftes Lesen und Beobachten dichterische Schönheiten und Feinheiten erschließt.

2 Die Gedichte Schillers und Herweghs wurden im Vorbeigehen der Klasse nahegebracht (häuslicher Lesestoff, kurz besprochen).

In unserem Falle berichtigten wir – und das halte ich allerdings für unumgänglich nötig – das eingangs wiedergegebene Urteil Kochs, daß im ›Cornet‹ Rilkes »ohne jede wärmere Empfindung der Nachdruck auf das Erotische« gelegt sei.

Gewiß spielt das erotische Moment eine wesentliche Rolle; daneben aber sehen wir als *mindestens* gleichberechtigt den heldischen Gedanken stehen. Ja, als Abschluß des Ganzen erscheint er uns wohl nicht mit Unrecht als letzte und höchste Krönung des Lebens unseres jungen Helden.[3]

Zweitens: »ohne jede wärmere Empfindung?« Also wirklich nur galantes Abenteuer, nur frivoler Genuß, der keine Schranken der Sittlichkeit kennt? Wir berühren damit die Frage, die gerade, wenn man sie beiseite ließe, möglicherweise doch eine gewisse Verwirrung anrichten könnte: Wie ist Christoph Rilkes Liebeserlebnis zu beurteilen? Diese Frage wird meist im ethischen Sinne verstanden werden, und trotzdem sie damit unter einem m. E. *falschen* Gesichtspunkt gestellt wird, schadet das nichts. Es erfolgte also die Feststellung, daß Christophs Verhalten in keinem Falle moralisch einwandfrei sei, besonders aber dann, wenn die Gräfin eine verheiratete Frau sei. »Woraus könnte man dies denn schließen?« Richtig wurden die Worte auf S. 26 genannt: »Er fragt nicht: ›Dein Gemahl?‹«.

Wenn man dies nun als unbedingt gültig zurückweist, so tritt dabei ein wissenschaftlich überaus wichtiger Grundsatz in Erscheinung: »Reiße niemals eine Stelle aus ihrem Zusammenhang!« Sehen wir uns diesen in unserm Falle genauer

---

3 Eigene Anregung aus der Mitte der Klasse führte in einer Klasse zu kurzer Prüfung der Frage, ob der Tod in der Blüte der Jünglingsjahre für Christoph ein Unglück sei. Nein: ein Glück! Liebe und Heldentum sind ihm geworden, und als er kaum dieses Höchste genossen, da rafft ihn mitten aus junger Mannesseligkeit ein ehrliches Reitersterben weg. Gärten sieht er vor sich im Kampfgewühl, »und die sechzehn runden Säbel, die auf ihn zuspringen, Strahl um Strahl, sind ein Fest. Eine lachende Wasserkunst« (S. 32). Es fielen die Namen Theodor Körner und Walter Flex. Und ein guter Grieche zitierte: Ὅν οἱ θεοὶ ψιλοῦσιν, ἀποθνήσκει νέος.

an, so findet wohl mit einiger Hilfe die Klasse, daß das *Wesentliche* darin ist: »die Zeit ist eingestürzt« für die beiden Liebenden; »sie haben sich ja gefunden, um einander ein neues Geschlecht zu sein«. »Sie sind so allein auf der Welt wie Adam und Eva«, wurde erklärend recht hübsch bemerkt, wozu ich nur einschränkend hinzufügte: »Für ihr subjektives Empfinden!« Also *für sie* existiert außerhalb ihrer Liebe nichts mehr, sie erliegen der Allgewalt ihres Gefühls, oder, um Schillers schon zitierte Worte noch einmal zu gebrauchen, »dem Wirbel, der an Körper Körper mächtig reißt«.[4] Dieses völlige, vorbehaltlose Aufgehen in ihrer Liebe drückt nun der Dichter *unter anderem* durch die oben zitierten Worte aus: »Er fragt nicht: Dein Gemahl?« Nichts zwingt uns, das im genauen Wortsinne aufzufassen. Um die Sache noch besser zu klären, griff ich mit einer eigenen Bemerkung ein:

»Nehmen wir einmal an, dasselbe, was Rilke damit in aller Kürze andeutend sagen will, sollte in behaglicher epischer Breite ausgedrückt werden, so würde das etwa lauten: Und mitten in seliger Liebesvergessenheit – Tannhäuser im Venusberg! – versank ihm jedes Bedenken, das sonst wohl seine Seele mit Zweifel hätte erfüllen müssen: Tue ich Unrecht, wenn ich jetzt das Geschenk deiner Liebe annehme? Verletze ich dann etwa das Recht eines anderen?«

War so die Stelle in einem Sinne geklärt, der jede laszive Mißdeutung ausschließt, so begnügten wir uns doch damit noch nicht, sondern gingen noch einen Schritt weiter, indem wir feststellten, daß die Art unserer Beurteilung im Grunde sogar zu verwerfen sei. Wir sind ja doch nicht dazu da, um dichterische Gestalten und Gedanken *moralisch* zu beurteilen. Eine Dichtung ist kein Stoff für eine ethische Disputation. Eine Erinnerung an das Verhältnis zwischen Klär-

---

4 Es war doch recht erfreulich, daß von den jungen Humanisten spontan Dichterstellen aus dem Altertum angeführt wurden: Vergils »Omnia vincit amor, et nos cedamus amori« und Sophokles' »Ἔρως ἀνίκατε μάχαν«.

chen und Egmont in Goethes der Klasse bekanntem Drama erwies sich hier als fruchtbar und zog sofort den Hinweis auf Faust und Gretchen nach sich. Da wurde es ganz sonnenklar: nicht die absolute Fehllosigkeit im moralischen Sinne ist für Gestalten der Dichtung wesentlich, sondern ihre menschliche Echtheit – und schließlich ist kein Mensch ohne Makel. Also haben wir nicht danach zu fragen, ob ein Charakter, eine Szene, ein Motiv moralischen Postulaten Stich hält, sondern wir haben in jedem Falle die Absicht des Dichters zu ehren und dürfen uns nicht zu Sittenrichtern über ein Kunstwerk aufwerfen. Unsere Fragestellung, wie Christophs Verhalten *moralisch* zu beurteilen sei, war *falsch*, wiewohl sie sich beantworten läßt. Wie aber fragen wir uns nun *richtig*, um zu tieferem Verständnis unserer Dichtung zu gelangen?

Etwas lange dauerte es, bis die Klasse auf dem neuen Wege mitging, aber sie fand sich im ganzen doch selbst zurecht. »Wir müssen uns fragen, was denn die Szenen zwischen Christoph und der Gräfin für den Zusammenhang zu bedeuten haben«. »Ganz richtig! Das haben wir ja aber eigentlich schon festgestellt: Christoph entwickelt sich vom Knaben zum Manne«. Eine Pause – Nachdenken –, dann bekommt der Gang unserer Untersuchung eine entscheidende Wendung: »Bedeutet es nichts, daß gerade eine Edeldame Christoph ihre Liebe schenkt?« – Da die Klasse daran gewöhnt ist, das Kunstgesetz des Kontrastes gebührend zu beachten, suchen die Primaner unwillkürlich nach einem Gegensatz und finden ihn in der Szene mit dem gefesselten jungen Weibe, das Christoph befreit (S. 17). Richtig wird diese Szene gewürdigt: Das Schicksal meint es gut mit Christoph Rilke; es bleibt ihm erspart, in niederer Sinnlichkeit zu versinken, seine Liebe an eine Unwürdige wegzuwerfen:[5]

5 Als Gegenstück führte ein Primaner richtig die »ekle Buhlschaft« an, in der sich Achenbach und Klauser in Bloems ›Krassem Fuchs‹ verzweifelt selber verlieren.

Er sieht ihre Blicke glühn
und ihre Zähne beißen.
Lacht sie?
Ihn graust.
Und er sitzt schon zu Roß
Und jagt in die Nacht.

Dämon Weib tritt ihm hier entgegen, und vor dem bleibt er glücklich bewahrt. Die Blüte seines Sinnenfrühlings fällt *nicht* in den Schmutz, wenn wir einmal uns ein von Bloem gestaltetes Bild zu eigen machen dürfen.

Wie hat bisher Christoph die Frauen überhaupt gekannt?

Die Mutter – und Mutterliebe! Da verstehen wir auf einmal, warum er (S. 8) seine Gedanken unbewußt zur Mutter schickt, sei es auch nur in den Worten an den französischen Marquis: »Gewiß seht Ihr Eurer Mutter ähnlich –«. Da verstehen wir auch, warum Rilke die Szene (S. 9) aufbaut: »Jemand erzählt von seiner Mutter«. Wie sie da alle lauschen! »Sogar das Spucken hört auf«. – »Und wer das Deutsche nicht kann in dem Haufen, der versteht es auf einmal, fühlt einzelne Worte: »Abends« ... »Klein war...«[6]. Alle kommen sich nah: »Als ob es nur *eine* Mutter gäbe ...« (S. 10). – Traumhaft zaubert die halbverfallene Madonnensäule (S. 11) den Reitern noch einmal das Bild der Mutter vor die Augen. Eine Madonna grüßt sie auf ihrem Ritt – sie, die Mutter unter den Müttern! Nicht anders kann ich mir die Absicht des Dichters bei der Gestaltung dieser Szene deuten.

Weiter: der von Langenau hat eine Jugendgespielin gehabt: »ein blondes Mädchen, mit dem er spielte. Wilde Spiele« (S. 13). Um Verzeihung für seine Wildheit möchte er sie bitten. Der *Knabe* Christoph! Der typische Knabe, der sich wohl unbewußt gegen das Weib in der Gespielin wehrte und daher abstoßend, rauh und hart gegen sie war, sie

6 Ist das nun etwa »ohne jede wärmere Empfindung«?

vielleicht gar kränkte und beleidigte, wie das vielfach Knabenart ist.*

Der Freund, der Marquis, hat eine Braut. Er trägt eine kleine Rose von ihr; von der schenkt er Christoph beim Abschied ein Blatt. Und der Junker lächelt traurig: »ihn schützt eine fremde Frau«. Eine Ahnung davon dämmert ihm auf, wie süß Frauenliebe sein kann. Vor dem Dämon im Weibe aber, dem bloß Sinnlichen, dem Niedrig-Erotischen, das uns Rilke, mit wohlberechneter Absicht, schwül und heiß in dem Lagerbilde (S. 15) miterleben läßt, schützt ihn in der oben besprochenen Szene auf einsamer Heide sein unverdorbenes Gefühl.

Und nun reihen sich die Szenen im Schlosse an. Nun erblüht auch ihm die ersehnte Rose. Vom Feste flieht er (S. 23) »wach und verwirrt von Wirklichkeit« in den Park. Und die Frau, die sich zu ihm neigt, fragt er: »Bist du die Nacht?« Wie wir es verstanden: die schmerz- und sehnsuchtstillende Freundin des Menschen! Kann er bei ihr Ruh' und Frieden finden? Als sie ob seiner seltsam klingenden Frage lächelt, »schämt er sich für sein weißes Kleid.7 Und möchte weit und allein und in Waffen sein. Ganz in Waffen«. Da wehrt sich herbe junge Männlichkeit, wie sie uns, wenn auch in anderer Beziehung, in dem jungen Giselher in Hebbels ›Nibelungen‹ entgegenstrahlt, unbewußt gegen den sinnbetörenden Zauber der Liebe, der ihr ganzes Wesen von Grund aus zu wandeln droht. Und doch siegt dieses zauberhafte Neue: das »sanfte, dunkle Kleid« des Kindseins fällt von Christophs Schultern, und *alles* versinkt vor dieser Liebe.

Nun, ich weiß nicht, ob in dieser ganzen Entwicklung wie in vielen Einzelheiten wirklich »jede wärmere Empfindung«

---

* In einem noch ungedruckten Vortrag vom 6. X. 73 hat Erna Zoller diese Szene auf das sogenannte Amélie-Erlebnis zurückgeführt.
7 Es hat fast nichts zu bedeuten, ob man diese Worte als ›weißes Festgewand‹ wörtlich oder als ›weißes Unschuldskleid‹ übertragen auffassen will.

fehlt. Wir empfanden jedenfalls hierin kein ›galantes Abenteuer‹, nein, es trat uns still und verdeckt, trotz tiefer Leidenschaft, die Enthüllung des großen Mysteriums Liebe vor Augen.

Wir gehen nunmehr zur Besprechung von Einzelheiten über, die aus der Klasse selbst beigebracht werden oder als Teilaufgaben gestellt werden. Soweit es sich nicht um Zusammenstellungen handelt, wie z. B. eine Besprechung des Stabreims als Kunstmittel, empfiehlt es sich vielleicht, Seite für Seite, Szene für Szene durchzugehen und die Einzelheiten zu erschließen. Ich benutze auch in der folgenden Darstellung diese kommentierende Form aus praktischen Gründen:

Seite 5: Die knappe Chronik-Eintragung gibt Zeit und Tatsachen in schlichtester Sachlichkeit. Sie ist schon durch ihren altertümlichen Stil gleichsam der Anreiz, sich in vergangene Zeiten rückschauend das Schicksal dieses Christoph Rilke, der in Ungarn gefallen ist, zu vergegenwärtigen. Sie spielt also im wohlüberlegten Plane der Gesamtdichtung dieselbe Rolle wie etwa in Storms Novelle ›Aquis submersus‹ das alte Kinderbildnis mit den erst zu deutenden Buchstaben C.P.A.S.

Seite 7: Mit welchen Kunstmitteln schildert der Dichter die ermüdende Eintönigkeit des Rittes durch die unendliche Ebene? Dazu gehören gleich zu Beginn die eindrucksvollen Wiederholungen, weiter aber die entspannte Klangweichheit, die besonders in den Worten »Und der Mut ist so müde geworden« mit ihrem ausgesprochen weichen Stabreim und ihren dunklen Vokalen ins Ohr fällt. – Eine wichtige Aufgabe des deutschen Unterrichtes ist es, die ursprüngliche schöne Bildhaftigkeit unserer Sprache, ihre Körperlichkeit, ihre Neigung zum Konkreten, Sinnfälligen, Lebendigen hervortreten zu lassen, die immer mehr durch Abstraktion verschüttet zu werden droht, aber gerade bei unsern Dichtern immer wieder ihre Auferstehung feiert; hier ist ein treffliches Beispiel: »Fremde Hütten hocken (Stabreim!) durstig an versumpften Brunnen«. Der Dichter belebt auch das Ge-

genständliche, dem an sich kein Leben eigen ist[8]. Warum verwendet Rilke das Verbum ›hocken‹? Die Nachbarschaft unseres Satzes löst jeden etwa möglichen Zweifel. »Es gibt keine Berge mehr, kaum einen Baum. Nichts wagt aufzustehen..... Nirgends ein Turm«. Alles ist niedrig und gedrückt in dieser unendlichen Ebene, selbst »die Sonne ist schwer« – kein Wunder, daß auch die Stimmung so gedrückt wird.

Seite 8: So wird auch »der kleine feine Franzose« langsam »welk«, um nachher bei der Erinnerung an seine Mutter wieder »aufzublühen«. Der Ausdruck stellt eine schöne neuartige Gestaltung dar, die auf geläufigen, fast etwas zu alltäglich gewordenen Vorstellungen, wie ›Menschenblüte‹, ›Menschenknospe‹, basiert.

Seite 11: »... aber man hat die lichten Worte mit«. Wieso ›licht‹? Die Worte, die Erzählungen aus der Jugend, von der Mutter, die den Reitern noch im Ohre klingen, sind wie ein Licht im Dunkel, erhellen die Öde. Wir denken an das Bibelwort: »Dein Wort sei meines Fußes Leuchte und ein Licht auf meinem Wege«.

Seite 12: Das Licht des Wachtfeuers »hat keine Flügel« – daher kann es sich nicht höher erheben und läßt die Gesichter dunkel.

Seite 13: Nicht unwesentlich ist hier die Altersangabe: »Achtzehn«. Christoph gibt sie »in Trauer halb«, weil er sich selbst als noch recht jung, als noch nicht voll fühlt, »und halb im Trotz«, weil er doch glaubt, seine Vollwertigkeit bald beweisen zu können. Die rechte Art dieses Übergangsalters!

Seite 16: Eindrucksvoll ist hier die Gestalt des großen

8 Auch in diesem Sinne, als charakteristisch für die Fähigkeit des Dichters, allem von seinem Leben mitzuteilen, lassen sich Schillers Worte anziehen:

Da lebte mir der Baum, die Rose,
Mir sang der Quellen Silberfall,
Es fühlte selbst das Seelenlose
Von meines Lebens Widerhall.

Sporck gezeichnet. Wir denken etwa an den ›eisernen‹ Yorck. Auch dieser Sporck ist ein solcher Eisenmann. Schon »sein langes Haar hat den Glanz des Eisens«. Als er Christoph kurz und herrisch befiehlt, sein Empfehlungsschreiben, »den Wisch«, vorzulesen, da bewegen sich seine Lippen nicht. »Er braucht sie nicht dazu; sind zum Fluchen gerade gut genug«. Für Christoph versinkt alles vor der Gegenwart des eisernen Kriegshelden.

Seite 17: Von eigentümlicher Wirkung ist hier der Übergang von ungebundener Rede zu rhythmisch straffen gereimten Versen. Welche Gewalt liegt in diesem Schrei: »Mann!« (Mit gutem Grunde räumt ihm Rilke eine besondere Zeile ein.) Wie trefflich ist der Rhythmus der Worte »Und er schaut: es bäumt sich. Es bäumt sich ein Leib den Baum entlang« dem aufregenden Inhalt angepaßt! Wie schwer und wuchtig schon im Rhythmus die Zeile »fällt ihn an: Mach mich los!« Für Zöglinge eines humanistischen Gymnasiums ist wohl die Erkenntnis nicht ganz wertlos, daß das nach antiker Messung Kretiker wären: – ∪ – – ∪ –

Seite 18: Ganz leise und verhalten klingt hier am Ende in Christophs Gedanken eine Todesahnung an.

Seite 19: Die Gegensätzlichkeit der beiden hier gezeichneten Bilder ist hervorzuheben: Der Erschlagene – Grauen des Krieges; das hochansteigende Schloß – majestätisch, erhaben, ein Bild sicherer Ruhe.

Sprachliche Schönheiten: »Breit hält sich ihnen die Brücke hin«, als ob sie ein lebendes Wesen wäre, das mit Bewußtsein dem Einzug der Gäste Hilfe bietet, ihn freudig mit erlebt. »Groß wird das Tor« beim Näherreiten. (. . .) »hoch willkommt das Horn«. Die Alliteration (ihre Bedeutung im ›Cornet‹ zu untersuchen, kann leicht als Sonderaufgabe gelöst werden, wie oben schon angedeutet!) ist hier mehrfach überaus wirkungsvoll verwendet: steigt steinern, breit – Brücke, hoch – Horn, Hof – Hufschlag.

Seite 20: Auch hier begegnen wohlklingende Stabreime: Wünsche bewirten mit kärglicher Kost, feindlich – fassen,

Saume seidener Decken, in seidenen Sesseln sitzen, die schönen Schalen.

Eigentümlich, aber leicht nachzufühlen und äußerst einprägsam ist die Wendung: »bis in die Fingerspitzen so: nach dem Bad sein«.

Eine längere Erörterung dagegen, die allerdings zu befriedigendem Ergebnis führte und wichtige Erkenntnisse vermittelte, erforderte die Stelle: »wie die weißen (Frauen) tun und wie die blauen sind«. Nicht so übel bemerkte ein Primaner: »Was unter ›weißen‹ Frauen zu verstehen ist, kann man sich leicht denken: Lichtgestalten, hell und klar in ihrem ganzen Wesen. Die ›blauen‹ werden den Gegensatz dazu darstellen«. – Frage: »Den absoluten Gegensatz?« Antwort: »Nein, das sicher nicht!« »Warum nicht?« »Das wären dann ja sozusagen Wesen der Finsternis«. »Gewiß, und so weit will der Dichter nicht gehen. Schon in der Wortwahl liegt m. E. der Beweis dafür. Wieso?« Nach einigem Nachdenken kam die Antwort: »Der absolute Gegensatz zu weiß wäre ja schwarz!« Mit Bedacht also ist vom Dichter das zuerst immerhin auffällige Wort ›blau‹ als Epitheton gewählt.

Wir kamen weiter darauf zu sprechen, daß in den *Farben* ganz entschieden *Empfindungswerte* liegen: nicht umsonst geben die Maler dem finsteren Hagen dunkle, schwarze Gewandung; der ›lichte‹ Siegfried ist darin nicht denkbar (...). Auch daß die moderne Raumkunst die Farbengebung in Beziehung zur Zweckbestimmung der auszugestaltenden Räume setzt, darf in diesem Zusammenhange erwähnt werden, und schließlich beweist auch das Problem des Farbenklaviers, das Farben- und Musik-Inhalte in Beziehung zu einander setzt, daß Empfindungs- oder Stimmungswerte in der Farbe enthalten sind. Wir zogen, um die zur Besprechung stehende Dichterstelle von hier aus beleuchten zu können, Klingers bekanntes Bild ›Die blaue Stunde‹ heran, worin das Blau ganz bestimmte Empfindungswerte auslöst, die denen nicht unähnlich sind, mit welchen Rilke seinen

Begriffskomplex ›blaue Frauen‹ wohl nachempfunden wissen will: dämmernd undurchsichtig, verhüllt, träumerisch, vielleicht sogar ein wenig schwermütig.

Wichtig an dieser ganzen Art der Verständnisanbahnung ist m. E. vor allem, daß hier unsere Schüler an einem bestimmten Beispiel sehen, wie sich dichterische Prägungen nicht immer ins helle Sonnenlicht scharfer Logik rücken und so rein verstandesmäßig begreifen lassen, sondern wie oft das Gefühl, die Stimmung das Entscheidende ist. Sollte ich noch einmal in die Lage kommen, Rilkes ›Cornet‹ mit Primanern durchzunehmen, so würde ich nicht verfehlen, die trefflichen Bemerkungen zur Geltung zu bringen, die Broder Christiansen in seinem lesenswerten Buche ›Die Kunst des Schreibens‹ (Felsenverlag Buchenbach in Baden) anläßlich der Besprechung des Gleichnisses gibt. Ich habe mir folgende Stellen als markant herausgeschrieben: 1. »Das Gleichnis ... ist ein Mittel, Dinge uns so nahe zu bringen, daß wir ihre Nähe fühlen, daß uns ist, als bedürfe es nur einer kleinen Anstrengung und wir könnten sie sehen, als warteten sie auf uns«. 2. »... es kommt beim Vergleich nicht auf die sinnliche Genauigkeit des Zusammenpassens an«. 3. als wichtigste Stelle hier zuletzt zitiert: »Darum ist bei jedem Vergleich wohl zu achten auf den Stimmungsbeiklang«. Was Christiansen hier vom Vergleich ausführt, gilt auch von Attributen, die ja oft nichts anderes sind als abgekürzte Vergleiche (schneeweiß = weiß wie Schnee). Ja noch mehr: der *Stimmungsbeiklang* wird uns, wenn wir lernen, uns auf seine Bedeutung stets zu besinnen, gerade in der modernen Dichtung manches auf den ersten Blick Dunkle und Schleierhafte verstehen, besser gesagt: nachempfinden, nachfühlen lehren.

Seite 21: Schöne Alliterationen: Flammen flackten, Glas und Glanz, ein Sich-Wiegen in den Sommerwinden, Rosen rinnt (mit Übergreifen: rauschend).

Wunderbare Klangbeherrschung zeigt die Stelle: »Die Stimmen schwirrten, wirre Lieder klirrten«. Es dominiert der Vokal i. Seine Verbindung mir r führt zu schönster Onomatopoesie. (...) Mit Leichtigkeit findet jeder, der nicht ganz rettungslos harthörig ist, beim bloßen Vorlesen den wundervoll wiegenden Rhythmus in der Schilderung des Tanzes heraus. Über diese Schilderung hat der Dichter gleichzeitig eine bezaubernde, einschmeichelnde Weichheit des Klanges zu breiten gewußt. Erzielt wird diese durch zahlreiche phonetisch weiche, milde Worte: Wellenschlagen, Sich-Erwählen, Wiederfinden, Lichterblinden, Sich-Wiegen, Sommerwinden.

Der Ausdruck »ein Sich-Wiegen in den Sommerwinden, die in den Kleidern warmer Frauen sind«, ist einigermaßen ungewöhnlich und wohl sicher einer von denen, die Koch zu seinem Urteil »unklar, gesucht« veranlaßt haben. Mir fielen gerade die Verse aus ›Feuersnot‹ von E. v. Wolzogen ein, die der Dichter in seiner Selbstbiographie als den gedanklichen Kern der Dichtung heraushebt:

> All' Wärme stammt vom Weibe,
> All' Licht von Liebe stammt.

Das half, den Ausdruck »warmer Frauen« zu verstehen, und das übrige ergibt sich leicht: Die Frauen sind voll Wärme – es klingt prosaisch, trifft aber den Kern: wie ein behaglicher Ofen, an dem man sich im Winter wärmt (ein Unterschied: nicht voll sengender, verderblicher Glut!). Und wenn im Tanze ihre Kleider rauschen, dann ist es, als ob Sommerwinde wärmend wehten. Auch das übrigens einer von den Fällen, wo im Vergleich der ›Stimmungsbeiklang‹ mehr besagt als alles logische Zergliedern! Das gleiche gilt bei dem Schluß: »Aus dunklem Wein und tausend Rosen rinnt die Stunde rauschend in den Traum der Nacht«. Man kommt hier aber auch zu Wege, wenn man sich die Einzelheiten vergegenwärtigt: Der Duft dunklen Weines, der Duft von tausend Rosen erfüllt die Stunde. Im duftdurchwehten Festraum ist sie gleichsam gefangen.

Aber doch verrinnt auch diese Nachtstunde, nicht still und leise wie sonst wohl ihre Schwestern, sondern »rauschend« im Trubel des Festes – und flieht aus dem lauten Treiben unvermerkt hinaus »in den Traum der Nacht«.

Seite 22: Auch hier gibt es eine Stelle, die sich mehr nachfühlen, empfinden läßt als in voller Deutlichkeit erklären: »ihre kleinste Geste ist eine Falte, fallend in Brokat«. So kennzeichnet der Dichter eine feierliche, nicht alltägliche Schönheit (Brokat), gleichzeitig aber will er wohl das maßvoll Beherrschte andeuten (Falte). – Schöne Alliterationen: steht und staunt, wartet – erwacht, Falte fallend – und wenn auch nicht im strengen Sinne: Schlafe schaut, Feste – Frauen. – »Sie bauen Stunden auf aus silbernen Gesprächen«: Was man aufbaut, das soll im allgemeinen Dauer haben, von Wert sein. So wird es auch mit diesen Stunden ergehen: man wird den lang entbehrten Klang silberner Frauenstimmen so leicht nicht wieder vergessen.

Seite 23: Wie schön ist die Zeichnung traumähnlicher Wirklichkeit im ersten Satze! – Reichliche Verwendung der Alliteration: wach – verwirrt – Wirklichkeit, Fest – fern, Licht lügt, Nach – nahe, fragt – Frau, weit – Waffen.

Seite 24: Den zuerst nicht ganz klaren Zusammenhang stellte eine Klasse etwa folgendermaßen fest: Die Frage »Frierst Du? – Hast Du Heimweh?« stellt die Gräfin, als sie die seelische Erschütterung des Cornets bemerkt. *Deshalb* lächelt sie, nicht etwa spöttisch-überlegen, sondern tröstend, besänftigend. Mit dem Worte »Nein« greift der Dichter selbst ein: Nein, nicht weil er friert oder Heimweh spürt, überläuft Christoph ein fröstelndes Zittern. Der wahre Grund: Das Kindsein ist von ihm abgefallen wie eine Hülle, und *deshalb* ist jetzt der knabenhafte Jüngling »nackt wie ein Heiliger. Hell und schlank«.

Seite 25: Die schöne Prägnanz des Ausdrucks »Langsam lischt das Schloß aus« wurde selbsttätig hervorgehoben.

Seite 27: Die Fahne ist ein lebendes Wesen, »schwarz und schlank«, und »sie träumt«. – Wunderbar ist die Schilderung der stürmischen Mondnacht. Parallelen hierzu lassen sich aus Storms Werken beibringen.

Seite 28: Der aufgeregte Rhythmus der vier Fragen zu Beginn steht in klarem Gegensatz zu der ruhigen Gestaltung des Folgenden (»Laß. Wer es auch sei«).

Seite 29: Auch hier paßt der hastende Rhythmus vortrefflich zu der Erregtheit der Szene. Gleich die erste Frage ist so gestaltet, daß auf die hochbetonte vierte Silbe (Ist das der *Morgen*?) eine Folge von drei unbetonten Silben hastend hindrängt. (Wenigstens kam uns diese Auffassung besser vor als die andere, die der Silbe »das« eine mittlere Betonung geben wollte.) ...

Seite 30: Wundervoll hat Rilke den Ruf nach dem Hüter der Fahne zu steigern verstanden: Rufe – Flüche – dann Stille, aus dieser heraus wiederholt, der Ruf: Cornet!

Seite 31: Wieder entspricht der hastende, sich förmlich überstürzende Rhythmus trefflich dem Vorgang. Dieses Überstürzen malt auch der dreifache Reim: Gängen – umdrängen – versengen.

»... und es ist wie ein Schrei«: Vorher ist alles in atembeklemmender Spannung. Die Reiter beherrscht ganz der Gedanke an die Fahne, die nicht dabei ist (Schlußvers S. 30), und in Christoph ist alles Denken darauf gespannt, die Fahne zu retten und die Seinen zu erreichen. Da findet er in all dem Wirrwarr ein Pferd und schwingt sich hinauf – und das ist die Erlösung von aller Spannung, wie oft auch ein Schrei, ein Aufschrei aus gequälter Brust, solche Spannung lösen kann.

Schön ist das Bild: Christoph trägt auf der Flucht durch die brennenden Gänge die Fahne auf den Armen »wie eine weiße bewußtlos Frau«. Als er endlich zu Pferde sitzt und die Fahne hoch nimmt, da kommt sie zu sich.

Seite 33: Was Christoph begleitete – der Waffenrock, der Brief, das Rosenblatt –, ist im Schlosse verbrannt. Nichts bleibt von ihm übrig. Nur im Herzen der Mutter lebt der gefallene Sohn weiter – die weint um ihn und wird bis zu ihrer letzten Stunde sein gedenken! Ist nicht doch die Mutterliebe das Allergrößte?!

Wunderbar mild klingt der Schluß aus. Natur und Menschenherz sind einträchtig gestimmt: das nächste Frühjahr kommt traurig und kalt. Da reitet langsam – ein Trauerbote, der nicht gern kommt, dem vor dem Ziele bangt! – der Kurier in Langenau ein. »Dort hat er eine alte Frau weinen sehen«. Kürzer und erschütternder konnte der Dichter seine Worte wohl kaum wählen. Unwillkürlich erinnert man sich bei diesem Ausklang an den Schluß von Storms ›Immensee‹: in beiden Dichtungen dieselbe verhaltene, abgeklärte Beherrschung der Affekte!

*

Warum nun alle diese Darlegungen? Nun, werden sie auch nur teilweise im Unterricht verarbeitet – und das gelingt unter allen Umständen, wenn auch stellenweise des Lehrers Hilfe recht weit gehen muß – dann ist doch wohl eins bewiesen: daß sich nämlich dem Leser, wenn er nur bereit ist zum Nachdenken und Nachempfinden, auch die *Einzelheiten* der Dichtung voll erschließen können. – Gewiß ist die Sprache Rilkes auch hier nicht immer ganz einfach zu erfassen; Ausdrücke und Bilder sind z. T. wirklich gesucht – man sieht wohl, daß nicht immer alles aus dunklem Urgefühl übersprudelnd hervorquillt, daß tatsächlich der Verstand oft genug überlegend, suchend, abwägend arbeitet – aber doch eben ein feiner, empfindungsfähiger Verstand, den man sicher nicht so schlechthin abtun und verurteilen darf. Ein »Haschen nach schillernder Geistreichigkeit« oder »gesuchte Spielerei« ist das noch lange nicht! Darin waren sich die Primaner doch im ganzen einig.

Wir kamen also zunächst einmal zu einer wichtigen Erkenntnis: Koch ist in seiner Literaturgeschichte unserer Dichtung nicht gerecht geworden; sein Urteil ist einseitig, ja es sieht fast voreingenommen aus.

Welche Folgerung mußte weiter gezogen werden? »Man

darf sich nicht immer auf fremde Urteile verlassen, sondern muß selber prüfen. Man soll sich nicht einbilden, man könne die Dichtung durch bloßes Lesen von Literaturgeschichten oder Besprechungen kennen lernen. Man soll vielmehr die Werke der Dichtung selbst lesen und darüber Geschriebenes durchaus nur als Hilfsmittel betrachten![2]«. Wer einmal so wie wir die Probe aufs Exempel gemacht hat, daß auch' zweifellos belesene, urteilsfähige, verdienstvolle Kenner der Dichtung einmal irren und in ihrem Urteil fehlgreifen können, der wird die eben entwickelten Grundsätze nicht so leicht vergessen.

Damit ist eigentlich schon meine Aufgabe gelöst. Ich gehe indessen einen Schritt weiter: Wir werden, ohne Rilkes Dichtungen und insbesondere seinen ›Cornet‹ deswegen abzulehnen, doch zugeben müssen, daß der Dichter kein urwüchsiges Genie ist, sondern teilweise mit berechnendem Verstande schafft, wie das ja auch in unserer Untersuchung gelegentlich deutlich hervorgetreten ist. Dieses Vorwiegen des Verstandesmäßigen in allen möglichen Zweigen der Kunst und Wissenschaft gegenüber einem dumpfen, unbewußten Weltgefühl, das vorher Triebfeder war, ist nach Spengler eines der Kriterien, die den Abschluß der Kultur und die dafür eintretende Zivilisation kennzeichnen. Nach Spengler leben wir selber ja in einer solchen Epoche der Zivilisation. Diesem jetzt eben abrollenden Zeitraum unserer ›abendländischen‹ Kultur würde nach Spengler in der antiken Entwicklung die alexandrinische Epoche entsprechen. Es ist nun zweifellos ein nicht unfruchtbarer Gedanke, in Rücksicht auf diese Darlegungen Spenglers, die auf jeden Fall, ob man dafür oder dagegen ist, doch einen geistvollen Versuch darstellen, das Weltgeschehen unter

9 Hermann Hesse schreibt aus Zürich am 14. April 1928 über die Monatsschrift ›Weltstimmen‹ (Franckhsche Verlagshandlung, Stuttgart) u. a.: »Diese Zeitschrift mag einigen Bildungsstrebern irrtümlicherweise als Ersatz für das Selberlesen von Büchern dienen – die ernsthaften Leser werden ohne Zweifel im Gegenteil zu einem lebendigeren Kontakt mit der heutigen Literatur gebracht«.

großen Gesichtspunkten zu fassen, in Rücksicht auf diese Spenglerschen Gedanken, die ja auch unseren Schülern wohl nicht gänzlich fremd bleiben, unsere Primaner in irgendwelche Werke der alexandrinischen Zeit einzuführen. (Im Notfalle würde eine zweckentsprechende Behandlung Ovidischer Dichtungen auch die nötige Unterlage schaffen können.) Das wird zu dem Ergebnis führen, daß die alexandrinischen Dichter in der Feinarbeit, in der Detailmalerei, im Ziselieren, in der Kleinkunst ihre Stärke haben, daß wir aber unter ihnen kein urwüchsiges Genie ganz großen Formats finden. Der Verstand wiegt tatsächlich vor gegenüber der Naivität der früheren Zeit!

Auch im Hinblick auf solche größere, in jedem Falle wertvolle Gesichtspunkte, glaube ich, hat die Behandlung der Rilkeschen Dichtung ihre Bedeutung. Sie kann ein Baustein in einem planvoll ausgedachten Gesamtunterricht sein, der jedem Fach absolut sein Eigenrecht läßt, dabei aber, vom Einzelfach ausgehend, auf eine Gemeinsamkeit im höheren Sinne hinarbeitet.

Felix Wittmer: Rilkes ›Cornet‹ (1929)

Poesie und Prosa sind derart aufeinander angewiesen, daß sie sich zwar zeitweise voneinander entfernen und, wie zwei Arme eines Flusses, das Wasser sich abgraben können, dann aber immer wieder in Vereinigungen und neuen Verflechtungen sich gegenseitig stärken.[1]

Deuten Rilkes Werke, da seiner Persönlichkeit entsprechend, aus ihr sprechend, sie aussprechend, im Zusammenhang, auf sein Wesen und seine Entwicklung hin, so kann der ›Cornet‹ am ehesten gesondert, als ›Dichtung an sich‹ verstanden werden. Diese schon 1899 geschriebene Weise

1 Karl Vossler: Poesie und Prosa. In: Gesammelte Aufsätze zur Sprachphilosophie, München 1923.

mag, wie Heygrodt[2] vermutet, nicht lange vor ihrem Erst-
erscheinen, 1906, als Rilke sein ›Buch der Bilder‹ schrieb,
endgiltige Gestalt erfahren haben. Friedrich von Oppeln-
Bronikowski hat in seiner (damals fördernden) Arbeit[3] auf
den ›Cornet‹, da er im nämlichen Jahre erschien, wohl nicht
mehr einzugehen vermocht. Fritz Strich aber, der den Weg
des Gottsuchers und -künders darstellt, hat dieses am meisten entpersönlichten Werks am ehesten entraten zu können
geglaubt.[4] Vielleicht auch schenkte er ihm keine Beachtung,
weil ihm der Rilke der ›Neuen Gedichte‹ und des ›Buchs
der Bilder‹ am fernsten steht. Stellt er doch den ›russischen‹
Rilke, der durch Tolstoi sein Selbst gefunden, als Typus
dem ›westlichen‹ George gegenüber, glaubt er doch, erst
in den ›Sonetten an Opheus‹ und in den ›Duineser Elegien‹
sei die Gefahr des Ästhetizismus überwunden.

Ein Ästhetizismus mag indessen eher noch in der kompli-
zierten (und deshalb oft einfachen) Wortwahl, der eigen-
willigen Syntax, der manchmal fast neurasthenisch erscheinenden sensiblen Gesamthaltung späterer Werke
fortbestehen. Selbst bei langer Beschauung, bei innigem
Hineinhorchen in Rilkes Singen und Sagen mag man sich
vergeblich fragen, ob er diese oder jene kühne Wendung
noch unwillkürlich empfunden, nicht gedanklich ausersonnen
habe. Sind seine Intuition und Reflexion eins? Sind seine
Organe, wie die des Marcel Proust (und auch die des noch
von ihm übertragenen Paul Valéry) so sehr verfeinert, daß
auch der vom fernsten Himmel herabgeholte Vergleich nicht
abstrakt oder gar ›erklügelt‹ genannt werden darf, da der
Symbolwert im Schaffenden west und bei kleinster Berührung mit der Außenwelt als Vision, unbewußt reagierend
gleichsam, aufsteigt? Ist das unmittelbare Gefühl reflektiert,

2 R. H. Heygrodt: Die Lyrik R. M. Rilkes, 1921, S. 115 (oben S. 211).
3 Mitteilungen der Literarhistor. Gesellschaft Bonn Jg. 2, 1907, S. 189–
244 (siehe: Mises-Katalog Nr. 1324).
4 Zeitschrift für Deutschkunde Jg. 40, 1926, S. 309–323 (siehe: Mises-
Katalog Nr. 1408).

die Reflexion unmittelbar gefühlt? Wer vermag es heute schon mit letzter Bestimmtheit zu begreifen? (...)

Mancher Kritiker, mancher Professor steht dieser Schöpfung Rilkes, so berühmt, so volkstümlich sie auch sei, mit Zaudern gegenüber, nicht wissend, ob er sie Gedicht oder Erzählung, Gedicht in Prosa nennen soll. Auch die letzte, heute viel gehörte Bezeichnung trifft nicht zu; denn die äußere Tatsache des Fehlens taktmäßig geregelter Verse, regelmäßiger Reime kann das Werk noch nicht ins Gebiet des Prosaischen, der Prosa verweisen. Heute, da wir wieder gelernt haben, innerlich zu sehen, zu *schauen*, wissen wir, daß manches Gedicht prosaischer als ein Prosawerk ist, da die innere Haltung des Autors eine prosaische war, daß Prosa aber, selbst wissenschaftliche, von Poesie erfüllt sein kann. Sobald wir uns aber bewußt wurden, wie sehr der ›Cornet‹ aus dem Geiste der Musik erstanden ist, dürfen wir gerechterweise dieses sogenannte Prosa-Gedicht nicht mehr vom hergebrachten Standpunkt der Prosa aus betrachten.

Es mutet seltsam an, wenn Richard Freienfels in seiner verständnisvollen Arbeit von Rilkes Sprachstil bemerkt:

> Fast immer stößt man auf Stellen, die noch nicht auf die letzte Formel gebracht zu sein scheinen, die noch nicht bis zur völligen Schlackenfreiheit durchgeglüht sind.[5]

›Formel‹, vom Standpunkt der Formel-Finder, die auf Grund schon alternder Werke Dogmen, ›Regeln‹ aufzustellen belieben. Darf man von Schlacken sprechen, wenn die Syntax nicht den festgesetzten Regeln einer abstrakten, die Logik als Allherrscherin verehrenden Grammatik entspricht? Sollen wir der sanktionierten Syntax vor dem Leben das Recht zuerkennen? Ist aber ein Kunstwerk vom Leben zu trennen?

> Neuerdings aber (seit der Romantik) empört man sich gegen diesen Zwang der Logik und versucht – soweit das noch mög-

5 Richard Freienfels: R. M. Rilke. In: Das literarische Echo 9, 1907, S. 1292 (siehe: Mises-Katalog Nr. 1312).

lich ist – wieder nach der natürlichen Anordnung oder impulsiv oder impressionistisch oder rhythmisch zu gliedern.6

Harry Maync ist auf dem rechten Weg, wenn er in seiner liebevoll nachempfindenden, nachfühlenden, nachdenkenden ›psychologisch-ästhetischen Literatur-Analyse‹7 von einem ›neuen Kunstorganismus‹ spricht. Ein neuer Kunstorganismus, weil seine Zeit herangereift ist. Ein paar Vorläufer mag man im 19. Jahrhundert finden: Ansätze! Ältere Romantiker: Novalis, Tieck; jüngere: Eichendorff, Mörike. Ansätze in Frankreich: Baudelaire, die Symbolisten.

Da schreibt im letzten Jahre des vergangenen und vollendet in den ersten Jahren unseres Jahrhunderts der vorgeschrittene, verfeinerte, aber in der Tradition verwurzelte Rilke das kleine Werk, das Ausgangspunkt einer neuen ›Gattung‹ – wie dann die Formelfinder sagen können – werden mag.

> Ich lebe grad, da das Jahrhundert geht,
> Man fühlt den Wind von einem großen Blatt,
> Das Gott und du und ich beschrieben hat
> Und das sich hoch in fremden Händen dreht.
> Man fühlt den Glanz auf einer neuen Seite,
> Auf der noch alles werden kann. . . . .

Das echt russische, doch auch bei Rodin erfahrene ›Um-sich-Versammeltsein‹ erkennt von Oppeln-Bronikowski als die seelische Disposition, die Rilkes Verkürzung, seine Vereinfachung des Ausdrucks als ›technisches Korrelat‹ bedinge.

Ein ›Um-sich-Versammeltsein‹ aber eignet allen großen Künstlern, die ihre ›Mitte‹ bewahrten. Wie hingegen kommt Rilke dazu, einen neuen Kunstorganismus zu schaffen, nicht mehr Poesie der gewohnten Art, nicht mehr regel-erhärtete Prosa? Was ist das Besondere seiner geistigen Artung, seiner seelischen Verfassung im Augenblick des Erschaffens, das

6 Eugen Lerch: Typen der Wortstellung. In: Festschrift für K. Vossler, Heidelberg 1922, S. 106.
7 Harry Maync: R. M. Rilke und seine ›Weise von Liebe und Tod‹, In: ZfdU 30, 1916, S. 417–429 (unten S. 183).

durch ihn, blindbewußt, unwillkürlich wollend, einen neuen Stil formt? Welches ist die Persönlichkeitsvoraussetzung? (Da doch, mit Schopenhauer zu reden, Stil sich als ›Physiognomie des Geistes‹ erweist.)

Ein großes Geschehen, Erwachen des Jünglings zum Leben, Erfüllung des Lebens durch Liebe und mannhafte Tat, Vollendung im Tod: dies prägt sich dem der Welt geöffneten, empfindsamen Rilke als ein im Nacheinander seltsam verwoben Einziges ein, be-drängt, be-stürmt, er-greift ihn so sehr, daß er zunächst, von der Fülle umwirrt, der Fülle wegen, fassungslos, niedergezwungen, in unzählige Empfindungen und Gefühle scheinbar aufgelöst, ent-rückt, ›am Leben hin‹, träumt. Aber was außer ihm gewesen, beginnt in ihm zu wesen, mit seinem Wesen, seinem Leben eins zu werden, er beginnt das andere nicht nur dumpf zu empfinden, unbewußt zu fühlen, sondern es zu er-fühlen, zu er-leben. Das Ent-rückte rückt zusammen, was ihn bedrängte und bestürmte, drängt und stürmt in ihm: er ergreift, was ihn ergriff. Der Niedergezwungene erhebt sich, das Entfernte schießt, in seiner ›Mitte‹, zusammen, wird Vision, das Aufgelöste, Lose wird dichter und dichter, ver-dichtet sich in ihm: die er-lebte Vision, *sein* Leben nunmehr, unbewußt-bewußt zu sagen, *aus*-zudrücken, bedeutet *Dichten*. Im Augenblick aber, da dem erst Fassungslosen das Un-faßbare faßbar, seelischgeistig greifbar wird, sind das Geschaute und der Schauende, die beiden Erlebnis umspannenden Pole noch am entferntesten, die *Spannung* also zwischen dem vormals scheinbar in wirrer Vielheit getrennten Leben und dem von seiner Mitte aus die Vielheit einenden Dichter am größten. In diesem Augenblick, dem ›einzigen‹, wie Amiel ihn nennt, wird das Kunstwerk erschaffen.

Wie ein Soldat, da er in der Schlacht den Kameraden sterben sieht, in einem Augenblick der Spannung und Erregung also, die Konvention und Zeremonie mißachtet, unbewußtbewußt, instinktmäßig handelt, so hat Rilke dichterischen

Instinkt genug, der Konvention und hirnlich-zeremoniel-
ler Regeln zu entraten, natürlich und wesenhaft, unmittelbar, zu dichten. Wie der Soldat in diesem menschlichen,
›verinnerlichten‹ Augenblick die äußerlichen, einer Zeit oder
einer Klasse angehörenden Gepflogenheiten mißkennt, so der
Dichter. Der Soldat wird keine Verbeugung machen, nicht
Herr Geheimrat sagen, möglicherweise auch der ihm sonst
geläufigen Höflichkeitsanrede vergessen, aber in Handlung
und Sprache wird er, im Einzelnen, das Ewige, das Menschliche erweisen. Er wird Worte finden wie »Freund, Feind,
Mutter, Geliebte, Heimat«, die Geste, mit der er dem Ster-
benden den Trunk reicht, wird nicht an Bankett und Frack
erinnern, sie wird eine ewige, menschliche sein. Der Dichter
aber, in dem menschlichen, verinnerlichten Augenblick des
Gestaltens wird das Wesentliche nicht nach allen Regeln
der ars poetica, brav studierter Rhetorik poetisch zu um-
kleiden haben, er wird auch nicht, gemäß gerade neu ge-
fundenen wissenschaftlichen Methoden, seien sie biologischer,
physiologischer, psychophysischer, psychologischer, psycho-
analytischer, meta-physischer, soziologischer oder sonstwie
-ischer Natur (bezw. Un-natur), prosaisch, in möglichst
musikarmer, ›exakter‹ Prosa das Wesentliche, von außen
her, zu erhellen (bezw. zu verdunkeln) sich bemühen, seine
Seele wird zu sehr erfüllt sein, um Platz zu haben für
Syntax, Antithese, Anazeuxis, Trochäus, Jambus, Anapaest,
er wird, weil instinktsicher, der höheren Pflicht bewußt,
den Mut haben, ein anderes zu schaffen, als was man
schlechthin Poesie, Prosa nennt.

So, da das Thema zumal alle angeht, ergibt sich volklied-
hafte Weise als innerer Stil. Etwas von der schlichten, über
wohlgedrechselter Reimerei erhabenen Größe der Volks-
lieder, wie ›Morgenrot‹ oder ›Ich hatt' einen Kameraden‹,
etwas von Detlev von Liliencrons soldatischer Knappheit
umweht die kleine Dichtung. »Nur nicht viel Worte machen,
Worte sind heilig, die Zeit aber ist knapp!« So könnte man
das Motto dieses neuen Stils fassen.

Denn dann nur sind die Stimmen gut,
Wenn *Schweigsamkeiten* sie begleiten,
Und *hinter* dem Gespräch der Saiten
Geräusche bleiben wie von Blut. (*Buch der Bilder*.)

Schweigsamkeiten klingen auf. Das Schönste steht zwischen den Zeilen. Der Marquis fragt: »Habt Ihr auch eine Braut daheim, Herr Junker?« »Ihr?« gibt der von Langenau zurück. (8)[8] Und er fragt eine Frau, die sich zu ihm neigt: »Bist Du die Nacht?« Sie lächelt (18). Der trockene chronistische Bericht am Ende überläßt alles der Imagination: »Im nächsten Frühjahr (es kam traurig und kalt) ritt ein Kurier des Freiherrn von Pirovano langsam in Langenau ein. Dort hat er eine alte Frau weinen sehen« (28).

Sätze sind ausgelassen. Aber man versteht. Der auf jeder Seite erscheinende Satzanfang mit »Und« (auch mit »Aber«) zeigt zumeist an, daß der Dichter etwas geträumt, verschwiegen hat, und erregt die Phantasie des Hörenden.

So schreibt auch Pászthory[9] in seinem Melodrama dem Pianisten vor: »Träumerisch«, läßt er zuerst ppp den weichen Des-Dur-Quartsextakkord erklingen, bevor der Rezitator spricht: »Und der Mut ist so müde geworden«. So will er eine Fermate zwischen den beiden Sätzen: »Die Sonne ist schwer, wie bei uns tief im Sommer. Aber wir haben im Sommer Abschied genommen« (2). So schreibt er an ähnlicher Stelle wieder den träumerischen Quartsextakkord, diesmal in A-Dur. (»Wie war? denkt der junge Herr. – Und sie sind weit« (8)). Arpeggiato, ritenuto tönt es an, und, als Gedankenstrich, erklingt fis-a, der ungewisse Vorhalt, über dem Grundton e des Dominantseptakkords von A-Dur. Alles im Diskant! So schiebt er zwischen die Sätze »Dann singt er« und »Und das ist ein altes, trauriges Lied« (7) zwei Takte in b-moll, während noch eine ganze

---

8 In der Numerierung der Szenen folge ich der einmal von Harry Maync durchgeführten Anordnung.
9 Musik zum *Cornet* von Kasimir und Pászthory. Verlag Fr. Kistner & C. F. W. Siegel, Leipzig (siehe: Mises-Katalog Nr. 1562).

Periode (8 Takte) lang der träumerische, monotone Baß B-F, Tonika-Dominante, weiterklingt. So wechselt die Musik von ²/₄- zum ³/₄-Takt, da, im Text, schon wieder ganz Neues gegeben ist, wenn es heißt: »Und sie können nicht voneinander« (9). Oft natürlich ist »Und« als Satzbeginn gebraucht, um zu verbinden, einzelne Sätze nicht zu schroff nebeneinander stehen zu lassen (»Da sagt Spork, der große General: »Cornet«. Und das ist viel«. (11)), um das Abreißen einer Bewegung zu hindern. In mehrfacher Folge mag es zuvörderst als musikalisches Steigerungsmittel dienen. Wenn es bei Rilke heißt (27): »... und erkennt Männer und weiß, daß es die heidnischen Hunde sind –: und wirft sein Pferd mitten hinein«, so setzt der musikalische Interpret mehrfach Crescendo-Zeichen, schreibt zweimal accelerando vor, läßt, im Zweivierteltakt, Triolen aufwärtsstürmen.

Dann wieder mag mehrfacher Satzbeginn mit »Und« müde Monotonie malen. Und die Punkte deuten an, was alles nicht gesagt ist. »Und denkt: Er wird bald duften davon. Und denkt: Vielleicht findet ihn einmal Einer... Und denkt: ....; denn der Feind ist nah« (13). Auch hier untermalt die Musik die stilistischen Intentionen des Dichters. Wiederholt klingt die hohle, monotone Tonika-Quinte auf: Des-As, Des-As! Und müde sinkt es, chromatisch, nieder: F, E, Es. In den meisten Fällen aber soll der Satzbeginn mit aller Macht verkünden, wie viel verschwiegen ward.[10]

Dem gleichen Prinzip entspricht die Auslassung des Adjektivs. Wenn das durch ein Epitheton zu Kennzeichnende in Worten nicht gesagt werden kann, so findet Rilke Mut genug, das Adjektiv wegzulassen. »Magdalena, daß ich immer so – war, verzeih!« (8), »... und manchmal heben

10 Dieselbe Stileigentümlichkeit hat zweifellos bei zahlreichen Gedichtanfängen Richard Dehmels statt (›Und wir gingen still im tiefen Schnee‹ usw.), die K. Bojunga durch Umschreibungen wie »Stilfeinheiten«, »Wucht der Eingänge«, zu kennzeichnen sich bemüht. Dr. Klaudius Bojunga, ›Bemerkungen zu Richard Dehmels Sprachkunst‹, in: Zeitschr. für Deutschkunde, 1920, S. 116.

sie die Hände so –, und du mußt meinen« (17). Wie? fragt man. Und versteht ... Es ist wie in moderner Musik. Eine Dissonanz erklingt, sagen wir, um ein zahmes Beispiel zu wählen, ein Dominantseptnonakkord. Während die an der Klassik (und auch noch der frühen Romantik) orientierte Harmonielehre die ›befriedigende‹ Auflösung, etwa in einen der Tonika angehörenden Akkord, später dann, mit Max Reger, auch in eine neue Tonart empfiehlt oder fordert, wird dem modernen Hörer die ›Befriedigung‹ verweigert, er wird nicht im gewohnten Geleise musikalischen Ablaufs weitergeschoben, der konventionelle Schlummer wird ihm verwehrt, seine Mitarbeit wird erzwungen, die unaufgelöste Dissonanz schrillt, gleich einem Fragezeichen, auf und überläßt die Deutung seiner Phantasie. So auch verzichtet der moderne Maler auf die vom Realismus überkommene Kleinarbeit, so auch vermochte Lovis Corinth das Schönste in seinen allerletzten Werken zu malen, wo in ein paar großen Zügen ein symbolisches Blumenstück ersteht, wo man fühlt, daß etwas »hinter den Farben« verborgen ist, wie in Rilkes Sprache »zwischen den Zeilen«.

Aus demselben, volksliedhafter Einfachheit verwandten Grundgefühl fällt das unpersönliche ›Es‹: »Kommen bunte Buben ...« (10), »Kommen Dirnen ...« (10), »Kommen Knechte ...« (10), fällt das Subjekt: »Packen die Dirnen« (10), »Drücken sie ...« (10). Auslassung des grammatischen Subjekts ›es‹ muß auch angenommen werden, wo Rilke sagt: »Sie zögern. Und ist Hufschlag um sie« (9). Es handelt sich hier nicht um freie Inversion, wie sie etwa Oskar Walzel für den Jugend- und Altersstil Goethes nachweist,[11] sondern um die dem Volkslied gemäße Verkürzung, wie: »Sah ein Knab ein Röslein steh'n«.

Auch das Verb ist selbstverständlich unterlassen, wo es sich »von selbst« versteht. »Und immer das gleiche Bild« (2).

11 Oskar Walzel: Wege der Wortkunst, in: Festschrift K. Vossler, Heidelberg, 1922, S. 51.

»Endlich vor Spork« (11).[12] »Es muß also Herbst sein. Wenigstens dort, wo traurige Frauen von uns wissen« (2). Überflüssig die Wiederholung: »Wenigstens dort *muß Herbst sein*«. Der Dichter ist ja zu müde, zu schwer vom Erlebten, als daß er sich um logisch exaktere (wesenlosere, oberflächlichere) Ausdrucksweise bemühte. Der Dichter hätte durch ein Komma nach »sein« den zweiten Gedanken, grammatikalisch korrekter, dem ersten angliedern können. Aber nein! Dadurch wäre ja verwischt, daß der Junker lange Zeit, mag sein eine halbe Stunde lang, schweigend weiterritt, den ersten Gedanken fortspinnend, bevor er wieder anhebt: »Wenigstens dort, wo traurige Frauen von uns wissen«. Das Komma ist durch ein langes Schweigen gegenstandslos geworden. Auch Pászthory, der Komponist, hat das gefühlt, wenn er die große Müdigkeit andeutet durch ein ppp arpeggiato des unendlich weichen Dominantseptnonakkords C-Dur, der bereits angeklungen hatte, als der Sprecher von den leuchtenden Kleidern der Frauen sagte.

Es wurde gerühmt, Chopin habe einen hohen Grad der Feinheit in unmittelbarer Übertragung seiner musikalischen Konzeption in Notenschrift erreicht. Er wird hierin vom Impressionisten Debussy, dem durch die in historischer Entwicklung erweiterte und gesprengte Form ein flexibleres Material zu Dienste steht, übertroffen. So kann Rilke ins Sprachliche noch Schwingungen einfangen, deren Ausdruck dem sensibelsten Romantiker versagt blieb.

Gerade an der Interpunktion Rilkes vermag man zu erkennen, was der so männlich um plastische Form ringende Stefan George durch teilweisen Verzicht auf diese ›Satzzeichen‹ (Empfindungs-, Gefühls-, Gedanken-, Stimmungs-, Traumzeichen, Symbole) aufgab. Ein paar Beispiele nur,

12 Genehmigt nicht selbst die Grammatik eine ähnliche syntaktische Verkürzung, wenn sie Auslassung des von einem der sechs Hilfszeitwörter abhängigen Infinitivs wie *kommen* oder *gehen* z.B., als im Hilfszeitwort und dem trennbaren Praefix mitverstanden, zuläßt? (Beispiel: Er will hinein, er muß fort usw.)

wo Rilke statt eines Kommas den Punkt setzt: »Denn was der Eine erzählt, das haben auch sie erfahren und geradeso. Als ob es nur eine Mutter gäbe« (5). »Und er sitzt schon zu Roß und jagt in die Nacht. Blutige Schnüre fest in der Faust« (12). »Und er ist nackt wie ein Heiliger. Hell und schlank« (19). »Kürzer sind die Gebete. Aber inniger« (20). Das ist das Grandiose, Echte an dieser Interpunktion, daß selbst sie, stilgemäß, der rein logischen Sphäre entrückt, konkreter, Symbol wurde.

Ein Doppelpunkt wirkt wie ein Crescendo-, wie ein Accelerando-Zeichen: »und es ist wie ein Schrei: über alles dahin und an allem vorbei« (26). Der Doppelpunkt hält zusammen, konzentriert: »Alle sind schwer: müde oder verliebt oder trunken« (20). Der Doppelpunkt weist Richtung, zeigt an, nun komme, was vorbereitet war: »Nach so vielen, leeren, langen Feldnächten: Betten!« (20). Der Doppelpunkt läßt den Atem anhalten, aufhorchen wie eine Schweigsamkeit aus dem Gebiete der Musik, wie eine Pause; so wird er selbst mitten im Satze gesetzt: ». . . bis in die Fingerspitzen so: nach dem Bad sein« (15). ». . . und endlich aus den reifgewordnen Takten: entsprang der Tanz« (16). Dieser Doppelpunkt erinnert an jene *spannende* Pause, die in der Fuge, nach Entwicklung der Themen, das gleichzeitige Einsetzen aller (di ›tutti‹) zur letzten, höchstgesteigerten kontrapunktischen Durchführung ankündigt.

Hier ist die dem antiken Ideal der Cicero, der Demosthenes entsprechende, von Oberlehrern behütete Interpunktion verschmäht. Weg vom rein hirnlichen ›Konstruieren‹. So ersetzt auch der Doppelpunkt die von der Grammatik geforderte koordinierende Konjunktion: ». . . seid stolz: Ich trage die Fahne, seid ohne Sorge: Ich trage die Fahne, habt mich lieb: Ich trage die Fahne« (13). »Er lächelt traurig: Ihn schützt eine fremde Frau« (19). Wir fühlen: Das schmückende Verbinden, ›Koordinieren‹, war oberflächlicher, wir sind dem Unmittelbaren, ja Unbewußten näher.

Wie ganze Sätze oder ein Adjektiv, ein Verb, eine Konjunktion ausgelassen werden, so ersetzen Partizip des Perfekts, ein Infinitiv, ein Substantiv den zu weitläufigen, ›regelrechten‹ Satz. »Infinitiv und Participium kamen zu neuen Ehren. Was auf den ersten Blick wie Unbeholfenheit eines dumpfen Dranges scheinen mag, enthüllt sich bald als gewollte künstlerische Gebärde, die von vorgeschriebenem Brauche abweicht, weil sie zu verraten hat, was noch keiner ersah«.13

»Eine einsame Säule, halbverfallen« (6). »Poltern, Klirren und Hundegebell! Wiehern im Hof, Hufschlag und Ruf« (14). »Nicht immer Soldat sein« (15). Die Beispiele lassen sich beliebig vermehren. Anstatt logischer Erklärung der reine ›Ausdruck‹. Solche Sätze sind ein Akkord, eine Farbe! »Ich trage die Fahne« (13). Auch Wörter sind Akkorde, ›Vielklänge‹. Ist nicht »Wachtfeuer« (7) oder »Rast« ein Grundakkord, die Tonika? Und so im ganzen Werk: »Abends« ... »Klein war« (4). »Hornruf« (9). »Ein Tag durch den Troß. Flüche, Farben, Lachen« (10). »Winken« (10). »Punktum« (11). »Ebene. Abend –« (12). »Hell und schlank« (19). »Rufe: Cornet! – Flüche: Cornet! – Und noch einmal: Cornet!« (25). U.s.w. So sehr ist diese Sprache aus der Musik geboren, daß die für das musikalische Italienisch charakteristische Wortwiederholung (bella, bella) zur Stilnotwendigkeit wird: »Reiten, reiten, reiten durch den Tag, durch die Nacht, durch den Tag« (2). »Man sitzt rund umher und wartet. Wartet, daß einer singt« (7). »... wie im Traum poltern sie, poltern –« (10). »Aber da schreit es ihn an. Schreit, schreit« (12). » ... im Park, einsam im schwarzen Park« (18). » ... in Waffen sein. Ganz in Waffen« (18). »Betten! Breite, eichene Betten« (20). »... gemeinsam haben; so gemeinsam« (23), »von Zimmer zu Zimmer« (25), »von Trakt zu Trakt« (25), »Eisen an Eisen« (25), »Strahl um Strahl« (27). Wo die Wortwiederholung nicht

13 Oskar Walzel: Die deutsche Literatur von Goethes Tod bis zur Gegenwart. In: Scherer-Walzel, Geschichte der deutschen Literatur, Berlin, 1921.

rein musikalischer Natur ist, dient sie der Akzentuierung, wuchtigerer Heraushebung. Beides aber ist *germanisch*. (Was nicht ein Vorhandensein in französischer Literatur, des Verlaine zum Beispiel, ausschließt.) Ein französischer Stilkritiker wie Antoine Albalat würde solche Wiederholung als ›unsachlich‹ verwerfen.

Die Klangmalerei erscheint in zahlreichen Alliterationen: Null und nichtig (1), Hast und Hufschlag (9), Raufen und Rufen (10), blutig und bloß (12), steigt steinern ein Schloß (14), Glas und Glanz (15), Licht lügt (18), steht steil (22), schwarz und schlank (22), den hellen, helmlosen Mann (26) u.s.w. Auf jeder Seite ein Ineinanderklingen: Kaum einen Baum (2), der kleine feine Franzose (3), auf seinem feinen, weißen Spitzenkragen (3), samtenen Sattel (3), laut und langsam (4), im Herbst, wenn die Ernten zu Ende gehen (7), in Trauer halb und halb in Trotz (8), Einmal, am Morgen, ist ein Reiter da, und dann ein zweiter (9), Der von Langenau staunt. Lange .... (9), bunte Buben (10), schwarzeisern wie wandernde Nacht (10), Der aber befiehlt: Lies mir den Wisch (11), ganz in Gedanken. Langsam malt er (13), Hufschlag und Ruf (14). U.s.w.

Es hieße Papier mit Buchstaben bedecken, wollte man alle die musikalischen Anklänge herzählen. Der reine Reim stellt sich an den intensivsten Stellen ein, im Mittelsatz besonders (nach Mayncs hübschem Vergleich mit einer dreisätzigen Symphonie). Aber das Klingen und Reimen ist hier unmittelbare Musik, selbst charakteristischer Ausdruck, fern der manchmal doch aesthetizistischen Spielerei im ›Buch der Bilder‹, wo man lesen mag, in ›Mädchenmelancholie‹:

Sein Lächeln war so weich und fein:
wie Glanz auf altem Elfenbein,
Wie Heimweh, wie ein Weihnachtsschnein
im dunkeln Dorf, wie Türkisstein
um den sich lauter Perlen reihn,
wie Mondenschein
auf einem lieben Buch.

Nur ein paar Beispiele eines Stilmittels, das wie alle die erwähnten, dem phantasievollen Volkslied eigen ist, der Personifikation: »Fremde Hütten hocken durstig an versumpften Brunnen« (2). »Breit hält sich ihnen die Brücke hin« (14). »... die reglose Fahne hat unruhige Schatten. Sie träumt« (22). »Das sind die Fenster, die schrein« (24). »Säbel, die auf ihn zuspringen« (27). U.s.w. Solche Verpersönlichung des scheinbar Leblosen ist nicht spitzfindig ausgeklügelt und deshalb unwahr, sie ist, wie alles in dieser Dichtung, Zeichen, Symbol, ein Farbklang vielleicht, eine Steigerung der Intensität über das Rationale hinaus.

Was aber war das Auslassen von Sätzen, von Wörtern, die Verwendung von Substantiven, Infinitiven, Participien anstelle von Sätzen, das Anklingen von Wörtern gleich Akkorden anderes als Steigerung der Intensität? In der Wahl jedes einzelnen Wortes selbst ließe sich die Intensität des Ausdrucks erkennen. Rilke sagt nicht »ihm graust«, sondern »ihn graust« (12), er wählt das intensivere direkte Objekt.

Ist das Volkslied durch seine schlaglichtartige Knappheit besonders prägnant, so waltet doch eine gewisse Allgemeinheit, ja Unbestimmtheit in ihm vor. Das Individuelle tritt hinter das Typische zurück. So nennt Rilke, außer in dem chronistischen Vorbericht (1), nicht des Junkers Namen Christoph, sondern sagt einfach: »Der von Langenau«. So ist der Name der Geliebten ohne Belang. »Und er fragt eine Frau« (18). So wird die Mutter nicht genannt, heißt es nur: »eine alte Frau« (28). Denn wenn eine Mutter vom Heldentod ihres Sohnes hört, wird sie »eine alte Frau«, jede *Mutter*. Es gibt eben in dieser Dichtung keinen eigentlichen Helden, sofern man nicht das Geschehen an sich, das allgemein menschliche, mit diesem Fachausdruck belegen möchte.

Wenn der Dichter sagt: »Und der Mut ist so müde geworden« (2), mögen wir fragen: »Wessen Mut?« Der Mut des Junkers, der Mut aller. Die Gemeinsamkeit, das letzthin

Unpersönliche, ja Schicksalhafte kommt in dem (ebenfalls im Volkslied häufigen) Gebrauch des Neutrums und des Impersonale zum Ausdruck: Es gibt (2), Nichts (2), nirgends (2), man (2), manchmal (2), es kann sein (2), jemand (4), so reitet *man* in den Abend hinein, in *irgend einen* Abend (5), man schweigt... (5), fern ragt etwas in den Glanz hinein... (6), man sitzt rund umher (7), man muß sich trennen (9), er hat die Augen weit offen und *etwas* spiegelt sich drin; kein Himmel (14), als Mahl begann's. Und ist ein Fest geworden, kaum weiß man wie (16), es ist viel Fremdes, Buntes vor ihm (27), u.s.w.

Diese Unbestimmtheit ist urverschieden von der beabsichtigten Undeutlichkeit, Betonung des Halben, Unauffälligen, die z. B. der seinen Stil ausarbeitende, erarbeitende Thomas Mann durch Anwendung differenzierender Adverbien wie »vielleicht, hie und da, hin und wieder, dann und wann, kaum, beinahe, von ungefähr, etwas, ein bißchen, ein wenig, fast, nebenbei u.s.w.« anstrebt, sie ist der Ausdruck nicht des westeuropäischen, von seiner ratio aus produzierenden Schriftstellers oder auch Poeten, sondern des östlichen und des germanischen und auch deutschen *Dichters,* in dem ›es‹ wirkt, in und aus dem das Kunstwerk wird.

> Neutrum und Impersonale sind die Zufluchtswinkel der Phantasie in der Sprache. Sie setzen statt Zergliederung Synthese, statt Kausalität Mythologie, statt Rationalismus Intuition.14

Diese, wie nun erwiesen, in ihrem Gesamtstil dem Volkslied, der Ballade verwandte Dichtung, die wir als neuen Kunstorganismus bezeichnen dürfen, entspricht, wie eingangs erwähnt, der Persönlichkeit des Dichters. Sagt er doch schon in den Prager Novellen: »Mich rührt so sehr Böhmischen Volkes Weise, Schleicht sie ins Herz sich leise, Macht sie es schwer«. Gibt es doch kein Werk Rilkes, aus dem nicht sein Verhältnis zur Musik, seine aber hier überall schaffende Allverbundenheit erhellt.

14 Leo Spitzer: Das synthetische und das symbolische Neutralpronomen im Französischen. In: Idealistische Neuphilologie. Heidelberg, 1922.

Hat der ›Cornet‹, wie überhaupt in der deutschen Literatur (und letzthin jeglicher) so im Schaffen Rilkes, keinen eigentlichen Vorgänger, steht das Werk vereinzelt da, so ist es doch, wie Ausdruck seines Wesens, Ausdruck *deutscher* Art. Darüber sind wir uns heute einig, daß ein Grundelement des Deutschen das Streben über die ratio hinaus darstellt, wie es die Kunst und das Leben der Gotik, des Barock, der Romantik formt, ein dem östlichen Menschen verwandter Glauben an das Nichtnennbare, an das Fatum; das fühlen wir heute, daß der Deutsche am ursprünglichsten war und ist, wo immer er das Unaussprechliche auszusprechen wagte und wagt. Wir wissen, daß die deutsche *Musik* zu sagen vermochte, was romantischer Dichtung bestens halb gelang. Der lyrische Mensch aber, intensiv, gibt den Akzent dem bedeutendsten Wort, der bedeutendsten Silbe, während der reine Verstandesmensch das Einzelne dem einmal Festgesetzten, dem ›Standard‹ unterordnet. »Die germanische Dichtung war und blieb balladesk, liedhaft, musikalisch«.[15]

Letzten Endes hält Rilkes so kühn, so neu erscheinende Dichtung ganz wesentliche Stilelemente altgermanischer Dichtung aufrecht, bricht da wieder etwas durch, was wir als ureigenstes Erbgut der Deutschen bezeichnen dürfen.

Wenn man die grammatikalischen Abweichungen wie die Stileigentümlichkeiten ihres, zuvörderst musikalischen, Charakters wegen als der inneren, persönlichen wie volklichen Form Rilkes gemäß deuten darf, so ist es ein Leichtes, die Zeitzugehörigkeit zu bestimmen. Sind bis jetzt einzelne Arbeiten über musikalische Gesetze in der Dichtung erschienen,[16] so sollte, wenn einst genügend Material gesammelt ist, einer die Geschichte des musikalischen Stils in der Dichtung schreiben. Es würde dann ersichtlich werden,

15 Fritz Strich: Natur und Geist der deutschen Dichtung, in: Muncker-Festschrift, Halle a. d. Saale, 1926.
16 Oskar Walzel: Leitmotive in Dichtungen, in: Zeitschrift für Bücherfreunde, N. F. 8/2, S. 270. – Adolf von Grolman: Adalbert Stifters Romane. Halle, 1926.

daß Rilke seine Leitmotive, wie »Sehnen und Sterben, Weib und Schicksal« (Maync), in kühnerer Weise spielt und abwandelt als E.T.A. Hoffmann die seinen im ›Goldenen Topf‹. Man würde erkennen, daß die losere Form seines Werkes der befreiten Struktur moderner Musik gleichkommt, daß sein Metrum den Takt so häufig wechselt wie das zerrissenste Werk Regers, ja daß er Wortakkorde zu sagen vermochte, die dem geistreichen Musiktheoretiker Arnold Schönberg als ›Klangfarbenharmonien‹ vorschwebten.

Man wird auch einmal erkennen müssen, daß diese schon 1899 geschriebene Schöpfung erst in einer Zeit berühmt werden konnte, da dem deutschen, ins Unendliche strebenden Geist die nur dem Anscheine nach unvereinbaren Taten wie Spenglers Geschichtsbetrachtung, Freuds Seelenzergliederung, Vosslers Sprachforschung gelangen. Man wird auch zu erkennen haben, daß Rilkes Malen, durch Helldunkel an die Worpsweder gemahnend, Forderungen erfüllt, die ›technisch‹, über die Kunst dieser hinausgehen, Forderungen, deren Gesetze von expressionistischen Malern erkannt, doch übersteigert, verzerrt wurden. Und man wird einsehen, daß um die Jahrhundertwende einer *konnte*, was eine vom Krieg erschütterte, von der Hohlheit des Konventionellen überzeugte, im literarischen Kunstschaffen aber ohnmächtige junge Generation *wollte*. Die einen brachen unter der Last des Eindrucks zusammen und vermochten nur zu stammeln, die andern schrien hinaus, was sie bestens anempfanden, nicht empfanden. Rilke aber gelang es, die beiden ›Pole‹, sein Ich und die Welt, zu umspannen und im einzigen Augenblick die Stimme, das Unnennbare, ›es‹ sagen zu lassen. Die Übertragung wesentlichster Schwingungen ist so unerhört fein, so *neu*, daß man zu wünschen versucht wäre, Rilke hätte in besonderer Notenschrift Tonhöhe, Tonstärke, Tempo und Nuancen vermerkt, – wenn auch man weiß, daß Rilke nie sich dazu hätte hergeben können.

Wenn einmal die Formelfinder diesen »neuen Kunstorganismus« durch ehrenvolle Aufnahme in ihren Kodex sanktionieren, mag das weitergeschrittene Leben eine neue (und doch, wie auch hier, im Alten verwurzelte) Form hervorbringen.

Das aber dürfte man heute wissen, daß so viele dickleibige Romane unserer Zeit den Leser, voran den vom Tagwerk ermüdeten, zur Oberflächlichkeit verleiten, während bei Anhören dieser knappen, echten Dichtung auch für den Angestrengtesten noch Zeit zur Sammlung bleibt. (Vielleicht also haben wir hier die eigentliche ›zeitgemäße‹ Dichtung.) Bedenken sollte man, daß an Gesten dieses kleinen Werks wiedererfahren werden kann, was ein einziges Zeichen anstatt der üblichen Zerschwätzerei vermag. Und man würde verstehen, daß dieser ›neue Stil‹ nicht aus Geschmäcklerei, sondern aus persönlicher, volklicher, zeitlicher Notwendigkeit erstand.

J. M.: Noch eine Rilke-Kuriosität (28. II. 30)

Im heißen Sommer 1911 lief ein kleiner Mann, dessen großes Talent noch nicht allgemein erkannt war, Ludwig Hardt, in einer Verzückung durch einen Vorort von Berlin. Er strich abends an den Gärten entlang und murmelte – manchmal schrie er es auch – vor sich hin: »Reiten, reiten, reiten«. In einer winzigen Ausgabe des Verlages Axel Junker hatte er eine sehr unbekannte Dichtung von Rilke entdeckt und war so begeistert davon, daß er sie Tag und Nacht vor sich hin sprach. Von seiner Verzückung angesteckt, schrieb ich an den Verlag um Besorgung des Büchleins. Die Antwort lautete: »Die Auflage ist vergriffen, eine neue Auflage ist völlig aussichtslos, da für den Stoff keinerlei Interesse vorhanden ist«. Inzwischen hatte Stefan Zweig dem Inselverlag die Anregung zur Herausgabe schmaler, billiger Bändchen gegeben und geraten, als Nr. 1 ›Die Weise von Liebe und Tod des Cornets Christoph Rilke‹ herauszubringen. Dann kam das

Jahr 1914, und nun schrieb das Schicksal für viele, die jung und gläubig und voller Sehnsucht nach Erlebnis hinauszogen, noch einmal alles das, was ein Dichter prophetisch empfunden hatte. Der Inselband Nr. 1 gehörte zu den gelesensten Büchern des Weltkrieges. Nach einer letzten Meldung hat er in der Ausgabe der Inselbücherei das 400. Tausend erreicht.

Hans-Wilhelm Hagen: Rilkes Umarbeitungen (1931)

Die Umarbeitungen am ›Cornet‹ sind insofern etwas gesondert zu betrachten, als wir es hier nicht unmittelbar mit lyrischen Gedichten zu tun haben, sondern eher mit lyrischer Prosa.
Episch ist die Fortführung der Handlung, das Gebundensein an einen bestimmten Stoff, lyrisch vor allen Dingen die Verwendung der Sprache in Rhythmus und Klang, die sich steigert bis zu Assonanzen, Reimen und strophenähnlichen Gebilden.
Es sollen hier die beiden Stücke des ›Cornets‹ nebeneinandergestellt werden, von denen Rilke selbst betont, daß er sie am stärksten umgearbeitet habe[1].
Urfassung.
> Die Compagnie liegt jenseits der Raab. Der von Langenau reitet hin, allein, allein.
> Heißer Abend. Glanz bricht über das Land herein, von allen Seiten zugleich. Die Heide fängt Feuer, als ob sie plötzlich hundert brennende Hände nach dem Himmel streckte. Und der Mond wird rasch reif in dieser Glut. Er rollt aufwärts, ganz groß, ganz roth. (...)

Umarbeitung 1906.
> Die Kompagnie liegt jenseits der Raab. Der von Langenau reitet hin, allein. Ebene. Abend. Der Beschlag vorn am Sattel

1 Brief an Clara Rilke vom 14. VI. 06 (oben S. 86).

glänzt durch den Staub. Und dann steigt der Mond. Er sieht
es an seinen Händen. (...)

Die Stimmung des Stückes vor der Umarbeitung wechselt.
Nach der Einleitung, der Überschrift gewissermaßen, wird
die Stimmung über der Landschaft deutlich gemalt. In lebhaften Farben wird das Abendrot geschildert, in dem der
Mond schon aufsteigt. Alles ist gesagt, und dem Leser bleibt
nichts, was er selbst hineinempfinden könnte. Im Kontrast
zu all diesem Leben um ihn herum träumt der von Langenau.

Dagegen wird die Stimmung in der Umarbeitung durchge-
halten in einer Einheit von ruhiger, schläfriger Beschaulich-
keit der Natur und dem träumenden Reiter. Das ganze
Bild ist jetzt zur Einheit geformt.

Und durch diese träumerische Stille gellt nun der Schrei.
Dadurch kommt eine ungeheure Bewegung in die Schilderung. Anders war die Situation in der Urfassung. Durch
die Bewegung, in welcher die Natur gezeichnet war, war
dieses plötzliche Durchbrechen nicht mehr rein gefühlsmäßig
erfaßbar, wie jetzt, wo es als etwas dem Vorangegangenen
vollständig Entgegengesetztes erscheint. Früher konnte es dagegen nur als ein bewegendes Moment mehr erfaßt werden.

Die Bewegung des Erwachens wird in der ersten Fassung
durch zwei Verben nicht gezeichnet, sondern ausgesprochen:
er erwacht und erschrickt. Dagegen steht das feine Nachbilden des erwachenden und sich zurechttastenden Reiters,
der sich erst sammeln muß. »Das ist keine Eule«. Man
höre die feine Frage heraus: wo bin ich eigentlich? Dann
wird die Tatsache des Erschreckens nicht episch berichtet,
sondern wir *hören* wie er erschrickt, wenn er stammelt:
»Barmherzigkeit!«

Und wie vorher episch berichtet wurde, daß er heranreitet,
und das, was er dann sieht, einfach nebeneinander gestellt
ist, das wird nun in einen organischen Zusammenhang gebracht in dem Sinne, daß er selbst sein Heranreiten durch

immer deutlicheres Erkennen der Einzelheiten ausdrückt. Die rein epische Meldung, *daß* er heranreitet, ist dadurch überflüssig geworden. Erst sieht er etwas sich aufbäumen, dann wird es ein Leib, dann ein junges Weib, jetzt unterscheidet er Farben, und dann bittet sie ihn. In der ersten Fassung waren alle Begriffe nebeneinandergestellt, und so wirkten auch Wiederholungen nicht störend. In der Umarbeitung dagegen sprechen die Dinge und Handlungen in einem organischen Ablauf, der so dicht gefügt ist, daß jede Wiederholung den Fortgang hemmen würde, ja, es geht so weit, daß Verben zum Ausdruck der Bewegung gar nicht mehr gebraucht werden.

Klanglich ist das Zerreißen der Stimmung dadurch viel feiner nachgezogen worden, daß aus dem dumpfen »Rufen« ein gellendes »Schreien« wird.

Und der Rhythmus wird nun ganz bewußt aus der Vorstellung der Bewegung herausgeführt. Nach der sachlichen Einleitung wird die Ruhe und Schläfrigkeit durch zwei Worte angedeutet, welche die Leere auch im rhythmischen Abfall noch einmal nachbilden: »Ebene. Abend«. Die Worte und der Gedankeninhalt »Und dann steigt der Mond« bringen ein kurzes Aufatmen auch der rhythmischen Bewegung, die dann wieder abfällt zu: »Er träumt«.

Im folgenden Teil wird die Bewegung rhythmisch hinaufgeführt bis zum Gipfel des Aufschreies: »Mann!«

Dort setzt nun eine rhythmische Bewegung ein, die meisterhaft das immer schnellere Heranjagen ausdrückt: denn was ist diese Bewegung anderes als der Übergang eines Reitenden vom Trab zum Galopp?

Mußte früher durch unbeholfene abgegriffene Lautmalerei eine rhythmische Bewegung verdeutlicht werden durch das unbeholfene »trab, trab«, so drückt sich jetzt die Bewegung in der ihr eigenen Sphäre aus.

Eine andere Korrektur zeigt, wie Rilke es versucht, durch eine gedankliche Reihe das Nichts hervorzubringen[2]. In

2 Stück XIII.

der Urfassung heißt es: »Sie reiten über einen erschlagenen Bauern. Er hat die Augen weit offen und irgendein fremder, schwerer Himmel spiegelt sich drin«. Dieser letzte Satz wird umgeändert zu: »Er hat die Augen weit offen, und etwas spiegelt sich drin; kein Himmel«. Der Hörer will beim Satz: »etwas spiegelt sich drin«, aus der Vorstellung des daliegenden Bauern, die Augen weit gen Himmel aufgesperrt, von selbst ergänzen, »der Himmel«, aber schon wird ihm diese Vorstellung abgeschnitten, und er muß weiter suchen. Schon in der ersten Fassung wurde ja etwas Ähnliches versucht durch den Ausdruck »fremder Himmel«, aber was früher eine Inhaltsangabe war, wird nun in die Bewegung des Suchens umgeschaffen.

Welch intensive Bewegung Rilke in den Stoff hineinzubringen versteht durch die Ersetzung eines einzelnen Wortes, sollen zwei verwandte Beispiele zeigen.

In Stück VI wird die Konjunktion »bis« nach »warten« ersetzt durch »daß« –: »Man sitzt rundherum und wartet. Wartet bis einer singt«. Daraus wird: »Man sitzt rundumher und wartet. Wartet, daß einer singt«. – Durch diese Korrektur wird das momentane, gespannte Warten viel stärker nachgebildet.

Einen ähnlichen Fall zeigt die Korrektur[3], wo die Stelle: »Und einer steht und staunt in diese Pracht. Und er ist so geartet, daß er wartet bis er erwacht« umgewandelt wird zu: »... wartet, ob er erwacht«. Alle Zweifel und bangen Hoffnungen werden nun auf einmal mit ausgedrückt, der früher rein zeitlich angedeutete Ablauf des Wartens bis zum Erwachen ist nun auf einmal belebt mit allen Wünschen des Verweilens und der leisen Hoffnung, es könne vielleicht doch Wirklichkeit sein, wo in der ersten Fassung der Cornet von vornherein als einer hingestellt wurde, der das alles nicht begreift. Und diese Belebung wird durch den Wechsel einer winzigen Konjunktion erreicht.

Betrachten wir diese Umarbeitungen im Zusammenhang, so

3 Stück XVI.

können wir sie auf einen Generalnenner bringen, wenn wir sagen: Rilke ist bestrebt den Stoff so zu gestalten, daß er sich selbst ausspricht und der Mittlerrolle des epischen Erzählers entraten kann.

So können wir die Veränderungen in den Gedichten und am ›Cornet‹ zusammenfassen: (. . .)

Beim ›Cornet‹ sahen wir eine Bestrebung deutlich hervortreten, die aber auch für die Gedichte gilt: Die Rolle des Vermittlers, des epischen Erzählers wird dadurch zu verdrängen gesucht, daß die einzelnen Stücke selbst so stark gemacht werden, daß sie einer Vermittlung und äußeren Verbindung nicht mehr bedürfen.

Es sind also im Grunde die gleichen Bestrebungen: Das Werk soll selbst aus sich organisch wachsen, alle von außen herangetragenen künstlichen Ausdrucksmittel werden vermieden, und alle Spuren eines früher »Noch-nicht-Gekonnten« werden ausgemerzt. Das objektive Kunstwerk wird dadurch vollendeter, die Nähe des Erlebnisses aber geht verloren. Der Dichter, den wir in den Urfassungen mit seinem Stoff noch ringen sahen, tritt jetzt trotz Ich-Form hinter dem Werk zurück.

Anselm Salzer: Illustrierte Geschichte der Deutschen Literatur (1931)

(. . .) Aus dem Blatt einer Familienchronik träumt sich Rilke in die Vergangenheit zurück in der kleinen Erzählung ›Die Weise von Liebe und Tod des Cornets Christoph Rilke‹ (1907), der, ein Ahne des Dichters, im Kampfe gegen die Türken eines jungen Todes gestorben war. Es ist wenig, was in diesen Blättern geschieht, aber es greift wundersam ans Herz, als weinte etwas darin. Alles ist Musik in den Worten, zuweilen fließen sie selbst zu Reimen zusammen. Rezitatoren wählen die Erzählung gern als Paradestück.

G. Holz: Begegnung mir Rainer Maria Rilke (25. XII. 31)

Das also war Rainer Maria Rilke, dessen ›Weise von Liebe und Tod‹, dessen Gedichte und Werke für mich den Inbegriff alles Schönen und Erhabenen bedeuteten. Im ersten Augenblick war ich enttäuscht, denn ich hatte mir den großen Dichter anders vorgestellt. (...)
An einem anderen Nachmittag kamen wir auf seine eigenen Werke zu sprechen, und dabei erzählte ich ihm von meiner Vorliebe für die ›Weise von Liebe und Tod‹. Zu meinem großen Erstaunen antwortete er kurz: »Die Weise von Liebe und Tod ist nicht gut, es ist zuviel Prosa und Poesie gemischt. Das darf nicht sein, das finde ich schrecklich«. »Als ich schrieb –«, fügte er hinzu, »war ich sehr jung – ich weiß auch noch genau, wie ich dazu kam, ich vertiefte mich in den Anblick eilender Wolken, die am Himmel vorüberzogen. Plötzlich war der Gedanke da, etwas von diesem kurzen, stürmischen vorbeieilenden Leben zu schreiben«.

Carl Sieber: René Rilke (1931/32)

Wichtig ist für uns einer von den sächsischen Rilkes geworden, der Cornet aus der ›Weise von Liebe und Tod des Cornets Christoph Rilke‹. Dieser Cornet ist keine freie Erfindung der Rilkeschen Phantasie, sondern eine historische Persönlichkeit.

Unterm 20. Novbr. 1662 wurde Otto Rülke mit seinem Antheile an seines verstorbenen Vaters Dietrich Gute Linda beliehen, seinem außer Landes befindlichen Bruder Christoph aber wurde ein Jahr Indult erteilt.
Den 24. Novbr. 1663 wurde Otto Rülcke zu Linda mit seines in Ungarn verstorbenen Bruders Christoph hinterlassenem Antheile am Gute Linda beliehen; doch mußte er einen Revers (d.d. Linda, den 16. Nov. 1663) ausstellen, nach welchem die Lehns-

reichung im Fall sein Bruder Christoph (der nach dem beigebrachten Todtenschein als Cornet in der Compagnie des Freiherrn von Pirowano des Kaiserl.Oester.Heysterschen Regiments
zu Roß zu Zathmar in Oberungarn am 20. Novbr. 1660 verstorben war) zurückkehre, null und nichtig sein sollte.

Diese Nachricht[3] ist für Rilke die Veranlassung geworden,
im Jahre 1899 den ›Cornet‹ zu schreiben.

Rilke hat, getreu der Familienüberlieferung, sich stets als
ein Glied der Familie des Cornets Christoph Rilke gefühlt,
und es ist für uns gleichgültig, ob der Genealoge diesen
Zusammenhang anerkennt oder nicht, denn wichtiger als
das Beweisbare war für Rilke die innere Zustimmung seines
Blutes zu jenen sächsischen und kärntnischen Rilkes, die man
im XVII. Sonett an Orpheus nachzufühlen glaubt (SW I,
S. 741).

Marie Taxis: Souvenirs sur Rainer Maria Rilke (1932/36)*

Rainer Maria Rilke me faisait alors souvent la lecture; (. . .).
Un soir, il me parla du Cornet (le lai de Christophe Rilke),

3 Beruht auf einem Aktenauszug des Hauptstaatsarchivregistrators Meister aus Dresden vom 19. Juli 1870. Rilke hatte 1899 wahrscheinlich
die Familienakten seines Onkels Jaroslav mit der Meisterschen Notiz
nicht zur Hand, und so kam die Vorbemerkung zustande, die sich im
Manuskript der ersten Fassung findet (siehe oben S. 9 und 25). – In
einem der Sonderdrucke, die Rilke von der Zeitschrift ›Deutsche Arbeit‹ – in der der ›Cornet‹ 1904 zuerst erschien – erhielt, ändert er
selbst das ›Otto‹ in ›Christoph‹ um, und als im Jahre 1906 der ›Cornet‹
für die Herausgabe im Verlag von Axel Juncker überprüft wurde, stellte
er der Seite mit dem Rilkeschen Wappen (in den falschen Wappenfarben Rot-Silber statt Schwarz-Silber) die ganz offenbar auf die Meistersche Notiz zurückgehende Vorbemerkung voraus, wie sie sich noch jetzt
in der Insel-Ausgabe des ›Cornet‹ findet. (Siehe oben S. 41.)
*Der von Carl Sieber mitgeteilte Wortlaut des Aktenauszuges wurde im
obigen Wiederabdruck ergänzt und hinsichtlich der Rechtschreibung berichtigt! Siehe: Das Inselschiff XII 4 (Herbst 1931), S. 257.*
* Die in französischer Sprache geschriebenen und 1936 von Maurice
Betz veröffentlichten ›Souvenirs‹ der Fürstin Taxis erschienen schon 1932
in deutscher Übersetzung durch Georg H. Blokesch (siehe jetzt: Insel-
Bücherei Nr. 888, 1966, S. 118).

écrit pendant son adolescence, à l'âge, si je ne me trompe, de dix-neuf ou vingt ans. Il se trouvait, je ne sais trop pourquoi, dans une maison de garde forestier pour y passer la nuit, mais il ne pouvait pas dormir.

– Voyez-vous, Princesse, continuait Rainer Maria Rilke, en s'approchant avec moi de la fenêtre ouverte, voyez-vous, c'était une nuit toute pareille, une nuit de pleine lune, avec une brise assez forte qui chassait de longs nuages sombres comme d'étroits rubans noirs passant incessamment sur le disque éclairé. J'étais debout à la fenêtre, et je regardais les nuages qui passaient, toujours très vite comme ceux-ci, et dans le rythme rapide, il me semblait les entendre murmurer des mots que je répétais à demi-voix comme en un rêve inconscient, ne sachant pas ce que cela allait devenir: »Chevaucher ... chevaucher sans arrêt« (Reiten, reiten, immer reiten ...) et alors je me mis à écrire, toujours comme en songe, j'écrivis toute la nuit et le matin le lai de Christophe Rilke était terminé. –

Et alors, conclut Rainer Maria Rilke avec ce sourire d'enfant qui illuminait tout son visage, alors, bienheureux et fier comme un paon, je me persuadai que ce Cornet devait fonder ma gloire future (et il ne se trompait pas du reste). Seulement, naturellement, il ne se trouva pas d'éditeur. Qui donc aurait pris au sérieux ce tout jeune homme inconnu avec ses folles histoires! Et soudain, la chose invraisemblable eut lieu. Un ami d'enfance, l'ayant lu et s'étant enthousiasmé, prit le Cornet et l'imprima: il ne s'en vendit pas cinquante exemplaires!

J'ai entendu Rainer Maria Rilke réciter plusieurs fois cette œuvre délicieuse, que je lui redemandais toujours. Il lisait cette prose rythmée très simplement, accentuant légèrement le rythme, et presque toujours comme en rêve ... (juste le contraire de ce qu'on faisait *habituellement*) quand on la récitait avec une emphase théâtrale, et des accentuations trop poussées! et cela me mettait en rage.

Der letzte Nachkomme einer alten adligen Familie, der in Prag, dieser seltsamen, aus Deutschen und Fremden so bunt gemischten Stadt, zum Soldaten erzogen werden soll, sitzt in seiner freien Zeit, in den wenigen Mußestunden, die im Kadetteninternat gelassen sind, nicht mit seinen Kameraden zusammen, sondern allein im Park, unter großen Bäumen, und macht Gedichte. Und da sie gelesen werden und viele sich darin wiederzuerkennen meinen, mit ihren Nöten und ihren frohen Gefühlen, sieht dieser junge und verschlossene Rainer Maria Rilke ein, daß sein Platz nicht unter den Offizieren ist, wo Tatkraft und Energie vonnöten sind, soll das Leben nicht um seinen Sinn geprellt werden. Die stille Trauer aber um Männerkraft und Adelstum spiegelt sich wieder in dem dünnen Bändchen von ›Leben, Liebe und Tod des Cornetts Christoph Rilke‹, das damals entstand und eins der Lebensbücher deutscher Jugend geworden ist in seinem resignierenden Heroismus, das man in manchem Tornister gefallener jugendlicher Kriegsfreiwilliger gefunden hat.

Paula Huber: Rainer Maria Rilke und Jens Peter Jacobsen (1934)

(...) Wenn auch ein Werk vom Umfang und dem eindringlichen, kulturhistorischen Wissen der ›Marie Grubbe‹ nicht zustande kam, so hat doch ihr Beispiel den jungen Dichter so begeistert (*), daß er auf Grund einer kurzen Notiz, die er in Familienpapieren vorfand, den ›Cornet‹ schrieb; diese Jagd von impressionistischen Momentbildern, die vom harten Rhythmus des Krieges und dem wiegenden, weichen

---

* H. Pongs, »R. M. Rilke«, in: *Euphorion* 1931, S. 36. – Über Rilkes Kenntnis der ›Marie Grubbe‹ siehe jetzt Ernst Zinn in SW III, S. 826 (Anmerkung zu S. 566).

Rhythmus der Liebe getragen sind ⟨ist⟩ wie eine Polonaise von Chopin.

Das kriegerische 17. Jahrhundert, in dem sich die prunkvolle, höfische Kunst der Barocke entfaltete, bildet den kulturhistorischen Hintergrund für ›Marie Grubbe‹ und für den ›Cornet‹. Was bei Jacobsen breit ausgeführt ist, ist bei Rilke nur andeutungsweise wiedergegeben. Im Sinne Peter Altenbergs ist im ›Cornet‹ auf einige Buchseiten zusammengedrängt, worüber andere Dichter einige hundert Seiten schreiben würden. Rilke führt ohne Umschweife mitten in die Handlung hinein. Die Landschaft ist nicht wie bei Jacobsen mit allen Details dem Leser vor Augen geführt. Rilke skizziert sie mit einigen treffenden Worten, wie etwa Goethe im ›Faust‹ die Szenerie angibt mit »Trüber Tag, Feld« oder »Nacht, offen Feld«. Lange Gespräche, welche Jacobsen, der die Sprache des 17. Jahrhunderts eingehend studierte, mit dem Bilderreichtum der Barocke den dänischen Kavalieren in den Mund legt, sind im ›Cornet‹ auf einige Worte reduziert, die viel mehr ahnen lassen als sie aussprechen. Durch die Gestalt des Herrn Marquis mit dem samtenen Sattel, dem feinen weißen Spitzenkragen und mit der kleinen welken Rose der geliebten Frau verbindet Rilke gleich zu Beginn die barbarische Wildheit des Türkenkrieges mit der höfischen Kultur der Barocke. Weiche, träumerische Motive durchziehen den ›Cornet‹ wie die ›Marie Grubbe‹. Rosen sind da, die welke Rose einer fremden Frau und die tausend verblühten, duftenden Rosen, die dem sehnsüchtigen, jungen Cornet Erfüllung verheißen. Frauen in seidenen Gewändern, schön wie Marie Grubbe bei dem Gartenfest auf Schloß Frederiksborg und Liebe erregend wie sie. Und der junge Cornet, der Träumer, ist berauscht wie Sti Hög von Glanz, Liebe, Tanz und Rosenduft. Noch in der gleichen Nacht findet seine Liebe Erfüllung. Damit ist das Leben des Cornet abgeschlossen. Den nächsten Morgen fällt er durch die sechzehn krummen Säbel der Türken.

Rilke schuf sich für den ›Cornet‹ einen eigenen Stil, der

dem raschen, wilden Tempo des Krieges und des Liebes-
erlebens entspricht. Einzelne Worte flattern auf. Sätze werden in der Mitte abgerissen. Ganz kurze Sätze werden gebildet. Diese Art, die den späteren Plastiker des Stils, den
Vorläufer der Expressionisten, verrät, wechselt mit dem
Weichen, Melodischen, von dem die ›Erzählungen und Skizzen aus der Frühzeit‹ und auch die Werke Jacobsens getragen sind.

Jürgen Petersen: Das Todesproblem bei Rainer Maria Rilke
(1935)

In den ›Frühen Gedichten‹ wird das Kind geradezu Symbol
der geistigen Unfertigkeit des Dichters, den Tod zu begreifen, während in den ›Neuen Gedichten‹ die ganze Reife
dichterischen Wissens um die Zusammenhänge von Leben
und Tod schwingt.
Allerdings, *eine* Dichtung aus dieser Zeit gibt es, die den
Tod zum ersten Mal wirklich groß darzustellen versucht
und ihn in den Mittelpunkt rückt: ›Die Weise von Liebe
und Tod des Cornets Christoph Rilke‹. Sie stammt in ihrer
ersten Fassung aus dieser Zeit, wenngleich sie sieben Jahre
später ziemlich stark verändert wurde. Aber die ›Substanz‹
– und das ist hier das Entscheidende – trägt den Stempel
der Rilkischen Frühzeit. Für die Auffassung vom Tod bildet
der ›Cornet‹ den Übergang zum wirklich zentralen Erlebnis
des Todes der kommenden Stationen: Worpswede, Rußland,
Paris. In den ›Briefen und Tagebüchern aus der Frühzeit‹
findet sich folgende Tagebuchstelle (Seite 372 ff.): »Es
kommt eine Zeit, wo jede Vergangenheit ihre Schwere verliert, wo Blut wie Pracht und Trauer wie Ebenholz ist
für unser Gefühl. Und je dunkler und bunter unsere Vergangenheiten waren, an desto reicheren Bildern erlöst sich
die Täglichkeit unseres Lebens. Das ist im einzelnen so und
in der großen Entwicklung der Geschichte. Alle Grausamkeit

wird einmal Glanz bei Enkeln«. Rilke hat eine gewisse Vorliebe für die Geschichte seiner Familie gehabt, er hat in langen Chronikforschungen (von denen ein Teil im ersten Absatz des ›Cornet‹ einen kurzen Niederschlag gefunden hat) das Geschlecht derer ›von Rülken‹ als in Kärnten beheimatet feststellen wollen[24]. Er hat, wie oben ersichtlich wurde, oft das Problem der Generationen gestaltet (›Das Familienfest‹; ›Die Letzten‹, beide in den ›Erzählungen und Skizzen aus der Frühzeit‹; in dem Gedicht ›Der Letzte‹ im ›Buch der Bilder‹; schließlich noch im ›Selbstbildnis aus dem Jahre 1906‹ in den ›Neuen Gedichten‹). Im ›Cornet‹ aber wird wirklich alle Grausamkeit der Vergangenheit noch einmal Glanz. Eine ganze Musik voll festlichen Jubels tönt in diesen Prosaversen und der Sinnlichkeit wird, wenngleich in aristokratisch verfeinerter Form[25], das Hohelied gesungen, wie es bei Rilke vielleicht nur noch in dem Aufsatz über Rodin geschieht. In einer einzigen Nacht wird die ganze Schönheit eines jungen Lebens zusammengefaßt, daß eben an ihrem Ende nur noch das Ende des Lebens möglich ist. »Die letzte Schönheit, bis zu der ein Ding kommen kann, ist immer sein Tod« (Rudolf Kassner, dessen Werke auf Rilke einen tiefen Eindruck gemacht haben)[26]. Es zeigt den ganzen geistigen Abstand zu diesem seinem Jugendwerk, wenn Rilke acht Jahre später schreibt, es sei ihm, als ob er darin zum ersten Mal die Blüten zusammengestellt habe, »deren glückliche Vereinigung in einem Strauß oder Kranz aller dieser Bindekunst äußerste Aufgabe darstellt: das wilde Jelängerjelieber des Liebesstrauches und die stillen, eigentümlich schauenden

24 Vgl. dazu Nadlers Opposition in seiner ›Literaturgeschichte der deutschen Stämme‹ (oben S. 222).
25 Vgl. darüber den Aufsatz von Harry Maync (ZfdU 1916, S. 416 = oben S. 196), der den ›Cornet‹ überschätzt und ihn überdies durch den unmöglichen Vergleich mit Richard Wagners ›Ring‹ auf eine falsche Ebene bringt.
26 R. Kassner, Die Mystik etc., Leipzig 1900 (Sämtl. Werke I, 1969, S. 199).

Sterne, mit denen der Baum des Todes blüht«[27]. Solche Sätze scheinen eher nachträgliche Uminterpretierung zu sein, mit denen Rilke auf der Höhe eines gereiften Wissens um den Tod dieses Jugend-Werk betrachtet. Den Tod im ›Cornet‹ mit der stillen, fast unheimlichen Blüte des Todesstrauches aus dem schon erwähnten ›Märchen vom Tod‹ in Verbindung zu bringen, geht jedenfalls nicht an. Immerhin steht dieser Vergleich wenigstens insofern in einer gewissen gleichen Linie mit dem wahren Charakter eines solchen ›schönen‹ Todes, als er das im Grunde rein Ästhetische der daraus entspringenden Haltung bestätigt. Das ist die Einschränkung, die auch jetzt noch für die Todesauffassung dieser Jahre gilt: Daß das Preisen des ›großen Todes‹ seinen Sinn nicht aus einem Lebensethos empfängt, der dann später das Ergebnis etwa des ›Requiems‹ und des ›Malte Laurids Brigge‹ sein wird, nämlich: das Leben unter höchste Anforderungen zu stellen, sondern daß dieser Tod eher besinnungslose als wissende Hingabe an das dunkel-glänzende Unbekannte ist. So gesehen bleibt auch der ›Cornet‹ Fläche, statt Tiefe zu sein, bleibt schöne Musik, ohne Wirklichkeit zu gestalten.

George Stämpfli: Die Entwicklung des formalen Bewußtseins (1935)

Sehr bezeichnend für die Art des Rilkeschen Formgefühls, für seine ganze formalistische Entwicklung sind die Änderungen, die er an der ersten Ausgabe des ›Cornet‹ vorgenommen hat.

Wir behandeln den ›Cornet‹ mit Absicht erst an dieser Stelle, da er im Vergleich zu der Linie ›Frühe Gedichte‹ – ›Buch der Bilder‹ etwas außerhalb steht. Er gehört aber der Entstehungszeit nach in die gleiche Periode, nur hat

27 Brief an Gudrun Baronin Uexküll vom 2. II. 07 (oben S. 96).

ihn der Dichter sehr spät erst neu bearbeitet und herausgegeben.

Wir möchten nicht verfehlen, hier gleich auf die ausgezeichnete Stelle über diese Umarbeitungen bei H.-W. Hagen hinzuweisen, in dem Band ›Rilkes Umarbeitungen‹, S. 49 f. (oben, S. 260). Er beschäftigt sich dort mit zwei einzelnen Stücken aus dem ›Cornet‹, und schildert mit sehr viel Feingefühl und Formsinn das Wesen der Korrektur des Dichters. Die Einzelheiten sind scharf und klar herausgearbeitet, wir vermissen höchstens die zusammenfassende Einsicht über den Anlaß und den tieferen Sinn dieser Änderungen. Denn daß es dem Dichter nicht nur um eine formalistische Verfeinerung seines Werkes zu tun war, liegt auf der Hand.

Im einzelnen können wir bei den Korrekturen im ›Cornet‹ zwischen zwei Arten unterscheiden:

1) diejenigen, welche aus einem entwickelteren Gestaltungsgefühl für das rhythmische Wortbild hervorgegangen sind – also die rein musikalisch formalistischen –, und 2) diejenigen, welche aus der unterdessen geänderten Gesamthaltung des Dichters, seiner innerlichen Umstellung notwendig geworden waren – also die Korrekturen des inneren Gehalts.

Wir werden feststellen müssen, daß sehr oft diese beiden Arten von Änderungen ineinander übergehen, daß eine Änderung von 1. nicht ohne eine darausfolgende Verschiebung von 2. zu denken ist und umgekehrt.

Wir werden endlich sehen, daß die ganzen Korrekturen im Grunde daher stammen, daß sich Rilkes Ansicht über das Wesentliche seiner Dichtung verschoben hatte. Er legt das Hauptgewicht nicht mehr auf dieselben Dinge wie ehemals, er mißt sein eigenes Werk nicht mehr mit dem gleichen Maßstab wie in dem Augenblick, als er es schuf. Ausgehend von dem Abschnitt XI der ersten Fassung sagt er selber über die 1. Ausgabe:

> Dieselbe oberflächliche anschauungslose Darstellung ist ja eigentlich in dem ganzen Stück (nur in den umgearbeiteten Stellen

nicht mehr), und das drängt sich nur in der Stelle von dem »braunen Mädchen« unerträglich auf, während es sich sonst verbirgt*.

Wir sehen daraus, welch strengen Maßstab er an sein Werk anlegte.

Betrachten wir zur Einleitung folgende Stelle aus dem ›Cornet‹ (in der alten Ausgabe Nr. XXI):

> Im Vorsaal über einem Stuhl hangt der Waffenrock und das Bandelier und der Mantel von dem von Langenau. Seine Fahne steht steil, gelehnt an das Fensterkreuz. Sie ist schwarz und schlank. Ein Sturm fegt über den Himmel hin, plötzlich. Das Licht zittert vor ihm. So kommt es, daß die reglose Fahne flatternde Schatten hat, als ob sie träumte.

Nach der Umarbeitung lautet dieselbe Stelle folgendermaßen:

> Im Vorsaal über einem Sessel hängt der Waffenrock, das Bandelier und der Mantel von dem von Langenau. Seine Handschuhe liegen auf dem Fußboden. Seine Fahne steht steil, gelehnt an das Fensterkreuz. Sie ist schwarz und schlank. Draußen jagt ein Sturm über den Himmel hin und macht Stücke aus der Nacht, weiße und schwarze. Der Mondschein geht wie ein langer Blitz vorbei, und die reglose Fahne hat unruhige Schatten. Sie träumt.

In diesem kleinen Abschnitt ruhiger Beschreibung beziehen sich die getroffenen Änderungen vorwiegend auf die Vereinfachung und Stilisierung der äußeren Form. Aus dem zeitlosen Stuhl wird »Sessel«, was begrifflich viel enger mit »Vorsaal« zusammenhängt. Eines der eintönigen »und« des ersten Satzes der ersten Fassung wird gestrichen, und sofort erhält er dadurch ein festeres, klareres Gefüge. In der neuen Fassung »fegt« nicht irgendein Sturm über den Himmel hin, sondern *draußen* »jagt« ein Sturm über den Himmel hin. So klein diese Änderungen sind, sie geben der Zeile doch mehr Dynamik, mehr präzisen Anschauungsgehalt. Das unnötige »plötzlich« der Urfassung fällt ganz weg, da-

---

* Brief an Clara Rilke vom 25. V. 06 (oben S. 84).

für schildert Rilke mit ganz wenig treffenden Stichworten die Zerrissenheit der Sturmnacht, wir erleben die zuckenden Blitze und ihren grellen Gegensatz zu der schwarzen Nacht. Wie eindrücklich ist das: Der Mondschein geht wie ein langer Blitz vorbei, und die Fahne hat unruhige Schatten. Die wenigen Gegenstände, die wir in dem Halbdunkel erkennen können, werden in nahe Beziehung zueinander gebracht, das flackernde Licht des Sturmes liegt über allen, erfüllt den ganzen Raum. Und mitten darin ragt einsam und wie von dunklen Ahnungen erfüllt die schlanke noch eingerollte Fahne.

Der Stimmungsgehalt des Abschnittes ist eigentlich derselbe wie in der ersten Fassung, aber mit Hilfe der kleinen Änderungen wird er erschöpfender zum Ausdruck gebracht, das Dargestellte tritt dadurch einen Schritt näher an den Leser heran.

Ähnliche, speziell die Einheit des Stils und der Klangfarbe betreffende Korrekturen finden wir in dem Abschnitt XII. In der Urfassung heißt es dort:

Langsam schreibt er mit großen ernsten Lettern: ...

dagegen steht in der endgültigen Fassung:

Langsam malt er mit großen, ernsten, aufrechten Lettern: ...

Die sorgfältige Beschäftigung des Schreibenden und der Charakter seiner Schrift, ja seiner selbst, wird deutlicher dargestellt durch Bezeichnungen wie »malt«, »aufrecht«. Das darauffolgende »sei stolz, sei ohne Sorge, hab mich lieb« ist auch geändert worden, Rilke hat die altertümlich und respektvoller klingende Form »Ihr« gewählt, also »seid stolz« usw.

In dem Abschnitt XIX der ersten Fassung finden wir:

Da betet sichs anders als in der schlammigen Furche, unterwegs, die einen immer an das Grab gemahnt.

Nach der Umarbeitung lautet diese Stelle:

Da betet sichs anders als in der lumpigen Furche unterwegs, die, wenn man einschlafen will, wie ein Grab wird.

Mit wenigen kleinen Änderungen hat hier der Dichter von

neuem den Text allgemeingültiger gestaltet: »lumpig« steht in größerem, unpersönlicherem Gegensatz zu den behäbigen, breiten, eichenen Betten, als das zu eng umgrenzte »schlammig«. »Die einen immer an das Grab gemahnt« ist noch zu sehr vom Menschen aus gesehen, während »die, wenn man einschlafen will, wie ein Grab wird«, vom Ding aus empfunden wird, von der Erde selber aus. Dadurch erhält dieser Vergleich ein größeres Gewicht, das rhythmische Gefüge des Textes wird durch Summierung solcher winzigen Einzelheiten kantiger, schärfer, plastischer.

Interessant ist auch die Gestaltung der Steigerung bis zum Ausbruch des Wortes »Brand« in Nr. XXIII. Zuerst hieß es:

> Noch wälzt das Schloß den rothen Gedanken in seinem Hirn, den ungeheuren, der langsam reift und die Thore ergreift, bis sie alle schreien: Brand!

Durch den Binnenreim *reift – ergreift* und den Gegensatz der Lautbilder *schreien – Brand* war die Möglichkeit zur dynamischen Steigerung bis zu einem gewissen Grade gegeben. Aber sie verebbte schnell wieder, weil nachher und vorher zu viele unnötige Einzelheiten erwähnt waren, »plötzlich ist Alles hell: Wände und Waffen, Stimmen und Stirnen, Helme und Hörner, Lager und Land«. Alle diese nur durch die fast mechanisch wirkende Alliteration zusammengehaltenen Dinge lenkten ab, zerstreuten die Einheit des Aufbaus. Wieviel runder, organischer wirkt nun die zweite Fassung:

> Alles ist hell, aber es ist kein Tag. Alles ist laut, aber es sind nicht Vogelstimmen. Das sind die Balken, die leuchten. Das sind die Fenster, die schrein. Und sie schrein, rot, in die Feinde hinein, die draußen stehn im flackernden Land, schrein: Brand!

Jetzt hilft jedes kleinste Wort mit, das unheimliche Erwachen, das Aufflammen des Brandes zu schildern, wieder geht die Bewegung von den Dingen selbst aus, erst später folgen die Menschen, die sich kaum zurechtfinden können.

Das schließlich explodierende Wort »Brand« ist näher an

die vorhergehende Steigerung gekettet und andererseits noch höher, blendender herausgehoben durch den nah stehenden Binnenreim mit »Land«. Auch das Wort »schrein« bekommt durch seine neue Lagerung zwischen die drei dunklen Lautbilder »flackernd, Land, Brand« mehr suggestive Kraft. Jedes einzelne Wort dieser Zeile hebt und unterstützt die andern und wird seinerseits erst durch den Zusammenklang mit den andern betont und in die gewollte Beleuchtung gehoben.

Aus dem Satz in Nr. XXVII:

> Da blitzt ein Yatagan, springt hell wie ein Quell durch die Luft. Und wieder ein Strahl und wieder einer

wird nach der Korrektur:

> ... und die sechzehn runden Säbel, die auf ihn zuspringen, Strahl um Strahl, sind ein Fest.

Das allzu fremdartige »Yatagan« ist in »Säbel« abgedämpft worden, gleichzeitig wird aber durch die Beschreibung der Anzahl »sechzehn« der Eindruck der Buntheit, des Blitzens, welchen vorher das fremdartige Wort vermitteln sollte, hervorgerufen, woran nicht zuletzt die verstärkende Alliteration auf s Anteil hat. Auch hier ist durch geschickte formale Zusammenfassung der gewollte Eindruck verstärkt worden. Doch handelt es sich nur um eine Korrektur der Wort- und Klangfarbe, nicht des Empfindungsgehaltes.

Anders ist es nun bei denjenigen Korrekturen, die aus einer Änderung der Anschauungsweise des Dichters entstanden sind. Ihre Auswirkung bedingt zum großen Teil auch eine formale Umarbeitung der betreffenden Textstelle, ist aber innerlich ganz anders begründet. Am deutlichsten läßt sich das an dem Abschnitt VIII der alten Fassung zeigen. In der Urfassung heißt es:

> »Die Maria hat euch lieb, Herr Ritter«. Und sie können nicht von einander. Sie sind Freunde auf einmal, Brüder. Sie haben sich viel zu vertrauen, denn sie wissen schon so viel Einer vom Andern. Sie zögern. Und ist Hast und Hufschlag um sie. Da streift der Marquis den rechten rauhen Handschuh ab und leise

friert seine feine Hand. Er holt die kleine Rose hervor und nimmt ihr ein Blatt. Das ist, wie wenn man eine Hostie bricht.

Und etwas später hieß es:

Dann legt er den fremden Frühling unter den Waffenrock. Und das Blatt treibt so hin auf den einsamen Wellen seines Herzens.

Durch einzelne kleine Änderungen hat nun Rilke diesem Abschnitt seine Weichheit genommen. Bei der Durcharbeitung muß ihm die Stelle etwas zu ›gefühlvoll‹ vorgekommen sein, zu überschwenglich für sein strenger gewordenes Formempfinden. Das etwas sentimentale ›Frieren der feinen Hand‹ des Marquis hat er einfach weggelassen und aus dem »rauhen Handschuh«, der ja in erster Linie als Gegensatz zu der feinen, frierenden Hand dienen sollte, wurde der unpersönlich männliche »große rechte Handschuh«.

Aus den gleichen Beweggründen wird die auffällig und fast schwülstig klingende Metapher »der fremde Frühling« gestrichen und an ihrer Stelle das schlichte und infolgedessen viel anschaulichere »das fremde Blatt« gesetzt.

Diese Veränderungen, so minimal klein sie sein mögen, verraten doch die größere ästhetische Disziplinierheit des Dichters, sein auf immer stärkere Einfachheit und Schlichtheit zielendes Formgefühl. Von einem neuen, objektiveren Standpunkt aus betrachtet er sein früheres Werk und versucht, alles das auszuschalten, was ihm nur als der Ausdruck zu großer jugendlicher Gefühlsbetontheit erscheinen mag.

Die eine bekannte Stelle aus dem ›Cornet‹, die Rilke am stärksten umgearbeitet hat, möchten wir hier nicht zitieren, sondern auf die schon besprochenen Betrachtungen H.-W. Hagens hinweisen, der in meisterhafter Weise gerade diesen Abschnitt bespricht.[1]

Wir möchten einzig beifügen, daß Hagen diese Neuformung

1 Hagen: Rilkes Umarbeitungen, S. 49–54 (oben S. 260).

lediglich vom Gesichtspunkt der größeren Plastik, der stärkeren und einheitlicheren Wirkung auf den Leser aus betrachtet hat. Er sagt:

> Rilke ist bestrebt, den Stoff so zu gestalten, daß er sich selbst ausspricht und der Mittlerrolle des epischen Erzählers entraten kann.[2]

Die Korrekturen scheinen uns hier zu sehr nur von der Seite der Form oder grob gesagt der Lesbarkeit aus gesehen zu sein. Wir dürfen aber nicht vergessen, daß es sich um tiefer liegende Probleme handelt. Der Dichter selbst ist in seiner Grundhaltung anders geworden, reifer und schmuckloser, er hat schon viel von dem wuchernden Ballast seiner früheren Empfindungsfülle überholt und beiseite gelassen.

Wie deutlich wird das nicht auch in dem Abschnitt XXII. Die erste Fassung lautete:

> Es ist eine unruhige Nacht geworden. Die Thüren schlagen im ganzen Schloß hinter heimlichen Gästen zu, die durch alle Zimmer gehen. Nur in das Thurmgemach findet Keiner. Die Fahne wacht an der Schwelle. Wie hinter hundert Thüren ist dieser Schlaf, den zwei Menschen so gemeinsam haben wie *eine* Mutter, oder wie *einen* Tod.

Die endgültige Schreibweise lautet:

> War ein Fenster offen? Ist der Sturm im Haus? Wer schlägt die Türen zu? Wer geht durch die Zimmer? – Laß. Wer es auch sei. Ins Turmgemach findet er nicht. Wie hinter hundert Türen ist dieser große Schlaf, den zwei Menschen gemeinsam haben; so gemeinsam wie *eine* Mutter oder *einen* Tod.

Die erste Fassung begann mit der von außen gesehenen Schilderung der Nacht, der schlagenden Türen und der heimlichen Gäste, die durch alle Zimmer gehen. Die Beschreibung ist ruhig, fast unbeteiligt und geschieht durch einen Dritten, der davon Kenntnis hat.

Ganz anders aber in der Umarbeitung. Gleich vom ersten Satz an sind wir selbst in das Turmgemach mit einbezogen.

2 Daselbst: S. 54 (oben S. 264).

Wir hören selbst die unheimlichen Nachtgeräusche, die un-
erklärlich durch das Dunkel zu uns kommen. Und es wirkt
wie eine Befreiung auf uns, dieses große, gelassene: »– Laß.
Wer es auch sei.«

Auf einmal liegt in den Zeilen so viel persönliche Sicherheit
der beiden Liebenden, *sie* haben die Geräusche erlebt (und
wir mit ihnen, durch sie, mit *ihren* wachen Ohren haben
wir die Schritte gehört) und *sie* sind neu eingehüllt in ihre
liebestrunkene Erfülltheit und das Wissen: Es kann ja keiner
kommen, wer es auch sei, er *kann* nicht.

Und er kommt wirklich nicht, aber nicht, weil ›die Fahne
an der Schwelle wacht‹, sondern weil der schrankenlose
Glaube der Liebenden es von vornherein ausschließt. Das
Motiv der wachenden Fahne hat der Dichter weggelassen,
es war eine überflüssige Zugabe, der Abschnitt erhielt dadurch nur einen etwas süßlichen Geschmack.

Es ist dieselbe neue Formstrenge, die ihn in Abschnitt XI
den Satz hat streichen lassen:

> Und hat die Nacht in den Augen, das braune Mädchen und
> den Abend im Nacken, wie einen Mantel.

Es ist ein wunderschönes Bild, dieses: den Abend im Nacken
haben wie einen Mantel, aber es bringt eine zu weiche
Linie in den Abschnitt. Gerade in diesem Teil des ›Cornet‹
steht sehr viel von Rilkes eigener, damaliger Anschauung,
er beschreibt dieses gebundene Mädchen, wie *er* es sieht,
er ist selbst beteiligt. Aber wie er wieder über dem Text
sitzt und ihn neu bearbeitet, ihn reinigt, streicht oder dämpft
er alles, was seine eigene sinnliche Beteiligung verraten
könnte. Er zwingt sich dazu, vom ›Cornet aus zu sehen‹,
nichts mehr und nichts anderes zu sehen. Und so wird das
Werk schlichter, natürlicher und innerlich wahrer, ungekün-
stelter.

Er hat darüber im Juni 1906 an seine Frau geschrieben,
nachdem ihn die Umarbeitung dieses einen Stückes wochenlang von der Neuherausgabe des ›Cornet‹ abgehalten hatte:

Verraten will ich Dir auch noch zu Deinem Sonntag, daß es mir schließlich im letzten Augenblick geglückt ist, das elfte Kapitel im Cornet umzuschreiben. Es war merkwürdig, eine kleine (ich weiß nicht, ob sehr gute) Farbenskizze an die Stelle des Liebigbildchens zu setzen, das so schön rosa glänzte.*

Wie bescheiden spricht er hier von der Arbeit, die ihn wochenlang beschäftigte. Die ganzen folgenden Sätze hatte er gestrichen:

Heftig durchhaut er die Schnüre, die an den Füßen zuerst, dann die an den Handgelenken, die warm sind vom ungeduldigen Blut. Und zum Schluß erlöst er die Brust. Und fühlt über seine Finger das erste Aufathmen schlagen, wie eine landende Welle. Und zittert.

Wieder sind schöne Bilder, schöne Vergleiche dabei. Aber seine sinnliche Beteiligung war zu groß, er fühlt genau, daß er, um etwas allgemeines ›Einheitliches in der Linie‹ zu schaffen, solche Stellen schonungslos ändern muß; daß er sich selber daraus herausnehmen muß, zugunsten des Ganzen, zugunsten der Einheit. Und hier liegt nun schon die große Kunst Rilkes. Wenn wir die endgültige Fassung vor uns haben:

Und er springt hinab in das schwarze Grün
(. . . . .)
und jagt in die Nacht, blutige Schnüre fest in der Faust.

so scheint sie uns nicht etwa gefühlsarm, nur noch gekonnte Form, oder ein künstliches Gebäude. Wieder ist der heiße Atem des Geschehens darin, aber von innen erlebt, durch den Cornet selbst, nicht mehr durch einen mitempfindenden Dichter von außen hineingetragen.

Wenn wir uns endlich dem Schluß des ›Cornet‹ zuwenden, begegnen wir dort noch einmal ähnlichen Korrekturen des Dichters. In der Urfassung war das Werk um einen Abschnitt länger, der folgendermaßen lautete:

Ein riesiger Kürassier (er ist später bei St. Gotthardt gefallen) trug die Gräfin aus dem brennenden Schloß. Wie durch ein

* Brief an Clara Rilke vom 14. VI. 06 (unten S. 85 f.).

Wunder gelang die Flucht. Aber man weiß ihren Namen nicht und nicht den Namen des Sohns, den sie bald in anderen friedsamen Landen gebar.

In diesen wenigen Zeilen ist noch einmal alles zusammengedrängt, was Rilke später bestrebt war aus seiner Dichtung auszumerzen. Angefangen bei dem »riesigen Kürassier«, der bei Sankt Gotthardt gefallen sein soll (was ja gar nicht hierher gehört, ganz aus dem Rahmen des ›Cornet‹ herausfällt) über die romantische Tatsache, daß man den Namen der Gräfin nicht kannte, bis zu dem befriedigenden Endergebnis der Geburt eines Sohnes (und es hätte ja nie ein Mädchen sein dürfen) – das alles sind Momente, die sich nur aus dem Bestreben Rilkes erklären lassen, für seine Dichtung einen abgerundeten Abschluß zu finden, und die innere Handlung wie in vielen seiner Gedichte über das zeitliche Geschehen des Gedichtsablaufs hinaus zu verlängern, weiterschwingen zu lassen.

Bei der Umarbeitung aber mußte er einsehen, daß der innere Gehalt des kleinen Werkes schon an sich so geschlossen wirkt, daß jedes Verweisen auf zukünftige Möglichkeiten, jedes deutliche Fortführen der Handlung über den direkten Rahmen der Erzählung hinaus nur störend werden konnte. Da zudem der letzte Abschnitt seinen unterdessen strenger gewordenen Anforderungen in formaler Beziehung nicht mehr entsprach, gab es keine andere Möglichkeit mehr als ihn ganz wegzulassen.

So liegt nun das ganze Gewicht der letzten Worte auf den wenigen Zeilen des vorangehenden Stückes:

Im nächsten Frühjahr (es kam traurig und kalt) ritt ein Kurier des Freiherrn von Pirovano langsam in Langenau ein. Dort hat er eine alte Frau weinen sehen.

Es fällt auf, daß hier Rilke wieder beinahe als Chronist ein Geschehen aufzeichnet, mit stillen, unbeteiligten Worten, ohne sichtbare Anteilnahme. Und doch schwingt in dem »dort hat er eine alte Frau weinen sehen« alles aus, was an Schmerz und Leid über die alte Frau kommen mußte.

Die Stimmung des Werkes, der Weise »von Liebe und Tod«
wird noch einmal zusammengefaßt in diesem einzigen Satz.
Durch den chronikartigen Ton rundet sich die Sammlung
von kleinen, gedichtähnlichen Prosastücken wieder zu ihrem
Ausgang zurück und schließt das Werk in selbstverständ-
licher Ruhe und Gefaßtheit zu einem Ganzen.

Norbert Langer: Rilke als Mitarbeiter der ›Deutschen Arbeit‹ (Dezember 1935)

Am 4. Dezember wäre Rainer Maria Rilke 60 Jahre alt
geworden. An seinen Namen und den Stefan Georges ist
die Entwicklung der neuen deutschen Lyrik gebunden. Das
›Stundenbuch‹, die ›Neuen Gedichte‹ und die ›Duineser Elegien‹ sind die Stufen einer Wortkunst, die an die äußerste
Grenze des Sagbaren reicht. Man hat Rilke wegen der sub-
limen Vergeistigung seiner Dichtungen »die feinhörigste
Antenne Europas« genannt, den »König der Seele«, und
damit einen Mann künstlerischer Ausschließlichkeit und
höchster ästhetischer Kultur bezeichnen wollen, der in allzu
großer Scheu vor den Härten des wirklichen Lebens in die
erlösende und beglückende Welt der Kunstgestaltung flüch-
tete. Man darf aber nicht vergessen, daß gerade Rilke es
war, der die Dinge des täglichen Lebens liebend an sein
Herz nahm und die kleinen Worte des Alltags wieder mit
tieferem Sinn erfüllte.
Gleichwohl ist Rilke aber nur mit *einem* Werke wahrhaft
volkstümlich geworden, das am Anfang seiner dichterischen
Entwicklung steht: mit der ›Weise von Liebe und Tod des
Cornets Christoph Rilke‹. Sie wurde 1899 in einer Herbstnacht in Schmargendorf bei Berlin geschrieben. Das Buch,
das den ersten Band der ›Inselbücherei‹ bildet, liegt heute
in einer Auflage von einer halben Million vor. Rilke, der
bekanntlich aus Prag stammt, hat den ›Cornet‹ aber zuerst
im Oktoberheft 1904 unserer ›Deutschen Arbeit‹ erscheinen

lassen, die damals als Monatsschrift für das geistige Leben der Deutschen in Böhmen ein kultureller Mittelpunkt des gesamten Sudetendeutschtums war und auch andere Beiträge des Dichters gebracht hat. Erst 1906 erschien eine Buchausgabe des ›Cornet‹ im Verlag von Axel Juncker, der eine einmalige Auflage von 300 Exemplaren herausbrachte. 1912 wurde das Werk dann im Inselverlag, der Rilkes sämtliche bisher erschienenen Dichtungen vereinigte, übernommen. Der Abdruck des ›Cornet‹ in der ›Deutschen Arbeit‹ ist also die älteste veröffentlichte Fassung und insofern besonders bemerkenswert, als der bald berühmt gewordenen Dichtung noch ein kurzer Schlußabschnitt angefügt ist, den Rilke später getilgt hat.

Der Dichter war über den Erfolg, den das Werk fand, selber sehr erstaunt und schrieb, als in den ersten drei Wochen nach dem Erscheinen des Insel-Büchleins 8 000 Stück davon verkauft waren, an seinen Verleger: »Lieber Freund, was haben Sie diesen guten Christoph Rilke beritten gemacht! Wer hätte das gedacht?« Noch heute wirkt der ›Cornet‹ mit stärkster Kraft auf uns: ist doch der Ahne Rilke, der als blutjunger Kornett eines Reiterregimentes auf ungarischem Boden im Türkenkrieg gefallen ist, nicht nur ein mit hinreißender und leuchtender Sprachgewalt gestaltetes Erlebnis, sondern auch ein Bild beispielhafter Manneshaltung. »Reiten, reiten, reiten, durch den Tag, durch die Nacht, durch den Tag« – das ist wieder und wieder das Fanal der Jugend! Rilke selbst nannte das Werk in einem Brief von 1924 »die ›Parabel‹ einer jugendlichen Bewegung«. Und tatsächlich ist es so, daß der Schwung der Entstehung dieser Dichtung, der Schwung ihres inneren Geschehens, unsere heutige Generation wie die frühere – und wahrscheinlich auch die kommende – mitreißt und begeistert.

Rilke selbst hat sich ja später seinem Jugendwerk gegenüber im Urteil ziemlich skeptisch verhalten. Aber die Leidenschaftlichkeit des Stiles, die Jugend des Erlebnisses und die innere Deutschheit des Werkes waren ihm bei aller Zurückhaltung immer klar gewesen. Auf einen der vielen Übersetzungsvorschläge des ›Cornet‹ schreibt er 1925: »Aus einem Moment tiefen und starken Jungseins mag in jene Zeilen eine Bewegung eingeflossen sein, ein Etwas an unausgegebenem und unausgebbarem Glück, ein Vorrat, der sich aus ihnen auch heute noch mitteilt: sonst wäre ja nicht zu verstehen, wieso gerade diese so mangelhafte Leistung in Hunderttausenden von Exemplaren sich ausbreiten konnte. Indessen, haftet (frage ich mich) dieser Zauber nicht ganz und gar am deutschen Original? In der Tat hat keine der Übersetzungen in andere Sprachen mich recht überzeugen können«.

Ein wesentlich deutsches und jugendlich leidenschaftliches Werk bleibt uns der ›Cornet‹ für alle Zeiten: ein Denkmal des *besten* Rilke, das weder von den Grübeleien des ›Ästheten‹, noch von den Schatten des ›Kosmopoliten‹ verdüstert wird und Recht behält, wo und wann immer Jugend entscheidend ist.

Katharina Kippenberg: Rainer Maria Rilke (1935)

Rilke war zu jener Zeit schon berühmt. Er war es in breiteren Kreisen zuerst geworden durch sein jugendliches Werk, den ›Cornet‹, auf den immer wieder angesprochen zu werden ihm schließlich so lästig wurde. Als ich in Leipzig zur Kriegszeit einmal einen eingeschriebenen Brief an ihn in den Schalter des Postamtes reichte und der Beamte fragend den Namen las, fühlte ich mich leise am Ärmel gezupft und sah in das aufgeregt verlegene Gesicht eines jungen Mädchens, einer Kontoristin, wie es schien, die hinter mir stand. »Ist das der Dichter?« fragte sie. – »Ja«, sagte ich. – »Der mit der Fahne?« – »Ja«. – »Ach – – –«
Der entzückte Seufzer war noch nicht zu Ende, als der Postbeamte mich wieder ansprach. Die Wirkung von Rilkes

Berühmtheit war aber oft bedrängender als diese bescheidene.

Irene Betz: Der Tod in der deutschen Dichtung des Impressionismus (1936)

Nach den frühen Gedichten findet Rilkes Wissen um den Tod in der ›Weise von Liebe und Tod des Cornets Christoph Rilke‹ neuen Ausdruck: Der junge Fähnrich Christoph Rilke kommt auf dem Zug nach Ungarn auf ein Schloß, dessen Herrin ihm die Erfüllung all seiner Liebessehnsucht und -ahnung schenkt. Noch eingehüllt in die Erinnerung rauschhafter Seligkeit zieht er in die Schlacht und fällt. Über dem Ganzen liegt ein beglückender Hauch. Der frühe Tod erscheint nicht grausam, sondern als sinnvolles Schicksal, das die steil aufsteigende Kurve dieses Lebens schließt, ehe sie verflachen kann; die kurzbemessene Lebensspanne trägt durch tiefe Fülle und herrliche Steigerung ihre Vollendung in sich. Gerade in der Einmaligkeit der Erlebnisse liegt ihre wunderbare Süße und Kraft – und ihre Heiligkeit. Das Schicksal des Fähnrichs läßt die innerste Beziehung der beiden großen Mächte Liebe und Tod ahnen. Christoph Rilke weicht dem Tod nicht aus, er drängt ihm unbewußt sogar zu. Stürmend und kämpfend wirft er sich mitten in das feindliche Gewoge. »Aber, als es jetzt hinter ihm zusammenschlägt, sind es doch wieder Gärten, und die sechzehn runden Säbel, die auf ihn zuspringen, Strahl um Strahl, sind ein Fest. Eine lachende Wasserkunst«. Der Cornet Christoph Rilke stirbt den Tod, der allein zu seinem Leben gehört, der es vollendet und krönt. Er ist rauschende Erfüllung und selige Entäußerung. Der Zauber, der von dieser Weise ausgeht, ist gerade in dem jungen Sterben begründet, das das gedrängte Leben doppelt schön und kostbar und sinnvoll erscheinen läßt.114

114 In der 6. Duineser Elegie kommt der Gedanke noch einmal zum Ausdruck, daß der jugendliche Held allein Blüte und Frucht in organischer Folge entfalten kann.

Die Seele eines jungen Menschen der Vorkriegszeit wog federleicht, sie zerflog in unbegrenzten Träumen, sie erbebte vom Anhauch eines leisen Gedichtes. Die Generation von heute ist anders. (...)

Ich kaufte mir nun ›Die Weise von Liebe und Tod des Cornets Christoph Rilke‹, ich ließ mir das ›Stundenbuch‹ Weihnachten 1913 von den Eltern schenken, ich wurde Rilkes Jünger voll Inbrunst und Andacht; seine Verse wurden mir Evangelium – in ihnen ruhte meine Seele aus. Ich feierte tausendmal Fest, Ritt und Schlacht des Cornets. Auch mich fragte die Gräfin eines Tages: »Frierst du? Hast du Heimweh?« Nein, aber das ist nur, weil das Kindsein ihm von den Schultern gefallen ist, dieses sanfte dunkle Kleid. – Als diese Frage wahr wurde für mich, saß ich in einem Walde bei Somme-Py – ein kleiner Kriegsfreiwilliger. Ich ahnte damals noch nicht, daß nicht allein mir, sondern der ganzen Menschheit das sanfte dunkle Kleid der Kindheit von den Schultern gefallen ist. Denn mit dem Kriege wurde alles, alles, auch das Träumen, auch der beseligendste Sommertag so bitterernst. Es gibt keine leisen Freuden, keine entrückten Glücke um ihrer selbst willen mehr. Es gibt nur noch einen kurzen Glücksrausch dann und wann, schon mahnt die Pflicht, schon fordert wieder der Tag unerbittlich nüchternsten Tribut. (...)

Ich weiß nicht, ob ich den Krieg so leicht ertragen hätte, wären nicht ›Weise von Liebe und Tod‹ und ›Stundenbuch‹ meine ständigen Begleiter gewesen. Sie waren das Wahrzeichen meines Tornisters; wenn der grüne Einbanddeckel des ›Cornets‹ irgendwo aus den Flanellhemden und Schnürstiefeln hervorleuchtete, dann wußte ich: das ist mein Tornister, dann wußte ich noch mehr: hier bin ich zu Haus ...

Noch heute hause ich erst wohnlich, wenn mich vom Bücherregal die Bände Rilkes anleuchten. Ein Blick darauf und die Seele lächelt: Es gab einmal eine Zeit, wo es dies

für dich gab, dies Rilkeklingen über allen Dingen – o war es eine Zeit von dieser Erde? (...)
Wir Jünger in Rilke sind trotzdem immer um eine tapfere, anständige Haltung bemühte Soldaten gewesen – denn lehrte der Cornet Christoph etwas anderes?
Nur dann, wenn wir in Ruhe lagen, wenn wir zu uns selbst heimfanden, dann legten wir das Uniformhafte ab, dann saßen wir wenigstens im Traum auch wie der Cornet in seidenen Sesseln mit weiten offenen Kragen und waren bis in die Fingerspitzen »so nach dem Bad«...
Und dann waren wir wieder »tief im Feind, aber ganz allein«. (Wenn wir zum Beispiel auf Horchposten lagen.) »Der Schrecken hatte um uns einen runden Raum gemacht und wir hielten mitten drin...«
So zu lesen im ›Cornet‹, so zu erleben ward es uns (fast beseligend!) beschieden. Wir nahmen den Krieg noch wie die Erfüllung eines Rilkeschen Traumbaus –– und ganz langsam dämmerte die Erkenntnis, daß eine neue Zeit eine neue Sprache sprach, in der das alles nicht mehr wahr zu sein schien. Unsere eigene Jugend wurde vor unseren noch lebendigen Augen zu einem völligen historischen Begriff.

Franz Koch: Rainer Maria Rilke. Deutsch-Österreichische Literaturgeschichte Bd. IV (1937)

Aus diesem Erlebnis des Ichs als einer Frucht vorhergehenden Reifens, hervorgesponnen aus seines Wesens ›Dunkelstunden‹, doch wohl auch der Eigenliebe schmeichelnd, aus dieser intuitiv erfüllten Einheit von Vergangenheit und Gegenwart, die ihn lehrt, im eigenen Leben zu lesen wie in alten Briefen, erblüht ihm auch ›Die Weise von Liebe und Tod des Cornets Christoph Rilke‹ (1899 entstanden in Schmargendorf, erschienen 1904 in der ›Deutschen Arbeit‹, umgearbeitet, 1906 gedruckt). Eine Notiz der Familienchronik, daß 1663 ein Otto von Rilke auf Langenau auf ungarischem Boden im Türkenkriege als Kornett eines Reiterregiments blutjung gefallen sei, genügt, eigene, zu stärkster Intensität verdichtete, in leuchtender Bildkraft geschaute Erlebnisse aus jenem dunklen Wissen um die Quellen seines Bluts zu speisen und derart von sich abzurücken, daß sich ein Schicksal bildet und abrollt, das zugleich historisch und höchst gegenwärtig wirkt.

Naturgemäß verliert der Tod für den, der sich überindividuellem Leben so eng verbunden fühlt, seine Schrecken, und notwendig ist mit dem Gefühl gespeicherten und gesteigerten Lebens das Bewußtsein gegeben, daß neues Leben nur um den Preis des Todes erkauft werden kann, daß der Tod Werden und Vollendung, nicht ein Aufhören und Ende bedeutet. So hockt im ›Ritter‹, den draußen das lachende Leben umlodert, innen sein Tod und wartet sinnend, bis er sich strecken darf, ein wunderbares Symbol für das Media in vita, für die Immanenz des Todes im Leben. Denn lachenden Munds sind wir des Todes: »Wenn wir uns mitten im Leben meinen, wagt er zu weinen, mitten in uns«.

Maurice Betz: Rilke vivant. Souvenirs *etc.* (1937)*

«J'ai toujours écrit très vite, me dit Rilke, en subissant en quelque sorte l'improvisation d'un rythme qui cherchait à travers moi sa forme vivante. Lorsque ce mouvement est

* *In der Übersetzung von Willi Reich (1938, S. 112) lautet der Abschnitt:* »Ich habe immer sehr schnell geschrieben«, sagte mir Rilke, »gleichsam improvisierend empfand ich einen Rhythmus, der durch mich lebendige Gestalt zu erhalten suchte. Wenn diese Bewegung in uns ist, dann ist die Darstellung nur mehr eine Sache des Gehorsams. So habe ich den ›Cornet‹ in einer einzigen Nacht geschrieben, indem ich, einem unwiderstehlichen Zwange gehorchend, die Bilder wiedergab, die der Widerschein der untergehenden Sonne auf den Wolken, die an meinem geöffneten Fenster vorüberzogen, hatte entstehen lassen. Viele meiner ›Neuen Gedichte‹ haben sich gewissermaßen selbst geschrieben, in endgültiger Form, oft mehrere an einem Tage, und als ich das ›Stundenbuch‹ schrieb, hatte ich das Gefühl, daß sich die Auslösung so leicht vollzogen hatte, daß ich nicht mehr aufhören konnte zu schreiben. (. . .)«

en nous, l'expression n'est plus qu'affaire d'obéissance. C'est ainsi que j'ai écrit le ›Cornette‹, en une seule nuit, reproduisant de façon irrésistible les images que les reflets du soleil couchant avaient projetées sur les nuages que je voyais passer devant ma fenêtre ouverte. Beaucoup d'entre mes ›Nouveaux Poèmes‹ se sont en quelque sorte écrits d'eux-mêmes, parfois plusieurs en un seul jour, dans leur forme définitive, et lorsque j'écrivis le ›Livre d'Heures‹, j'eus l'impression, tant en avait été facile le déclenchement, que je ne pourrais plus m'arrêter d'écrire. (. . .)»

ad.: Wie Rilke in Deutschland bewertet wird (4. VIII. 37)

Die *erste* Ausgabe des berühmten Buches ›Die Weise von Liebe und Tod des Cornets Christoph Rilke‹, das Rainer Maria Rilke 1899 geschrieben hat, das aber erst 1906 bei Axel Juncker in Berlin erschienen ist, hatte man in den letzten zehn Jahren, so wie es auf dem Büchermarkt auftauchte, hoch bewertet. Aber der Preis von 180 Mark, den jetzt Dr. Ernst Hauswedell in Hamburg für eines von jenen dreihundert Exemplaren verlangt, ist schon ein höchst respektabler Preis und er gibt dem Bücherfreund den Beweis für die besondere bibliophile Einschätzung des Prager Dichters. (. . .)

Dora Herrmann: Religion und Philosophie Rainer Maria Rilkes (1937)

Auch in den beiden Novellen ›Einig‹ und ›Die Letzten‹ tritt die Frage auf ob der Tod, der an unfertige, kranke oder junge Menschen herantritt, das sinnvolle Ende sein könne. »Am Anfang sein und sterben müssen, das ist traurig«. In der kleinen Novelle ›Heiliger Frühling‹ zeigt sich die Aufspaltung des Problems in ›Tod‹ und ›Sterben‹.

»Fürchtest du das Sterben?« »Das Sterben? Ja, aber nicht
den Tod«. Diese Unterscheidung wird beibehalten indem
oft das Sterben mit gefühlsnegativen Bezeichnungen vorkommt, der Tod aber mit positiven Attributen auftritt.
Im allgemeinen aber entspringt in dieser Periode die Be-
fassung mit diesem Thema vorwiegend dem Stimmungs-
erlebnis, – die Durchdringung des Problems setzt noch nicht
ein. Einen neuerlichen Anstoß dazu gibt die Beschäftigung
mit dem Problem der Generationen. Rilke forscht der Vergangenheit seines eigenen Geschlechtes nach. Folgende Zeilen
aus seinem Tagebuch spiegeln seine Empfindungen darüber
wider: »Es kommt eine Zeit, wo jede Vergangenheit ihre
Schwere verliert, wo Blut wie Pracht und Trauer wie Ebenholz ist für unser Gefühl. Und je dunkler und bunter unsere
Vergangenheiten waren, an desto reicheren Bildern erlöst sich
die Täglichkeit unseres Lebens. Das ist im einzelnen so und
in der großen Entwicklung der Geschichte. Alle Grausamkeit
wird einmal Glanz bei Enkeln« (GW VIII, S. 372). Der
dichterische Ertrag dieser Chronikforschung ist ›Die Weise
von Liebe und Tod des Cornets Christoph Rilke‹. Sie stellt
den Übergang dar zu der späteren Auseinandersetzung, –
ist selbst aber noch der Ausdruck eines vorwiegend ästhetischen, schwärmerischen Lösungsversuches. Nicht das bewußte Entgegengehen dem Tode aus der inneren Bereitschaft oder errungenen Reife ist hier gestaltet, sondern der
Wunsch sich ihm in die Arme zu werfen mitten im Rausch
der Beseligung.[1]

Paul Fechter: Geschichte der Deutschen Literatur, Bd. III
(1938)

Rilkes Begabung ging im wesentlichen auf das aussprechende
Formulieren, auf die Lyrik. Er hat sich in jungen Jahren

---

[1] Vgl. J. Petersen: »Der Cornet ... bleibt schöne Musik, ohne Wirklichkeit zu gestalten« (S. 10; oben S. 272).

auch dramatisch betätigt, sogar mit Versuchen der Annäherung an den Zeitstil; geblieben ist ein einziger Einakter ›Die weiße Fürstin‹, und der ist ein dialogisiertes Gedicht, eine Welt von Stimmung mit fernen d'Annunzio-Klängen: Lyrik. Er hat als vierundzwanzigjähriger sein am meisten volkstümlich gewordenes Werk geschrieben: ›Die Weise von Liebe und Tod des Cornets Christoph Rilke‹, die in Hunderttausenden von Exemplaren in die Jugend gedrungen ist. Die Prosa dieses Knabenschicksals, das er einer Überlieferung aus seiner eigenen Familie verdankte, geht ganz von selbst immer wieder in Verse über, läßt sich nur mit offenbarer Mühe von den gewohnten Bindungen des Rhythmischen freihalten. Um die gleiche Zeit entstanden ›Die Geschichten vom lieben Gott‹ (1900), Märchen eines Dichters, dem es die Welt Andersens angetan hat (...).

Alfred Hein: Eine Dichterfreundschaft während des Weltkrieges (13. III. 38)

(...) Rainer Maria Rilke ist nur kurze Zeit österreichischer Landsturmmann gewesen und wegen seiner brüchigen Gesundheit nicht an die Front geschickt worden. Er war eine durch und durch unmilitärische Natur; er war aber einer der größten geistigen Soldaten des Weltkrieges. Schon die Wirkung, die sein ›Cornet‹ und sein ›Stundenbuch‹ auf unzählige Frontkämpferherzen beispielgebend ausübten, kommt fast einer evangelienhaften Sendung gleich; (...)
In hohen Augenblicken heldisch-edlen Kampferlebnisses berichten die Tagebücher Marwitzens geradezu im Cornet-Ton:

Die Ulanen ritten scharf.
Das graue lange Regiment.
Einmal rief der Rittmeister: »Fähnrich, halten die Knochen?«
Dann brannte ihm der Kognak von der Gurgel in den Magen, und der Fähnrich schlürfte nach ihm. Er saß wieder fester im

Sattel. Hundert Vordermänner Schwadron und die wippen-
den Hinterhände der Pferde. Ist das Krieg?
Endloses Reiten.
Im Tal hinter der Höhe Rast, und die Pferde knirschten mit
den Mäulern im Freßkorb.
Wie graue Haufen lagen die Ulanen, die Leiber verbogen,
schlafend unter den Pferden. Die zwinkerten nur mit den
Augen und dehnten sich einmal unter den gelösten Gurten.
Warten, warten.*

Was wir jungen Kriegslyriker damals fast alle versucht haben, eine neue ›Weise von Liebe und Tod‹ über »diesen
Krieg« zu schreiben, was nie gelang; Marwitz gelingt es
in Bruchstücken, und es wäre ihm sicher vollendet geglückt,
hätte ihn im September 1918 nicht die todbringende Kugel
getroffen.

Helmut Wocke: Rilke und Italien (1940)

Ungedruckt geblieben ist leider auch die italienische Fassung des ›Cornet‹, auf die Rilke in Zeilen an Anton Kippenberg im März 1914 näher eingeht – sie stammt von
Cecilia Braschi Villa: ›Come amò e morì Cristoforo Rilke
portabandiera‹.
Während eines längeren Aufenthalts in Deutschland hatte
die Übersetzerin 1912 Gelegenheit, einige Bücher Rilkes
kennen zu lernen. Sie machten auf sie einen so lebendigen
Eindruck, daß sie nach der Rückkehr in die Heimat den
›Cornet‹ zu übertragen versuchte, zugleich in der Hoffnung,
dem in Italien noch unbekannten Verfasser Freunde werben
zu können. Der Insel-Verlag, an den sie sich zunächst wand-
te, wies sie an den Dichter, und dieser versah die ihm zuge-
sandte Handschrift mit wertvollen Bemerkungen; er berich-
tigte einige kleine Irrtümer und Mißverständnisse, schlug
hier und da einen anderen Ausdruck vor, eine Wendung,

* Bernhard von der Marwitz, Stirb und Werde. Breslau 1931, S. 100.

die das deutsche Wort genauer wiedergab oder die Absicht des Künstlers getreuer spiegelte, so daß es nun einen eigenen Reiz bietet, die Änderungen zu betrachten, die Cecilia Braschi Villa auf Rilkes Rat hin in ihrer Arbeit vornahm. Im Italienischen lautete der Satz: »Kommen Knechte, schwarzeisern wie wandernde Nacht« ursprünglich: »Vengono servi come una notte inoltrante« – der Dichter schrieb mit Bleistift an den Rand »*Forse* ›Knechte‹ non si dovrebbe tradurre qui per *servi*, la mia idea corrisponde piúttosto a: uomo di guerra, sono guerrieri semplici, fanti, uomini di guerra (...) *schwarzeisern* vuol dire: *neri* nel *ferro* delle loro armature«. Jetzt heißt es: »vengono nel ferro della loro armatura fanti neri come una notte inoltrante«. In dem Abschnitt darauf waren die Sätze »Der Spork ist vor Allem. Sogar der Himmel ist fort« anfangs so übertragen: »Solo Spork esiste: persino il cielo è lontano«. Rilke bemerkt dazu: »Spork copre tutto, e non c' è nemeno il cielo – Spork è innanzi a tutto, persino il cielo nasconde« – die Übersetzerin wählte schließlich folgende Fassung: »Spork sta sopra tutto: persino il cielo nasconde«.
Übrigens sind die Hinweise und Bemerkungen nicht so zahlreich, wie man nach Rilkes Worten an Kippenberg annehmen könnte. Die Absenderin hatte sich nur C. Braschi unterzeichnet, so erklärt sich des Dichters irrtümliche Anrede in dem (ungedruckten, französisch geschriebenen) Briefe an die Übersetzerin vom 31. März 1915: er entschuldigt sich – er wolle nur Vorschläge machen, die er ganz ihrem Urteil anheim stelle. Die Schönheit und die Genauigkeit hätten ihn unwiderstehlich mit fortgerissen. Er erhoffe eine Veröffentlichung nicht in einer Zeitschrift, sondern in einem eigenen Bändchen, was zugleich dem Werte der Arbeit viel mehr entspräche.
Die von Rilke auch in Zeilen an die Fürstin Marie von Thurn und Taxis-Hohenlohe und in einem Briefe an Contessina Pia di Valmarana gerühmte Übersetzung zeugt von feinsinnigem Einfühlen, fügt sich in den Rhythmus der Spra-

che, bewahrt den klanglichen Wohllaut und läßt oft das Ungesagte ahnen, das gleichsam *hinter* den Worten liegt: heimliche Schönheiten blühen auf. Dabei tut Cecilia Braschi Villa den Gesetzen ihrer Muttersprache keinen Zwang an. Einzelne Stellen sind freilich kaum gleichwertig zu übertragen, etwa die Zeilen, in denen Rilke von der Prosa zum Vers übergeht und sich zudem des Reimes bedient. Den meidet die Übersetzerin, wohl auch absichtlich, um der Einheitlichkeit des Ganzen willen. Bisweilen sind kleine Umschreibungen für nötig erachtet, oder der knapp zusammengefaßte Ausdruck wird in einen vollständigen Satz aufgelöst; so ist der Schluß des einen Abschnittes »Und bebende Trommeln« folgendermaßen wiedergegeben: »E concitati brontolano i tamburi«. Die Schilderung ist schlicht, leise und innerlich bewegt. Man höre:

Fuochi di guardia. Si fa cerchio intorno, e si aspetta. Si aspetta che uno canti. Ma si è troppo stanchi. La luce rossa è pesante: si appoggia sulle scarpe impolverate, striscia sino alle ginocchia, si infiltra fra le mani congiunte. Non à ali. I visi sono oscuri. Pure gli occhi del piccolo francese brillano un momento di luce propria. Ha baciato una piccola rosa: ora può continuare ad appassire sul suo petto. Di Langenau à visto, perchè non può dormire. Pensa: – io non ò nessuna rosa, nessuna. – Poi canta. E il suo canto è una vecchia triste canzone, che a casa le fanciulle cantano ai campi, quando il raccolto sta per finire.

Aber auch das Fließende und Wogende ist in der italienischen Fassung wiedergegeben, das Dahingleiten, das Aufschäumen, das Ansteigen und das plötzliche Hervorbrechen. Zugleich werden der Reichtum und der klangliche Wert der Vokale künstlerisch der Schilderung dienstbar gemacht. »Als Mahl beganns. Und ist ein Fest geworden«, sagt Rilke. Bei Cecilia Braschi Villa heißt es:

Fu da principio come una cena: poi, ne ignori il modo, si trasmutò in una festa. Sfavillarono alte le luci, sussurrarono le voci, ebre canzoni tinnirono su dai calici luminosi, e finalmente dalle battute maturate in misura ruppe la danza. E la danza travolse

tutto. Fu nelle sale un ritmo d'onde, un incontrarsi e un ricer-
carsi, un salutarsi e un ritrovarsi, una gioia di luci e un bagliore
di lumi e un dolce cullarsi tra gli abiti di calde donne, come tra
venti estivi. – Dal vino oscuro e dalle cento rose rumoreggiando
precipitò l'ora nel sogno della notte.

Cecilia Braschi Villa hatte im Frühjahr 1914 bereits Ver-
handlungen mit dem Insel-Verlag angeknüpft, sie war sich
noch ungewiß über die Art der Veröffentlichung. Da brach
wenige Monate darauf der Weltkrieg aus. Und auch nach
Friedensschluß haben es widrige Umstände zu einer Drucklegung der künstlerisch gestimmten Übertragung leider nicht
kommen lassen.

Im Jahre 1923 brachte der heute bei der italienischen Ge-
sandtschaft in Lissabon tätige Leo Negrelli, der vielfach
deutsche Lyrik, vor allem Gedichte Rilkes, Hölderlins und
Platens übersetzt und teilweise auch veröffentlicht hat, das
Bändchen heraus: Rainer Maria Rilke, ›La Melodia
d'Amore e di Morte del cornetta Cristoforo Rilke‹ (Casa
Editrice T.E.M.I. Trieste 1923)*. Wenig glückliche Bilder
fügte Antonio Mattias bei, von Beruf weder Maler noch
Zeichner, damals Beamter des Istituto Nazionale delle Assi-
curazioni.

Es handelt sich um eine Jugendarbeit Negrellis. Von glühender Begeisterung zeugt sein Vorwort. Obwohl es die Prosa-
ballade weit überschätzt, enthält es manch feinsinnige Bemerkung. So heißt es einmal: »Quasi più di quello che
è detto fa pensare quello che non è detto, quello che una
frase sospesa, una parola, un vago accenno ci lascia inten-
dere senza nulla determinare«. In der Übersetzung spürt
man ein warmes Mitgehen. Man läßt sich von dem Strom
der Erzählung tragen – plötzlich ist der Fluß wie gehemmt
oder durch ein unbeholfenes Wort, eine ungeschickte Satz-
bildung unvermutet aufgehalten. Das zwischen den Zeilen
Verborgene schwingt oft nicht mit. Im italienischen Gewande
wirkt die Sprache härter, bisweilen spröde, doch wirklich-

* Siehe: Mises-Katalog Nr. 790.

keitsnäher, des lyrischen Wesens zumeist beraubt. Die einzelnen Abschnitte klingen bei Rilke zart aus, wie in einer unendlichen Ferne verschwebend – Negrelli wählt eine festere Umrahmung. Freilich ist so der ursprüngliche Rhythmus gestört oder zum mindesten verändert. Sonst hält sich Negrelli im Ausdruck an die Vorlage. Und gewiß ist seine Wiedergabe bedeutsam.

Die Veröffentlichung fand in Italien mannigfache und zumeist freundliche Beachtung. In Deutschland ist sie so gut wie unbekannt geblieben, auch Rilke hat nichts von ihr erfahren. Da der damals junge Verlag sich rasch auflöste, ist die Schrift heute kaum erreichbar, selbst die großen öffentlichen Bibliotheken Italiens besitzen sie nicht. So wird eine Probe willkommen sein, die Negrellis Arbeit beleuchtet.

La compagnia è accampata al di là del Raab. Quello di Langenau si dirige a cavallo verso di essa, solo. Pianura. Sera. La guarnitura anteriore della sella riluce attraverso la polvere. E poi si leva la luna. Egli lo vede dalle sue mani. / Sogna. / Ma un grido gli si leva contro. / Un grido, un grido, / n'è lacerato il suo sogno. / Ma non è civetta. Misericordia: / l'unico albero / gli grida contro: / o uomo! / Egli guarda: qualcosa si stende sul tronco, legata. / Un corpo, una giovane donna, nudata, / sanguinante lo assale / d'un grido: discioglimi! / Ed egli si slancia ora giù nella nera ramaglia / e tronca i lacci infuocati / e vede gli occhi di quella, ardenti / ed i denti che mordon. / Ride ella? / Egli ha orrore. / E siede già in sella / e nella notte si slancia. Nel pugno lacci coperti di cruore.

Maurice Betz: Rilke à Paris & Les Cahiers de Malte Laurids Brigge (1941), p. 42

Le 12 mai 1906, Rilke a quitté Meudon pour s'installer dans un petit hôtel de la rue Cassette, où était descendue naguère une de ses amies de Worpswede, Paula Becker. Entre deux promenades au Luxembourg, il achève de corriger les épreuves d'une nouvelle édition du ›Cornette‹ et de revoir le manuscrit du ›Livre d'Images‹.

Max Schönauer: Der ›Cornet‹ in Frankreich (Herbst 1941)

Der Polenfeldzug war zu Ende. Nach einem heißen September lagen wir nun in einem kleinen galizischen Nest an der Wisloka. Wir hatten Glück! Denn uns wurde einer der wenigen Neubauten zugewiesen. Sogar ein Bad fanden wir vor. Nach vielen Feldnächten ein Bad! Das sind köstliche Augenblicke im Leben eines Soldaten. Über die Vorbereitung zu einem solchen Bad, über den Genuß des Bades an sich könnte man allein ein halbes Buch schreiben.

Eine fröhliche Kameradenrunde hatte sich an diesem Abend, anfangs Oktober, zusammengefunden. Wir hatten auch allen Grund, zu feiern: die Rückkehr eines lieben Kameraden aus polnischer Gefangenschaft. Er war zu Beginn der Feindseligkeiten in Feindeshand gefallen und wie durch ein Wunder heil durch alle Fährnisse gegangen. Auf der Zitadelle von Lemberg erlebte er noch die schweren Luftangriffe deutscher Bomber und saß jetzt mitten unter uns, als ob er nie etwas vom Kriege gesehen hätte.

Und dann war Vorabend zu meinem Geburtstag! Ich möchte mir nicht den Vorwurf der Unbescheidenheit zuziehen, aber jeder wird zugeben, daß man nach vier Jahren Weltkrieg und nach einem neuerdings gut überstandenen Feldzug allen Grund hat, seinen dreiundvierzigsten zu feiern. Noch dazu unter nicht alltäglichen Umständen.

So becherten wir in fröhlicher Laune, hatten unsere Gans und einen nicht allzu schlechten Tropfen. Hahn im Korb war natürlich unser ›Gefangener‹, dessen Erlebnisse tiefen Eindruck auf uns machten. Da er sie treffend und ohne Überheblichkeit wiederzugeben wußte und manch heiterer Zwischenruf die Schilderung des Erzählers würzte, war es nur erklärlich, daß sich die Stimmung bald dem Höhepunkt näherte. Mitternacht war lang vorüber, als nach überschwenglicher Rede- und Sangeslust jener berühmte tote Punkt erreicht war. Die fröhliche Zecherrunde war merkwürdig still geworden, und jeder hing seinen eigenen Gedanken nach. Was auch der einzelne in diesen Minuten gedacht haben mag, sicher war, daß über dem ganzen Kreis eine Wolke von Sehnsucht und etwas Sentimentalität lag.

»Reiten, reiten, reiten, durch den Tag, durch die Nacht, durch den Tag. Reiten, reiten, reiten. Und der Mut ist so müde geworden und die Sehnsucht so groß. Es gibt keine Berge mehr, kaum einen Baum. Nichts wagt aufzustehen. Fremde Hütten hocken durstig an versumpften Brunnen«.

Ein Kamerad sprach das vor sich hin, ganz leise und doch profiliert. Ich blickte ihn groß an – nur eine Sekunde –, dann setzte ich fort, nun wieder er, und alle waren plötzlich wach und staunten. Alle Müdigkeit und Schwermut war wie weggeblasen, ebenso der Dunst des Weines. Wir beide überboten uns gegenseitig, die schönsten Stellen dieses herrlichen Gedichtes von Rilke aus dem Gedächtnis hervorzuzaubern. Wir berauschten uns förmlich an den Schönheiten der ›Weise von Liebe und Tod des Cornets Christoph Rilke‹.

»... und alle riß er hin...«

Als wir beide fertig waren, saß die Runde stumm vor Andacht, bis einer aufstand, sein Glas mit den Worten erhob: »Kameraden, alles zu seiner Zeit. Gute Nacht!«

Und wir alle gingen in unsere mit frischem Leinen überzogenen Betten, in denen sichs anders schläft als in den lumpigen Ackerfurchen. Und alle hatten »die lichten Worte mit«.

*

Monate waren vergangen, der Krieg forderte seine Rechte und der Dienst seine Pflichten, Polen lag weit hinter uns. Im Krieg lebt man schneller und vergißt auch schneller, manches zumindest. Das muß so sein und ist gut so. Von den Kameraden, die damals in Polen feierten, blieben keine zwei zusammen. Das Soldatenlos zerstreute uns an alle Frontabschnitte. Neue Eindrücke kamen und gingen. Man wurde hart und härter. Es gab nur einen Gedanken: Wann kommt der große Befehl? Und er kam! Überraschend, wie immer!

Unsere Armeen waren zum Entscheidungskampf im Westen angetreten. Der Sturmschritt deutscher Soldaten aller Gaue machte das Unwahrscheinlichste wahr. In atemberaubendem Tempo durchmaßen die deutschen Regimenter die alten blutgetränkten, heiß umkämpften und mit Ruhm bedeckten Schlachtfelder des großen Krieges. Die Welt horchte auf. Das war kein Krieg mehr, das war ein Wille und eine Kraft. Auch ich durfte dabei sein.

Nach einigen Wochen sengender Gluthitze unter der Sonne Frankreichs, nach Wochen unerhörtester Anspannung aller seelischen und körperlichen Kräfte lag ich mit meinen Leuten in Dezise an der Loire. Wenige Tage später war der Waffenstillstand geschlossen.

Noch entsinne ich mich des ersten Abends, als ich mit Kameraden in einem Gasthof saß, am Ufer der Loire, mit Pappeln umsäumt. Der aufgehende Mond spiegelte sich in den Fluten des mit starkem Gefälle dahinfließenden Flusses und in seinen vielen Strudeln.

Etwas fernab arbeiteten Linzer Pioniere an der gesprengten Brücke. Die mußte mit Morgengrauen fertig sein. Es war die elfte, die sie seit der Aisne-Schlacht schlugen. Der Arbeitslärm und ihre aufmunternden Zurufe: »Hopp auf und noamol drauf!« durchbrachen als einzige Kriegsmahnung den abendlichen Frieden an der Loire.

Behaglich hatten wir uns auf der Terrasse niedergelassen. Wieder einmal das herrliche Gefühl körperlicher und seelischer Entspannung.

»Und setzet ihr nicht das Leben ein, nie wird euch das Leben gewonnen sein«. Nie kann man dieses Schillerwort tiefer empfinden, nie näher dem Leben verbunden sein als in diesen Augenblicken.

Nach Wochen wieder in einer Stadt, die keine Spuren des Krieges zeigt. Nicht immer nur Soldaten, Gefangene und Kadaver sehen, endlich wieder einmal an einem gedeckten Tische sitzen und mit seinem Gelde ein wirkliches Abendessen kaufen können. Wieder einmal Menschen sehen, wenn sie auch eine andere Sprache sprechen. Männer, Frauen und Kinder! Spielende Kinder!

Überhaupt mal etwas um sich haben können, das nichts mit dem Kriege zu tun hat. Denn dieser Krieg war ja schon längst jedermanns ureigene Sache geworden. Der wurde durchgekämpft! Auch ohne Befehl!

Das Mahl – es war wirklich eins! – war vorüber. Bei einer Zigarette waren wir verstummt. Wir genossen die Landschaft mit dem im Mondlicht glänzenden Strom.

Die Loire – Schicksalsfluß Frankreichs! Die Loire mit ihren berühmten Schlössern! Hat nicht in einem dieser Schlösser Rilke seinen ›Cornet‹ geschrieben?

Von einer Freundschaft zwischen einem jungen französischen Marquis und einem ebenso jungen und trotzigen deutschen Junker! Von der wundersamen Liebe dieses ›tumben‹ Deutschen, dem Knabenalter kaum entsprossen, von einem Blatt einer roten Rose und von einem Brief an eine Mutter, den man bei ihm fand – nachher! Von einer Fahne, die lodernd inmitten des Feindes verbrannte, nachdem ihr Träger gefallen!

Es war fast Mitternacht, als wir aufbrachen. Ich löste mich etwas vom Kreise meiner Kameraden, ich mußte allein sein mit meinen Gedanken. Ich schlenderte am Ufer des Flusses entlang, der gesprengten Brücke zu. Lange noch schaute ich den Pionieren bei der Arbeit zu. Es waren Landsleute. Manch vertrautes Scherzwort flog zu mir herüber. Der Geruch des Arbeitsschweißes vermischte sich mit dem Geruch der Lederstiefel und mit der Feuchte, die vom Wasser kam. Der Mond hatte sich verzogen, und alles lag im Dunkel, das nur durch das spärliche Licht der Sturmlaterne durchbrochen wurde. Schemenhaft zeichneten sich die Brücke und die nackten Oberkörper der Pioniere im schwankenden Lichte der Laternen ab. Was war das doch für ein kostbarer Abend!

Endlich ging ich ins Quartier. Das war in der Stadtapotheke, die vollkommen unbewohnt war. Wieder ein mit frischem Leinen überzogenes Bett, wieder ein Bad. Ja sogar ein Klavier. Ich fand auch Bücher, meist französische, auch englische und – deutsche! Eine alte Ausgabe eines Schillerbandes. Was macht dieser hinreißendste und deutscheste aller deutschen Dichter in einem französischen Apothekerhaus? Weiter suchte ich beim Licht einer Kerze. Doch wie magisch blieben meine Blicke in der Ecke eines Bücherregales haften: Insel-Bücherei, einige Bände! Hastig griff ich wahllos eines heraus, und was blieb mir in der Hand? ›Die Weise von Liebe und Tod des Cornets Christoph Rilke‹ von Rainer Maria Rilke. Gebannt schlug ich das Büchlein auf. »Nicht immer feindlich nach allem fassen . . .«

*

Fast auf den Tag ein Jahr ist seitdem vergangen. Man war Besatzung geworden. Man sah Paris, Orléans, Rennes, Poitiers, Angoulême, Bordeaux und Biarritz. Ein neues, großes Stück Welt. Man ging auf Urlaub in die Heimat und kehrte immer wieder zurück nach Frankreich. Und nun liege ich mit meinen Leuten irgendwo an der Küste des Westens. Ich bewohne ein kleines, einfaches Häuschen. In der kleinen Halle verbringe ich oft mit gleichgesinnten Kameraden manch stimmungsvollen Abend bei Kerzenschein und heimatlichen Rundfunkklängen.

Eines Abends sitze ich da allein, mit der Erledigung der Heimatpost beschäftigt. Da ich im Rückstand war, gabs allerlei zu schreiben. Der Abend verging rasch. Es war elf Uhr geworden und mein Bursche vom Ausgang zurückgekehrt. Seine Meldung nahm ich etwas gedankenverloren entgegen. Bei seinem Wegtreten fielen meine Blicke auf ein Buch, das er in der Hand trug. Fast mechanisch fragte ich: »Na, was lesen Sie da Schönes?« – »Ach, Herr Oberleutnant, das ist ein französisches Buch. Ich habe es beim Durchstöbern des Dachbodens gefunden«. Damit reichte er mir das Buch, das noch ziemlich neu war. Langsam und halblaut las ich den französischen Titel.

Donnerwetter! Das war doch...! Eine jähe Freude ließ mein Herz bis zum Halse schlagen, als hätte ich einen geliebten Menschen, nein, eine Geliebte nach langer Zeit plötzlich und unerwartet wiedergefunden.

Ja, das war sie, die Weise von Liebe und Tod des Cornets Christoph Rilke. Meine Gedanken verloren sich, immer wieder las ich den Titel: ›Chant de l'amour et de la mort du cornette Christoph Rilke‹, par R. M. Rilke. Der ›Cornet‹ auf französisch. Immer wieder trat er in mein Leben. Das zog sich nun vom Weltkrieg herüber durch die Nachkriegszeit bis in diesen Krieg. Ich schlug den Einband auf. Wieder derselbe Titel. Ich lächelte über mich selbst, als ich mich dabei ertappte, wie ich mit diesen großen französischen Buchstaben geradezu zärtliche Zwiesprache hielt. Als Übersetzer war genannt Maurice Betz. Das nächste Blatt – eine Widmung des Übersetzers: A mes compagnons d'armes, le capitaine Coulpier, le lieutenant Ritter et le brigadier de tir Charnoz, en souvenir de notre cagna des bois et de nos premières nuits de tir. Front de la Sarre, Octobre 1939. M. B.

Ein französischer Frontkämpfer übersetzt einen deutschen Lyriker. Er widmet die Übersetzung Waffengefährten, die mit ihm an der Saarfront standen. Was gibt es doch für seltsame Dinge! Zwei Soldaten, ein Franzose und ein Deutscher, einstmals Feinde, finden sich durch einen deutschen Dichter. Meine Gedanken umspannen diesen ›Cornet‹, seinen Dichter und seinen Übersetzer.

Ich blättere weiter. Préface! Vorwort! Ich begann zu übersetzen. Der Übersetzer schildert, wie er im Sommer 1915 als Siebzehnjähriger in Neuchâtel durch Zufall diese kleine kartonierte Broschüre mit den gotischen Schriftzeichen findet, wie er in den Bann der Dichtung gerät und niemals mehr davon freikommt und wie er in diesem Kriege wieder die Bekanntschaft mit dem ›Cornet‹, diesmal als Soldat, auffrischt. Aber er mag selbst sprechen:

Das Wunder dieser Dichtung erneuert sich in allen Geschlechtern. Fünfzig Jahre nach der Entstehung und vierundzwanzig Jahre später, nachdem es ein Gymnasiast entdeckt hatte, fand es der Soldat von vierzig Jahren wieder: mit der gleichen Erregung, in einem Unterstand an der Saarfront, wo es auf einem rohen Tannenholzbrett mit einer Pistole, einem Telephon und einer Schießtabelle gute Nachbarschaft hielt. Draußen regnet es in Strömen. Fünf Männer um mich schnarchen und strömen einen Geruch wie von feuchten Tieren aus ... Es ist warm in unserem Unterstand, und die Sturmlaterne verpestet die Luft. Unsere Artillerie bereitet eine Unternehmung vor. Geheimnisvolles Spiel der Geschütze! Ein Anruf kommt, ich ergreife den Hörer. Nur eine neue Peilung, die der Telephonist leidenschaftslos durchgibt. Meine Bewegung hat das kleine Buch zwischen eine Thermosflasche und eine Schießtafel hingeschoben. Ein Kaffeetropfen hat den grünweißen Einband beschmutzt. Ich öffne es, und mein Blick begleitet wieder einmal den ›Cornet‹ auf seinem fernen romantischen Ritt. Die schlaflosen Nächte sind lang, wenn man auf den Schußbefehl wartet. Neben mir schlafen die Schläfer um die Wette, der Ofen qualmt. Ein Tannenzweig, vom Luftdruck geschüttelt, schabt an unserem Wellblechdach zwischen zwei Abschüssen von Höhe 155. Da fällt plötzlich ein mildes Leuchten auf diese Blätter und verleiht meinen Träumen eine erhebende Leichtigkeit ... O, ihr unausgeschöpften Erinnerungen an eine Zeit, wo man noch sich selbst gehörte ...
Schrill tönt das Telephon: Zielpunkt X. Höchste Feuergeschwindigkeit! Wirkungsfeuer von 4.15 bis 4.30 Uhr!
Leb wohl, Cornet!

Gebannt und versunken bleiben meine Blicke an diesen letzten Worten des Übersetzers hängen: ›Adieu cornette!‹ Welch wundersames Spiel des Lebens! Meine Gedanken flogen und flochten ein Band zu dem unbekannten Übersetzer, zu einem Soldaten von der anderen Seite!
In meinem Revier regt sich Leben. Erst jetzt merke ich,

daß der Morgen da ist. Ein neuer Morgen mit seinem Dienst und seinen Pflichten. Doch köstlich war diese Nacht. Es war die kürzeste Nacht des Jahres, Sommersonnenwende. Ich stand auf, löschte das Licht und stieß die Verdunkelungsläden auf. Grell sprang mir der neue Tag in die Augen. Das Buch noch in der Hand, schlag ich die letzte Seite auf. Da lag das Blatt einer Rose, eine lange seidige Frauenlocke, kastanienbraun.

Und eine Widmung: »Ce pétale est mon cœur, ces cheveux un lien pour unir le tien au mien. Ta . . .«

Unterschrift und Datum. Die Widmung eines französischen Mädchens. Wer war sie? Wer war der, dem die Worte galten?

Otto Friedrich Bollnow: Existenzphilosophie (1942)

Die Frage nach dem Tod durchzieht Rilkes gesamtes dichterisches Werk. Sie setzt schon sehr früh bei ihm ein und findet ihren ersten großen Ausdruck in der ›Weise von Liebe und Tod des Cornets Christoph Rilke‹. Aber hier steht der Tod in seiner Größe noch einfach und ohne Frage da. Leben und Tod werden eines auf der Höhe einer letzten rauschhaften Steigerung des Lebens, so daß grade auf seinem Höhepunkt das Leben zugleich in den Tod übergeht, der selbst in der Zeichnung nicht mehr dargestellt, sondern gewissermaßen ausgespart wird. Sogar das Wort Tod wird (bis auf den Hinweis im Titel) in schamhafter Ehrfurcht vor dem Gewaltigen vermieden. Leben ist hier, grade auf seiner Höhe, dem Tod verwandt. Liebe und Tod verschmelzen, und höchstes Leben ist zugleich Sterben. Aber trotzdem handelt es sich, vom Standpunkt der Existenzphilosophie gesehen, in dieser gewisse romantische Auffassungen wieder aufnehmenden Anschauung mehr um eine Deutung des Todesereignisses als um das eigentliche Sein-zum-Tode.

*

Diese Deutung nimmt am Ende des Wegs Rilkes Anfang im ›Cornet‹ wieder auf. Was dort im Überschwang des Gefühls noch unbewußt geleistet wurde und verklärt noch von der Begeisterung der Liebe, diese höchste Verwirklichung des eigenen Daseins in einem Überschreiten, das selbst im Schwinden noch Rühmen ist, das wird jetzt wiederholt in der unerbittlichen Klarheit des Bewußtseins. Und erst jetzt tritt mit voller Deutlichkeit hervor, daß dieser Vorgang nicht nur ein äußeres Ende des menschlichen Daseins und nicht nur eine einmalige höchste Steigerung des Lebens ist, sondern in einem ursprünglicheren Sinn das immer neu zu vollziehende Sein des Menschen selbst.

Frank Martin: Warum ich Rilkes ›Cornet‹ vertont habe (Februar 1944)

Warum bemächtigen wir Musiker uns eigentlich eines Stoffes und setzen ihn in Musik, überlasten ihn gewissermaßen noch mit Musik? Genügt er sich nicht selbst? Darauf könnten wir nun allerdings antworten: Wenn uns die Lust ankommt, für die menschliche Stimme zu komponieren, müssen wir auch noch Worte haben, die diese Stimme artikulieren kann; denn es gibt nichts Traurigeres, Leereres als eine Stimme, die bloße Koloraturen und Melodien ohne Worte singt. Ist es also eine Frage der Gewohnheit, des Angewöhnens? Ich bin nicht dieser Ansicht. Ein Mensch, der Solfeggien singt, macht auf uns fast immer den Eindruck von Dummheit, es sei denn, es handle sich – wie etwa in einer komischen Oper – um einen Menschen, der nicht sagen will, was er denkt.

Doch diese erste Antwort taugt nichts. Nicht um die Sänger zu beschäftigen, schreibt man Vokalmusik. Vielmehr wählen wir die Singstimme, wenn wir wünschen, daß ein Text unserer Musik den genauen Ausdruck eines Gedankens oder eines Gefühls verleihe.

Ich war nun auf der Suche nach einer Gedichtreihe, die mir die Möglichkeit zur Vertonung eines Liederzyklus bieten sollte, als mich meine Frau auf die ›Weise von Liebe und Tod des Cornets Christoph Rilke‹ aufmerksam machte. Ich hatte bis auf jenen Tag nichts davon gewußt. Schon beim ersten Lesen fand ich den Text wunderschön, aber für meinen Zweck recht wenig geeignet. Zwar fand ich da eine Folge von kurzen Gedichten, aber über zwanzig in der Zahl, also für meinen Liederzyklus zu viele. Aber dennoch wollte mir dieses Werk nicht mehr aus dem Sinn. So mußte ich denn auf meinen Liederzyklus verzichten und ein größeres, umfangreicheres Werk beginnen, das nun notwendigerweise eine Orchesterbegleitung verlangt. Der Stoff selbst schien mir die Verwendung eines Chors auszuschließen, und so blieb ich meiner ersten Idee treu, das Ganze für eine Singstimme allein zu schreiben. Ich wollte damit der Interpretation eine vollkommene Einheitlichkeit verleihen und dem Werk Rilkes den Charakter einer Erzählung erhalten, den Charakter einer Chanson de geste, die ein Trouvère rezitiert. Auf diese Weise konnte ich das dramatische Gefühl vermeiden, das ein Wechselgespräch mehrerer Singstimmen unfehlbar hervorrufen muß. Die Aussicht, Elisabeth Gehri als Sängerin, als Interpretin des Werkes zu gewinnen, ließ mich diesen Weg endgültig einschlagen. Als ich dann noch der Mitarbeit Paul Sachers und seines Kammerorchesters sicher war, fand sich meine Komposition äußerlich bestimmt. Meine ganze Arbeit ruhte also zwischen den beiden Polen: der Stimme der Elisabeth Gehri und einem kleinen Streichorchester, das um einige wenige Blasinstrumente, ein Klavier und eine Harfe bereichert ist.

Dieses kurze epische Gedicht besteht aus rund zwanzig Gesängen, von denen jeder seine eigene Farbe, seinen besonderen Rhythmus hat. Es bewahrt sogar in der Schilderung der brutalen Roheiten des Krieges eine unglaubliche Sensibilität. Diese Sensibilität ist so überverfeinert, daß ich mich oft fragte, ob die Musik überhaupt fähig sei, allen Schwingungen des Rilkeschen Gedankens und der zarten Linie seines Ausdrucks zu folgen. Ich habe mich nach Kräften bemüht, mich an die Dichtung anzulehnen, und beständig versucht, eine musikalische Form zu erreichen, die das Porträt der literarischen Form sein würde.

Mehrere Maler können von der gleichen Person Bildnisse malen, die ihr ähnlich sehen und die doch unter sich ganz verschieden sind. Genau so können mehrere Musiker musikalische Bilder ein und derselben Dichtung geben, die vollkommen verschieden voneinander und dennoch der Dichtung getreu sind. Außerdem muß die Dichtung für sie mehr bedeuten als ein bloßer Vorwand für eine Vertonung. Doch das ist eine Geschmacksfrage: Man hört oft, je dürftiger und mittelmäßiger eine Dichtung sei, um so freier könne sich die Musik entfalten, und ein allzu vollkommener Text bilde für den Komponisten lediglich ein Hemmnis und eine Schranke. Was mich angeht, so habe ich keine Angst vor Hemmnissen und eine gewisse Vorliebe für Schranken. Sie lehren besser und höher springen. Außerdem bin ich zu jener Verachtung des Musikers für den literarischen Text unfähig. Ohne es zu wollen, halte ich mich an meinen Text, und das zwingt mich, unbedingt nur wertvolle Texte und folglich meist auch bekannte Texte zu wählen. Muß ich mich deshalb entschuldigen? Tatsächlich trage ich allein das ganze Risiko meiner Stoffwahl. Man bringt keinen Menschen um, wenn man sein Porträt malt. Und je bekannter das Modell ist, um so weniger kann man ihm schaden, wenn man es auf seiner Leinwand entstellt: der Maler allein muß die Folgen tragen. Darum also habe ich Rilkes ›Cornet‹ gewählt, und damit ging ich ein doppeltes Risiko ein; von der ersten Gefahr habe ich eben vorhin gesprochen; die zweite bestand darin, daß ich eine Sprache in Musik umsetzen wollte, die mir nicht geläufig und ganz vertraut ist. Ich hätte es gewiß nicht gewagt, hätte ich nicht auf die unablässig wirksame Mitarbeit meiner Frau zählen können, für die das Deutsche eine zweite Muttersprache ist. Sie machte mich mit allen Nuancen der Sprache Rilkes vertraut und ließ mich im Verlaufe meiner Arbeit ihren Rhythmus und ihre Beugungen erkennen.

Wenn es aber eine Gefahr bedeutet, bekannte und beliebte literarische Werke zu vertonen, so bringt es auch Vorteile mit sich, und man könnte dann vielleicht sogar eine Art Spekulation auf ihren Erfolg sehen, die dem Komponisten nicht unbedingt zur Ehre gereichen würde. Das ist allen großen Stoffen eigen und hatte zur Folge, daß eine ganze Generation von Künstlern sie ablehnte; sie sahen darin etwas allzu Leichtes, und es schien ihnen edler, ihre Kunst in der bildlichen Darstellung eines Apfels und eines Messers zu erweisen als in der Schilderung der Verklärung Christi. Gewiß, dieser Glaube war zu ihrer Zeit notwendig; die Kunst mußte einmal gewissermaßen entkleidet und einzig ihren eigenen Kräften überlassen werden. Der Maler mußte einmal dem Problem der Lichter und Formen, losgelöst vom Stoff, gegenüberstehen, der Musiker mußte sich mit den Tönen und Rhythmen auseinandersetzen, um sich dieser Probleme voll bewußt zu werden. Sie mußten sie mit eigener Kraft in Angriff nehmen und sie nicht mehr nur vermittels einer erschlafften, müde gewordenen Überlieferung lösen. Ich glaube, wir sind inzwischen weitergeschritten; wir haben sie nur allzu gut erforscht, diese Probleme, die uns die Kunst stellt; wir haben sie nur allzu eingehend hin und her überlegt, so daß wir sie dadurch nur zu bewußt gemeistert haben und sie uns wiederum viel zu sehr in ihren Bann gezogen und gewissermaßen hypnotisiert haben. Es gibt nur eine Möglichkeit, dieser Sklaverei zu entgehen: Man muß diese Probleme der Kunst zwingen, zu dienen, aber nicht uns selbst zu dienen, denn dann würden wir wieder in ihre Abhängigkeit geraten. Wir müssen bewußt und aufrichtig darauf verzichten, diesem trügerischen Bild der Schönheit um ihrer selbst willen nachzujagen, die man seit einigen Dekaden mit so viel Namen bedacht hat: L'art pour l'art, die reine Poesie, die absolute Musik, und wie man sie sonst noch nannte! Diese vollkommene Schönheit tritt uns in ein paar auserwählten Kunstwerken entgegen, die ihre Schöpfer gewiß nicht in dieser Absicht geschaffen hatten.

Um der Schwierigkeit zu entgehen, die für uns Komponisten das Problem der musikalischen Sprache darstellt, gibt es nur eine Möglichkeit: sie in den Dienst einer Sache stellen, die größter ist als wir selbst, eines Stoffes, eines Themas, vor dem wir uns selbst ganz klein vorkommen. Dann geht es nicht mehr um die Sprache selbst, sondern um die Sprache als Ausdrucksfunktion.

Ohne daß der Künstler den Erfolg um seiner selbst willen sucht (der etwas sehr Angenehmes ist, wenn er einem lächelt, aber welchem nachzujagen sehr widerlich ist), wünscht er von ganzem Herzen, sein Werk möge zu andern Menschen gelangen und ihnen etwas bedeuten. Wir müssen uns stets vor den Künstlern hüten, die nur für ihre eigene Befriedigung schreiben. Sie sind entweder Dilettanten oder dann Menschen, deren Hochmut an Wahnsinn grenzt. Nun muß man zugeben, daß die musikalische Sprache der heutigen Zeit den meisten Hörern nicht vertraut ist. Für sie fehlt es dieser Sprache an Tradition, an Anlehnung an Bekanntes, Vertrautes. Selten sind die Werke absoluter zeitgenössischer Musik, die in einem weiteren Publikum einen Widerhall gefunden haben. Die modernen Komponisten haben öfter den Weg zum Publikum über eine Oper, ein Ballett oder ein Oratorium gefunden. Ich erwähne hier nur einige wenige Werke: ›Pelléas et Mélisande‹ von Debussy; die Ballette von Strawinski; den ›König David‹ von Honegger; ›Mathis, der Maler‹ von Hindemith und ›Wozzeck‹. Dies ist ganz natürlich: Ist die neuartige Sprache einmal durch den direkten Ausdruck bekanntgeworden, den sie einem lyrischen oder dramatischen Text, oder wenn es sich um ein Ballett handelt, einem Szenario verleiht, so wird das ganze Werk des Komponisten klar, auch wenn seine instrumentalen Werke absolute Musik darstellen. So habe ich nach dem ›Vin herbé‹ wieder eine Musik geschaffen, die eng mit einem literarischen Text verbunden ist, und habe damit in meinen eigenen Augen das große Verlangen nach dieser Vertonung und die schöne Freude gerechtfertigt, die ich in dieser Arbeit finden durfte.

Joachim Vogt: Studien zum Geschichtsverhältnis Rainer Maria Rilkes (1946)

Der ›Cornet‹ weist in die Zusammenhänge von Rilkes Familiengeschichte[1]. Er nimmt Bezug auf Otto von Rilke, »der 1663 gegen die Türken in Ungarn geblieben ist«[2]. Die chronikartige Nachricht seines Schicksals und dessen Folgen stehen am Anfang des ›Cornet‹. Die erste Fassung hat Rilke nach der Erinnerung aufgezeichnet, dann will er aber den genauen Wortlaut des Archivtextes abdrucken lassen »in all der gepreßten Vertrocknetheit... Ich denke aber, man hat der Wahrheit nachzugeben und den Cornet beim rechten Namen zu nennen, wie alles andere, soweit das möglich ist«[3]. Dennoch ist »die Aventure selbst nicht historisch, meine jugendliche Imagination hat sie in den Rahmen der gegebenen Daten als ein freies Spiel eingezeichnet«[4]. Es ist hier das eigentlich dichterische Tun, vorgegebene Daten, die nichts Näheres über den Ablauf von Schicksalen sagen, sondern nur über deren Endpunkte, aus dem Vermögen der dichterischen Einbildungskraft mit Leben zu erfüllen. Das mag der Historie nicht entsprechen, widerspricht aber nicht der Möglichkeit, Wesenszüge des Geschehens zu erfassen, die allerdings nicht nur in bestimmten Zeitabschnitten, sondern grundsätzlich im Verlauf der Geschichte möglich sind[5]. Es gehört zum Wesen künstlerischen

1 Nähere Ausführungen über die Familiengeschichte in Carl Siebers ›René Rilke‹.
2 Brief an Amélie de Gamerra vom 22. I. 20 (unten S. 148).
3 Brief an Clara Rilke vom 1. II. 06 (oben S. 79).
4 Brief an Amélie de Gamerra (siehe Anm. 2).
5 Es können so durchaus Anachronismen vorkommen.

Sehens, hinter dem bloßen Ablauf der Historie auf seine innerste Natur zu dringen. »Wer freilich den Künstler nur als ›Bildungsverfertiger zur Chronik‹ ansieht, mag leicht sagen (nach Goethe): ›Hier ist gegen die Historie verstoßen‹.«[6] Er wird nie sehen, daß in der künstlerischen Änderung oder Erfüllung der Taten mit Leben »nichts Willkürliches« liegt, vorausgesetzt, daß »des Künstlers Imagination so wahr ist, eine Geschichtssituation als Mensch zu fühlen, ... als wärs in seiner Gegenwart«[7].

D. Bassermann: Rilkes Vermächtnis für unsere Zeit (1946)

Er hat später oft betont, wie gründlich er diese frühen Produktionen ablehnt. »Äußere Umstände tragen die Schuld«, schreibt er einmal, »daß ich damals weder redlich bemüht, noch eigentlich wahr zu sein vermochte. Ich finde selbst in den Büchern, die jetzt unter dem Namen der ersten und frühen Gedichte gehen, beschämend viele Spuren kindischer Unredlichkeit. – Mir fiel der Vorwurf ein, den mir Stefan George (etwa 1899 bei unserer einzigen Begegnung in Florenz) so ausdrücklich vorzuhalten für gut fand, daß ich zu früh veröffentlicht habe. Wie sehr, sehr recht hatte er damit«. – Wir müssen uns gegenwärtig halten, daß in weiten Kreisen von Rilke-Verehrern es gerade *diese* ›frühen‹ Gedichte sind, die seinen Ruhm und seine Beliebtheit ausmachen. Auch das Büchlein, das ihm so überraschend zu einer plötzlichen Popularität verhalf und das heute für viele das einzige ist, das sie von ihm kennen, ›Die Weise von Liebe und Tod des Cornets Christoph Rilke‹, ist im Jahre 1899 entstanden, und später betont er immer wieder, daß dieses Werk ihm nicht nahesteht. – »In einer Nacht, einer Herbstnacht vor fünfundzwanzig Jahren, hingeschrieben, stellt diese Arbeit nicht viel mehr vor als

6 Wilhelm Lehmann, Goethes Geschichtsauffassung, S. 60.
7 Ebenda, S. 60.

eine Improvisation; sie bestünde schlecht vor meinem heutigen Urteil. – Der ›Cornet‹ hat, wenn man ihm *ein* Gutes zugeben will, eine eigentümliche Bewegtheit für sich, eine Unaufhaltsamkeit im Hin- und Vorübergehen seiner Rhythmen –: das möchte sein einziger Vorzug sein ... dieser Drang, dieser Zug, dieser *eine* große fliegende Atem vom Anfang zum Ende«. Damals, 1924, als er diesen Brief schrieb, hat er sich dann doch bereit gefunden, einem jungen Mädchen auf seine Bitte in ein Exemplar des ›Cornet‹ ein paar Verszeilen einzuschreiben, die allerdings der distanzierenden Haltung in gleicher Weise wie die Briefstelle Ausdruck geben:

> Es muß wohl sein, daß jugendlicher Schwung
> zu Jugend spricht ...

Im Innesein der Unvergänglichkeit alles wirklich einmal Erlebten beschwört er, an Hand des ›Cornet‹, die eigene Jugend und Kindheit als etwas immer Gegenwärtiges, und so wird das zur Brücke für die Bitte des Mädchens, ihr das Büchlein zuzueignen.

Als der ›Cornet‹ während des Krieges mehrmals melodramatisch komponiert und jedesmal mit ungeheurem Erfolg aufgeführt wurde, verstieg sich Rilke gelegentlich zu dem komischen Stoßseufzer, wie doch der junge Cornet sich zu solch einem säbelrasselnden Feldwebel ausgewachsen habe.

Werner Kohlschmidt: Rainer Maria Rilke (1948)

In jenem schöpferischen Herbst in Schmargendorf, der zwischen den beiden Rußlandreisen lag, entstand auch das kleine Werk, dem Rilke dasjenige, was man an ihm überhaupt Popularität nennen kann, verdankt: ›Die Weise von Liebe und Tod des Cornets Christoph Rilke‹. Rilke selber hat den Siegeszug, den es später als Inselbuch antrat (der übrigens zu einem guten Teil wohl der Aufgeschlossenheit der Jugendbewegung für diese Jugenddichtung zu danken ist),

mit einer Mischung von Genugtuung und Selbstironie begleitet. Er maß dem ›Cornet‹ nicht das Schwergewicht bei,
um von ihm aus besonders gern das Fundament seines Ruh-
mes zu datieren.

Er hatte guten Grund dazu. Das Erzeugnis »einer Sturmnacht« im Oktober 1899 ist aus einer Chroniknotiz entwickelt, die Rilke unter den nachgelassenen Papieren seines
genealogisch so sehr bemühten Onkels Jaroslav begegnet
war. Während das Rußlanderlebnis nur sehr allgemein darin nachzittert, etwa in der Weite der Steppe und der ver-
wandelnden Macht, die sie auf den zum fernen Heere reitenden Junker ausübt und indirekt wohl auch durch die
begründende Funktion des menschlichen Werdens und Reifens, liegt der enge Zusammenhang mit der Familienlegende
klar auf der Hand. Der junge 18jährige Sproß der sächsischen Seitenlinie jener ausgestorbenen Kärntner Rüleckes,
auf die der Dichter so gerne die eigene Familie zurückgeführt hätte, ist die mehr mythische als historische Verkörpe-
rung dieses von drei Rilke-Generationen gehegten Lieblings-
gedankens.

Es ist neben andern auch der Versuch, auf dichterischem
Wege jenen Adelsnachweis zu führen, dessen historische
Grundlagen so fragwürdig waren und heute noch minder
wahrscheinlich erscheinen als damals. Rilke blieb zeitlebens
ein Romantiker des Blutes in diesem Familiensinne und hat
seinen Mythos noch in seinem Altersstil in den ›Duineser
Elegien‹ und in den ›Sonetten an Orpheus‹ in sein spätes
Weltbild sinnvoll einzubauen versucht. Die historische Gestalt der Chroniknotiz, den Cornet, hat er später immer
wieder rundweg als einen Vorfahren bezeichnet. So ist der
persönliche Zusammenhang des Dichters mit diesem seinem
später so berühmten Frühwerk unter andern auch der jugendliche Mythos seiner Abstammung, der Versuch, die eigene Existenz über dieses Glied zurück an unvordenkliche
Zeiten, an eine Urabstammung anzuschließen, aus deren
langer Kette heraus er allein die eigene Existenz deuten

zu können glaubte. Erst über diesen Umweg des Familien-
mythos führte für ihn der Weg vom Ich zur Einbettung
in Menschheit und Welt. Dies verrät sich bloß im ›Cornet‹
am deutlichsten.

Aber der ›Cornet‹ wurde ihm unter den Händen zugleich
zu mehr als dem legendären Vorfahren und der Herstellung der Traditionskette des eigenen Ich mit der Geschichte.
Und hier ist das Dichterische zu suchen, das trotz aller
Einwände, die auch der Dichter selber später gegen sein
Jugendwerk vertrat, seinen Reiz und seine fast magische
Wirkung auf junge Menschen bis heute ausmacht. Es ist
genau das, was Rilke bis in seine Spätzeit mit dem Kind-
heitsmotiv verband, mit den werdenden Menschen, die vor
den Toren des Lebens stehen und die aus der Rätselhaftigkeit
ihres sich selbst noch nicht begreifenden, noch vor- oder
erst halbbewußten Daseins eben ins Leben hinein zu erwachen beginnen (sofern sie nicht im Zustand der jungen
Toten die Enträtselung ihrer Chiffre finden).

Fast noch mehr – und auch das ist für Rilke bezeichnend
– als der vor den Toren des Lebens stehende Jüngling
zieht ihn dabei die Gestalt des Mädchens und *der* Liebenden
an. Mädchenlieder gibt es bei ihm in diesem Sinne von
der Frühzeit bis in die ›Sonette an Orpheus‹ hinein. Die
entscheidende Voraussetzung für diese Motivik war nicht
so sehr psychologisch, obwohl auch dies mitspricht, als vielmehr existentiell. Für Rilke war das menschliche Lebens-
und Schicksalsgeheimnis in der Lebensphase des eben zum
Bewußtsein erwachenden jungen Menschen auf dichteste und
innigste Weise, schön und unschuldig zugleich und doch schon
mit dem Schmerz der Spannung durchdrungen, verkörpert.
In ihr vereint sich die noch glückliche Dumpfheit des ursprünglichen kindlichen Welteinverständnisses mit jener ersten Weltverarbeitung, die im Leid und Glück der Begegnung einer noch unverstörten und ganzen menschlichen Existenz mit dem Außer-Ich, mit Welt und Schicksal, beschlos-
sen liegt.

Für diese echt Rilkesche Problemstellung ist die Gestalt des Cornets eine paradigmatische Figur. Sinn dieses Schicksals, das sich in den letzten Lebenswochen dieses jungen Menschen zusammenballt, der von seiner sächsischen Heimat zum kaiserlichen Heere in den Türkenkrieg zieht, ist einzig und allein die dichterische Darstellung des geheimnisvollen Werdens des Menschen, menschlicher Existenz überhaupt am Beispiel des Übergangs vom Knaben zum Mann.

Dies Anliegen ist es, das den ›Cornet‹ noch immer, so befremdlich es zunächst klingen mag, auch mit der Problematik des Rilkeschen Spätwerkes verbindet. Denn auch dort ist das Paradigma menschlichen Existierens, um das es Rilke, wenn auch auf andrer Ebene, ausschließlich geht, noch immer vorzugsweise das Kind, der Jüngling, das Mädchen. Es ist dies auch jene Rilke verbleibende Problematik, die ihn nach rückwärts anschließt an die Überlieferung der deutschen Romantik, und zwar die schon von Novalis ausgehende. Dies mag auch zugleich erklären, warum der ›Cornet‹ so besonders von allen Rilkeschen Werken als eine moderne Variation zu einem romantischen Thema erscheint und stets auch von der Jugend vor allem romantisch verstanden worden ist. Dies romantische Verständnis ist in der Tat hier ein legitimes, im Gegensatz zu der romantisch mystischen Deutung des ›Stundenbuches‹, die, wie wir sahen, auf einem sentimentalen Mißverständnis beruht.

Ein Mißverständnis freilich ist von den Zeiten der Jugendbewegung an bei der Deutung des ›Cornet‹ mit unterlaufen: das vaterländisch soldatische. Es liegt dies genau auf derselben sentimentalen Ebene wie jene andere Stundenbuch-Mißdeutung. Weder hat der Krieg, in den der Cornet zu ziehen im Begriff steht, etwas Vaterländisches noch das Symbol der Fahne, das besonders gegen Schluß des Werkes einen so augenfälligen Platz gewinnt. Der Krieg ist im ›Cornet‹ vielmehr lediglich die angemessene Form der Bewährung für ein adeliges Ich. Alles zielt darauf ab:

das wochenlange Reiten, die Strapazen, die Erfahrungen der Kriegswirklichkeit wie des Toten oder der nackten gefesselten Frau, jede Berührung und jeder Umgang mit den anderen ›Soldaten‹, nicht eine kriegerische Sache zu feiern, sondern den Krieg als die hier vom Schicksal aufgegebene Form der Lebensverwirklichung des Knaben im ersten Akt des Mannestums darzustellen.

In diesem Sinne ist das Motiv des Krieges völlig untergeordnet dem Problem des menschlichen Werdens. Es ist ein extrem individuelles Symbol, kein heroisches. Genau so verhält es sich mit der schließlichen Verdichtung dieses Symbols im Bild der Fahne. Auch dieses hat nichts mit einer bestimmten Kriegspartei zu tun noch mit einer konkreten Volkssache, die zu vertreten wäre. Es ist ein durchaus romantisches Mißverständnis, etwas Körnerisches oder Schenkendorfisches hineinzudeuten, wie vielfach geschehen ist. Das Symbol der Fahne hat damals bei Rilke schon so wenig zu tun mit dem Körnerschen Anruf »Du Schwert an meiner Linken« wie in den beiden Fahnen-Gedichten des späteren Rilke, dem von 1914 und dem französischen Gedicht ›Le Drapeau‹, das sehr bezeichnender Weise eins der ganz wenigen europäischen Gedichte von Format sein dürfte (mir ist kein anderes bekannt), wo im Symbol der Fahne nicht mehr die Idee des Vaterlandes, sondern die des Völkerbundes mythisiert wird. Wie in dem an Hölderlin orientierten Fahnen-Gedicht vom Kriegsausbruch 1914 die Fahne Symbol des »Herzens«, des »heimlichen Dings« ist, also einen Zustand der höchsten menschlichen Konzentration und Innerlichkeit darstellen soll, so stellt sie im ›Cornet‹ ein noch mehr ästhetisch gefaßtes Symbol der erreichten Lebenswirklichkeit dar. Sie ist nicht umsonst wie auch in der Weltkriegshymne als Geliebte angesprochen (im ›Cornet‹: »wie eine weiße, bewußtlose Frau«). Und nicht umsonst schließt der ›Cornet‹ mit jenem so völlig ästhetisch genommenen Tode »unter seiner langsam verlodernden Fahne«, der ihm im letzten Lebensaugenblick »Buntes«, »Gärten« und in der

Realität der sechzehn ihn zerfetzenden Türkensäbel »eine lachende Wasserkunst« vorspiegelt.

Denn wozu diente das dichterische Bild dieses in so kurze Zeit zusammengeballten menschlichen Werdens, wenn ihm gerade diese Form des Endes bestimmt war? Eines Endes in der Form einer durch den Tod aufs höchste konzentrierten ästhetischen Vision oder, anders ausgedrückt, eines Endes im reinen und unbedingten dichterisch Illusionären? Reiten, Strapazen, Begegnung mit den Kameraden, Verwandlung der Kindheit und des Bildes der Mutter in der Erinnerung, Erfahrung der Grausamkeit des Lebens in den Spuren des Feldzuges, das Fest im Schlosse und die Liebesnacht mit der Gräfin – alles ist nur dazu da, um dem bisher noch in sich geschlossenen Knabentum des Cornets Welt und Schicksal einzubeziehen und es so reif zu machen zum Augenblick der höchsten Lebensfestlichkeit im Tode.

Denn darauf allein zielt deutlich alles ab: um den Tod als höchste Lebensfestlichkeit, als unbedingten dichterischen Augenblick erfahren zu können, mußte diese ganze Welt vom Kindheitsabschied über die Liebesnacht bis zur Fahne erfahren und angeeignet werden. Das Motiv des ›Cornets‹ ist Selbstverwirklichung einer reinen Individualität, zu der auch der festliche Tod als höchste Steigerung gehört. So gesehen ist die Gestalt des Cornets keineswegs Symbol des jungen Soldaten und Kriegers, sondern eher als dieses Symbol der Verwirklichung eines vom Tode geweihten unbedingten dichterischen Augenblicks.

Selbst C. F. Meyers Pagenschicksal, mit dessen Tendenz, das Leben in einem höchsten dichten Wirklichkeitsaugenblick zusammenzufassen, der identisch ist mit dem Todesaugenblick, Rilkes ›Cornet‹ gleichläuft, ist breiter und vitaler angelegt als die dichterische Festlichkeit des Todesaugenblickes von Rilkes ›Cornet‹.

Der junge Rilke ist hier (trotz des Stilunterschiedes) Hölderlins symbolischer Verdichtung des Daseins in der Wirklichkeit des dichterischen Existierens, jener Bitte an die

Götter »nur einen Sommer gönnt ihr Gewaltigen mir ...« verwandter als dem Vitalismus C. F. Meyers und Jacob Burckhardts. Diese Beziehung auf die künstlerische Selbstverwirklichung aber hat nichts oder doch nur sehr wenig zu tun mit der Symbolik des jungen Kriegers. Dies ist vielmehr die Form des sentimentalen Mißverständnisses, die eine politisch romantische Fehldeutung des Rilkeschen Jugendwerkes ist.

Gerade von dieser Möglichkeit der Mißdeutung aus löst sich auch das Problem der eigentümlichen Zwischenform, die dem ›Cornet‹ eignet.

Wilhelm Dilthey hat einmal Novalis' großartiges Fragment ›Die Christenheit oder Europa‹ eine dichterische »Unform« genannt. Genau das gleiche ließe sich von Rilkes ›Cornet‹ sagen, vor allem, wenn man ihn formal in jenem balladenhaften Sinne mißversteht, der der inhaltlichen Mißdeutung in der Richtung auf das Heldische entsprechen würde. In der Tat wäre von hier aus nur wenig, d. h. im wesentlichen Historisches zu retten. Der ›Cornet‹ stellt dann eine Zwischengattung dar, in der sich Lyrisches und Episches auf eine zunächst nicht durchaus erfreuliche Weise miteinander kreuzt. Er besteht aus einer Abfolge von Impressionen, deren jede ein in sich abgeschlossenes Bild abgeben soll. Es ist ein äußerst betonter Prosarhythmus, der dem Stimmungsgehalt sich anpassend diese Bilder zunächst regiert.

Einmal wirkt er mehr episch, einmal mehr lyrisch, während der Wortschatz überwiegend der einer sehr nuancierten Sentimentalität ist. Eine dumpfe Schwermut und verhalten süße Traurigkeit liegt über dem allen. Seit der Begegnung mit der Armee tritt ohne rhythmische Absetzung, also bei bewahrtem Prosaschriftbild, der Reim hinzu, hier ein sozusagen wildes und festlich verzücktes Klangmoment, an entsprechenden Höhepunkten der Handlung unversehens eingesetzt. Das hat seinen Sinn, denn von da an tritt ja auch die Leidenschaft ins Spiel, erst als Erfahrung an andern, dann als eigene Erfahrung des Cornet.

Diese impressionistisch schmiegsame Formauflockerung finden wir in der Zeit nicht bei Rilke allein. Der Versuch, Prosa als Prosa bestehen zu lassen, aber durch verborgenen Rhythmus und Reim dem Gedicht anzunähern, war schon eines der hohen Formenspiele, in denen die Romantik sich gefiel, übrigens häufig mit ironischem oder selbstparodistischem Einschlag. Es war einer ihrer Versuche, die heimliche Universalpoesie laut werden zu lassen, die verborgene Lyrik auch der scheinbaren Prosa aufzudecken. Aber diese gemischte Form und Zwischengattung hatte auch der zum Impressionismus sich differenzierende Naturalismus aufgegriffen, aus wesentlich anderen Gründen. Johannes Schlaf etwa in seinen lyrischen Skizzen ›In Dingsda‹ und ›Frühling‹, ferner Max Dauthendey mit schon symbolistischer Tendenz. Die Neigung lag also in der Zeit und war begreiflich. Sobald der Naturalismus sich so weit differenzierte, daß er nicht nur die grobe Wirklichkeit, sondern auch den nuancierten Eindruck seinem Darstellungswillen einbezog, mußte er Prosarhythmus und Lautmalerei, unter Umständen bis zum Reime, seinen Formmitteln einbeziehen.

Es war formgeschichtlich jene Stelle des Übergangs, an der der Naturalismus Impressionismus wurde und damit auch mit romantischen Formen wieder zu paktieren begann. Übrigens gelangte auch der Symbolismus auf umgekehrtem Wege zu solchen Zwischenformen. Sofern er nämlich nicht unbedingt magisch auftrat, sondern mit dem Anspruch, gewisse Errungenschaften des Naturalismus auch sprachlich noch festzuhalten. In diesem formgeschichtlichen Zusammenhang nun steht auch die »Unform« des ›Cornets‹. Aber das erklärt noch nicht das Geheimnis ihrer Wirkung, dem doch eine unbestreitbare Geschlossenheit zugrundeliegt. Nur dürfen wir diese weder von den literarhistorischen Umständen noch von der Suche nach einer heroisch epischen Neuform ableiten, auf die der sentimentale Deuter des ›Cornet‹ notgedrungen verfallen muß, der in ihm einen Heldenmythos sieht.

Gerade von diesem Gesichtspunkt aus bliebe der Charakter einer Zwischenform, die weder Lyrik noch Epik ist, bestehen. Das Geheimnis der geschlossenen Stilwirkung des Rilkeschen Jugendwerkes erschließt sich nur dann, wenn man auf das Balladeske verzichtet und als Sinn der Form eben jene Darstellung des lyrisch verdichteten Werdens einer in zusammengeballter Handlung sich voll verwirklichenden menschlichen Existenz ansetzt. Die differenzierte, Eindruck um Eindruck sich anpassende Form der Bilder, Erfahrung um Erfahrung diesem werdenden Ich zueignend, mit der Fülle und Bewegtheit der angeeigneten Welt Schritt haltend, aus der Dumpfheit noch halbkindlicher Vorbewußtheit ansteigend zu der Festlichkeit eines Todeserlebnisses, das zugleich die Stufe einer zur höchsten Bewußtheit erweckten dichterischen Phantasie ist – alles dieses fordert eine folgerichtig impressionistische Form.

Diese ist weder identisch mit den Voraussetzungen der romantischen Formauflockerung im Spiel noch mit denen des nach romantischer Nuancierung verlangenden Naturalismus. Sie trägt ihr Formgesetz in sich: das der abnehmenden Dumpfheit und der zunehmenden Leidenschaft, des von Erfahrung zu Erfahrung sich tragen lassenden und darin sich bildenden Schicksals und der höchsten Verdichtung des Lebensgefühls im Todesaugenblick. Hierin ist der Cornet aus einer Welt mit Hofmannsthals ›Tor und Tod‹. Und wie dieser eine neue dramatische Form bedeutet, so bedeutet der ›Cornet‹ deren Entsprechung in einem epischen Stil, der notwendig die Differenziertheit des Seelischen in einer Affinität zum Lyrischen zum Ausdruck bringt, die dem dramatisch-lyrischen Stil Hofmannsthals entspricht. Auch dessen Gestalten begegnen ihrem magisch aufgefaßten Dasein und Schicksal als Impressionisten. Rilkes ›Cornet‹ ist von derselben Art. Und die Form, in der sich eines solchen Menschen Begegnung mit Leben und Schicksal ausspricht, muß, dramatisch oder episch, immer zugleich in sublimerem Sinne auch lyrisch-impressionistisch sein. Hier liegt die Einheit von

Form und Gehalt des ›Cornet‹, der Schlüssel für die Wirkung, die er stets ausgeübt hat. Der Mythos des menschlichen Werdens in einer erwachenden und noch nirgends starren Seele hat seine ebenso wenig starre und vorgeprägte, aber überall die werdende Prägung andeutende Form gefunden.

In dieser seiner dichterischen Einheit, die die Form ebenso wie die Problemstellung widerspiegelt, schließt sich der ›Cornet‹ enger als an die Rußlandreisen an das Florentiner Tagebuch von 1898 an, von dem er gewisse entscheidende Gedankengänge geradezu in die dichterische Form umzusetzen scheint. Wie das ›Stundenbuch‹ und die ›Geschichten vom lieben Gott‹ die dichterische Form für die Tagebuchreflexionen um den Gedanken von Gott als »das älteste Kunstwerk«, das die alten Völker »aus Sehnsucht« gebildet haben, das man schöpferisch »machen« kann, darstellen, so stellt der ›Cornet‹ auch die dichterische Gestaltung der Reflexionen über die Kunst dar, die sich im Tagebuch vorfinden. Der Schluß des ›Cornet‹ ist, wie wir sahen, keine Heldentat, sondern eine besessene Selbstverwirklichung einer zugleich welt- und todestrunkenen Individualität, ohne Blick nach rechts oder links.

Das entspricht durchaus dem Gedanken über die absolute Selbstgenugsamkeit von Kunst und Künstlertum im Florentiner Tagebuch. Jenen Gedanken, die in der Formulierung ihre Zugspitzung finden, daß »unsere Kunst nur dem Künstler selbst Erlösung werden kann und daß nur ganz wenige Eingeweihte, welche in diese Mysterien sehen, daran mit ihrer Freude teilnehmen können«.

Dieser äußerste Aristokratismus jener Zeit ist es auch, der stärker, als die religiöse und soziale Geste auf den ersten Blick erkennen läßt, die kostbaren Goldgrundilluminationen um Gott im ›Stundenbuch‹ bestimmt und sie zu einem erlauchten künstlerischen Selbstgenuß stempelt. Er ist es auch, der die ästhetisch sublime Spielweise der ›Geschichten vom lieben Gott‹ letzten Endes hervorgetrieben hat. Man wird mit einem sozialen Rilke jener Zeit ebenso wenig sein Wesen treffen wie mit einem religiösen oder heldischen. Diese Bereiche sind vielmehr der dichterischen Sprache einbezogen, um die Allmacht der künstlerischen Individualität in ihrer Bezogenheit auf das Weltganze herauszustellen. Sie sind analogisch und nicht eigentlich gebraucht. Diese Ausdehnung auf das Weltganze ist es, was man in Florenz und Viareggio 1898 sich begründen sieht und dessen künstlerische Verwirklichung als der eigentliche Ertrag des Rußlanderlebnisses anzusehen ist. Der »Nachbar Gott« und die Brüderlichkeit der Dinge – das sind die Metaphern für jenen Versuch, das schöpferische Ich mit Welthaltigkeit auszustatten.

Noch in Worpswede, in dem 1902 erschienenen Prosaband ›Die Letzten‹ legt Rilke im ›Gespräch‹ genau diese seine Ansicht dem Polen in den Mund: »Kunst ist Kindheit nämlich. Kunst heißt, nicht wissen, daß die Welt schon ist, und eine machen«. Das ist die Analogie des Künstlers zu Gott in aller Form. Aber eben hier findet sich auch die Analogie Gottes zum Künstler, folgerichtig in der Linie des Florentiner Tagebuchs wie des ›Stundenbuchs‹: »Daß er kein Künstler war, das ist so traurig. Daß er *doch* kein Künstler war. Darüber möchte man weinen und den Mut verlieren zu allem . . . . Dort muß man anfangen, wo Gott abließ, wo er müde wurde, dort muß man einsetzen«. Dies ist die Apotheose des Menschen als Künstler und der Ersatz Gottes in aller Form durch die Kunst.

Es war ein großartiger, aber letztlich verzweifelter Versuch. Und Rilke hat später selber mit gutem Grund durchschaut, daß ein Weiterdichten in der Art des ›Stundenbuches‹ die Zerstörung seiner künstlerischen Zukunft bedeutet haben würde. Gleichwohl wird man diesen Versuch niemals missen mögen. Stellt er doch den weit über Rilkes Individualität hinaus gültigen Weg dar, auf dem der geistige Mensch um die Jahrhundertwende aus der Verlorenheit einer ganz auf sich gestellten Existenz die Erlösung von seiner Weltangst und Verzweiflung erreichen wollte. Außer beim jungen Hofmannsthal hat er kaum irgendwo so echte und folgerichtige dichterische Form gefunden.

[Anonym:] Rilkes Cornet wurde Vater ... (17. II. 51)

»Ein riesiger Kürassier (er ist später bei St. Gotthardt gefallen) trug die Gräfin aus dem brennenden Schloß. Wie durch ein Wunder gelang die Flucht. Aber man weiß ihren Namen nicht und nicht den Namen des Sohns, den sie bald in anderen friedsamen Landen gebar«.

Dieses ist der Schluß der Urfassung der heute weltberühmten ›Weise von Liebe und Tod des Cornets Christoph Rilke‹, den der Dichter in einer einzigen stürmischen Herbstnacht anno 1899 geschrieben und den er zuerst in der Prager Zeitschrift ›Deutsche Arbeit‹ 1904 veröffentlicht hat. Ein verblüffender und versöhnlicher Schluß, wenn man daran denkt, daß der junge Fahnenträger nicht die Geliebte, sondern die Fahne gerettet. Dem Heldentum und dem Heldentod mit flatterndem Haar entgegenstürmend, das größte menschliche Erlebnis seiner jungen Jahre wie ein lästiges Kleidungsstück hinter sich lassend und die Frau, die ihn die Liebe gelehrt, dem Feuer ausliefernd! Die erste, unverwässerte und unverbesserte Niederschrift dieser unbestreitbar genialen Ballade, die junge Menschen in ihrer großartig leuchtenden Bildhaftigkeit immer neu hinreißt, hat der Insel-Verlag zwei Jahre nach Rilkes Tod, also 1928, in nur 525 handnumerierten Exemplaren als Faksimiledruck auf feinstem handgeschöpften Büttenpapier ein einziges Mal vorgelegt. Es ist daher begreiflich, daß nur wenige die Urform dieses zügig und, für Rilke bezeichnend, ohne Unterbrechung hingeschriebenen Gedichts bis heute kennen.

Es ist selbstverständlich, daß im Großen all das bereits in der ersten Form des Gedichts enthalten ist, was ihm seinen Zauber verleiht, den Glanz und die jugendliche Glut seiner

Aussage. Alles Dinge, die Rilke später genau so verleugnete, wie er das mit seiner ganzen Jugendproduktion, hinauf bis zum ›Stundenbuch‹, getan hat. Selbst da hat er 1913 an Werfel geschrieben, daß er so, wie in diesem Buch, unendlich weiterzuschreiben imstande gewesen wäre. Er wunderte sich über den Erfolg und die vielen Auflagen des ›Cornet‹. Wer Rilke wirklich kennt, muß ihm irgendwie recht geben, denn die Distanz von dieser Dichtung zu den ›Neuen Gedichten‹ bereits, geschweige denn zu den Elegien und Sonetten ist unüberbrückbar.

Der Dichter muß in jener Nacht so vehement von der Gestaltung der einmal angeregten Idee gepackt gewesen sein, daß er nicht den genauen Text der Chronikstelle, die ihn angeregt hatte, voranstellte, sondern einen bis zu den Namen reichenden ungenauen, gekürzten. So steht hier ein Appel für den beliehenen Otto Rilke, der Cornet heißt Otto und nicht Christoph. Vor der ersten Drucklegung als Buch hat Rilke später die richtige Stelle mit den richtigen Namen vorangesetzt. Doch wäre dies eigentlich, in Anbetracht der Dichtung, gleichgültig, wie es auch gleichgültig ist, ob jener Christoph ein direkter oder indirekter Vorfahre des Dichters gewesen ist.

Einige wesentliche Änderungen des Ursprünglichen, um die es schade ist, mögen verzeichnet werden: Als der kleine Marquis bei der Trennung vom Cornet diesem als Talisman ein Rosenblatt mitgibt, heißt es in der ursprünglichen Niederschrift: ». . . legt er den fremden Frühling unter den Waffenrock« (später: ». . . schiebt er das fremde Blatt«). – Ballade in der Ballade ist jener Abschnitt, wo der junge Fahnenträger sich von der an der Raab liegenden Kompagnie löst, in den Abend hineinreitet, ein gefesseltes Mädchen von einem Baum befreit und in die Nacht jagt, »blutige Schnüre fest in der Faust«. Hier ist die dann verknappte Landschaftsschilderung Rilkes ein Gedicht für sich. Sie lautet: »Heißer Abend. Glanz bricht über das Land herein, von allen Seiten zugleich. Die Heide fängt Feuer, als ob sie plötzlich hundert brennende Hände zum Himmel streckte. Und der Mond wird rasch reif in dieser Glut. Er rollt aufwärts, ganz groß, ganz roth«. Dramatisch und doch lyrisch entfacht sich nun das atemlose Gespräch zwischen dem jungen Reiter und dem entblößten Mädchen, von dem der Dichter sagt: »Und hat die Nacht in den Augen, das braune Mädchen und den Abend im Nacken, wie einen Mantel«. Breiter, aber großartig ist der Augenblick der Befreiung geschildert: »Heftig durchhaut er die Schnüre, die an den Füßen zuerst, dann die an den Handgelenken, die warm sind vom ungeduldigen Blut. Und zum Schluß erlöst er die Brust. Und fühlt über seine Finger das erste Aufathmen schlagen, wie eine landende Welle . . .« (Endgültig dann: »Und er springt hinab in das schwarze Grün / und durchhaut die heißen Stricke; / und er sieht ihre Blicke glühn / und ihre Zähne beißen«). Während des Festes in dem Schloß: »Ein Willigwerden jenen stillern Winden, die wie die Flügel fremder Blüten sind . . .« (Endgültig: »und ein Sich-Wiegen in den Sommerwinden, die in den Kleidern warmer Frauen sind«). Während der Liebesnacht mit der Gräfin: ». . . Und steht da, jünglingsnackt im Gefühl, neu, schlank« (Endgültig: »Und nun ist nichts an ihm. Und er ist nackt wie ein Heiliger. Hell und schlank«). In der Turmstube: »Sie haben das Licht in die Thurmstube gerettet. In den Augen haben sie's mitgebracht, in den nichtgesagten Worten, in dem dunkeln Schooß ihrer Sehnsucht« (Endgültig: »Aber sie leuchten sich ins Gesicht mit ihrem Lächeln . . .«).

Gotthard de Beauclair: Vom Alleinsein (1951)

Kurz bevor der Empfänger unseres Briefes – ergänzen wir – im Kriegsjahr 1915 von Berlin aus zum Militärdienst eingezogen wurde, erwartete man Rilke im dortigen Hotel Esplanade zu einer Aufführung seines ›Cornet‹. Der junge Jomar Förste, Zeichner und Architekt, der in Pfemferts ›Aktion‹ auch gelegentlich mit Versen hervorgetreten war, hatte ihm zum Gruß vorher eine Zeichnung abgegeben. Rilke, den die Dramatisierung seines lyrischen Prosastückes befremdete, erschien nicht, konnte aber den Empfang der Gabe später bestätigen.

Wolfgang Schneditz: Rilkes letzte Landschaft (1951)

Der Ur-Cornet

Der Spätherbst 1899 war für Rilke die ergiebigste Zeit seiner frühen Jahre. Schaffenspsychologisch findet er seine Entsprechung im Feber 1922, im Sturm der ›Duineser Elegien‹ und der gleichzeitig in unglaublicher Schnelle emporschießenden ›Sonette an Orpheus‹. Was damals aber dem vierundzwanzigjährigen Rilke unter seinen schaffenden Händen erwuchs, hat mit dem Späten, Eigentlichen des Dichters wenig oder gar nichts zu tun. Trotzdem wird es auch in künftigen Zeiten wie ein Wunder anmuten, zu vernehmen, daß die ›Weise von Liebe und Tod‹ in einer einzigen, sturmbewegten Nacht zu Papier gebracht worden ist.

In seiner ursprünglichen Fassung hat die längst verschollene Zeitschrift ›Deutsche Arbeit‹ in Prag den ›Cornet‹ 1904 zuerst veröffentlicht. Dann ist er in den Axel-Juncker-Verlag gewandert, bereits in der heutigen Gestalt, um bald danach einen Siegeszug des Erfolgs, der sich nach außen hin in unglaublich hohen Auflagenziffern manifestierte, als Insel-Buch anzutreten. Die Meisten, die Rilke zu kennen glauben, setzen ihn mit dieser Dichtung, einer herzlichen, unverfälschten, jugendlich inbrünstigen Ballade voll dichterischer Schönheit und Tiefe, gleich. Für sie geht die Gleichung Rainer Maria Rilke – ›Cornet‹ auf. Sie fragen nicht nach weiterem, mag ihnen noch das eine oder andere frühe Gedicht, vielleicht sogar stellenweise das ›Stundenbuch‹ im Ohr klingen. Den eigentlichen Rilke kennen die nicht. Aber eines bewirkte dieses Gedicht, dem Rilke schon zur Zeit der ›Neuen Gedichte‹ – wie wäre es auch anders möglich gewesen! – fremd und befremdet gegenüberstand, nämlich Entzücken und Begeisterung der Jugend zu wecken und viele junge Männer bis zum letzten Augenblick in beiden Weltkriegen zu begleiten, sie für etwas unvergänglich Schönes, in all dem Furchtbaren rund um sie, zu entzünden.

Eine ganz und gar un-Rilke'sche Wirkung, eine Wirkung die sich vom Schöpfer der Dichtung selbständig machte. Geradeso, wie sich die Einordnung der ›Weise von Liebe und Tod‹ in die klassische Dichtung der Deutschen, die lange schon geschehen ist, ganz von selbst und ohne jedes Zutun von außen vollzogen hat.

Rilke kümmerte sich insofern um den ›Cornet‹, als er ihn nicht komponiert wissen wollte – trotzdem geschah das bereits zweimal –, auch nicht illustriert. Er wußte, daß eine unfaßliche Fülle an Wortmusik und Bildern in diesem Gedicht enthalten ist. Musik und Illustration aber konnten hier nur verzerren, umdeuten, verwässern und irreführen. So wird es auch verständlich, daß Katharina Kippenberg, viele Jahre nach Rilkes Tod, die leise Anfrage Alfred Kubins, dem ›Cornet‹ die Begleitmusik seiner unübertrefflichen Zeichenkunst angedeihen zu lassen, freundlich aber entschieden, den Wunsch des Verstorbenen entgegenhaltend, ablehnte. Und wenn jemand das unheimliche Drängen, die zeitweise Gespenstik der ›Weise‹ im Zeichnerischen hätte ausschöpfen können, so wäre natürlich kein anderer als Kubin dazu berufen gewesen.

Der Ur-Cornet, um wieder zu ihm zurückzukommen, blieb verschollen. Ja, man ahnte in eingeweihtem Kreis nicht einmal mehr sein Vorhandensein und daß er in vielem abweichend war von der endgültigen Fassung. Da legte ihn der Insel-Verlag zu Leipzig 1928 noch einmal auf. In einer kleinen, geschmackvoll-bibliophilen Gestaltung und nur 525 handnumerierten Exemplaren. Als Faksimile-Druck, auf feinstem, handgeschöpften Büttenpapier, handgebunden, ohne

Titelblatt im genauen Format des ursprünglichen Heftes, in welches er eingeschrieben. Man las voll Ergriffenheit das trotz aller Hast mit erstaunlicher Ruhe in der Schrift niedergelegte Poem, das kaum die Ausbesserung eines kleinen Wortes aufweist. Ein geglückter Beweis für das intuitive Schaffen des Genies. Ein Kupferstich der Zeit in gelblichbrauner Tönung zeigt, anstelle des Titelblattes, eine »rasende Reiterei«.

*

Ein riesiger Kürassier (er ist später bei St. Gotthardt gefallen) trug die Gräfin aus dem brennenden Schloß. Wie durch ein Wunder gelang die Flucht. Aber man weiß ihren Namen nicht und nicht den Namen des Sohns, den sie bald in anderen friedsamen Landen gebar.

Dieses ist der Schluß der Urfassung. Ein verblüffender, ein versöhnlicher Schluß auch, wenn man daran denkt, daß im endgültigen Gedicht, wie es die Allgemeinheit, der Leser heute, kennt, der junge Fahnenträger nicht die Geliebte, sondern die Fahne rettet, vom hohen Pflichtbewußtsein alten Soldatengeistes erfüllt. Die Fahne wiegt ihm natürlich weit mehr als ein Mensch, als eine Frau, mit der er gerade sein erstes, heißes Liebesabenteuer erlebt! Wie anders wäre es denn möglich, wo man ihm bereits als Knaben eingedrillt hatte, daß der Mensch nichts gilt vor dem Feind, in der Schlacht. Heldentum und Heldentod in strahlendem Fanal mit weithin leuchtendem Blondhaar entgegenstürmend, das größte und innigste Erlebnis seiner kaum erblühten Jünglinghaftigkeit wie ein lästiges Kleidungsstück hinter sich lassend und die Frau, die ihn die Liebe gelehrt, dem Feuer ohne jedes Gefühl für sie überlassend. Was Ritterlichkeit, was Gewissen, was Forderung des Herzens! Ritterlichkeit der Fahne gegenüber, soldatisches Pflichtbewußtsein, sie allein sind das Gebot der lodernden Stunde ...
Auch der Ur-Cornet hat die mitreißende Zügigkeit, die atemberaubende Dichte, die Atemlosigkeit der Schlußereignisse wie dann der endgültig gestaltete. Im Großen ist die

Form des Gusses natürlich erhalten. Vom Zauber und Glanz des Gedichtes wurde auch später nichts genommen. Manches nur anders gesagt als zuerst. Die Glut der Aussage hat an einigen Stellen noch intensivere Hitze erfahren.

Rilke muß in dieser Sturmnacht des Jahres 1899 derart vehement von der Gestaltung der einmal gefaßten Idee, vom Thema des ›Cornet‹ gepackt gewesen sein, daß er nicht einmal den genauen Text der Chronikstelle, die ihn angeregt hatte, voranstellte, sondern einen sogar die Namen einbegreifenden ungenauen und gekürzten. So steht in dem zuerst Niedergelegten ein Appel Rilke für den beliehenen Otto Rilke. Der Cornet heißt dafür Otto und nicht Christoph. Vor der ersten Drucklegung als eigenständiges Buch hat Rilke später die richtige Stelle mit den richtigen Namen vorangesetzt. Doch wäre das letzten Endes gleichgültig, sowie es auch gleichgültig ist, ob jener Christoph ein direkter oder indirekter Vorfahre des Dichters gewesen. Wichtig erscheint in diesem Zusammenhang nur, was Carl Sieber, der nun seit längerem verstorbene Schwiegersohn des Dichters, über den jungen Rilke sagt: »Rilke hat, getreu der Familienüberlieferung, sich stets als ein Glied der Familie des Cornets Christoph Rilke gefühlt, und es ist für uns gleichgültig, ob der Genealoge diesen Zusammenhang anerkennt oder nicht, denn wichtiger als das Beweisbare war für Rilke die innere Zustimmung seines Blutes zu jenen sächsischen und kärntnischen Rilkes ...«. In den Anmerkungen zu seinem Buch teilt Sieber dann noch mit, daß das Leitmotiv zum ›Cornet‹ auf einem »Aktenauszug des Hauptstaatsarchivars Meister aus Dresden vom 19. Juli 1870« beruht. Weiter sagt Sieber: »Rilke hatte 1899 wahrscheinlich die Familienakten seines Onkels Jaroslav mit der Meisterschen Notiz nicht zur Hand, und so kam die Vorbemerkung zustande, die sich im Manuskript der ersten Fassung findet ...«. Auch hören wir noch in eben denselben Anmerkungen, daß der Dichter, als 1906 die endgültige Fassung der ›Weise von Liebe und Tod‹ für Axel Juncker bereit gemacht wurde,

»der Seite mit dem Rilkeschen Wappen in den falschen Wappenfarben Rot-Silber statt Schwarz-Silber die ganz offenbar auf die Meistersche Notiz zurückgehende Vorbemerkung vorausstellte, wie sie sich noch jetzt in der Insel-Ausgabe des ›Cornet‹ findet«.

Im Folgenden seien nun einige wesentliche Abweichungen der Urfassung von der späteren endgültigen, zum Teil auch vergleichsweise, verzeichnet, weil es um sie, ihrer dichterischen Schönheit wegen, schade ist. Denn reich und blühend war Rilkes dichterische Diktion gerade in diesen Jahren, die die Höhe seines Jugendschaffens bezeichnen. Man wird es vielleicht gelegentlich einmal zum Gegenstand einer Untersuchung machen müssen, wie dieser junge Rilke gegenüber dem späteren und späten, dem reifen, während der Lehrjahre bei Rodin zu sich selbst gekommenen Dichter, eine Welt in seinem Werk heraufbeschworen hat, die für sich bestehen kann. Fremd ihrem Schöpfer gegenüber, aber stark und unvergleichlich eigenständig, ohne Beispiel in sich gegründet. Im sprachlichen Ausdruck, der reichen Metaphorik, den eigentümlich mit Prosa verfließenden Versen, der neuen Klanglichkeit, die völlig neuen Klanggesetzen folgt, dem Reiz ihrer unglaublichen Bilderfülle.

Extrem gedacht, hat es auf diese Art zwei Dichter Rilke gegeben, und zwar aus ihm selbst heraus. Der Trennungsstrich zwischen den zwei dichterischen Sphären wird natürlich nach wie vor bei den ›Neuen Gedichten‹ um das Jahr 1906 zu suchen sein. Doch wird man es nicht leugnen können, daß die endgültige Fassung des ›Buch der Bilder‹ bereits Übergänge zu den vorerwähnten Gedichten enthält. Die neue Bildsprache, die neue Gedanklichkeit, die Wandlung der religiösen Innenschau vor allem, das Andringen frischer Probleme, die bald vorhaltig werden, bestürmt den Leser geradezu, liest er nur einige Verse der ›Neuen Gedichte‹, geschweige denn jenen um diese Zeit bereits reifenden einzigen Roman Rilkes, ›Malte Laurids Brigge‹.

Nun zur Eigenständigkeit des Ur-Cornet.

Als der kleine französische Marquis und Christoph Rilke, nachdem sie eine Zeit einträchtig miteinander geritten, Abschied nehmen, gibt der Franzose dem Deutschen ein Rosenblatt als Talisman.

»Dann schiebt er das fremde Blatt unter den Waffenrock«, heißt es in der endgültigen Fassung. Ursprünglich aber stand dafür: »Dann legt er den fremden Frühling unter den Waffenrock«.

Ballade in der Ballade ist der Abschnitt, der beschreibt, wie der junge Cornet sich von der Compagnie, die jenseits der Raab liegt, löst, und allein dahinreitet. Er trifft auf ein gefesseltes Mädchen, das an einen Baum gebunden ist, und befreit es. Hier weichen die beiden Fassungen am stärksten voneinander ab, jede hat ihre eigene Bildhaltigkeit, daneben so manche andere, wesentliche Verschiedenheit. Im Ur-Cornet steht:

Heißer Abend. Glanz bricht über das Land herein, von allen Seiten zugleich. Die Heide fängt Feuer, als ob sie plötzlich hundert brennende Hände nach dem Himmel streckte. Und der Mond wird rasch reif in dieser Glut. Er rollt aufwärts, ganz groß, ganz roth.

Später setzt Rilke für dieses Stimmungsbild, der sich steigernden Atemlosigkeit des Gedichts entsprechend:

Ebene. Abend. Der Beschlag vorn am Sattel glänzt durch den Staub. Und dann steigt der Mond. Er sieht es an seinen Händen.

Lau wie der Abendwind entfaltet sich im ursprünglichen Gedicht das nächste Bild:

Der von Langenau träumt. Trab, trab.
Es ruft ihn ein Baum.
Ruft, wie wund. Trab, trab.
Ruft. Da wacht er auf und erschrickt: Halt!
(...)
Und hat die Nacht in den Augen, das braune Mädchen und den Abend im Nacken, wie einen Mantel.

Impressionistisch weich, verschwimmend in den Konturen einer überflüssigen Lautmalerei, gehemmt durch das fast komische, überflüssige »trab, trab« zuerst, dann durch die sich querstellenden Satzwiederholungen, entrollt sich die an und für sich schaurige Szene, auf die der junge Mann trifft. Hier fand Rilke in der Spätfassung den knappen, aufwühlenden, expressionistisch ausbrechenden Balladenton:

> Er träumt.
> Aber da schreit es ihn an.
> Schreit, schreit,
> zerreißt ihm den Traum.
> (...) und ein junges Weib,
> blutig und bloß,
> fällt ihn an: Mach mich los!

Die Besinnlichkeit eines Erlebnisses, das keine Besinnung erträgt, hält der Dichter auch in der Weiterführung seiner breit ausgemalten Stimmung in der Erstfassung des ›Cornet‹ fest:

Heftig durchhaut er die Schnüre, die an den Füßen zuerst, dann die an den Handgelenken, die warm sind vom ungeduldigen Blut. Und zum Schluß erlöst er die Brust. Und fühlt über seine Finger das erste Aufathmen schlagen, wie eine landende Welle. Und zittert.

Schön sind die Bilder, die sich hier voneinander ablösen, aber das Drängende des fordernden Augenblicks fehlt noch. Man möchte den verträumten Jüngling antreiben. Rilke tut das später mit rasanter Kraft:

> Und er springt hinab in das schwarze Grün
> und durchhaut die heißen Stricke;
> und er sieht ihre Blicke glühn
> und ihre Zähne beißen.

Das fiebrige Glühen des Körpers, das Pulsen des Blutes, das erste Aufatmen, das der Junge wie eine »landende Welle« fühlt – zugestanden ein Bild von seltener Erlesenheit – fügt sich nun in den Satz: »... und durchhaut die heißen Stricke«.

Nun gehen viele Stellen lang die beiden Fassungen der Dichtung parallel bis sich, bei der Schilderung des Festes im Schloß, zwei Bilder voneinander ablösen, deren Schönheit sich genau die Waage hält. Ur-Cornet: »Ein Willig-Werden jenen stillern Winden, die wie die Flügel fremder Blüten sind ...«, endgültig: »Und Ein-Sich-Wiegen in den Sommerwinden, die in den Kleidern warmer Frauen sind«. Abstraktes verwandelt sich in Sinnlichkeit, die der Stunde Rechnung trägt.

Als der Cornet später der Gräfin im dunklen Park des Schlosses begegnet, heißt es zuerst, daß »ihm das Kindsein von den Schultern gefallen ist, dieses weichliche warme Kleid ...«, dann: »... dieses sanfte dunkle Kleid ...« und man möchte der gedanklich präziseren ersten Formulierung den Vorzug geben.

Weiter, im gleichen Zusammenhang, charakterisierte Rilke die Wandlung seines Cornet zum Manne zuerst: »Und steht da, jünglingsnackt im Gefühl, neu, schlank«. Dichter gerät ihm später diese Kennzeichnung, wenn er sagt: »Und nun ist nichts an ihm. Und er ist nackt wie ein Heiliger. Hell und schlank«. »... nackt wie ein Heiliger« betrifft das Unberührte des Knaben, sein lauteres, unwissendes Jünglingsein ganz anders als »nackt im Gefühl«.

Als mitten in die bange Stille des liebe- und schlaftrunkenen Schlosses das unheimliche Knistern des Feuers einzusickern beginnt, ertönt in der letzten Fassung des ›Cornet‹ die Fanfare des rasenden Feuerrufs. Diese neue Situation vorbereitend, belauscht der Dichter zuerst die angespannte Stille, diese wahre Ruhe vor dem Sturm: »Es ist eine unruhige Nacht geworden. Die Thüren schlagen im ganzen Schloß hinter heimlichen Gästen zu, die durch alle Zimmer gehen ...«. So zeigte er diese Ruhe zuerst, behaglich fast. Mit kurzen, peitschenden Fragen knackt er sie später auf: »War ein Fenster offen? Ist der Sturm im Haus? Wer schlägt die Türen zu? Wer geht durch die Zimmer? ...« Jetzt hat er den Ton gefunden, der das lodernde Fanal des Endes vorbereitet, eben jene früher erwähnte Fanfare des rasenden Feuerrufs: »Das sind die Balken, die leuchten.

Das sind die Fenster, die schrein. Und sie schrein, rot, in die Feinde hinein, die draußen stehn im flackernden Land, schrein: Brand«. Ursprünglich aber hieß es: »Noch wälzt das Schloß den rothen Gedanken in seinem Hirn, den ungeheuren, der heimlich reift und die Thore ergreift, bis sie alle schreien: Brand!« Lähmend fast schleicht hier das Drohende in Gestalt des großartig erfundenen »rothen Gedankens« dahin. Dort aber hat es den aufrüttelnden Fanfarenton.

Was nun geschieht, dieses jähe, fürchterliche Erwachen, hatte auch in der ersten Formulierung seinen atemberaubenden Klang:

Was hilft da verrammeln? Jetzt ist es verrathen. Ganz nahe waren Janitscharen. Thaten! Thaten! Thaten! bedarfs. (...) Und im Hof erschrockene Hörner stammeln: Sammeln, sammeln, sammeln ...

Das war schön, wirklich atemberaubend, doch nicht von der Weißglut der endgültigen Verse:

Und mit zerrissenem Schlaf im Gesicht drängen sich alle, halb Eisen, halb nackt, von Zimmer zu Zimmer, von Trakt zu Trakt und suchen die Treppe.
Und mit verschlagenem Atem stammeln Hörner im Hof:
Sammeln, sammeln!
Und bebende Trommeln.

Viel direkter ist die Aussage geworden. In wilder, hinreißender Raffung stellt sich das Programm dar, das sich allen von höchster Gebotstelle der Not anbefiehlt:

Aber die Fahne ist nicht dabei.
Rufe: Cornet!
(...)
Und heraus mit der brausenden Reiterei.

In Schraubenbewegung nach oben, immer höhere Ebenen der äußersten Gefahr erklimmend, bietet sich dar, was nun sich ereignet. Zuerst war's kürzer gesagt, doch lauer, nicht so gewaltig drängend, ja himmelstürmend in letzter Angst:

»Cornet!« Der Cornet fehlt. Zu Pferd! Klirrn! Eile. Schon

schwirrn Pfeile her. Hände, Helme, Hörner, Fluch und Spruch. Rufe: »Cornet!« – Hufe.

Dumpf hielt hier das u den hellen Schrei der verzweifelten Not zurück. Alliterationen, die den frühen Rilke am deutlichsten erkennen lassen (Hände, Helme, Hörner ...) muten als retardierende Spielerei an. Auch das, was nun kommt, hinkte anfänglich:

Der Cornet fehlt. Er läuft mit den Gängen um die Wette, mit den fremden brennenden Gängen, immer die Fahne hoch. (...) Sie sehen nur eine brennende Fahne mitten im Feind und jagen ihr nach.

Der Höhepunkt des dramatisch-balladesken Geschehens ist erreicht und wieder sind es hemmende Ritardandi, die ein volles Entfalten des zur Raserei gewordenen Vorgangs, der sich nun vollzieht, unmöglich machen: Prosa, Wiederholungen, Alliterationen, Fragen, voll Geduld beinahe ... Hier hat Rilke später den drängendsten Einsatz seiner dichterischen Mittel gefunden. Hier braucht das wildentflammte Wort keine Musik zur Begleitung, kein bildkünstlerisches Gestalten. Hier lebt es nur durch sich, aus sich, herrlich frei, ungezügelt und gezügelt zugleich. Es stürmt dahin wie ein edles Pferd im letzten Rennen:

Er läuft um die Wette mit brennenden Gängen, durch Türen, die ihn glühend umdrängen (...). Da brennt ihre Fahne mitten im Feind, und sie jagen ihr nach.

Bleibt als Ertrag der ersten Gestaltung das unvergeßliche Bild: »... wie gepanzert in Licht ...«.

Nun weichen Urfassung und endgültige Gestalt des Gedichts fast ganz voneinander. Voll und schön in seiner nachdenklichen, reichen Farbigkeit entfaltet sich zuerst das Bild:

Der Tag kommt viel zu spät. (...) Der Schrecken umschirmt ihn, und er hat Zeit die bunte Pracht zu schauen unter seiner langsam verlodernden Fahne.

Dieses Bild findet seine annähernde Entsprechung in dem vorletzten Absatz der Spätfassung:

Der von Langenau ist tief im Feind, aber ganz allein. Der

Schrecken hat um ihn einen runden Raum gemacht, und er hält, mitten drin, unter seiner langsam verlodernden Fahne.

Nun aber gleichen sich die in beiden Fassungen folgenden Stellen als Bilder, in der Stimmung und einem hier angebrachten Ritardando fast aufs Haar. Anfänglich hieß es da:

Wie ein Garten ist das, und es ist kein Wind in den Zweigen. (...) Da lacht der Cornet, die Lippen zum Trinken bereit: Ist das das Leben? Und gibt sich ihm hin.

Schließlich:

Langsam, fast nachdenklich, schaut er um sich. Es ist viel Fremdes, Buntes vor ihm. (...) und wirft sein Pferd mitten hinein.

Mit dem Pferd, das er hineinwirft in die Fontäne aus krummen Türkensäbeln ist mehr Charakteristisches gesagt, mehr Aktivität des Helden dargestellt als in dem passiven sich Hingeben.

Folgt die Stelle, welche die Überbringung der Todesnachricht an die Mutter schildert mit dem in beiden Fassungen gleichen Bild der weinenden Frau als Ausklang.

Danach aber im Ur-Cornet der erstaunliche Passus von der Rettung der Gräfin durch den riesigen Kürassier und der Geburt eines Sohnes in fremden Landen. Ein Leerlauf, der keinen Zusammenhang mehr hat mit dem Ganzen, ein menschliches Besinnen des Dichters, der das Grausame verachtete, wenn er es auch oft schilderte, aber ein hohler Nachklang nur, der störte und somit wegfallen mußte.

Otto Freiherr von Taube: Vorprüfung vor der kaiserlichen Audienz. Eine wahre Anekdote (28. XII. 51)

[Rilke sollte der Kaiserin-Witwe Zita von Oesterreich vorgestellt werden; die Oberhofmeisterin vereinbarte zuvor eine Zusammenkunft an drittem Ort mit ihr:]

Die Einladung erging zum Nachmittagstee. Als Rilke eintraf, war die Oberhofmeisterin schon zur Stelle. Wie er das Zimmer betrat, erhob sich die Oberhofmeisterin und stürzte ihm entgegen: »Ach, lieber Herr Rilke, wie freue ich mich, Sie kennenzulernen! Ich habe schon so viel von Ihnen gehört. Und Sie haben im Kriege so Schweres erlitten. Der Kornett Rilke, der Gefallene, war wohl Ihr Bruder? Wann ist er doch gefallen? 1916 oder 1917?« – »1917«, erwiderte trocken Rilke.

(...) Rilke wurde mit der Kaiserin Zita nicht zusammen eingeladen.

Herbert Lehnert: George, Hofmannsthal und Rilke (1952)

In einem Brief des neunzehnjährigen Rilke an seine Freundin Valery von Rhonfeld beschreibt er ihr die Ängste und Bedrängnisse seiner Militärschulzeit und fährt dann fort: »Dafür entwickelte sich in jener Zeit der Trieb zu dichten, der mir schon in seinen kindlichen Anfängen Trost verschaffte« (Die Literatur Jg. 29, 1927, S. 632). Diesen Trost gewährten dem jungen Rilke seine gedichteten Versuche nach zwei Richtungen hin: einmal, indem er in Heldendramen und gereimten Schlachtgemälden das verwirklichte, was ihm in seinem jungen Leben versagt blieb, sich also eine Art Kompensation schuf für die versagte volle Lebenswirklichkeit. Man wird dieser Strömung einen Einfluß auf den ›Cornet‹ zuschreiben dürfen, deutlicher noch sind ihre Reste in dem Gedicht ›Ein Knabe‹ aus dem BB sichtbar. Stärker aber wurde der »Trost« wirksam in der Hinwendung zu sentimentalen Motiven.

Lou Albert-Lasard: Wege mit Rilke (1952)

Manchmal waren wir zu Konzerten bei Paul Klee eingeladen, dessen Frau eine hervorragende Pianistin war. Eine andere Musikerin kam eines Tages und sagte, sie würde die Begleitung zum ›Cornet‹ spielen, die ein ungarischer Musiker komponiert hatte. Wir gingen, sie zu hören. Rilke meinte, der ›Cornet‹ habe seine eigene Musik und könne sehr wohl auf Begleitung verzichten. Er war im allgemeinen gegen jede Vertonung seiner Werke, was er auch in einem Brief an seinen Verleger 1915 betont: »Daß der ›Cornet‹ nun noch melodramatisch herumkomme (nachdem er seine sonstige, unbegleitete Bewegung schon fast auf die Spitze getrieben hat), kann mir nicht allzu lieb sein, er sinkt damit in eine zwiespältige und zweideutige Kunstgattung, die ich für keine ganze, ehrliche halte, und nimmt, halb gelöst in seiner Musik, ein etwas zu flüssiges Entgegenkommen an, als gelüste⟨te⟩ ihn nach immer neuer Popularität. Es bereitet mir einen leichten Schmerz, ihn so leutselig zu sehen . . .«. Ist es nicht zuweilen peinlich für einen Schriftsteller, einen Künstler, zu erfahren, wie die Menschen einem Jugendwerk eine unverhältnismäßige Berühmtheit zuteil werden lassen, welches, wenn auch keineswegs verleugnet, schließlich nur eine erste Stufe bedeutet. »So ist es also dieser Cornet, der an meiner Stelle durch die Welt reitet«, sagte er. In der Tat befand er sich in vielen Tornistern der Soldaten von 1914. Welchen Weg hatte Rilke nicht seither zurückgelegt. Welche Präzision, gleichzeitig welche Transposition, welch ein Aufschwung zu einer absoluten Geistigkeit.

J. R. von Salis: Rainer Maria Rilkes Schweizer Jahre (1952)

Seinen fünfzigsten Geburtstag (1925) hat er ins Innerste der eingeschneiten Mauern von Muzot zurückgezogen und vollständig allein zugebracht – mit leisem Schrecken auf die zahllos einlaufenden Briefe und Telegramme blickend. In einem ähnlichen Sinne war ihm auch der große Lärm, den, wie er meinte, während der Kriegsjahre sein ›Cornet‹ verführte – durch einen seltsamen Zufall war es dieses Jugendwerkchen, das in erster Linie seinen Ruhm verbreitet hatte –, wenig lieb. Es kam auch im Leben anderer geistig und künstlerisch Schaffenden vor, daß sich der Ruhm ihres Namens an eine der nicht wesentlichsten Leistungen ihres Lebens geknüpft hat; aber vielleicht ist das nur eine List des Schriftstellerschicksals, das mit einem solchen Griff auf Eingängiges einen weiteren Kreis von Lesern auf das schwerer Zugängliche hinweist. Der ›Cornet‹ ist damals schon von einem Komponisten vertont (seither wurde er es noch viele Male) und bei Wohltätigkeitsveranstaltungen für Kriegsinvalide in Leipzig und Wien aufgeführt worden. Als ihm von Wien aus, wo man dringend Heldenhaftes nötig hatte, nahegelegt wurde, aus dem ›Cornet‹ einen Kampfflieger zu machen, fiel allerdings Rilkes Antwort nicht freundlich aus: »Was ich nach Wien geantwortet habe, lag auf der Hand«, schrieb er am 30. März der Fürstin Taxis; »wurde aber dort nicht gleich gelten gelassen. Jener für sein Metier begeisterte Herr forderte durchaus einen ›fliegenden‹ *Cornet* von mir, – solche Transponierungen vermag nicht einmal der liebe Gott, da er sich entschloß einen fliegenden Hund zu machen, wurde es eine triste übertriebene Fledermaus«.

*

Auch das Problem, wo sich Rilke endgültig niederlassen soll, ist nicht gelöst. »*Was* soll nach dem bergischen Mirakel noch kommen?«, fragt er. Die Möglichkeiten, die die Schweiz ihm bot, schienen ihm aufgebraucht, aber ihm fehlte der ›Reisemut‹. An Paris war wegen der Valuta nicht zu denken. Ein junges, österreichisches Ehepaar, der Maler Purtscher und seine Frau, Nora Wydenbruck (eine Verwandte der Fürstin Taxis), luden ihn ein, nach Kärnten zu kommen, wo sie lebten und wo auch Alexander Lernet-Holenia (in Klagenfurt) wohnte. Rilke hielt Kärnten für die Stammheimat seiner Familie – »die legendäre«, fügte er wohlweislich hinzu; denn trotz der Gleichheit des Wappens mit dem Windhund, das die einst in Kärnten blühende Familie Rilke geführt hatte und im Stadthaus von Klagenfurt vor-

kommt, das sich auch auf dem Petschaft befindet, das Rilke
von seinem böhmischen Urgroßvater geerbt hatte (und mit
dem er seine Briefe zu versiegeln pflegte), konnten die Ge-
schichtsforscher keinen Zusammenhang zwischen der kärntnischen und der böhmischen Familie Rilke feststellen. Aber
unter allen Wegen, die Rilke von jeher zu sich selbst gesucht
hat, befindet sich auch derjenige der Abstammung, der
Genealogie, deren Erforschung ihn in jungen Jahren jenes
Dokument über den Cornet Christoph Rilke finden ließ,
das den Anstoß zu seinem berühmt gewordenen Jugendwerkchen gegeben hat.

*

(...) Rilke erteilte keine Ratschläge, er unterließ es, einem
gut zuzureden. Im Laufe jener Tage im Wallis sprach er
von einer Vertonung seines Cornet Christoph Rilke, die der
dänische Komponist Paul von Klenau gemacht und die er,
Rilke, nie gehört hatte; er sei auch, sagt er, nicht fähig
(Rilke konnte keine Noten lesen), sich ein Urteil darüber
zu bilden – ob ich ihm dazu behilflich sein könnte? Es
wäre ihm lieb, wenn ich den Klavierauszug (*) mitnehmen
und ihm schreiben würde, wie ich über diese Komposition
denke. Was blieb anderes übrig, als zu Hause den Klavierauszug zu spielen und Rilke darüber einen Brief zu schreiben? Die Zuständigkeit meines Urteils auf diesem Gebiet
beiseite gelassen: war es möglich, mich rücksichtsvoller und
unentrinnbarer wieder ans Klavier setzen zu heißen?

Wolfgang Paul: Vor einem abgerissenen Haus (6. IX. 52)

Im Mai 1945 warf ich Rilkes ›Cornet‹, zusammen mit der
Pistole, in einen Busch, der im Böhmerwald stand (...)
Ich hatte den schmalen Band mit der ›Weise von Liebe
und Tod‹ in meinem Gepäck, verlor ihn zum ersten Male
* Siehe: Mises-Katalog Nr. 1544.

vor Moskau, kaufte ihn wieder, um endlich ganz zu verzichten. Und ich konnte in den endlosen Jahren des Nachkriegs diese Weise weder hören noch lesen . . .

Aber Gedichte können zu Schicksalen werden, uns wieder einholen, wenn wir sie fliehen, weil wir sie mißachten lernten. Und als ich jetzt im frühen Blätterwind, der die Linden und Platanen leerte, die Clay-Allee in Dahlem verließ, jene breite Autostraße am Rande des Grunewalds, (. . .) – in jenem Augenblick, da ich nach Schmargendorf einbog, das längst so großstädtisch wurde wie Wilmersdorf oder Schöneberg –, entsann ich mich der Villa ›Waldfrieden‹ in der Hundekehlenstraße, in der Rilke den ›Cornet‹ schrieb.

Damals, 1897, bezog der junge Dichter das letzte Haus vor dem Wald; wie hätte er sonst sein ›Buch der Bilder‹ mit den Worten einleiten dürfen: »Wer du auch seist: Am Abend tritt hinaus / aus deiner Stube, drin du alles weißt / als letztes vor der Ferne liegt dein Haus . . .«. Aber das Haus liegt nicht mehr vor der Ferne, Villen bauten sich hin, umgaben sich mit fruchtbaren Gärten. (. . .)

Dies also der Ort: weit entfernt von jener Stille, die Rilke suchte, weit hinweggewandert von dem, was hier entstand, seinen Weg zu den Lesenden und Lauschenden suchte und schicksalhaft fand. Denn ich weiß: es waren viele, die mit dem ›Cornet‹ 1939 ins Feld zogen, und viele dünne Bände der Insel-Ausgabe verwesen auf den Schlachtfeldern mit den Gebeinen jener, die dem dunklen Rufe folgen mußten: ». . . und dann der Feind . . .«.

Und wenn ich auch heute noch nicht den ›Cornet‹ wieder in meine Bibliothek stellen kann, so will ich es doch mit dem ›Stundenbuch‹ versuchen. Und ich darf dann den Dichter beneiden, weil er schreiben konnte: »Ich lebe mein Leben in wachsenden Ringen . . .«. Wer von jenen, die mit dem ›Cornet‹ im Gepäck fielen, hat je sein eigenes Leben gelebt? Wer von den Männern, die überlebten und jetzt neben mir an diesem Mietshaus vorübergehen, das das Grab der Dichter-Villa geworden ist, hat endlich sein eigenes Leben zu leben – in unserer Zeit, die dem Menschen das Leben stiehlt, einsperrt in das Gehäuse der gemeinsamen Verlorenheit? (...)

Aber es könnte sein, daß vor dem niedergerissenen Haus, das nur noch den verwitterten Brunnen übrigließ, während ein Mietshaus es begrub, einer seinen Schritt verhält und an jene abendliche Stunde denkt, in der »zwei Kerzen im Zugwind wehten«, und der November den Wald wie die Felder kahl scherte. Denn damals geschah es, daß jener ›Cornet‹ sich über achtundzwanzig Seiten schreiben ließ, den ich im Böhmerwald fortwarf, zusammen mit jenen Waffen und Träumen einer Jugend.

J.-F. Angelloz: Rainer Maria Rilke (1952; deutsch 1955)

(...) Auch wissen wir aus späteren Briefen, daß der Sommer nie seine ›Hoch-Zeit‹ war, daß er am 12. August 1904 mit Zuversicht den Herbst, seine schöpferische Jahreszeit, erwartete – den Herbst, dessen Wille zur Verwandlung das bürgerlich-behagliche Bild des Sommers zerstöre, den Herbst und diesen großen herrlichen Wind, »der Himmel auf Himmel baut«. Im Jahre 1899 hatte ihm die Flucht der windgejagten Wolken das Reiterstück vom Cornet Rilke inspiriert; warum sollten ihm die Herbststürme 1901, denen er von seinem Häuschen in Westerwede aus zuschaute, nicht Gott nahe bringen, der sich der Bibel zufolge im Sturm ankündigt?

*

(...) Wenn auch das Todesmotiv sein ganzes Werk durchzieht, so gewinnt es wesentliche Bedeutung doch erst mit der ›Weise von Liebe und Tod des Cornets Christoph Rilke‹ (111), wo übrigens, wie Bollnow fein beobachtet hat, das

---

111 Die wichtigste Studie zu diesem kleinen Werk ist ohne Zweifel diejenige Werner Kohlschmidts in ›R. M. Rilke‹, Lübeck 1948, S. 59–69 (unten S. 313).

Wort ›Tod‹ nur im Titel vorkommt, im Text aber sorgfältig vermieden wird. Und doch stellt der Tod in diesem
Werk erst ein weiteres Motiv dar, das drei bisherigen Rilkeschen Themen hinzugefügt ist: der Kindheit und Jugend,
dem Heldentum und der Liebe. Der Dichter hatte – ohne
Zweifel in Familienarchiven – entdeckt, daß im Verlauf
eines Feldzuges gegen die Türken (1663) ein gewisser Rilke
mit achtzehn Jahren in Ungarn gefallen war. Er schrieb
jene berühmte ›Weise von Liebe und Tod des Cornets
Christoph Rilke‹, welche die Wandervögel am Lagerfeuer
lasen. Der junge Cornet kennt vom Leben nur lange und
eintönige Ritte, als er samt seinen Kameraden in einem
Schloß mit erlesener Bewirtung und hübschen Frauen aufgenommen wird. Eine der Damen bezaubert den Jüngling,
den sein Kindsein in dem Augenblick verläßt, da er die
Liebe erlebt. Aber der Feind wirft das Schloß in Brand;
der Liebende einer einzigen Nacht, die Fahne wie eine bewußtlose Frau auf den Armen tragend, wirft sich ins
Kampfgewühl, wo sechzehn runde Säbel auf ihn zuspringen.
Gestern noch ein Kind, unschuldig und fromm, wechselt
er aus den Armen eines Schutzengels in jene der einzigen
Geliebten, die er je kennen soll, und erlebt die Liebe nur,
um in den Tod zu gehen wie in ein Fest. Als Kind betrachtet er das weite Leben mit dem offenen Blick eines Tiers,
in dem sich noch nie die Liebe gespiegelt hat; als Liebender
erfährt er, wie unter den Liebkosungen derer, die ihn ihren
Pagen nennt, die Zeit einstürzt; als Held stürmt er in sein
Schicksal, helmlos, die Augen voller fremder, bunter Gesichte, und mit achtzehn Jahren leistet er seinen Tod, den
süßen Tod.
Die Idee ist einfach: wie weiterleben, wenn man in verlieb-
ter Trunkenheit den Höhepunkt des Lebens erfahren hat?
Der junge Cornet ist der erste jener ›Früheentrückten‹, welche die ›Duineser Elegien‹ preisen, aber er weiß nicht
darum, denn wenn er auch dem Leben in den Tod ent-
wischt – er verwirklicht sich nicht im Tode. Doch von

1900 an, seit den Versen, die wir bereits (S. 140) zitiert haben, gilt Rilke der Tod als mitten im Leben heimisch. Auch da kann man noch nicht von Todesangst reden; aber dieses Rilkesche Thema wird in dem Augenblick geboren, wo der Dichter persönlich getroffen wird, als nämlich Clara Westhoff, der er sich verbunden fühlt, ihre Freundin verliert; nichts Vergleichbares war damals geschehen, als er das Begräbnis einer armen Pragerin in Worte faßte.

Peter Demetz: René Rilkes Prager Jahre (1953)

Rainer Maria Rilke mythisierte jene Epoche aus der Perspektive späterer Selbststilisierung. Seine Schilderung St. Pöltens als »Totenhaus« war nachträgliche Retousche. Die Disziplin war streng; dennoch war es dem Zögling René gestattet, vor seinen Mitschülern und Lehrern mit seinen besonderen Talenten zu glänzen. Niemand zwang ihn, seine kindlichen Verse zu verleugnen. Die Lehrer waren ihm nicht unfreundlich gesinnt und erlaubten ihm, seine Verse vor der ganzen Klasse zu rezitieren. »Oftmals erhob er sich«, berichtet einer seiner Mitschüler, »zu Beginn des Unterrichts in der deutschen Sprache lautlos von seiner Bank ... ging mit seinen ganz kleinen Schritten zum Katheder, überreichte dem Lehrer einige kurze Gedichte und bat, sie vorlesen zu dürfen, was dann stets geschah«. Vor den lärmenden Spielen zog sich René in seinen Schmollwinkel, die »kleine Kirchhofsecke« im Anstaltsgarten, zurück. Im geheimen zeichnete er sich eine Visitenkarte, die er mit den verräterischen Titeln seiner militärischen Sehnsucht schmückte: »Korrepetitor, Zugscharge, Zugskommandant, Kameradschaftskommandantstellvertreter«. Die Verse jener Zeit sprechen pathetisch von Schlacht und Pulverrauch, Aufmarsch und flatternden Fahnen. Es sind die Tagträume der St. Pöltener Zeit, die sich später zur Gestalt des berühmten Cornets formten. Seine ursprüngliche Heimat ist weder Kärnten noch Sachsen; es ist der Winkel auf dem Friedhof der St. Pöltener Militärrealschule, wo der Zögling René den Visionen seiner militärischen Zukunft nachhing:

Reiten, reiten, reiten, durch den Tag, durch die Nacht, durch den Tag.
Reiten, reiten, reiten ...

Phia war es, die René mit ihren trügerischen Briefen und Beschwörungen zur Selbstbespiegelung verführte und aus dem Kreis der Mitschüler riß.

Erich Simenauer: Rainer Maria Rilke (1953)

Ein Teil des Reizes, den ›Die Weise von Liebe und Tod des Cornets Christoph Rilke‹ auf uns ausübt, liegt, wenn man vom Rhythmus des Liedes und der Diktion seiner Staccato-Sprache absieht, in der Aufrufung des Mutterbildes. Kaum ein Abschnitt des ›Cornet‹, in dem nicht die innige Empfindung der Muttersehnsucht in den Abenteuern der reisigen jungen Herren lebendig wird oder das Bild der Madonna, die viele Züge trägt: das Antlitz einer fernen geliebten Frau; die Mystik der Rose gießt ihren Zauber aus, und wir begegnen, ein anderes Mal, dem Früchtesymbol: »... wenn blonde Knaben die schönen Schalen bringen, von saftigen Früchten schwer«.

Felix Stössinger: Erkenntnis Rilkes (4. III. 54)

Braun wurde besonders durch meinen Nachweis verletzt, daß Rilke den Wunsch der Mutter, ihn als Offizier zu sehen, verdrängte und den Vater mit ihm erbittert belastet hat. Wer hat grobschlächtig von Rilkes ›Lüge‹ gesprochen? Und doch ist diese Aufdeckung auch literaturkritisch von Wert. Denn wenn es auch nur ein Privatbrief ist, in dem

Rilke der Mutter tröstend schreibt, er werde bald »für immer den Rock des Kaisers in Ehren tragen« – so geht dieser Satz in den ›Cornet‹ über, dessen Brief »Meine gute Mutter, seid stolz: Ich trage die Fahne, seid ohne Sorge, ich trage die Fahne...« das kleine Werk als autobiographische Selbsterlösung und Auftragserfüllung charakterisiert – und in dieser Erregung ist es geschrieben, der Rausch wirkte fort.

Ernst Heimeran: Lehrer, die wir hatten (1954)

Doch erschrak ich nicht schlecht, als Burger sich eines Tages vermaß, in den nächsten Deutschstunden Goethes ›Harzreise‹ und Rilkes ›Cornet‹ zu behandeln. Wie? Zu behandeln? Nun, allenfalls ließ sich über das Zustandekommen der ›Harzreise‹ einiges Sachliche aussagen; Goethe selber hatte das ja getan. Aber was um Himmels willen sollte aus dem ›Cornet‹ in der Schule werden? Es war doch undenkbar, daß Burger eine solche Dichtung durchnahm und schulmeisterte wie einst Xerxes den ›Tell‹, der uns zeitlebens hiedurch verleidet ist. Wie dann aber behandeln, so daß nach dieser Behandlung das Kunstwerk nicht elend verstümmelt, sondern nur noch reiner und größer vor uns stehe?
Ja, wie? Unbegreiflich, wie es zuging. Aber während ich mir vor dieser Behandlung eingebildet hatte, diese Kunstwerke längst tief begriffen und bis ins Innerste genossen zu haben, so gingen mir nach Burgers Behandlung ihre Schönheiten und Weisheiten erst richtig auf.

Der Spiegel: Cornet reitet für Rilke (26. X. 55)

In einer stürmischen Oktobernacht des Jahres 1899 schrieb der 23jährige Österreicher René Karl Wilhelm Josef Maria

Rilke in Berlin-Schmargendorf den ›Cornet‹. Die ›Weise von Liebe und Tod des Cornets Christoph Rilke‹ sollte die Bemühungen des jungen Dichters unterstützen, seine adelige Abstammung nachzuweisen: Rilke wollte kundtun, daß er dem alten Kärntner Adelsgeschlecht der Rulikes entstamme. In dieser Kinosaison versucht nun ein anderer Österreicher, mit der Verfilmung der Rilkeschen Kurznovelle, von der Rilke später selbst nicht mehr viel hielt, den künstlerischen Nachweis zu führen, daß »der deutsche Film besser sein kann als sein Ruf«.

Die fixe Idee Rilkes (der sich später Rainer Maria nannte), er sei ein direkter Nachkomme jenes Reiterfähnrichs Christoph, der 1660 im Kampf gegen die Türken fiel, ist inzwischen von der Forschung widerlegt worden. Ob sich der Plan des österreichischen Hollywood-Regisseurs Walter Reisch, mit ›Der Cornet‹ einen Indizienbeweis für die künstlerischen Möglichkeiten des Films zu führen, als ebenso fixe Idee herausstellt, muß sich am 16. Dezember erweisen, wenn der Rilke-Film in Würzburg uraufgeführt wird.

Als Walter Reisch vor Jahresfrist seine Lieblingsidee ventilierte, den in einer Million Exemplaren aufgelegten und in 14 Sprachen übersetzten Rilkeband zu verfilmen, schien den Filmleuten der Gedanke absurd, dem 17jährigen Cornet in Eastman-Color auf der Breitwand wiederzubegegnen. Die Abneigung dagegen, Rilkes sinnbildliche ›Ballade vom Leben und Sterben‹ farbig abzubilden, war nicht ganz unbegründet. Der Ritt des jungen Fähnrichs in den Türkenkrieg des Grafen Spork, die Liebesnacht mit der Schloßfrau von Zathmar, die dafür verantwortlich ist, daß Christoph das Signal zum Sammeln verschläft und, die Fahne »wie eine weiße, bewußtlose Frau« im Arm, von 16 heidnischen Krummsäbeln zerhackt wird – diese wenigen rekonstruierbaren Vorgänge besitzen keine faßbare Wirklichkeit. Sie sind nur traumhafte Spiegelungen in der empfindsamen Seele des Cornet, dem Rilke die romantischen Züge einer eigenen erträumten Jugend gab. (...)

Der Spiegel: Rilke. Weisen von Liebe und Tod (28. III. 56)

Die Auflageziffern weisen aus, daß Rilke als der meist-
gelesene Lyriker der Gegenwart gelten muß. Die 1899 entstandene ›Weise von Liebe und Tod‹, 1906 mit 300 Stück
gestartet und 1912 als erstes Bändchen der wohlfeilen
›Insel-Bücherei‹ erschienen, erreichte 1950 das 840. Tausend.

*

Vollends zu larmoyant-lyrischen Schnörkeln erstarrt ist die
abgeborgte Haltung in der ›Weise von Liebe und Tod des
Cornets Christoph Rilke‹. Rilke wollte mit dieser dichterischen Paraphrase um die (historische) Figur eines
Christoph ›Rülke‹ die Theorie seiner adligen Abstammung
stützen. Der Dichter hat sich von diesem Jugendwerk,
seinem erfolgreichsten Opus, später gelegentlich distanziert.

Sarkasmus: Rilke's ›Cornet‹ als Film (11. IV. 56)

Brauchbare Textbücher für die Filmproduktion aufzutreiben, ist wohl nirgends ganz einfach. In der westlichen Welt
ist es schwerer denn je (. . .).
In diesem Dilemma ist nun eine kleinere Filmproduktion,
die ›Farma‹ in Mainz, auf die Idee gestoßen, die ›Weise
von Liebe und Tod des Cornets Christoph Rilke‹ filmisch
zu verwursten. Das Film-Köpfchen ließ wissen, daß dieses
Rainer Maria'sche Textstück, diese Wonne aller Backfische
und alten Jungfern nach der Jahrhundertwende, bis zum
Jahr 1950 die Auflagenhöhe von 840 000 Stück erreicht
hat, und der Film-Koofmich war davon selbstverständlich
aufs stärkste beeindruckt. Mal was Gutes und Literarisches,
mag er zu Hause zu seiner Gattin gesagt haben, mal was
andres jedenfalls als die übliche ›Försterchristl‹, die das
›bessere‹ Publikum höchstens incognito besucht. Lieschen
Müller werde da gebannt und bezaubert neben einem der

zahlreichen Geisteserben des Rilke-Verlegers und Rilke-Propagandisten Kippenberg sitzen, und die intellektuellen Kritiker werden diesmal im Chor mit den kritisierenden Agenten der Verleihfirmen lobsingen müssen. So war man denn einig, und der ›Allianz-Filmverleih‹ übernahm alles sonstige. Aber o Schreck, o Wunder: Der ›Cornet‹ lief in großen Kinos an und war nach drei Tagen schon für immer von solcher Leinwand verbannt. Der Berichterstatter hatte Mühe, das Ding kurz darauf in einem Vorstadt-Flohkino aufzutreiben, wo er es dann in Gesellschaft von zwölf anderen Besuchern genoß. Lieschen Müller war ihrerseits bei der bewährten ›Försterchristl‹ geblieben, und die ›besseren‹ Leute sagten unumwunden: Kitsch. Das war auch keine ›Fama‹, kein bloßes Gerücht, mehr, sondern bittere Wirklichkeit.

Nun, Kitsch, deutscher Edelkitsch, ist in diesem Fall bereits die literarische Vorlage. Der ganze Rainer Maria war eine nationale Zapfstelle für gehobenen Sprachkitsch vom lyrischen Genre. Kein deprimierenderes Indiz für den Zustand der deutschen Bürgerseele in der ersten Jahrhunderthälfte ist denkbar als jene Auflagenhöhe und als die Summe der Rilke-Bibliographie: 57 Gesamtdarstellungen und über 1 500 Aufsätze und Einzeldarstellungen sowie eine Reihe von Dissertationen. Und all das um einen Klassenbastard, der sich aus seiner Unzugehörigkeit einen Weiheberuf gemacht hat, und unter dessen Händen im Dichten der Wandel von echt zu Simili vor sich gegangen ist. Wie sollte da also die filmische Nachbildung gedeihen? Auf den ›Cornet‹ und seinen Autor hätte man höchstens eine Satire schreiben können, die dann auch zugleich eine Satire auf den deutschen Bürger nach 1900 geworden wäre.

Regie und Drehbuch: Walter Reisch, das hier zuständige Film-Köpfchen. Produktionsleitung: Heinz Fiebig, ein Name wie viele. Gesamtleitung: Emile J. Lustig — sehr begreiflich, wenn man bedenkt, daß das Honorar dieses obersten Schirmherrn der Kitscherei vom Mißerfolg wahrscheinlich unberührt blieb. Die Aufnahmen entstanden auf der Würzburger Marienburg und im umliegenden Mainfranken, und die Reiterei hatten fränkische Reitervereine gestellt. »Mit der Förderung ihres Präsidenten S.D. dem Fürsten von Castell-Castell«, wie der Prospekt wissen läßt. Daß der Fürst dem Präsidenten im Kasus zu entsprechen gehabt hätte, ist zwar klar, übersteigt aber die simpelste sprachliche Ausdrucksfähigkeit dieses Fama-Allianz-Gesinde(l)s.

Das historische Milieu des Rilke'schen Textes und der ihr nachgebildeten Filmhandlung ist der permanente Türkenkrieg des 17. Jahrhunderts. Im Film erhält diese Freund-Feind-Konstellation gleich zu Anfang ›europäisches‹ Gepräge, und der Großvezier der türkischen Widersacher zeigt ebenso wie seine Krieger etwas auffallend ›Bolschewistisches‹. Abendland-Retterei liegt also in der Luft, und ein französischer Marquis präsentiert sich dem norddeutschen Cornet gegenüber in der für die deutsche Einschätzung Frankreichs geradezu typischen Mischung von Großsprecherei und Galanterie. Die Unsrigen sind selbstverständlich allesamt heldisch und köstlich-humorig, wenn sie es auch angesichts der türkischen Überlegenheit und des Umstands, daß das Volk zu den Türken hält, ziemlich schwer haben. Der Cornet Christoph Rilke selbst ist klassische Hitler-Jugend-Spätlese; er heißt als Schauspieler Götz von Langheim, während die Schloßgräfin, gespielt von Anita Björk, die Rassigkeit der bloßen ›Volksdeutschen‹ aufweist, was den kleinen Christoph ja dann auch veranlaßt, mit ihr zusammen aus den Trümmern der eingestürzten Zeit »blühen« zu wollen. Die Nachbarschaft von Geschlecht und Tod ist übrigens der einzig gute Gedanke an dieser Erfindung, wenn auch gesagt werden muß, daß sie brechreizerregender als hier kaum zur Anschauung gebracht werden kann.

Nochmals: Die Film-Schöpfer haben der Rilke'schen Fabel ein höchst aktuelles Motivchen zugefügt, indem sie bei der Darstellung des geschichtlichen Milieus den Ost-West-Konflikt im Brentano-Stil paraphrasierten. Die Feldherren auf abendländischer, auf ›europäischer‹ Seite gemahnen an Hitlers populäre Troupiers vom Typus Rommel. Die preußische Pflichtauffassung blitzt ihnen nur so aus den blauen Augen, und selbstverständlich können sie privat keiner Fliege was zuleid tun und sind eigentlich für den ewigen Frieden, wobei sie eben einzig der Weltfeind, der Sowjet-Türke, irritiert. Das ›Führer‹-Prinzip klappt hier wie noch dicht nach dem Frankreich-Feldzug von 1940. Die Untertanen, die zu bluten haben, lieben diejenigen, die ihnen Gelegenheit geben, für fremde Interessen zu bluten, mit der Skrupellosigkeit eines Hundes. Auf türkischer Seite tragen die Kommandeure, im Gegensatz zur abendländisch-europäischen, keinerlei Bedenken, Hekatomben zu opfern, und natürlich beseelt diese sarmatischen Haufen ein absolut uneuropäischer Fanatismus, der die Gleichung Allah = Sozialismus nahelegt. Die Schloßgräfin aber tut sich indessen in Stimmungstoiletten hervor, die von Dior sein könnten. Sie hat ein eigenes Kostüm für die Monotonie ihrer noch nicht gestörten Witwenschaft, ein eigenes auch für die Bett-Episode mit Christoph und ein eigenes sogar für die Trauer an seiner Leiche. Sie ist immer der Situation gemäß gekleidet.

»Rose, o reiner Widerspruch« steht auf Rilke's Grabmal in Raron im Wallis, und niemand hat je ergründet, warum und wieso. »Kitsch, o reine Selbstverständlichkeit« könnte man auf den Gedenkstein dieser Film-Pleite setzen, und jeder begriffe sofort, was gemeint ist. Wird jetzt, wie verheißen, in Westdeutschland Thomas Mann's ›Zauberberg‹ verfilmt, dann werden die Burschen mit der Vorlage nicht ganz so einfach zurechtkommen. Sie werden entweder was leisten müssen oder fürchterlich abstinken an diesem Thema. Die Rilke-Verfilmer aber übernahmen kein nennenswertes Risiko, als sie den ›Cornet‹ so verarbeiteten, wie er geschrieben war. (...)

Walther Huder: Die Dialektik in der Dichtung Rainer
Maria Rilkes (1956)

9) Der Held:
Das Ereignisbild des Todes, jener anderen Grundart menschlichen Daseins als Selbsterfüllung und Wirklichkeitsbegegnung neben der Liebe, wird in der Dichtung R. M. Rilkes
mit der Gestalt des Helden zum menschlichen Symbol für
das Sein des Menschen und das Sein überhaupt. In der
Liebe und im Tode gewinnt der Mensch die Wirklichkeit
und sein eigentliches Ich.
Diese Auffassung R. M. Rilkes zeigt sich bereits in der
›Weise von Liebe und Tod des Cornets Christoph Rilke‹.
Er durchlebt diese Grundereignisse seines Daseins in einer
unmittelbaren Folge von Nacht und Tag. In dieser Folge
Nacht – Tag ist die umgekehrte Parabelbewegung des
Helden vorgebildet und die Steigerung dieser Bewegung
ausgesagt. Mit seinem Aufbruch von zu Hause begibt sich
der Cornet in eine rhythmische Kreisbewegung durch gegen-
sätzliche Räume, die ihn zunächst für diese Grundereignisse
vorbereitet und dann in sie hineinführt: »Reiten, reiten,
reiten, durch den Tag, durch die Nacht, durch den Tag«.
In der ersten Liebesnacht wird er ein Ich, das ein Du anzu-
sprechen vermag. Und er spricht dieses Du fragend »mit
einer Stimme, die er noch nie gehört hat. ›Du!‹ Und nun
ist nichts an ihm. Und er ist nackt wie ein Heiliger. Hell
und schlank«. Er hat sich gewandelt. Er ist ein bloßer
Daseiender geworden. Er empfindet sich ohne Verdeckung,
fast abstrakt wie das reine Sein, zeitlos und namenlos. Es
gibt für ihn »kein Gestern, kein Morgen; denn die Zeit
ist eingestürzt«. Aus dem Behütetsein des Liebesschlafes
stürzt er »über alles dahin und an allem vorbei, auch an
den Seinen« in die offene Gefahr, in das Ereignis des Todes,
das auf ihn wartet. Diese Bewegung tritt später beim
St. Georg und beim Helden wieder auf. Als die Fahne über
dem Haupt des Cornets verlodert, im Moment seines Unter-

ganges also, ist er allein, er mit seinem Selbst, mitten im Sein, das rund um ihn aufwächst und dem Sterben wie ein Fest zuteil wird. Das ihn umringende Daseiende wird in diesem Moment transparent. Die abstrakte Kreisform des reinen Seins scheint durch und gewinnt die Züge der ersten dem Menschen zubestimmten Daseinsform der Wirklichkeit, nämlich jener archaischen Daseinsform des Paradiesgartens. Die Verkoppelung Tod und Garten ist in der Dichtung R. M. Rilkes sehr beliebt.

Da im Tod die Begegnung der Wirklichkeit mit einem eigenständigen Individuum stattfindet, ist es für das Gelingen dieses daseinsbedeutenden Ereignisses von größter Wichtigkeit »einen eigenen Tod zu haben« (SW VI, S. 714; vgl. SW I, S. 347). Mit einem Tode, den man nach einer Schablone, den man »fabrikmäßig« (SW VI, S. 714) stirbt, werden Aufgabe und Gelegenheit der Selbsterfüllung und Wirklichkeitsbegegnung versäumt. Jene »Frucht, um die sich alles dreht« (SW I, S. 347), die man »sein ganzes Leben lang in sich getragen und aus sich genährt hatte« (SW VI, S. 720), wird dann als »tote Fehlgeburt« (SW I, S. 348) geboren.

Der Tod begegnet in der Dichtung R. M. Rilkes nicht als starres, punktuelles, sondern als werdendes Phänomen, als Frucht (SW I, S. 347), als Samen und Pflanze (SW IV, S. 361–367; VI, S. 715), als Embryo (SW I, S. 348; VI, S. 715), die in ihrem Wachstumsvorgang eine Vielzahl von Stadien durchmachen, oder aber auch als ein Ereignis, das über viele Stufen verläuft, wie es u. a. in der Schilderung des Todes des Kammerherrn Christoph Detlev Brigge auf Ulsgaard dargestellt wird (SW VI, S. 715–720). Daher darf man auch hier von einem Ereignisbild sprechen, das übrigens bereits vor seiner Erhebung zum Symbol die dialektische Struktur dieses Ereignisses zeigt. Auf die hier auftauchende Begriffsdialektik des Allgemeinen am Besonderen und dann auf die Realdialektik in der dichterischen Bildwirklichkeit des Todes (...) mag nur am Rande verwiesen werden.

J. R. von Salis: Anmerkungen zu Rilkes Lebensgeschichte
(1956)

Der junge Rilke erforschte seine Familiengeschichte, und obgleich solches Forschen enttäuschend war und er später redlich die vermeintliche ›Stammheimat‹ Kärnten und somit seine Abstammung von einem dortigen, gleichnamigen Adelsgeschlecht als »legendär« bezeichnet hat, so spielen doch seine historischen Forschungen dem Vierundzwanzigjährigen jenes Dokument aus dem Jahre 1663 über den in Ungarn gefallenen Cornet Christoph Rilke in die Hand, das ihm den Stoff zu seiner ›Weise von Liebe und Tod des Cornets Christoph Rilke‹ (geschrieben 1899) lieferte. Frühgesehenes und -ersehntes aus der Militärschulzeit in St. Pölten tritt uns hier entgegen: wir finden Spork, »den großen General«, wieder, von dem es heißt: »Sein langes Haar hat den Glanz des Eisens«; Spork ernennt den jungen Helden der Geschichte, Christoph Rilke, zum Cornet. Der gewisse Unmut, mit dem sich in späteren Jahren Rilke über seinen ›Cornet‹ äußerte, kam vielleicht nicht allein davon her, daß er, aus geläutertem Stilempfinden, die Zwitterform dichterisch gehobener Prosa, in der das Werkchen geschrieben ist, verwarf, sondern auch davon, daß sich, wie er meinte, sein ›Cornet‹ recht wie ein Unteroffizier benehme – als nämlich der schmale Insel-Band mit dieser balladesken ›Weise‹ in den Weltkriegsjahren reißenden Absatz und großen Anklang bei den Soldaten im Felde fand. Immer wieder dieses unwillige Zurückstoßen von allem, was mit den unteroffiziershaften Schulerinnerungen zusammenhängt! Aber in einem in mitteilsamer Stimmung geführten Gespräch in Muzot gab Rilke doch zu, das Werkchen verdanke seinen leichten Fluß und seinen Charme wohl dem Umstand, daß er es in *einer* Nacht (in Berlin) niedergeschrieben habe. (...) Der früh entstandene ›Cornet Christoph Rilke‹ ist in seiner endgültigen Fassung erst 1906 als selbständiges Bändchen erschienen (...) – als er schon am ›Malte‹ schrieb.

Eudo C. Mason: Von der Kunst, Rilke zu edieren (1957)

Zinns chronologische Übersicht enthält eine Fülle wertvoller
Angaben. Die Unzuverlässigkeit des Berichtes der Fürstin
Marie Taxis, wonach Rilke die ›Weise von Liebe und Tod
des Cornets Christoph Rilke‹ »in einem Landhaus« (»dans
une maison de garde forestier«) gedichtet haben soll –
was auf Frieda von Bülows Landhaus Bibersberg bei Mei-
ningen hinzudeuten schien –, darf nunmehr als erwiesen
gelten. Jetzt steht fest, daß diese Dichtung in Schmargendorf bei Berlin entstand, wohl unmittelbar vor oder nach
Stundenbuch I.

Eudo C. Mason: R. M. Rilke. Sein Leben und sein Werk
(1964)

Im September und November 1899, fast unmittelbar vor
und nach dem ersten Teil des ›Stunden-Buchs‹, entstanden
zwei Werke, die, zusammen mit dem ›Stunden-Buch‹ selber,
hinter dem sie sehr zurückstehen, sich größerer Popularität
erfreuen sollten als alles andere, was Rilke je geschrieben
hat. Die zeitlich gewissermaßen als Vorspiel zum ›Buch
vom mönchischen Leben‹ anzusehende ›Weise von Liebe und
Tod des Cornets Christoph‹ bzw. ›Otto Rilke‹, eine kleine
episodische Romanze in »versinfizierter Prosa«, wie Rilke
selber später abschätzig sagte, geht auf ungenaue Erinnerungen an eine Urkunde zurück, die vom frühen Tod eines
vermeintlichen adligen Vorfahren Rilkes um 1663 während
des Feldzugs Montecuccolis gegen die Türken in Ungarn
berichtet. Beim ersten und zweiten Erscheinen (1904/1906)
erregte dieses kleine Werk wenig Interesse, die billige Ausgabe vom Jahre 1912 wurde aber bald zu einem Bestseller
und ist es jahrzehntelang geblieben. Rilke hat sich in reife-
ren Jahren des ›Cornets‹ fast geschämt und meinte immer
wieder, der jugendliche Schwung, mit dem er geschrieben
ist, sei eigentlich das einzige Wertvolle daran.

Josef Mühlberger: Da neigt sich die Stunde und rührt mich
an ... (1958/59)

Im Jahre 1912 erschien als erstes Bändchen der Insel-Bücherei
Rainer Maria Rilkes ›Die Weise von Liebe und Tod des Cornets
Christoph Rilke‹. Im heurigen Jahr hat das Bändchen die Auflage von einer Million erreicht – ein Anlaß, sich der Entstehungsgeschichte des kleinen Werkes zu erinnern, das Rilke in
verschiedenen Lebenslagen verschieden beurteilt hat; schließlich
hat er dieses »Geschenk einer stürmischen Nacht« als eine Dichtung anerkannt, in welcher sich auf knappe Weise sein Wesen
offenbart. – Nach der ersten russischen Reise, schon mit dem
›Stundenbuch‹ beschäftigt, schrieb Rilke die Dichtung in einer
Nacht 1899 – also vor sechzig Jahren – in Berlin-Schmargendorf.
Die umgearbeitete Fassung erschien zuerst 1904 in der Prager
Zeitschrift ›Deutsche Arbeit‹ und 1906 als Buch. – Nach Tagebüchern, Briefen und Gedichten aus jener Zeit wird hier versucht, die Entstehung der Dichtung darzustellen.

Die zarten blassen Hände liegen auf dem starken Buch,
die Augen unter den schweren Lidern wandern langsam
über die Zeilen, die vollen Lippen bewegen sich lautlos,
als müßten sie dem Blick helfen, durch das Gestrüpp der
fremden, der kyrillischen Buchstaben hindurchzufinden. Er
müht sich ab, aber er will das schreckliche, das großartige
Epos von Krieg und Frieden in der Sprache lesen, in der
es niedergeschrieben wurde. Erst als die Buchstaben ungenau
werden wie Laub im Schatten und die Zeilen sich wie
Ackerfurchen im Dunkel verlieren, hebt sich das Gesicht.
Der grausilberne Schimmer des abendlichen, des herbstlichen
Lichtes streift die hohe Stirn unter dem dichten, weichen
Haar. Das Fenster umrahmt die Bäume, deren Wipfel sich
nachdenklich in einem unhörbaren Wind bewegen, wie ein
Bild.
Der junge, schlanke Mann betrachtet es, während er sich
erhebt, müde von der Wanderung durch die weite Land-
schaft des großen Buches des großen Russen, aber er bleibt

stehen, die Hände auf der Platte des kleinen Tisches, vorgeneigt, demütig wie ein Mönch in seiner Zelle, der das Läuten zur Vesper erwartet. Stehend greift er nach den Blättern, die sorgfältig geordnet übereinander liegen und blickt flüchtig darüber hin; er kann seine eigenen Schriftzüge nur noch erraten. Er wägt den Vers: »Ich lebe mein Leben in wachsenden Ringen«, er prüft, was unter der Überschrift – ›Das Stundenbuch‹ – des ersten Blattes sich zum Gedicht formen will: »Da neigt sich die Stunde und rührt mich an . . .«. Die Worte klingen, klingen wie eine angeschlagene Glocke.

Lauschend sieht er, wie das Licht um einen Ton heller wird. Die ziehenden Wolken über den Baumwipfeln haben sich gelichtet, ein Schimmer Abendgold – Gold, wie alte Meister es um Madonnen gemalt – sickert durch den Wolkenschleier. Die Hand, darauf der Schein liegt, schiebt das Buch zur Seite, greift nach einem Heft und schreibt, behutsam, als würde sie Blumen zum Strauß ordnen, schreibt auf die in der Dämmerung schimmernden Blätter: »Und so kommt die Dunkelheit über die Stube . . . Nach dem Gehaste der Stadt wieder diesen hohen, wartenden Wald zu sehen! Wie vornehm ist doch das Stehen, die Ruhe! Verwirrt von den heftigen Gesten der Menschen, fühlt man, daß es nur zwei verwandte und große Bewegungen gibt. Der Flügelschlag eines hohen Vogels und das Schwanken der Wipfel. Diese beiden Gebärden sollen Deine Seele lehren, sich zu bewegen«.

Die Feder stockt, sie findet den Weg durch die Dunkelheit nicht weiter. Draußen steht die Finsternis wie eine Mauer. Die Frage, die sich an so vielen Abenden einstellt, schreckt ihn auf. Wo bin ich, wo? Gehaste der Stadt, heftige Gesten der Menschen – doch das ist dort, hier ist die Stille, sind die Bäume. Mag die Stadt hasten, es bedrückt ihn nicht. Was geht Berlin ihn an, so ruhelos und laut es sein mag? Es ist ihm fremd. Hier hat er den Wald. Mag er Grunewald heißen oder wie immer, es ist *der* Wald. Er ist in diese

Stadt geflohen, weil sie ihn nichts angeht, aus einer Stadt geflohen, die er nicht mehr ertragen hat, obwohl es die Stadt seiner Geburt und Heimat ist. Das Land, ja, Böhmen – hügelig wie leichte Musik, und auf einmal wieder eben hinter seinen Apfelbäumen, flach, ohne viel Horizonte, und eingeteilt wie ein Volkslied von Refrain zu Refrain... Hört er es, jetzt, hier, das Lied der Kinder beim Kartoffeljäten – sieht er es wieder, das hunderttürmige, das goldene Prag? Er schaudert wie ein Geflüchteter, der gefunden und entdeckt wurde. Nicht golden ist dieses Prag, schrecklich ist es, Spuk, Angst, Bedrohung, unheimlich verflucht – die Stätte einer verfehlten Kindheit und verdorbenen Jugend! Wunden schlug sie ihm, nichts als Wunden! Nur Prag? Nicht alles Leben dort? Selbst Vater, selbst Mutter! Als Mädchen hatte die von lauter hastigen Wünschen getriebene Mutter ihn gekleidet und erzogen, dann hatte falscher Ehrgeiz ihn in die Verbannung und Öde einer Kadettenschule geschickt, ihn, den schwächlichen, kränklichen Knaben. Kommt er jetzt wieder, kommt er noch immer, der kleine krummbeinige kroatische Unteroffizier mit dem lederbraunen Gesicht eines Zigeuners, das sich über ihn neigt, so nahe, daß sein nach Tabak und Bier stinkender Atem zu spüren ist? Und das Gespenst befiehlt flüsternd: »Auf rechte Seite legen! Vatter unser beten! Einschlofen!« Von Bette zu Bett schlurft der Schritt, an fünfzig Betten ist das Flüstern zu hören, und kaum, daß der Kroat gegangen, schleicht der Mondschein herein, tastet sich auf der weißgetünchten Mauer weiter – man weiß, was er sucht, was er zeigen will, man fürchtet sich, aber man kann nicht wegblicken und wartet, bis es wie ein Geist erscheint – die eisernen Beinschienen glitzern, das Dorf des Hintergrunds lodert in blutigem Feuerschein auf, dann sind sie da, die Augen in einem bleichen Gesicht, in dessen niedrige Stirn das Haar wie schwarzes Moos wächst: Sporck! Seht her! Ich bin der Sinn und das Vorbild eueres Lebens, Knaben! Morden, erobern, plündern, kämpfen, siegen und kämpfen und reiten, tagelang im Sattel gegen den Schweden, gegen den Franzosen, gegen den Türken, reiten, immer nur reiten und reiten! Wehe, wenn euer Mut müde wird, wenn ihr meinem Blick nicht standhaltet, wenn ihr einmal nicht dreinschaun könnt wie ich!

Angst, die ganze Nacht ist voll Angst. Die Knaben wälzen sich in den Betten des Schlafsaales, reden aus Träumen, stöhnen, weinen, murmeln und kichern, verstummen jäh aus Angst vor dem nächsten Tag, vor der nächsten Turnstunde mit den Marterinstrumenten in dem öden Saal und dem höhnischen Offizier, der sie an die Turngeräte treibt, ans Reck, an den Barren, zur Kletterstange. Die kleinen schwachen Hände klammern sich um das kalte Eisen, mühen sich umsonst, den Körper hochzuziehen.

»Wart nur, Rilke, bis du in die Reitschule kommst zu den Pferden, wart nur!« Die Hände gleiten von der Stange – Gelächter – versagt. »Sie wollen Offizier werden?« Feigling, Schwächling, Pierre! der junge russische Offizier in dem schrecklich-großartigen Buch Tolstojs – ein starkes, ein herrliches Leben voll Jugendmut, tapfer, schön, tapfer und unerschrocken vor dem Leben, vor der Liebe, vor dem Tod. Alles mit beiden Händen angefaßt, fest und doch sanft, wie ein Liebender die Geliebte anfaßt, wie ein Soldat die Fahne.

Wo hat er das schon gehört, gesehen, erlebt? Damals sehr früh, als der Dichter nach Prag gekommen war und vorlas, Liliencron, den er wie einen Abgott geliebt. Er hat es gesehen in der Landschaft seiner böhmischen Heimat, auf dem Schlachtfeld von Kolin, dieses:

> Ein Junker auch, ein Knabe noch,
> der heut das erste Pulver roch,
> er mußte dahin.
> Wie hoch er auch die Fahne schwang,
> der Tod in seinen Arm ihn zwang,
> er mußte dahin.

Er sieht ihn auch jetzt wie im jähen Aufbrennen und Verlöschen eines Blitzes, den Junker Fahnenträger; vor dem Feinde, und jetzt ist es Christoph Rilke, von dem er, nach seinen Ahnen forschend, in alten Regesten gefunden, daß er als 18jähriger Cornet 1664 in Ungarn gegen die Türken kämpfend gefallen war. Die siegreiche österreichische Reiterei, in der der Cornet Christoph Rilke gestanden, wurde von Sporck befehligt. Christoph hat ihn gesehen, ist Aug in Aug vor ihm gestanden – da hat er nichts mehr als nur den General neben seinem Schimmel gesehen. Sein langes Haar hat den Glanz des Eisens. Nichts als Sporck sieht er. Sogar der Himmel ist fort. Das Blut hämmert in seinen Schläfen, als wäre er nach einem langen Ritt durch den heißen Tag und Staub vom Pferd gesprungen, weil der General ihn durch einen Wink der Hand zu sich gerufen. »Cornet!« Nur das hat Sporck zu ihm gesagt, und Christoph Rilke war auf das heiße Pferd gestiegen um weiterzujagen ...

Die zarte, blasse Hand schreibt im Schein der flackernden Kerzen, schreibt sicher, als würde ihr diktiert, langsam malt die Feder die Buchstaben, die Worte, umsichtig, um nichts vom Überschwang des Gefühls zu verlieren, keines der bedrängten Bilder zu vernachlässigen, schreibt: »Reiten, reiten, reiten ...«

Aus der totenstillen, schwarzen Herbstnacht, aus dem entrückten Herzen quellen die Zeilen, wachsen, blühen, schlingen sich wie Girlanden weiter, singen den Kampf und die große Sehnsucht, die Mutterliebe und den Überschwang der ersten Liebe, Landstraße und Park und Schloß, Staub und Seide, das Wilde und Zarte, Ruhm und Tod, singen das herrliche grausame Leben.

Nachdem die letzte Zeile geschrieben, die Weise von Liebe und Tod des Cornets Christoph Rilke ausgesungen, dauert die Nacht noch immer. Aber sie ist verwandelt. »Eine Nacht, hoch wie aus Lorbeerwänden«. So beschreibt sie der Dichter selber, jene Herbstnacht des Jahres 1899, als in einer Stube des Hauses ›Waldfrieden‹ in Berlin-Schmargendorf niedergeschrieben wurde, was als kleines Buch in die Welt gehen und in zahllosen Zungen zu den Völkern der Erde sprechen sollte.

W. Wolf: Besprechung der ›Sämtlichen Werke‹ Bd. I–III (September 61)

Mit die aufschlußreichsten Stücke sind hier, wie gesagt, die Urfassungen späterer wirklicher Werke, von denen ich nur die ›Weiße Fürstin‹ und den ›Cornet‹ mit einigen Worten berühren kann. Rein äußerlich ist die Urfassung der ›Weißen Fürstin‹ ungefähr um die Hälfte kürzer als die spätere Werk-Fassung und zeigt eine Anordnung, die sich wie die der impressionistischen Werke der gleichen Zeit (etwa Arno Holz's ›Phantasus‹) um die Mittelachse der Seite gruppiert. Dementsprechend sind auch die Verse kürzer, andeutungsreicher und weniger ausgemalt, das Ganze also noch skizzenhafter als in der späteren, minutiös ausgearbeiteten endgültigen Fassung. Hierdurch tritt das Grundmotiv, das das Ganze zusammenhält, der Wink nämlich, der im einen Fall heimliches Zeichen für den erwarteten Geliebten sein soll und Leben bedeutet, im anderen dagegen Zeichen des Todes für die Brüder der heiligen Misericordia, Pestleichen aus den Häusern zu holen, weit deutlicher hervor. Musik, Farbe und Nuancierung der Verse wachsen also mit zunehmendem Alter; dies geschieht jedoch etwas auf Kosten der Klarheit des Aufbaus. – Die Urfassung des ›Cornet‹ wurde, wie Rilke selbst mitteilte, 1899 in Schmargendorf in stürmischer Herbstnacht in wenigen Stunden niedergeschrieben; doch gibt es auch hier wieder mehrere Fassungen, bis das schmale Bändchen zuletzt als Nummer 1 die bunte Reihe der Inselbücherei eröffnete. Auch hier sind die Abweichungen zwischen Erst- und Letztausgabe recht beträchtlich, und sowohl Vorspruch wie Abschluß erhellen blitzartig den Weg, den Rilke in jenen sechs

Jahren gegangen ist. Der Vorspruch, nur sehr kurz, nennt den gefallenen Cornet ›Otto‹, nicht ›Christoph‹ und die Jahreszahl 1664, nicht 1663, worauf als recht unbeholfene Überleitung zur eigentlichen Dichtung die Worte folgen: »Dieses ist der Inhalt einer Stelle, welche ich in alten Regesten gefunden habe. Man kann sie so lesen, oder auch auf folgende Art«, worauf dann der Text folgt. Der Schluß, ganz unmöglich und eine der peinlichsten Reminiszenzen des Jugendstils aus den Pubertätsjahren des Dichters, zeigt hier noch den Wortlaut: »Ein riesiger Kürassier (er ist später bei St. Gotthardt gefallen) trug die Gräfin aus dem brennenden Schloß. Wie durch ein Wunder gelang die Flucht. Aber man weiß ihren Namen nicht und nicht den Namen des Sohns, den sie bald in anderen friedsamen Landen gebar«. Gottlob hat Rilke später dies billige Holly-Wood-happy-end stillschweigend gestrichen!

Albert Soergel – Curt Hohoff: Dichtung und Dichter der Zeit (1961)

Der ›Cornet‹ ist, nach anfänglichem Mißerfolg, im Laufe der Jahre Rilkes meistgelesenes Buch geworden. Da wird die rührende Geschichte von dem in weiter Ferne gefallenen Fähnrich Rilke erzählt, mädchenhafte Erscheinung für ein knabenhaftes Publikum in einem Stil, worin die vertrauliche Nähe zur Geschichte poetisch wirkt:

Sagt der kleine Marquis: »Ihr seid sehr jung, Herr?« Und der von Langenau, in Trauer halb und halb im Trotz: »Achtzehn«. Dann schweigen sie. (...)

Der Erfolg des Büchleins begann 1912, als es als Nr. 1 der Insel-Bücherei erschien. In einem knappen halben Jahrhundert erreichte es die Millionenauflage; dazu trug nicht bloß die sentimentale Fabel bei, sondern die Rilkesche Zugabe von Leidensgenuß, Todeserotik und Einsamkeit.

Robert Minder: Kadettenhaus, Gruppendynamik und Stilwandel von Wildenbruch bis Rilke und Musil (1962)

Freilich sitzt die Ambivalenz so tief bei Rilke, daß gleich-
zeitig mit der ›Turnstunde‹ ein ganz anderes Werk ent-
stehen konnte: der erste Entwurf zum ›Cornet‹. Statt der
Abrechnung mit dem Kadettenhaus seine Verherrlichung.
Was ist der ›Cornet‹ anders als ein lyrischer übersteigerter
Bruder des Zarten, Schwachen von C. F. Meyer, der zum
Helden stilisiert auf dem Schlachtfeld die Fahne hochhält?
Generationen von Lesern haben sich an dieser Fahne be-
rauscht: »Und sie wirft sich hinaus und wird groß und rot
(...) Eine lachende Wasserkunst«.
Das führt über Meyer hinaus zu Maurice Barrès, d'Annun-
zio und den untergangsreifen Parklandschaften des Sym-
bolismus. Die Todes- und Erosthematik des europäischen
Fin de siècle wird mit den Mitteln des deutschen Jugendstils
gestaltet. Der ›Cornet‹ selber ist Wesensausdruck einer
Jugend geworden, die zwischen Zupfgeigenhansel und
Walter Flex aufwuchs und in rauschhaftem Aufbruch den
Weg vom Hohen Meißner nach Langemarck ging.
In Frankreich hat für die gleiche Generation der
›Grand Meaulnes‹ (›Der große Kamerad‹), 1913, von Alain
Fournier eine ähnliche Rolle gespielt mit einem ähnlichen
Thema des Aufbruchs, der Liebe, der Reinheit und des
Untergangs.
Rilke war inzwischen längst über den ›Cornet‹ zum ›Malte‹
fortgeschritten, von Gustav Klimt und Heinrich Vogeler
zu Cézanne vorgedrungen. Der Stilwandel, der sich 1899
in der ›Turnstunde‹ ankündigt, ist in der neuen Prosa von
1907/08 vollzogen. Und wenn in den ›Fünf Gesängen‹ vom
August 1914 der Krieg in der ersten Wallung des Exkadet-
ten als Einbruch einer jenseitigen erhabenen Macht gefeiert
wird, die den einzelnen über sich hinausreißt (...), so entfaltet sich am Schluß eine andere Fahne: »Welche? Des
Schmerzes, die Fahne des Schmerzes, das schwere schlagen-
de Schmerztuch«.

Zlatko Gorjan: Erinnerung an Rilkes Kornett (1963)

Ja, der Kornett mit seiner Fahne bis in
den Tod,
ja, der Kornett mit dem Rosenblatt im
Waffenrock,
und die Reiterei, die Fahne, der Tod . . .
Die unsrigen stapften durch den Schnee,
verhungert, krank, mit hohlen Augen und
ohne Fahne,
oft auch ohne Gewehr.
Um sie herum blühte der weiße Schnee,
der weiße Tod.
Sie gingen Schritt für Schritt,
durch den Tag, durch die Nacht,
der Tod ging mit und gab acht,
daß keiner entkam.
Es gab weder Fahnen, noch Rosse,
noch Degen,
weder Schlösser, noch Frauen, noch Mütter
und Heimkehr.
Es gab nur den Schnee und den Tod und
das Ziel,
und der Weg war weiß und weit.
Der Kornett schrieb der Mutter: seid stolz
ich trage die Fahne,
habt mich lieb. Ich trage die Fahne . . .
Wir gingen durch den Tag, durch die Nacht,
in den Tod,
um das Leben zu finden.
Nur die Raben, als wir weiterzogen,
erspähten bei denen, die zurückgeblieben,
dunkle Rosen aus Blut.

Hertha Koenig: Rilkes Mutter (1963)

In jenem Winter gab Ludwig Wüllner einen Rezitations-
abend in München. Der ›Cornet‹ stand am Ende des Pro-
gramms. Mutter Phia konnte nicht teilnehmen. Ich schilderte
ihr am nächsten Tag, wie er die zwei ersten Prosastücke
zwar in altgewohnter Meisterschaft gesprochen, daß man
beim ›Cornet‹ jedoch sein hohes Alter plötzlich vergaß, weil
er geradezu inmitten von Flammen stand.
»Cornet!« rief sie aus, »oh, es ist das Schönste von ihm:
 ... ›Mutter, Mutter, ich trage die Fahne!‹«
Trotz ihres Mutter-Hochgefühls kehrte dieses »Ich bin so
traurig!« immer wieder. Und immer wieder: »Ich bin so
furchtbar traurig«. Fragen konnte man nicht.

Fred Hepp: Rilke siegt bei Mogersdorf (30. VII. 64)
Die problematische Feier zur 300. Wiederkehr der Türkenschlacht
an der Raab im Burgenland

(...) Mogersdorf, das Burgenland, Österreich und (wenn
man so will, wie die Veranstalter wollen) Europa feiern
die 300. Wiederkehr des Tages, an dem das christliche Heer
unter Montecuccoli die Türken in der Schlacht bei Mogersdorf und St. Gotthard über die Raab getrieben hat. Achmed
Köprilis Truppen erlitten keine vernichtende Niederlage, die
Gefahr war noch nicht gebannt. Zwanzig Jahre später standen die Türken vor Wien. Aber die an der Raab erzwun-
gene Atempause war dankenswert genug.
Es ist auch nicht so sehr der Schlachtensieg, den man hier
feiert, als vielmehr die für heute bedeutsame Erinnerung
an eine europäische Allianz. Neben den kaiserlichen Truppen und der Reichsarmee kämpften Niederländer, Burgun-
der, vor allem jedoch 5 000 Franzosen unter Colignys
Befehl. Freilich, diese EVG von Mogersdorf war eine
›Allianz auf Abruf‹; dem Kaiser Leopold mag es schwer

genug gefallen sein, auf die Franzosen nicht verzichten zu können. Das Modell eines ›vereinten christlichen Europas‹ war brüchig. Wie läßt es sich zu heutigen Gedenkzwecken verwenden? (. . .)

Man sieht, wie schwer es heutzutage ist, eine Schlacht richtig zu feiern. Selbst in Österreich, wo der ›Geist der Milde‹ zu Hause ist, gibt es Komplikationen. So muß es für die Veranstalter ein beglückendes Erlebnis gewesen sein, als sie auf der Suche nach einer zeitlosen Überhöhung des Mogersdorfer Geschehens unverhoffte Hilfe erlangten. Sie kam von einem Manne aus dem fernen Norden, von dem Berliner Schriftsteller Wolfgang Paul. Im November 1899, in der Berliner Villa Waldfrieden, hat der 24jährige Rainer Maria Rilke ›Die Weise von Liebe und Tod des Cornets Christoph Rilke‹ geschrieben. Von dem Insel-Bändchen Nr. 1 sind seither weit über eine Million Exemplare verbreitet. Ungezählte Leser kennen die ›Weise‹ des von Rilke flugs geadelten Cornets Rilke nahezu auswendig. Wer aber wußte schon, daß es sich bei den vom Dichter angedeuteten Kämpfen um die Schlacht bei Mogersdorf handelt?

Das ist nun die – für das Dichtwerk zwar unerhebliche, für die Mogersdorfer Festtage aber entscheidende – Pioniertat des Schriftstellers Wolfgang Paul: Er lokalisierte den ›Cornet‹. Schlüsselfigur wurde für ihn der Reitergeneral Spork, der Montecuccoli die Schlacht an exponierter Stelle gewinnen half. Spork konnte nicht lesen, sagt Paul. Und wie heißt es bei Rilke? »Lies mir den Wisch«, sagt Spork zum Cornet. Der Spezialist aus Berlin trägt noch manche mehr oder minder kräftige Beweisstücke zusammen, um darzutun: »Eine der wunderlichsten Begebenheiten und Erfahrungen des deutschen Gemüts, Rilkes ›Cornet‹, hat hier ihren Ursprung gefunden. Rilke und die große Türkenschlacht bei Mogersdorf, zu St. Gotthard an der Raab, sind eins«.

Paul hielt seine Entdeckung verständlicherweise nicht geheim; er machte sie rundum im deutschsprachigen Raum publik. In der ›Süddeutschen Zeitung‹ schrieb er vor einem halben Jahr den prophetischen Satz: »Es ist nicht undenkbar, daß die 300. Wiederkehr dieser Schlacht, die 1964 in Mogersdorf gefeiert wird, auch jenen österreichischen Dichter aus Prag, Rainer Maria Rilke, einbeziehen wird ...«.

So kommt es auch. Wer steht am Rednerpult, das zur abendlichen Feierstunde vor der Mogersdorfer Pfarrkirche aufgebaut ist? Wolfgang Paul. »Rilke gab ein unvergängliches Bild des schönen Heldentodes, daß uns der ›Cornet‹ nicht mehr aus dem Kopf gehen will, obwohl wir doch wissen, was Krieg heißt«.

Die Bläser der Grazer Philharmonie geben italienische und altfranzösische Reitersignale. Anfangs spröd intonierend, dann mit rhythmischem Behagen, liest sich Burgschauspieler Wolfgang Hebenstreith in die Rilkesche ›Weise‹ hinein. Wirkliche Damen, selbst wirkliche Hofräte zeigen sich ergriffen. Von mir darf ich solches nicht berichten. Das schwere Parfüm über Liebesrausch, Heldentod und Fahnenmythos kann ich nicht mehr goutieren.

Beim Essen komme ich neben den direkten Nachfahren des Reitergenerals Spork zu sitzen. »Als Mahl beganns. Und ist ein Fest geworden, kaum weiß man wie«. Der 37jährige Wiener Bankkaufmann Helmut Graf Spork hat seine Familiengeschichte genau studiert. Er muß Rilke und Wolfgang Paul berichtigen: Zur Zeit der Mogersdorfer Schlacht konnte Spork schon lesen; er führte aus dem westfälischen Delbrück, seiner Heimat, einen Lehrer mit.

Wolfgang Paul: Rilkes Sieg bei Mogersdorf (12. IX. 64)

Zu dem Artikel von Fred Hepp »Rilke siegt bei Mogersdorf« (SZ vom 30. 7.), der sich auch mit meinem Vortrag in Mogersdorf befaßt:
So sehr ich feuilletonistische Pointen selbst bevorzuge, die man einer Reportage aufsetzen kann: Fred Hepps Bemer-

kung, die von mir vorgenommene Lokalisierung der ›Weise von Liebe und Tod des Cornets Christoph Rilke‹ sei nun doch nicht ganz haltbar, da der Nachfahre des Generals Sporck, ein Wiener Bankkaufmann, erzählt habe, daß sein Vorfahr mit einem Lehrer in den Krieg gezogen sei und des Lesens schon mächtig gewesen wäre, ist zwar als Pointe beachtlich, aber sie geht an meinem Vortrag vollkommen vorbei, in dem der des Lesens untüchtige Sporck eine untergeordnete Rolle spielt.

Was ich nach meiner Veröffentlichung in der SZ vom 2. November 1963 noch ausfindig machen konnte, nahm hauptsächlich meine Redezeit vor den tausend Zuhörern ein: Ein Vergleich mit der ›Relation‹ des Grafen Johann von Stauffenberg, der ergab, daß Rilke davon nicht nur übernahm, sondern auch wörtlich »abschrieb«, um dieses billige Wort ganz grob auszusprechen. Die Lokalisierung der ›Weise von Liebe und Tod‹ mag für das Werkchen selbst unerheblich sein – interessant ist es doch (und das Presseecho gab mir recht), daß Rilke, der längst von den Germanisten und Literaturwissenschaftlern »ausgebucht« ist, nun doch noch, und zwar in seiner populärsten Dichtung festgelegt werden konnte auf historische Hintergründe, die er übernahm. Ich habe mich dabei gar nicht als »Pionier« verstanden, wie Fred Hepp es andeutet, sondern nur als glücklicher Finder, der nebenbei, während eines Urlaubs 1963 im Burgenland, etwas suchte und fand, was bisher selbst Alexander Lernet-Holenia nicht zugefallen ist, der sich doch um Rilke sehr bemüht hat.

Sporcks Nachfahren, den Bankkaufmann, habe ich leider an beiden Sonntagen in Mogersdorf nicht zu Gesicht bekommen; gern hätte ich sein Wissen aus erster Hand erfahren. Ich darf noch anfügen, daß nicht der österreichische Bundespräsident, sondern Bundeskanzler Dr. Klaus am folgenden Sonntag die Festrede zur 300-Jahr-Feier dieser Schlacht hielt, wobei er auch meine Rilke-Neuigkeiten und den Finder dazu erwähnte: Es ist schon ungewöhnlich für

Der Fahnenträger

Die Andern fühlen alles an sich rauh
und ohne Anteil: Eisen, Zeug und Leder.
Zwar manchmal schmeichelt eine weiche Feder,
doch sehr allein und lieb-los ist ein jeder;
er aber trägt – als trüg er eine Frau –
die Fahne in dem feierlichen Kleide.
Dicht hinter ihm geht ihre schwere Seide,
die manchmal über seine Hände fließt.

Er kann allein, wenn er die Augen schließt,
ein Lächeln sehn: er darf sie nicht verlassen. –

Und wenn es kommt in blitzenden Kürassen
und nach ihr greift und ringt und will sie fassen –:

dann darf er sie abreißen von dem Stocke
als riß er sie aus ihrem Mädchentum,
um sie zu halten unterm Waffenrocke.

Und für die Andern ist das Mut und Ruhm.

SW I, S. 524; Datierung: Paris, zwischen dem 11. und 19. Juli 1906.

einen deutschen Schriftsteller, daß er von einem Bundeskanzler zitiert wird in öffentlicher Rede. Bei uns habe ich
noch nie von solcher Akribie und auch Freundlichkeit gehört.

Die ironische Überschrift des Artikels von Hepp freilich besteht zu Recht. Ohne Rilkes ›Weise von Liebe und Tod‹
wäre, wie mir im Burgenland versichert worden ist, die
300-Jahr-Feier doch wohl sehr ins Äußerliche abgeglitten.
So erhielt sie ein wenig literarischen Glanz.

Und noch ein Letztes: Meine Generation ist, als sie noch
jung war, von Rilke literarisch beeindruckt worden, die
junge Generation von heute hat dafür Brecht. Holthusen
hat kürzlich in München auf diese unterschiedlichen Aus-
gangspunkte hingewiesen, die Fred Hepp nicht fremd sein
dürften. Er hätte dann aber auch bei den Zitaten, die er
für den Bericht auswählte, die Ironie nicht weglassen sollen,
die ich in meiner Mogersdorfer Rede nicht scheute, trotz
des Genius loci und der wirklichen Damen und wirklichen
Hofräte.

Was aber mein Erscheinen am Podium in Mogersdorf aus-
löste, war doch nur die Veröffentlichung in der SZ vom
2. November 1963, nicht eine persönliche Bemühung. Und
ganz zuletzt: Ich habe jetzt ein Bild, das in Biberach hängt,
auf dem der Tod eines Fähnrichs Gutermann während jener
Schlacht dargestellt ist, ein Tod durch die Säbel türkischer
Reiter, der Fähnrich mit der ominösen Fahne in der Hand.
Graf Coudenhove-Kalergi machte mir dieses Bild zugänglich, nachdem er die Veröffentlichungen über die Lokalisierung des ›Cornet‹ in Mogersdorf gelesen hatte.

Julius Trumpp: Rilkes ›Cornet‹ und die Schlacht bei Mogersdorf (25. IX. 64)

Zu dem Artikel »Lokaltermin für Rilkes Cornet« in der
SZ vom 2. 11. 1963 von Wolfgang Paul; dem Artikel

»Rilke siegt bei Mogersdorf« in der SZ vom 30. 7. 1964
von Fred Hepp; und dem Leserbrief »Rilkes Sieg bei Mo-
gersdorf« in der SZ vom 12. 9. 1964 von Wolfgang Paul:

Um dem historischen Stoff der Feier zur 300. Wiederkehr
des Abwehrsiegs von St. Gotthard-Mogersdorf (1. 8. 1964)
einen Spannungseffekt zu sichern, schaltete sich in prätentiöser Weise sein Erfinder ein. Weil das Jugendwerk ›Der
Cornet‹ von R. M. Rilke in den Türkenkriegen spielt, war
man flugs bei der Hand, der anmutigen ›Weise‹ aus Anlaß
der Feier Disharmonien zuzumuten. Wer auch immer Lust
verspürt, des Dichters Frühprosa für eine Schlagzeile zu
wählen, sollte die Rilke-Bibliographie bemühen. Dort wird
über einen ersten Zustand (Prag 1904) und die zweite Fassung (Juncker 1906, Insel 1912) Licht verbreitet. Auch über
Rilkes Ahnen.

Der Dichter ist es ja selbst, der den Vorspann zunächst
bewußt mit 1664 in Verbindung bringt: »Otto von Rilke
fällt in der Compagnie Pirovano (1664)«. Keinesfalls ist
jedoch der Tag von Mogersdorf gemeint. Im ursprünglichen
Ausklang trägt ja ein Hüne von Kürassier – später bei
St. Gotthard gefallen – jene Gräfin aus dem brennenden
Schloß. Müßig, nach Nam' und Ort zu fragen. Nach diesem Indiz müßte der Überfall bei der Nordarmee – jenseits der Donau – erfolgt sein. Dort liegen die »fünf
Compa. Heistrisch Reutter«. Eine führt der Rittmeister
Baron Pirovano.

Der Cornet kann bei der Nordarmee dem General-Feldmarschalleutnant Sporck seine Aufwartung nicht machen.
Der General zeigt eben bei der Südarmee – »jenseits der
Raab« – eine Probe seines erstaunlichen Talents, große
Reitermassen zu dirigieren. »Schlüsselfigur« kann er ebenfalls nicht sein.

Unüberbrückbare Zweifel legten Rilke bei der Abfassung
des zweiten Zustands (1906) nahe, den Abschnitt XXVIII
– der Gräfin Rettung – zu streichen und den Chronikauszug jetzt der Ahnentafel anzupassen, jedoch immer noch

»umweht von Geheimnissen – seine Lust«. Otto ist der
überlebende Bruder. Wegen einer – rechtlich bedingten –
Wartezeit von zwei Jahren (Vatererbe) – bei Indult von
einem Jahr (Brudererbe) – ergibt sich nach dem urkundlich
beigebrachten Totenschein – »verstorben am 20. 11. 1660
zu Szathmar in Oberungarn« – für den einleitenden Satz:
»... den 24. November 1663 wurde Otto von Rilke beliehen ...« eine Zeitspanne von drei Jahren. Seit 1931 ist
das Geschehen ausgebreitet. Die Tiraden sind umsonst auf-
geboten.

Um fahrlässig Falschunterrichtete – auch den Wiener Bundeskanzler Dr. Klaus – vor weiteren Irreführungen zu bewahren, folgt in aller Kürze das Geschehen im Türkenjahr
1660. Der Befehlshaber der kaiserlichen Truppen und ihrer
Hilfsvölker in Oberungarn, General-Feldmarschall Baron
Des Souches (kurz Susa), fordert die Aufstellung eines
Defensivkorps zur Eindämmung der Expansionsbestrebun-
gen der Pforte. Die Truppen werden zum Sammelplatz
im Raum der Festung Komorn entboten. General-Feldmarschalleutnant Graf von Heister soll das Korps dem
Susa zuführen. Weil es sein Metier so mit sich bringt, wird
Reichsfreiherr von Sporck zum Führer der Kavallerie bestimmt. In diesem Detachement befindet sich auch das Heistersche Regiment leichter Reiter; keine Kürassiere.

Hier nun, im Feldlager, an der Donau, ist es dem Junker
Christoph von Rilke ein leichtes, dem General Sporck seine
Reverenz zu erweisen, das Bittgesuch zu überreichen. Um
jede einmalige Persönlichkeit – auch um Sporck – ranken
Legenden. Gewiß! Ein Kriegsmann führt die Feder schwer.
Aber die Handschrift des Haudegens ist aus Urkunden um
1640 verbürgt. Er stammt vom Sporckhof bei Delbrück
– nicht Delburg.

Was weiter folgt, ergibt sich von selbst. Die Kompagnie
Pirovano liegt südlich der Donau und »jenseits der Raab«.
Dort findet der neugebackene Cornet an einem Rasttag seinen Haufen. Hier wird ihm auch das Feldzeichen anver-
traut.

Die Kapitulation der Festung Großwardein vermochte das Defensivkorps nicht aufzuhalten. Mit einer Stärke von 12 000 Mann – einer dreifachen Übermacht gegenüber – erfolgt die Besetzung der wichtigsten Festen von Tokaj bis Szathmar. Anfang September rückt das Heistersche Regiment in das verseuchte Sumpfgelände von Szathmar. Überfälle vorpreschender Reiterscharen, der Ausbruch verheerender Epidemien verursachen Verluste, die mehr als der halben Besatzung das Leben kosteten. In Übereinstimmung mit dem Totenschein dürfte der Cornet ein Opfer der Typhusseuche geworden sein. Das Recht des Dichters, »einen Vorfahren mit Glanz zu umgeben«, bleibt ungeschmälert.

Dem Dichter liegt es also fern, den Chronikauszug in die elegische ›Weise‹ einzubeziehen. Es fehlt deshalb jede Berechtigung, der psychologisch-ästhetischen Sphäre seiner lyrischen Kunst zuzusetzen. Für den rein historischen Teil dagegen geht es nur um Wissen oder Nichtwissen.

Unkenntnis der Rilke-Literatur bezeugt der Versuch, dem Dichter wegen »Aufwertung seines Familiennamens« zuzusetzen. Die ›Relation Stauffenberg‹ berührt den Einsatz der Heisterschen Reiter bei der Nordarmee nicht. Der Quartiermeister der Reichstruppen war von Montecuccoli mit Erkundungsaufträgen für die Südarmee betraut, die nicht befriedigten und später zu unerfreulichen Kontroversen mit dem Fürsten führten – Rilke wahrscheinlich in der Prager Kadettenzeit als Anschauungsstoff bekannt geworden. Der ›Lokaltermin‹ schiebt jedoch aus Dunst und Nebel dem Heister-Regiment die Sicherung bei der Südarmee im Raabtal zu, was in der Tat die Kroaten besorgen – der Beute wegen.

Indessen, die gedachten Pirovano-Reiter sollen sich im Schlößl (Hauptquartier!) überrumpeln lassen, sie verschlafen die Schlacht, bis Hörnerrruf ertönt! »Sporck hat seine Reiter alarmiert, Cornet und Fahne fehlen«. In der Tat sind schon beim grauenden Morgen einige Tausende Reiter unterwegs, auf die der Sporck in der Frühe tausend seiner Kroaten

und Dragoner hetzt, um den Türken rechts der Raab –
(Befehlsstelle Schlößl über linker Flußseite) – Pferde und
Kamele, Brod und Futter abnehmen zu lassen.

Wolfgang Paul: Christoph Rilke hat es im Türkenkrieg
nicht gegeben (5. XII. 64)

*Zu dem Leserbrief von Dr. Julius Trumpp in der SZ vom
25. 9. 1964 »Rilkes Cornet und die Schlacht bei Mogersdorf«:*
Ich hätte nie geglaubt, daß jemand auf den Gedanken kommen könnte, der Rilkesche ›Cornet‹ sei tatsächlich in den
Türkenkrieg gezogen und dabei, um Herrn Dr. Trumpp zu
folgen, gar ein Opfer der Typhusseuche geworden. In meinem Vortrag, der in den ›Neuen Deutschen Heften‹ im
November erschienen ist, heißt es hierzu: »Mit ›dem von
Langenau‹, also dem Helden der ›Weise von Liebe und
Tod‹, geht Rilke zurück in die Familiengeschichte. Langenau
ist ein kleiner Ort in Sachsen, gelegen zwischen der Berg-
werksstadt Freiberg und dem Kamm des Erzgebirges. Um
1440 verließen die Vorfahren Rilkes dieses Langenau und
gingen nach Brüx, das auf der böhmischen Seite des Erzgebirges liegt. Rilke gibt nun diesem Christoph Rilke aus
Langenau ein Abenteuer der Liebe und des Todes, das er
zweihundert Jahre später findet, in der Zeit der Türkenkriege, genauer gesagt: in unserer Schlacht von Mogersdorf«.
Damit entfallen alle Spekulationen, auch diejenigen von
Herrn Dr. Trumpp, daß es diesen Christoph Rilke im Türkenkrieg jemals in persona gegeben habe.
Ich will hier nicht die Stellen aus der ›Relation‹ des Grafen
Stauffenberg anführen, die sich so präzis mit der im Buch-
handel seit 50 Jahren befindlichen ›Cornet‹-Fassung decken.
Ich möchte aber auf zwei Absätze im ›Cornet‹ hinweisen,
die jeden Zweifel beseitigen, daß Rilke bei der ›Cornet‹-
Erfindung tatsächlich die Schlacht von Mogersdorf meinte:

»Da sind sie alle einander nah, diese Herren, die aus Frankreich kommen und aus Burgund, aus den Niederlanden, aus Kärntens Tälern, von den böhmischen Burgen und vom Kaiser Leopold«. Die Teilnahme so vieler Truppenkontingente am Türkenkrieg in Ungarn trifft nur auf jene Schlacht von Mogersdorf am 1./2. August 1664 zu. Weder vorher noch nachher sind, beispielsweise, Franzosen mit Österreich und dem damaligen Reich gegen die Türken gewesen.

In der ersten Fassung von 1899 heißt es auch: »Appel Rilke, Herr auf Langenau, Gränitz, Greußen u.s.f. hat drei Söhne. Der Jüngste, Otto, tritt in oesterreichische Dienste. Er fällt, 18 Jahre alt, als Cornet in der Compagnie des Freiherrn von Pirovano gegen die Türken in Ungarn (1664)«. Damit erklärt sich auch, daß Rilke den Cornet beim kaiserlichen Reitergeneral Graf Sporck sich melden läßt, was er als Angehöriger der Reichsarmee nicht hätte tun können. Rilke bleibt bei 1664, auch als er statt Ottos den Christoph zum Cornet macht.

A. Schmidt: Literaturgeschichte unserer Zeit (1963/68)

Wie auch im Sein des Dichters viele Leben weben, die vor ihm waren, blut- und seelenmäßig, das zeigt ›Die Weise von Liebe und Tod des Cornets Christoph Rilke‹ (1899 in Berlin-Schmargendorf entworfen, 1904 in Schweden umgeschrieben, 1906 als endgültige Fassung erschienen). Die chronikalische Aufzeichnung vom Reitertod des achtzehnjährigen Kornetts Otto von Rilke auf Langenau – er fiel 1664 in Ungarn im Kampf gegen die Übermacht der Türken[128] – läßt jene rhythmenreiche, melodisch-lyrische, stel-

128 In der endgültigen Fassung des ›Cornet‹ ist als Jahreszahl für die Schlacht gegen die Türken zwar 1663 angegeben, doch ist 1664, wie es in der ersten Fassung heißt, das historisch richtige Datum. In diesem Jahre fand der Entscheidungskampf der westlichen Heere bei Mogersdorf-St.Gotthard an der heutigen Südostgrenze zwischen dem öster-

lenweise in Vers und Reim übergehende Prosa reifen, deren impressionistischer Stimmungsreichtum dem Dichter von allen seinen Veröffentlichungen die meisten Leser gewann (das Bändchen, mit dem 1912 die Insel-Bücherei eröffnet wurde, erreichte im Lauf der Jahre die Auflagenzahl von über einer Million).

Ulrich Fülleborn: Die Weise von Liebe und Tod des Cornets Christoph Rilke (1968)

Prosalyrische Dichtung von Rainer Maria Rilke. Entstanden Herbst 1899, überarbeitet August 1904; Erstdruck ›Deutsche Arbeit‹, Prag, Oktober 1904; redigierte Erstausgabe Berlin, Leipzig, Stuttgart 1906; Vertonungen von C. v. Pászthory 1918, P. v. Klenau 1921, F. Martin 1944, H. Reutter 1947.

Das in seiner 1. Fassung während einer Nacht niedergeschriebene lyrische Werk, das Rilkes größter Publikumserfolg wurde, besteht aus 29 kurzen Textstücken, die im Schrift- bzw. Druckbild durch alle Fassungen hindurch die Prosaform wahren. Es ist somit nach dem Willen des Autors als ein Zyklus von Prosagedichten (petits poèmes en prose) zu werten; Rhythmus und Lautung weisen es freilich als eine sehr versnahe Extremform der Gattung aus. Insofern es sich um Erzählgedichte handelt, die den Helden nur in 3. Person erscheinen lassen, und das Ganze auf einer gradlinigen Fabel aufgebaut ist – Ritt des Cornets durch die Pußta, nächtliche Liebesepisode im Schloß, Tod in der Türkenschlacht –, liegt eine balladeske Grundform vor. Insofern sich jedoch in der Stimmung und evokativen Sprachgebung ein lyrisches Ich energisch durchzusetzen weiß, wird

reichischen Burgenland und Ungarn statt. Über die historischen Grundlagen der Geschehnisse unterrichtet Wolfgang Paul: R. M. Rilkes ›Die Weise von Liebe und Tod des Cornets Christoph Rilke‹ und die Schlacht von Mogersdorf, in: Insel-Almanach auf das Jahr 1967, S. 55–68.

aus der objektiv-balladenhaften Erzählung eine stark subjektive lyrische Großform. Der Sänger der ›Weise‹ ist nicht nur allgegenwärtig und allwissend, sondern überdies allfühlend und geht häufig ganz in seinen lebhaften Sprachgebärden auf: »War ein Fenster offen? Ist der Sturm im Haus?« Aber die Erzählerperspektive wechselt auch immer wieder mit den fiktiven Figuren des Zyklus, vornehmlich dem Cornet, hinüber (›erlebte Rede‹ in der Lyrik!). Sänger und Cornet fungieren als zwei Pole einer Ellipse, die sich als Schema der episch-lyrischen Struktur des Zyklus erfassen läßt. – Die zeitbedingte Grenze des ›Cornets‹ liegt darin, daß in ihm alles sagbar scheint, weil das Leben im Sinne der vitalistischen Ideologie der Jahrhundertwende als Fest begriffen und der Tod allzu mühelos in dieses festliche Leben einbezogen wird. Von Hofmannsthal und vom späten Rilke her gesehen, ist der ›Cornet‹ aus dem »glorreichen, aber gefährlichen Zustand« der ›Präexistenz‹ hervorgegangen – eine Antizipation späterer Lösungen der Daseinsproblematik, die um so verführender auf die breite Öffentlichkeit wirken mußte, als ihr noch das Gewicht existentiell erfahrener Daseinsnot mangelt.

Dietmar Grieser: Cornet '69. Materialien für eine zeitgemäße ›Weise von Liebe und Tod‹ (19. IV. 69)

Die Schmonzette vom Cornet Christoph Rilke, die berühmte Weise von Liebe, Tod und Kitsch, das parfümierte Tornister-Bestsellerchen von der Jahrhundertwende (für dessen »Feldwebelgeschrei« sich der späte Rilke selber ein wenig genierte), hält dem Cornet-Ambiente von 1969 nur noch kaum stand. Die herbe Landschaft im österreichisch-ungarisch-slowenischen Dreiländereck um das ehemalige Schlachtfeld von Mogersdorf und St. Gotthard, die »der von Langenau« durchritt, um am Ende als liebesverwirrter Fähnrich des kaiserlich Heyster'schen Kürassierregiments den vorrückenden Türken in die Arme zu laufen und im Getümmel der Osmanensäbel niedergemetzelt zu werden, empfiehlt sich in unseren Tagen längst nimmermehr als Gelände für ungezügelte Ausritte: Wie leicht könnte der Reiter in den ungarischen Minengürtel geraten, der heute den Kriegsschauplatz von Anno 1664 säumt . . .

Rilkes »Nirgends ein Turm« ist durch die rauhe Wirklichkeit des Eisernen Vorhangs massiv widerlegt: Eine Kette von Wachttürmen begleitet die Ufer der Raab, und der Literaturtourist von 1969, der auf den Spuren des Cornets wandeln wollte, dürfte sicher sein, daß ihn die magyarischen Grenzpatrouillen im Visier ihrer Feldstecher haben – egal, ob er nun etwa, an der Straße nach Weichselbaum, die viersprachigen Inschriften am kaiserlich-österreichischen Massengrab »Zum weißen Kreuz« entziffert, die Umfunktionierung der weiland türkischen Pascha-Grabstätte zur christlichen Allerweltskapelle beklagt oder sich gar bis zum Fluß vorwagt, den einst die Janitscharen mittels Brücken aus Lederschläuchen überquerten, um ein weiteres Stück ins Abendland vorzudringen.

Es findet sich im gesamten biographischen Material nirgendwo ein Beleg, daß Rilke jemals am Schauplatz seiner ›Weise von Liebe und Tod‹ geweilt hat; um so brauchbareres Lokalkolorit muß ihm das Studium der Feldakten aus dem Wiener Kriegsarchiv und »gewisser, durch Erbschaft an mich gelangter Familienpapiere« geliefert haben. Über die Entstehung des ›Cornet‹, dessen Erstausgabe ganze 14 Druckseiten bedeckte (heute mit Mühe und Not auf 36 gestreckt) und alles andere als erfolgreich war, äußerte sich der Dichter, ganz im theatralischen Stil des Werkes: »Er war das unvermutete Geschenk einer einzigen Nacht, einer Herbstnacht, in einem Zuge hingeschrieben bei zwei im Nachtwind wehenden Kerzen; das Hinziehen von Wolken über den Mond hat ihn verursacht«. Das war im November 1899 in der Villa Waldfrieden, Hundekehlenstraße, Berlin-Schmargendorf.

Eine in der heutigen ›Cornet‹-Landschaft angesiedelte ›Weise von Liebe und Tod‹ käme zwar – in großen Zügen – mit dem gleichen topographischen Material aus, dessen sich Rilke bediente (»Keine Berge mehr, kaum ein Baum«; »eine einsame Säule, halb verfallen«; »über den Hütten steinern ein Schloß«), aber der sentimentale Wohl- und Wehklang, den sich der vierundzwanzigjährige Heldentod-Barde Rainer Maria Rilke noch glaubte leisten zu können, hätte mittlerweile wohl entschieden nüchterneren Motiven zu weichen: vor allen Dingen einer – angesichts 1914/18, 1939/45 und Vietnam – gründlich entromantisierten Kriegsbetrachtung.

Wo Rilke sich's noch mit osmanisch-christlicher Schwarzweißmalerei leicht machte und den Feind undifferenziert »die heidnischen Hunde« nannte, hat man heute immerhin zu einer weniger arroganten Haltung gefunden: Auf dem Schlösslberg zu Mogersdorf, wo einst der Feldmarschall Montecuccoli sein Stabsquartier aufgeschlagen und der Cornet Christoph von Rilke auf Langenau, Gränitz und Ziegra seine juvenilen Liebesspiele absolviert hatte, hat die Republik Österreich vor einigen Jahren den Wiener Architekten Ottokar Uhl eine Kapelle errichten lassen, deren Zweckbestimmung solcherlei Einseitigkeit fremd ist: »Den Toten beider Lager gewidmet«. Und der moderne Flügelaltar, den Herbert Boeckl in den Jahren des Zweiten Weltkrieges schuf und den das Unterrichtsministerium dieser Stätte des Gedenkens an die Schlacht von Mogersdorf als ständige Leihgabe überließ, enträt in wohltuender Weise jener zynischen Süßigkeit, die Rilke sogar noch der Bitternis des Soldatentodes abgewann.

Welcher Kontrast auch zu dem Deckengemälde der Pfarrkirche drunten im Dorf, wo der Barockmaler sich in orgiastischem Schwulst an den Details des Schlachtgeschehens weidet: türkische Rundzelte und rumpelnde Feldwagen, scheuende Pferde und verwundete Krieger und mitten unter ihnen Graf Spork auf seinem Schimmel, jener »große General«, der den kleinen Christoph von Rilke zum Fähnrich seiner Kompanie ernennt, den die Chronik als Analphabeten schildert und von dem das berühmte, zur Zeit unserer Urgroßväter in Österreichs Schulen kolportierte Schlachtengebet überliefert ist: »Allmächtiger Generalissimus dort oben! Wenn du schon uns, den Christenmenschen, nicht hilfst, so hilf auch den Türkenhunden nicht ...!«

Nun, mittlerweile haben die österreichischen Christenmenschen die Türkenhunde als Gastarbeiter zu sich ins Land geholt; der Schilfgürtel längs des Flußlaufs, der Anno 1664 die Fronten des Türkenkrieges voneinander trennte, trennt heute, mit Stacheldraht und Tretminen bewehrt, Ost und West (...).

Die ›Weise von Liebe und Tod '69‹, fürchte ich, wird nur bitter ausfallen können – ohne jede Chance also zur Bestsellerschaft eines ›Cornet‹, der vor zehn Jahren die erste ›Insel‹-Million schaffte und der es in Frankreich gar zur Pflichtlektüre im Deutschunterricht brachte. Und er wird weiterreiten, der zweiten Million entgegen. Durch den Tag, durch die Nacht, durch den Tag.

Kindlers Literatur Lexikon, Bd. VII (1972) Sp. 1020-1022

›Die Weise von Liebe und Tod des Cornets Christoph Rilke‹. Zyklische Prosadichtung von Rainer Maria Rilke (1875-1926); erste Fassung entstanden im Herbst 1899, zweite Fassung im August 1904, erschienen im Oktober 1904 in der Zeitschrift ›Deutsche Arbeit‹ (Prag); endgültige Fassung erschienen 1906. – Die wichtigsten Motive für seine Cornet-Dichtung – eine erste Fassung schrieb er während einer stürmischen Mondnacht – entnahm Rilke vermutlich einer 1665 in Regensburg erschienenen Chronik, der ›Relation‹ des Grafen Johann von Stauffenberg. Ein gewisser Christoph, Bruder des »Otto von Rilke auf Langenau, Gränitz und Ziegra« soll um 1663 beim Feldzug Montecuccolis gegen die Türken in Ungarn einen frühen Tod gefunden haben. Legitimiert durch diesen »historischen Kern von Wahrheit« möchte der junge Autor dem »von Langenau« als einem vermeintlich adligen Vorfahren ein exemplarisches Schicksal geben. (. . .)

In langen, eintönigen Ritten durchqueren der Cornet und seine Waffengefährten aus vielen Nationen die endlose Ebene; sie sitzen um das Wachfeuer, ein trauriges Lied erklingt; der Junker von Langenau wird der Fahnenträger. Plötzlich gelangen sie zu einem Schloß, in dem sie festlich empfangen werden. Die Schloßherrin verführt den jungen Cornet zu seiner ersten Liebesnacht. Als das Schloß am Morgen überfallen wird, stürzt sich der Cornet mit seiner Fahne, die er den Flammen entreißen mußte, mitten unter die Feinde: ». . . und wirft sein Pferd mitten hinein.(. . .)«.

Die sechsundzwanzig einzelnen Textstücke in »vers-infizierter Prosa«, wie Rilke später abschätzig sagte, verraten bereits eine große literarische Begabung. Sie rücken eines der dominierenden Themen des Dichters in den Vordergrund: den Tod. Die Todesmotivik verbindet sich auf charakteristische Weise mit der Vision des Dichters vom Weiblichen: Im Bewußtsein des Cornet berühren und vermischen sich die Vorstellungen von ›Mädchen‹, ›Frau‹, ›Geliebte‹, ›Mutter‹, ›Weib‹, ›Dirne‹, ›Büßerin‹ und ›Jungfrau Maria‹. Häufige anaphorische und assonantische Wortverknüpfungen, die Rhythmik und ornamentale Metaphorik rücken den Text in eine merkwürdige Schwebelage zwischen Lyrik und Prosa; die Handlung selbst, obgleich sie historisch lokalisiert ist, scheint sich in einem fernen Irgendwo abzuspielen, was durch die Stilisierung ins Typische noch akzentuiert wird. Rilkes lyrische Feier des Todes, verbunden mit erotischen Motiven, war bis lange nach der Epoche zwischen Jugendstil, Wandervogelbewegung und Langemarck von besonderer Suggestivkraft. 1912 als Band 1 in die neu gegründete ›Insel-Bücherei‹ aufgenommen, erreichte das Buch 1969 das 1077. Tausend.

Literaturverzeichnis
– In zeitlicher Folge –

Texte, die in diesem Band ganz oder teilweise abgedruckt sind, werden durch einen Stern (*) vor der Nummer gekennzeichnet.

*1   Philemeri Irenici Elisii [Martin Meyer von Hayn] Continuatio V. Diarii Europaei (...). Frankfurt am Mayn 1661, p. 77.

2   Johann von Stauffenberg: Gründliche warhafftige / Vnd unpartheyische / Relation / Des blutigen Treffens (...) gehalten den 1. Augusti An: 1664 bey S. Gotthard in Ungern. (...) Regenspurg gedruckt bey Christoff Fischer / den 12. Febr. Anno 1665, S. 31. – Faksimile dieser Seite bei R. Zellweger, S. (27). – Wiedergabe des Textes bei Georg Wagner, Das Türkenjahr 1664. Eine europäische Bewährung. (...) Eisenstadt 1964 (Burgenländische Forschungen, Heft 48), S. 218-219; S. 311: Kupferstich Sporck.

3   Martin Meyer: Ortelius continuatus. [Fortführung von:] Hieronymus Ortelius / Der Ungarischen / Kriegs-Empörung / Historische Beschreibung. (...) Getruckt / Zu Franckfurt am Mayn bey Daniel Fievet / Im Jahr 1665, S. 186-189. – Abb. von Sporck und Heister auf Tafel IV des Ortelius redivivus.

*4   [Martin Meyer:] Theatri Europaei Continuatio. Tomus IX. Friedens- und Kriegs-Beschreibung vom anfang deß 1660sten Jahrs, biß an das 1666ste Jahr. Franckfurt am Mayn 1672, S. 52.

*5   Georg Joseph Rosenkranz: Graf Johann von Sporck, k. k. General der Kavallerie. Eine Biographie. Zweite neu überarbeitete und vermehrte Ausgabe. Paderborn (Wesener) 1854. VI, 181 S. – Zu Sporck siehe auch: a) Johann Heinrich Zedler, Grosses vollständiges Universal Lexicon Aller Wissenschafften und Künste etc., Bd. 39, Leipzig und Halle 1744, Spalte 367-368. – b) F. Stieve, in: Allgemeine Deutsche Biographie, Bd. 35, 1893, S. 264-267.

*6   Philander von Sittewald (d. i. Hanß-Michael Moscherosch): Gesichte II 3, Straßburg 1650, S. 323.

*7   Hannß Friedrich von Fleming: Der Vollkommene Teutsche Soldat etc., Leipzig 1726 (.Verlegts Johann Christian Martini), S. 116 (§ 5).

*8 Ellen Key: Ein Gottsucher. Rainer Maria Rilke. In: Seelen und Werke / Essays. Berlin (S. Fischer) 1911, S. 223. – Schwedische Ausgabe: Verk och Människor. Stockholm (Albert Bonniers förlag) 1910, S. 154.

*9 Fritz Schwiefert: Rainer Maria Rilke. Diss. Freiburg i. Br. vom 27. VII.1912. – Straßburg (Heitz) 1913, S. 51-55.

*10 Spiridon Dimitrijewitsch Drožžin: Sovremennyj germanskij poet Rajner Ril'ke. In: Putj [›Der Weg‹, Monatsschrift], Jahrg. II, Heft 12 (Moskau, Dezember 1912), S. 35. – Deutsch von Arthur Luther, in: Das Inselschiff, Jahrg. 10, Heft 3 (Leipzig, Sommer 1929), S. 233.

*11 Stefan Zweig: Die Autographensammlung als Kunstwerk. In: Deutscher Bibliophilen-Kalender für das Jahr 1914, Jahrg. 2, Wien 1914 (Moritz Perles), S. 49. – Dazu siehe: a) Hanns Arens: Der Sammler Stefan Zweig. In: Wort in der Zeit, Jahrg. VII, Heft 10 (Graz, Oktober 1961), S. 39 und 40. – *b) Stefan Zweig: Die Welt von gestern. Stockholm 1947, S. 173. – c) Wilhelm Frels: Deutsche Dichterhandschriften von 1400 bis 1900. Gesamtkatalog der eigenhändigen Handschriften deutscher Dichter (...). Leipzig (W. Hiersemann) 1934, S. 240.

12 Egbert Delpy: Magda von Hattingberg und Kurt Stieler... Besprechung der Leipziger Aufführung des ›Cornet‹ in der Vertonung von C. von Pászthory am 14. Febr. 1915, in: Leipziger Neueste Nachrichten und Handelszeitung Nr. 46 (Montag, 15. Februar 1915), 1. Beilage, S. 8.

13 r.: Wohltätigkeitsabend im Palais Auersperg. Besprechung der Wiener Aufführung des ›Cornet‹ am 27. März 1915, in: Neue Freie Presse, Wien (Dienstag, 30. März 1915).

*14 Harry Maync: R. M. Rilke und seine ›Weise von Liebe und Tod‹. Versuch einer psychologisch-ästhetischen Literaturanalyse. In: Zeitschrift für den deutschen Unterricht (...) hrsg. von Dr. Walther Hofstaetter, Jahrg. 30, Heft 7 (Leipzig und Berlin, [Juli] 1916), S. (417)-429.

*15 Harry Maync: Die Weise von Liebe und Tod des Cornet Christoph Rilke. Zwölf Lithographien. Von Erich Thum. Dresden, Verlag von Emil Richter [o. J.]. Besprechung in: Das literarische Echo. Halbmonatsschrift für Literaturfreunde, Jahrg. 20, Heft 8 (Berlin, 15. Januar 1918), S. 491.

*16 Robert Faesi: Rainer Maria Rilke. Zürich / Leipzig / Wien 1919 (Amalthea-Bücherei 3); 4.-8. Tsd. 1921, S. *6 und 55.

*17 Friedrich Vogt und Max Koch: Geschichte der Deutschen Literatur von den ältesten Zeiten bis zur Gegenwart. Band III (Bearbeiter: Max Koch), Leipzig und Wien ⁴1920, S. 242.

*18 Berthold Schulze: Rilkes ›Cornet‹. In: Neue Jahrbücher für das Klassische Altertum, Geschichte und Deutsche Literatur und für Pädagogik, Jahrg. 24, Abteilung 1, Heft 4 (Leipzig, 27. April 1921), S. 170–173.

*19 Robert Heinz Heygrodt: Die Lyrik Rainer Maria Rilkes. Versuch einer Entwicklungsgeschichte. Diss. Köln vom 25. VI. 1921. – Freiburg i. Br. (J. Bielefelds Verlag) 1921, S. 112-119.

*20 Mathilde Heß: Der Prosastil Rainer Maria Rilkes. Diss. Frankfurt a. Main vom 6. X. 1925, S. 29-31 [Masch.].

*21 Frédéric Lefèvre: Une heure avec R.-M. Rilke / le plus grand poète lyrique d'Autriche. In: Les Nouvelles Littéraires, Artistiques et Scientifiques. Hebdomadaire d'information, de critique et de bibliographie, Cinquième Année, N⁰ 197 (Paris, Samedi 24 Juillet 1926), S. 2. – Wiederabgedruckt in der vierten Reihe von ›Une heure avec ...‹, nrf. Paris (Librairie Gallimard) 1927 (= »Les documents bleus« N⁰ 33), S. 255. – Deutscher Auszug in: Süddeutsche Zeitung, Abendausgabe, Nr. 609 (Stuttgart, 30. Dezember 1926): R. M. Rilke †. – Siehe auch: Hünich, S. 101.

*22 Julius Bab: Rainer Maria Rilke†. In: Hannoverscher Kurier vom 27. Dezember 1926.

*23 [Anonym:] Zum Tode Rainer Maria Rilkes. In: Schwäbischer Merkur (Stuttgart, 30. Dezember 1926).

*24 Andre Levinson: Rainer-Maria Rilke poète allemand ami de la France. In: Comoedia (Paris, 31 Décembre 1926). – Siehe auch: Ritzer K 390.

*25 Karl Viëtor: Rilkes dichterisches Vermächtnis. In: Berliner Tageblatt Nr. 3 (Berlin, 3. Januar 1927), Abendblatt.

*26 Paul Wertheimer: Rainer Maria Rilke. In: Neue Freie Presse, Wien (Montag, 4. Januar 1927), Abendblatt, S. 10.

*27 Franz Theodor Csokor: a) Geschichten von Rainer Maria Rilke. In: Frankfurter Zeitung, Jahrg. 71, Nr. 29 [vielmehr: 26], 11. Januar 1927, S. 1. – b) Geschichten von Rainer Maria Rilke erzählt in der ›Frankfurter Zeitung‹. In: Neue Zürcher Zeitung, Jahrg. 148 (Sonntag, 16. Januar 1927), Blatt 3 (= Erste Sonntagsausgabe No. 74. Literarische Beilage). – c) Der Kornett und die Feldwebel. In: Die Brücke zur Welt = Sonntagsbeilage zur Stuttgarter Zeitung, Nr. 303 (Samstag, den 29. Dezember 1951), S. (13). – Identisch mit: Der Rilke von 1918. In: Der Standpunkt (Meran, 5. Oktober 1951), S. 7.

28 H[ans] C[aspar] von Zobeltitz: Der Kornett im Tornister. Ein dankbares Gedenken an Rainer Maria Rilke. In: Daheim / Ein deutsches Familienblatt, Jahrg. 63, Nr. 16 (Berlin-Leipzig, 15. Januar 1927), S. 17. – Wiederabgedruckt in: a) Deutsches Adelsblatt. Zeitschrift der Deutschen Adelsgenossenschaft für die Aufgaben des christlichen Adels, Jahrg. 45, Nr. 5 (Berlin, 11. Februar 1927), S. 90-91. – b) Greizer Zeitung vom 18. Juni 1927.

29 Alexander Lernet-Holenia: Szene zur Totenfeier für Rainer Maria Rilke. Aufgeführt in Wien im Theater in der Josefstadt am 23. Januar 1927. In: a) Wege nach Orplid, Bd. 26, 1927, S. 5-6. – b) Insel-Almanach auf das Jahr 1928, S. 55-57. – c) Beilage zu ›Philobiblon‹ VIII, Heft 10 (Wien, 1935), S. (10)-(11); dieser Druck ist identisch mit: Die goldene Horde. Gedichte und Szenen. Wien (Herbert Reichner Verlag) 1935, S. 92-93. – Siehe Mises-Katalog Nr. 1482.

*30 Siegfried Trebitsch: Begegnung mit Rainer Maria Rilke. In: Berliner Tageblatt Nr. 68 vom 10. Februar 1927.

*31 Heinrich Kurz – Max Wedel: Deutsche Literaturgeschichte. Berlin (Eigenbrödler-Verlag) 1927, S. 676.

*32 Robert Neumann: Aus der Weise von Liebe und Tod des Cornet Christoph Rilke / Nach Rainer Maria Rilke. In: Mit fremden Federn. Parodien. Stuttgart 1927 (6.-8. Tsd. 1928), S. 33-34. – Jetzt in: Der Parodien erster Band, Verlag Kurt Desch, 1955, S. 41-42.

*33 Lou Andreas-Salomé: Rainer Maria Rilke. Leipzig (Insel-Verlag) 1928, S. 18-19.

*34 Edmond Jaloux: Anzeige der französischen Übersetzung von Suzanne Kra. In: Les Nouvelles Littéraires. Paris, 7 Janvier 1928.

*35 Georges Altman: Sur une ›chanson‹ de Rainer-Maria Rilke. In: L'Humanité. Paris, 29 Juillet 1928.

*36 Josef Nadler: Literaturgeschichte der deutschen Stämme und Landschaften. Band IV, Regensburg 1928, S. 892 (= Bd. IV, Berlin ⁴1941, S. 172). – Siehe auch: Josef Nadler, Literaturgeschichte Österreichs. Otto Müller Verlag Salzburg ²1951, S. 446.

*37   Dr. Kurt Zarnewski: Rainer Maria Rilkes ›Weise von Liebe und Tod des Cornets Christoph Rilke‹ im deutschen Unterricht der Prima. In: Lehrproben und Lehrgänge für die Praxis der höheren Schulen, Vierteljahrsschrift zur Förderung der Zwecke des erziehenden Unterrichts (...) hrsg. von August Nebe, Jahrg. 44, Heft 3 (= der ganzen Reihe Heft 174), Halle 1928, S. 1-17 (= S. 177–193).

*38   Felix Wittmer: Rilkes *Cornet*. In: PMLA / Publications of the Modern Language Association of America, Edited by Carleton Brown, Vol. XLIV, No. 3 (Menasha, Wis., September 1929), S. 911-924.

*39   J. M.: Noch eine Rilke-Kuriosität. In: Berliner Tageblatt, Nr. 100 (Freitag, 28. Februar 1930), 1. Beiblatt.

40   Ludwig Stettenheim: Eine Rilke-Ausstellung. In: Ebenda.

*41   Hans-Wilhelm Hagen: Rilkes Umarbeitungen. Ein Beitrag zur Psychologie seines dichterischen Schaffens. Diss. Greifswald vom 3. XI. 1931. – Leipzig 1931 (= Form und Geist Bd. 24), S. 49-55.

*42   Anselm Salzer: Illustrierte Geschichte der Deutschen Literatur von den ältesten Zeiten bis zur Gegenwart. Band IV 2, Regensburg ²1931, S. 1702.

*43   G. Holz: Begegnung mit Rainer Maria Rilke. In: Vossische Zeitung Nr. 607 (Berlin, 25. Dezember 1931), Unterhaltungsblatt Nr. 310. – Rilkes Gesprächspartner im Februar 1926 war Mme Paule N. Riccard (siehe: Mises-Katalog Nr. 406).

*44   Carl Sieber: René Rilke. Die Jugend Rainer Maria Rilkes. Leipzig 1932, S. 18-19 und 173. – Siehe auch: Das Inselschiff XII 4, 1931, S. 257.

*45   Princesse de la Tour et Taxis: Souvenirs sur Rainer Maria Rilke / publiés par Maurice Betz. Paris 1936, S. 211-212. – Deutsche Ausgabe besorgt von Georg H. Blokesch: Fürstin Marie von Thurn und Taxis-Hohenlohe. Erinnerungen an R. M. Rilke. Schriften der Corona I, München-Berlin-Zürich 1932, S. 98-99. Jetzt: Insel-Bücherei Nr. 888, 1966, S. 118.

46   [Anonym:] Rainer Maria Rilke en zjin ›Cornet‹. In: De Standaard. Bruxelles, 1 Avril 1933.

47   Gertrude Glogau: Entwicklungslinien im Schaffen Rainer Maria Rilkes. Diss. Wien vom 21. XI. 1933, S. 33-39 und 78-79 [Masch.].

*48 Hans Samter: Der Dichter sucht Gott. Gedenken an Rainer Maria Rilke. In: Deutsche Allgemeine Zeitung, Reichs-Ausgabe, Jahrg. 72, Nr. 526-527 (Berlin, 29. November 1933), Beiblatt, S. (4).

*49 Paula Huber: Rainer Maria Rilke und Jens Peter Jacobsen. Diss. Wien vom 23. II. 1934, S. 122-124 [Masch.].

50 Sophie Brutzer: Rilkes russische Reisen. Diss. Königsberg vom 23. II. 1934. – Stallupönen 1934 (Darmstadt ²1969), S. 68, 73-74.

*51 Jürgen Petersen: Das Todesproblem bei Rainer Maria Rilke. Diss. Frankfurt a. M. vom 15. III. 1935. – Würzburg 1935, S. 8-10.

*52 George Stämpfli: Die Entwicklung des formalen Bewußtseins in den Gedichten Rainer Maria Rilkes. Diss. Erlangen vom 7. V. 1935. – Würzburg 1935, S. 36-37, 56-63.

*53 Norbert Langer: Rilke als Mitarbeiter der ›Deutschen Arbeit‹. In: Deutsche Arbeit. Monatschrift für das geistige Leben der Deutschen in Böhmen, Jahrg. 35, Heft 12 (Prag, Dezember 1935), S. 654-655.

*54 Katharina Kippenberg: Rainer Maria Rilke. Ein Beitrag. Im Insel-Verlag zu Leipzig 1935, S. 153-154 (⁴1948, S. 264).

*55 Irene Betz: Der Tod in der deutschen Dichtung des Impressionismus. Diss. Tübingen vom 14. XII. 1935. – Würzburg 1935, S. 149.

*56 Alfred Hein: Cornet und Feldsoldat. Dem Andenken Rainer Maria Rilkes – Zu seinem 10. Todestag am 29. Dezember 1936. In: Rheinisch-Westfälische Zeitung. Essen, 25. Dezember 1936.

*57 F[ranz] Koch: Rainer Maria Rilke. In: Deutsch-Österreichische Literaturgeschichte. Ein Handbuch zur Geschichte der deutschen Dichtung in Österreich-Ungarn, Band IV, Wien 1937, S. 1849–1850.

*58 Maurice Betz: Rilke vivant. Souvenirs, lettres, entretiens. Huit illustrations. Paris 1937, S. (7)-12, *122. – Siehe auch die dt. Ausgabe, übersetzt von Willi Reich: a) Rilke in Frankreich. Erinnerungen, Briefe, Dokumente. Wien, Leipzig, Zürich 1938, S. 7-11, 112, 181, 193, 236, 274. – b) Rilke in Paris. Zürich (Verlag der Arche) 1949, S. 77.

*59 ad.: Wie Rilke in Deutschland bewertet wird. In: Prager Tagblatt vom 4. August 1937.

*60 Dora Herrmann: Religion und Philosophie Rainer Maria Rilkes. Diss. evang. theol. Wien vom 8. XI. 1937, S. 104-105 [Masch.].

*61 Paul Fechter: Geschichte der Deutschen Literatur vom Naturalismus bis zur Literatur des Unwirklichen. Bd. 3, Leipzig 1938, S. 293.

*62 Alfred Hein: Eine Dichterfreundschaft während des Weltkrieges. R. M. Rilke und Bernhard von der Marwitz. In: Deutsche Allgemeine Zeitung, Reichs-Ausgabe, Jahrg. 77, Nr. 119-120 (Berlin, 13. März 38), 3. Beiblatt (Unterhaltungsblatt der DAZ), S. (5). – Desgleichen in: Magdeburgische Zeitung vom 20. März 1938.

*63 Helmut Wocke: Rilke und Italien. Mit Benutzung ungedruckter Quellen dargestellt. Gießen 1940 (^{2}1942), S. 117-121.

64 Maurice Betz: Préface zu ›Chant de l'amour et de la mort . . .‹, traduit par ~, Paris 1940, S. (5)-(20). – Entspricht großenteils: ›Rilke vivant‹ 1937, S. (7)-15, vermehrt um den in ›Les Nouvelles Littéraires‹, vom 30. März 1940 erschienenen Aufsatz ›Rilke au front‹.

65 Mark Schweizer: Rilkes innere Form. Ein Versuch einer existentiellen Stilforschung. Diss., University of Maryland 1941, S. 101-102 [Masch.].

*66 Maurice Betz: Rilke à Paris & Les Cahiers de Malte Laurids Brigge. Paris 1941, S. 32, *42, 53.

*67 Max Schönauer: Der ›Cornet‹ in Frankreich. Ein deutscher Dichter zieht mit den Soldaten. In: Das Inselschiff, Jahrg. 22, Heft 2 (Leipzig, Herbst 1941), S. 145-152.

68 Marta Weber: Im Vergangenen das Unvergängliche. Zürich (Albert Müller) 1942, S. 211-218.

*69 Otto Friedrich Bollnow: Existenzphilosophie. Stuttgart und Berlin (W. Kohlhammer) 1942 (= Systematische Philosophie [4]), S. 71 und 81 = ^{5}1955, S. 83 und 93.

*70 Frank Martin: Warum ich Rilkes ›Cornet‹ vertont habe. In: DU / Schweizerische Monatsschrift, Jahrg. 4, Nr. 2 (Zürich, Februar 1944), S. 52-53. – Siehe auch das Programm der Basler Uraufführung: Freitag, 9. Februar 1945, 20^{15}h, Musiksaal Basel. – Siehe ferner Nr. 72.

71 Eudo C. Mason: Ueber Rilkes ›Cornet‹. Vortrag am Radio der deutschen und der rätoromanischen Schweiz, Studio Basel,

19. April 1945, 20⁵⁰h [Typoskript, 5 S.; unveröffentlicht]. – Siehe auch Nr. 101 und 122.

72 Frank Martin: Zur Vertonung des ›Cornet‹. In: Neue Zürcher Zeitung, Jahrg. 166, Sonntagausgabe No. 776 (Sonntag, 13. Mai 1945), Blatt 3 (= S. 9). – Siehe auch Nr. 70, 92 und 123.

*73 Joachim Vogt: Studien zum Geschichtsverhältnis Rainer Maria Rilkes. Diss. Jena vom 8. II. 1946, S. 62 [Masch.].

*74 Dieter Bassermann: Rilkes Vermächtnis für unsere Zeit. Berlin und Buxtehude (Hermann Hübener Verlag) 1946 (²1947), S. 10-11.

75 Gert Buchheit: Rainer Maria Rilke. Mengen (Heinrich Heine-Verlag) 1947, S. 27–29 (1. Auflage 1928, S. 24–26).

76 Dieter Bassermann: Der späte Rilke. München (Leibnitz Verlag) 1947, S. 313 [²1948, S. 360].

*77 Werner Kohlschmidt: Rainer Maria Rilke. Lübeck 1948 (= Wildners Kurzbiographien Bd. 3), S. 15, 16, 45, *59-69, 91, 126.

78 J[osef] M[arein]: Der Cornet in Tönen. In: Die Zeit. Wochenzeitung für Politik, Wirtschaft, Handel und Kultur. Jahrg. 5, Nr. 6 (Hamburg, Donnerstag den 9. Februar 1950), S. 3.

79 Gertrude L. Schuelke: Kierkegaard and Rilke. Diss., Stanford University, July 1950, S. 52-53 [Masch.].

*80 [Anonym:] Rilkes Cornet wurde Vater... In: Oberoesterreichische Nachrichten. Linz, 17. Februar 1951, S. 6.

*81 Gotthard de Beauclair: Vom Alleinsein. Ein Brief R.M. Rilkes. (1951), Blatt 4-5: Zum Geleit.

*82 Wolfgang Schneditz: Der Ur-Cornet. In: Rilkes letzte Landschaft. Zehn Versuche. Salzburg 1951, S. (13)-29. – Siehe a. Nr. 80.

*83 Otto Freiherr von Taube: Vorprüfung vor der kaiserlichen Audienz. Eine wahre Anekdote von Rainer Maria Rilke / Erzählt von ∼. In: Nürnberger Nachrichten vom 28. Dezember 1951.

84 René Dumesnil: Orchestre National: *L'Amour et la mort du Cornette Christophe Rilke*, par Henri Sauguet. In: Mercure de France, tome 314, Nᵒ 1063 (Paris, 1 Mars 1952), S. 522-523.

*85 Herbert Lehnert: George, Hofmannsthal und Rilke. Ihr Selbstverständnis als Dichter. Diss. Kiel vom 5. III. 1952, S. 118 [Masch.]

*86 Lou Albert-Lasard: Wege mit Rilke. Frankfurt am Main (S. Fischer) 1952, S. 97-98.

*87 J[ean] R[odolphe] von Salis: Rainer Maria Rilkes Schweizer Jahre. Ein Beitrag zur Biographie von Rilkes Spätzeit. Frauenfeld ³1952, S. 24, 78, 89-90 (Wappen), 119, 150, 192 (Paul von Klenau). – Siehe auch Nr. 100.

88 Willy-Paul Romain: Rainer-Maria Rilke *le Poète*. Editions du Sapin vert, Paris 1952, S. 75-76.

*89 Wolfgang Paul: Vor einem abgerissenen Haus. In: Frankfurter Allgemeine Zeitung, D-Ausgabe, Nr. 206 (Samstag, 6. September 1952), S. (20), Feuilleton. – Siehe auch Nr. 117 und 118.

*90 J[oseph]-F[rançois] Angelloz: Rilke. Paris (Mercure de France) 1952, S. 94, 146-147, 164, 213, 245, 268. – Siehe auch die Übersetzung von Alfred Kuoni, München 1955, S. 102, *131, *156, 175, 226, 259, 285.

*91 Peter Demetz: René Rilkes Prager Jahre. Düsseldorf (Eugen Diederichs Verlag) 1953, S. 37-38.

92 Pierre Meylan: Frank Martin a-t-il bien compris Rilke? In: Réforme (Paris, 13 Juin 1953), S. 7-8.

*93 Erich Simenauer: Rainer Maria Rilke. Legende und Mythos. Frankfurt am Main 1953, S.*242, 355, 391, 394, 397.

*94 Felix Stössinger: Erkenntnis Rilkes. In: Neue Zürcher Zeitung, Jahrg. 175, Fernausgabe Nr. 62 (Donnerstag, 4. März 1954), Blatt 3.

*95 Ernst Heimeran: Lehrer, die wir hatten. München 1954, S. 120-121.

96 [Anonym:] Ach träumte doch die Fahne weiter.../ Rilkes ›Cornet‹ wird zum Farbfilm. In: Süddeutsche Zeitung, Jahrg. 11, Nr. 251 (München, Sa. / So., 22./23. Oktober 1955), S. 40. – Zur Verfilmung des ›Cornet‹ siehe auch: *a) Der Spiegel, Jahrg. 9, Nr. 44 (Hamburg, Mittwoch 26. Oktober 1955), S. 39–41. – b) Süddeutsche Zeitung Nr. 227 (24. / 25. September 1955), S. 11. – c) Alfred Estermann: Die Verfilmung literarischer Werke, Bonn 1965, S. 153. – d) Siehe unten Nr. 98.

*97 [Anonym]: Rilke / Weisen von Liebe und Tod. In: Der Spiegel, Jahrg. 10, Nr. 13 (Hamburg, Mittwoch 28. März 1956), S. 34 und 38.

*98 Sarkasmus: Rilke's ›Cornet‹ als Film. In: Die Weltbühne.

Wochenschrift für Politik, Kunst, Wirtschaft. Jahrg. XI, Nummer 15 (Berlin-Pankow, 11. April 1956), S. 461-463. – Siehe auch Nr. 96.

*99 Walther Huder: Die Dialektik in der Dichtung Rainer Maria Rilkes. Diss. Berlin vom 7. V. 1956, S. 323-325 [Masch.].

*100 J[ean] R[odolphe] von Salis: Anmerkungen zu Rilkes Lebensgeschichte. In: Rilkes Leben und Werk im Bild. Bearbeitet von Ingeborg Schnack. Wiesbaden 1956, S. 15. – Siehe auch Nr. 87.

*101 Eudo C. Mason: Von der Kunst, Rilke zu edieren. In: Wort und Wahrheit. Monatsschrift für Religion und Kultur, Jahrg. 12, Heft 1 (Freiburg, Januar 1957), S. 61. – Siehe auch Nr. 71 und 122.

102 Günter Meier-Heinichen: Das Symbol der Rose in den französischen Gedichten Rainer Maria Rilkes. Versuch einer Interpretation des Zyklus ›Les Roses‹. Diss. Hamburg vom 6. III. 1957, S. 44 [Masch.].

103 Hans Egon Holthusen: Rainer Maria Rilke in Selbstzeugnissen und Bilddokumenten. Hamburg 1958 (= rowohlts monographien 22), S. 57-58.

*104 Josef Mühlberger: Da neigt sich die Stunde und rührt mich an... In: Sudetenland. Böhmen, Mähren, Schlesien. Vierteljahres-(zeit)schrift für Kunst, Literatur, Wissenschaft und Volkstum, Jahrg. I, Heft III (München, 1958/59), S. 198-201. – Zwischen S. 194 und 195 Abb.: Graf Johann von Sporck. – S. (199): Faksimile der Kapitel 18-20 (Fassung A).

105 Joachim Kaiser: Der Triumph des Cornet. In: Süddeutsche Zeitung, Jahrg. 15, Nr. 37 (München, 12. Februar 1959), S. 9.

106 F[riedrich] M[ichael]: Rilkes Cornet jubiliert. In: Frankfurter Allgemeine Zeitung, D-Ausgabe Nr. 44 (Samstag, 21. Februar 1959), S. 2. – Wiederabdruck in: Heitere Bücherwelt. Herausgegeben von Rudolf Adolph, Heidelberg ²1960, S. 25–26.

107 M. D. Herter Norton: The Lay of the Love and Death of Cornet Christopher Rilke. New York 1959, S. 9–11: Foreword.

108 Clara Mágr: Rainer Maria Rilke und die Musik. Wien (Amandus-Verlag) 1960, S. 175-176.

109 Lieselott Delfiner: Rilke, cet incompris. Paris (Louis Soulanges) 1960, S. 29.

*110 Werner Wolf: [Besprechung: Rilke, SW I-III]. In: Anzeiger für deutsches Altertum und deutsche Literatur, Bd. 73, 1 (Wiesbaden, September 1961), S. 30-31.

*111 Albert Soergel – Curt Hohoff: Dichtung und Dichter der Zeit, Band I, Düsseldorf (August Bagel Verlag) 1961, S. 609.

112 Robert Hippe: Erläuterungen zu ausgewählten Dichtungen Rainer Maria Rilkes. Hollfeld (C. Bange Verlag) ²1961 (= Dr. Wilhelm Königs Erläuterungen zu den Klassikern, Band 285), S. 13-17.

113 Gottfried Boesch: Rose, oh reiner Widerspruch. Die Rose in der Dichtung von Rainer Maria Rilke. Gesellschaft schweizerischer Rosenfreunde. [Gelfingen] 1962, S. 12-13.

*114 Robert Minder: Kadettenhaus, Gruppendynamik und Stilwandel von Wildenbruch bis Rilke und Musil. In: Kultur und Literatur in Deutschland und Frankreich. Fünf Essays. Frankfurt am Main 1962 (Insel-Bücherei Nr. 771), S. 78-79.

*115 Zlatko Gorjan: Erinnerung an Rilkes Kornett [Gedicht, übertragen ins Deutsche vom Autor]. In: Deutsche Rundschau, Jahrg. 89, Heft 2 (Stuttgart, Februar 1963), S. 76.

*116 Hertha Koenig: Rilkes Mutter. Pfullingen (Verlag Günther Neske) 1963 (= opuscula 9), S. 20.

117 Wolfgang Paul: Lokaltermin für Rilkes Cornet. In: a) Süddeutsche Zeitung, Jahrg. 19, Nr. 262/263 (München, Samstag/Sonntag, den 2./3. November 1963), Feuilleton, S. (1)–(2). – b) spectrum. Wochenendbeilage der ›Presse‹ (Wien, Samstag/Sonntag, 25./26. Juli 1964), S. 17 und 21. – Siehe auch Nr. 89, 118-120 und 134.

118 Wolfgang Paul: R. M. Rilkes ›Die Weise von Liebe und Tod des Cornets Christoph Rilke‹ und die Schlacht von Mogersdorf. Vortrag, gehalten in Mogersdorf am 26. Juli 1964. In: a) Neue Deutsche Hefte, Nr. 102 (Gütersloh, November/Dezember 1964), S. 84-95. – b) Insel-Almanach auf das Jahr 1967 (Frankfurt am Main 1966), S. 55-68. – c) Begegnung mit dem Burgenland. Das Grenzland in der Literatur. Wien (Belvedere Verlag) 1971, S. 118–123. – Siehe auch Nr. 117.

*119 Fred Hepp: Rilke siegt bei Mogersdorf. Die problematische Feier zur 300. Wiederkehr der Türkenschlacht an der Raab im Burgenland. In: Süddeutsche Zeitung, Jahrg. 20, Nr. 182 (München, 30. Juli 1964), S. 3. – Siehe auch die Entgegnung von Wolfgang Paul in der Südd. Zeitung Nr. 220 vom 12./13. September 1964, S. 76: Rilkes Sieg bei Mogersdorf.

*120   Julius Trumpp: Rilkes Cornet und die Schlacht bei Mogers-
dorf. In: Süddeutsche Zeitung, Jahrg. 20, Nr. 231 (München,
25. September 1964), S. 24. – Siehe auch die Entgegnung von
Wolfgang Paul in der Südd. Zeitung Nr. 292 vom 5. Dezember
1964, S. 74: »Christoph Rilke hat es im Türkenkrieg nicht gegeben«.

121   Andreas Zürcher: Rilkes «Cornet». Dichtung und Wahrheit.
In: Berner Tagblatt, Jahrg. 78, Nr. 70 (Samstag/Sonntag, 13./14.
März 1965), S. (16).

*122 Eudo C. Mason: Rainer Maria Rilke. Sein Leben und sein
Werk. Göttingen (Vandenhoeck & Ruprecht) 1964, S. 44. – Siehe
auch Nr. 71 und 101.

123   Edmund Nick: ›Der Cornet‹ in Nymphenburg. Besprechung
der Aufführung des ›Cornet‹ in der Vertonung von Frank Martin
im ›Steinernen Saal‹ des Nymphenburger Schlosses am 10. und
11. Juli 1965, in: Süddeutsche Zeitung, Jahrg. 21, Nr. 166 (München, 13. Juli 1965), S. 12. – Siehe auch Nr. 72 und 78.

124   Mme Robert Dosse (Claire Lucques): *La chanson d'amour
et de mort du Cornette Christoph Rilke* est-elle dans l'oeuvre
de Rainer-Maria Rilke une exception d'art populaire? In: Etudes
de littérature étrangère et comparée [49] = Société Française
et littérature comparée. Actes du sixième congrès national. Rennes, 23-25 Mai 1963. – Paris (Didier) 1965, S. (201)-207.

125   Brigitte L[ooke] Bradley: R. M. Rilkes Neue Gedichte. Ihr
zyklisches Gefüge. Diss., Columbia University, 1965. – Bern und
München (Francke Verlag) 1967, S. 119-120.

126   Siegfried Mandel: Rainer Maria Rilke. The Poetic Instinct.
Carbondale and Edwardsville 1965 (= Diss., University of Den-
ver, 1967), S. 40-42.

127   Heinz Schlötermann: Rainer Maria Rilke: Versuch einer
Wesensdeutung. München/Basel 1966, S. 46–48.

128   Hugo Rokyta: Das Schloß im ›Cornet‹ von Rainer Maria
Rilke. Mit 47 Bildbeilagen und einer Karte. Bergland Verlag
Wien 1966. 54 S. – Eine Zusammenfassung gab der Verfasser
in: Weltfreunde. Konferenz über die Prager deutsche Literatur.
Prag (Verlag der Tschechoslowakischen Akademie) 1967, S. 215-
223. – Siehe auch: Die böhmischen Länder. Handbuch der Denk-
mäler und Gedenkstätten (...). Salzburg (Verlag St. Peter) 1970,
S. 148.

*129 Adalbert Schmidt: Literaturgeschichte unserer Zeit. Salzburg-Stuttgart (Verlag Das Bergland-Buch) ³1968, S. 186. – Der gleiche Text in: Adalbert Schmidt, Dichtung und Dichter Österreichs im 19. und 20. Jh., Band I, 1964, S. 290–291.

*130 Ulrich Fülleborn: Die Weise von Liebe und Tod des Cornets Christoph Rilke. In: Lexikon der Weltliteratur. Band II: Hauptwerke der Weltliteratur. Hrsg. von Gero von Wilpert. Stuttgart (Kröner) 1968, S. 1147.

*131 Dietmar Grieser: Cornet '69. Materialien für eine zeitgemäße ›Weise von Liebe und Tod‹. In: Frankfurter Rundschau, Nr. 91 (Samstag, 19. April 1969), Seite V. – Wiederabdruck, leicht redigiert, in: Vom Schloß Gripsholm zum River Kwai, Frankfurt a. M. 1973 (= Fischer Taschenbuch Verlag, Nr. 1328), S. 57-60.

132 Franz Hrastnik: *Auf den Spuren eines Bestsellers.* Reiten nach Mogersdorf. Rilke im Stacheldraht – und was vom Cornet noch übrig ist. In: Stuttgarter Zeitung, Nr. 191 (Donnerstag, 21. August 1969), S. 25 (Feuilleton).

133 R[udolf] Zellweger: Genèse et Fortune du «Cornette» de Rilke. Editions de la Baconnière, Neuchâtel, 1971. 95 S., 4 S. Faks.

134 Heinrich Kunnert: Ein Nachwort [zu Wolfgang Paul]. In: Begegnungen mit dem Burgenland. Das Grenzland in der Literatur. Wien (Belvedere Verlag) 1971, S. 123-126. – Siehe auch Nr. 118.

135 Margit Pflagner: Die Schulstory von der Schlacht bei St. Gotthard. In: Ebenda, S. 127-134.

136 Brigitte von Witzleben: Quellenstudien zu Rilkes ›Die Aufzeichnungen des Malte Laurids Brigge‹. Magisterarbeit der Åbo Akademi (Finnland) 1972, S. 148 [Masch.].

*137 Kindlers Literatur Lexikon, Band VII, Kindler Verlag Zürich (1972), Spalte 1020-1022.

138 Walter Simon: Philologische Untersuchungen zu R. M. Rilkes ›Cornet‹. In: Blätter der Rilke-Gesellschaft, Jahrg. 2/1973 (Rilke-Archiv der Schweizerischen Landesbibliothek Bern), S. 26-58.

139 Josef Mayerhöfer: Motivgeschichtliche Untersuchungen zu R. M. Rilkes ›Cornet‹. In: Ebenda, S. 59-74.

140 Hans W. Panthel: Rainer Maria Rilke und Maurice Maeter-

linck. Berlin (Erich Schmidt Verlag) 1973 (= Philologische Studien und Quellen Heft 73), S. 140–142.

*

141 Emil Gasser: Grundzüge der Lebensanschauung Rainer Maria Rilkes. Diss. Bern vom 16. II. 1925. – Bern (Paul Haupt) 1925, S. 12, 52, 200.

142 Karl Weitzel: Tausend Jahre deutsche Literatur. In: Die neue Volkshochschule. Bibliothek für moderne Geistesbildung, Bd. I, ⁵Leipzig 1925 (8. Auflage 1928), S. 87.

143 Nino Frank: Rilke et l'harmonie. In: Reconnaissance à Rilke, Paris 1926 (= Les Cahiers du Mois 23/24), S. 93.

144 Nanny von Escher: Rilke und das Schloß Berg. In: Neue Zürcher Zeitung, Erste Sonntagausgabe No 74, Literarische Beilage (Sonntag, 16. I. 1927, Blatt 3), S. (3).

145 Paul Zech: Rainer Maria Rilke. Ein Requiem. Berlin 1927, S. 28 (über eine Lesung Rilkes in Elberfeld am 9. I. 1910): »So erlitten wir das schmerzliche Wunder des ›Panthers‹, die müde Legende des ›Cornetts‹ (ach, wäre sie nie anders lebendig geworden als in seinem Munde!) . . .«.

146 Paul Wiegler: Geschichte der deutschen Literatur. Zweiter Band: Von der Romantik bis zur Gegenwart. Berlin (Ullstein) 1930, S. 774.

147 Thomas Roffler: Bildnisse aus der neueren deutschen Literatur. Frauenfeld und Leipzig (Verlag von Huber & Co. AG) 1933, S. 100–102.

148 Hans-Rudolf Müller: Rainer Maria Rilke als Mystiker. Diss. evang. theol. Tübingen vom 16. IV. 1935. – Berlin (Furche Verlag) 1935, S. 63–65.

149 Hans-Werner Bertallot: Rilke in unserer Zeit. In: Zeitschrift für Deutschkunde, Jg. 49, Heft 7 (Leipzig, September 1935), S. 510.

150 Klingsor. Siebenbürgische Zeitschrift. Hrsg. von Dr. Heinrich Zillich, 13. Jahr, Heft 11 (Kronstadt, November 1936), S. 412–415: Ein Brief Rainer Maria Rilkes an Jon Pillat / (Mitgeteilt von Harald Krasser). – Nach S. 412 eingeheftet: Faksimile des Briefes vom 10. XI. 1924.

151 Jahrbuch der Bücherpreise, Jg. 31/1936, Leipzig 1937,

S. 143: ›Cornet‹ 215 RM.-Jg. 32/1937, Leipzig 1938, S. 235: ›Cornet‹ 135 RM.

152 Friedrich Gundolf: Rainer Maria Rilke. Wien (Verlag der Johannes-Presse) 1937, S. 27.

153 Christiane Osann: Rainer Maria Rilke. Der Weg eines Dichters. ²Zürich 1947, S. 92–93. – Dazu siehe: Rilke et le cornette Christoph Rilke. In: La Tribune de Genève, Edition du matin, 14 Avril 1956.

154 Walter Zupan: Der gestohlene Rilke. In: Wochenbeilage zum Vorarlberger Volksblatt vom 8. März 1947.

155 Dolf Sternberger: Aktion Rilke durchgeführt / (Der Cornet als Film). In: Die Gegenwart, Jg. 11, Nr. 2 = Nr. 252 (Frankfurt a. M., 28. Januar 1956), S. 52.

156 Beda Allemann: Rainer Maria Rilke. In: Insel-Almanach auf das Jahr 1967. Insel Verlag Frankfurt a. M. 1966, S. 13.

157 H[erman] Uyttersprot: Rilke's Weise von Liebe und Tod / Dichtung und Wahrheit. In: de vlaamse gids / Maandschrift Nr. 1, Brussel 1967, S. 2–21.

158 Ingeborg Schnack: Rilke in Ragaz. Privatdruck der Thermalbäder und Grandhotels, Bad Ragaz 1970 (Auslieferung durch die Buchhandlung F. Schuler, Chur, Postplatz), S. 132 (Einschrift in den ›Cornet‹): Für Fräulein Alice Bürer / um ihren Wunsch noch vielfältiger zu erfüllen, diese kleine Jugendarbeit: zum Gedächtnis eines Vorfahren, vor 27 Jahren (in einer einzigen Nacht), aufgeschrieben. Rainer Maria Rilke. / Ragaz, am 28. August 1926.

159 Marieluise Kallenbach Champagne: Rilke und der Jugendstil. Diss., Tulane University 1972, S. 165–171 [Masch.].

160 Audrey V[iolet] Wilson: The Developing Concept of Death in Rilke's Prose and Poetry. Diss., The Florida State University 1972, S. 38–44 [Masch.].

161 Gerhard Mayer: Ibero-amerikanische Rilkeana (Bibliographie). Mai 1972 [Typoskript]: Verzeichnet mehrere span. und port. Übersetzungen des ›Cornet‹, die *nicht* im Mises-Katalog enthalten sind.

162 Egon Schwarz: Der Raketenflug des Cornet. In: Frankfurter Allgemeine Zeitung, Nr. 255 D (Samstag, 2. XI. 1974), Beilage: Bilder der Zeit / Literatur.

163 Heinrich Kunnert: Neue Ausgabe von Rilkes ›Die Weise

von Liebe und Tod des Cornets Christoph Rilke‹. In: Volk und Heimat / Monatszeitschrift für Kultur und Bildung, Jg. 28, Nr. 2 (Eisenstadt, Joseph Haydngasse 11, 1974), S. 18 mit Hinweis auf Jg. 17, Nr. 15/16, August 1964, S. 3–10.

164 Wolfgang Bittner: Ein Reiterfähnrich namens Christoph Rilke. In: Rilke? Kleine Hommage zum 100. Geburtstag. München (edition text + kritik) 1975, S. 116–120.

165 Ingeborg Schnack: R. M. Rilke / Chronik seines Lebens und seines Werkes. Frankfurt (Insel Verlag) 1975, S. 1297. – Siehe besonders S. 163, 197, 319, 342, 488, 501, 532, 644, 917, 952.

Imitation und Parodie:

166 Maurice Betz: La Malemort de Jean Lefranc. In: Scaferlati pour Troupes. Poèmes, suivis de La Malemort de Jean Lefranc. Paris (Albert Messein) 1921, S. 107–124.

167 Nanny von Escher (siehe S. 414 dieses Bandes; Ritzer K 728). – Robert Neumann (siehe S. 219 dieses Bandes).

168 Das studentische Leben in den Werken deutscher Dichter. Heft 1: Die Mensa. Nach den Handschriften herausgegeben von Wolfgang Bachofer und Hans-Joachim Gensick. Friedrichshain und Mahlsdorf im Goethegedenkjahr 1949, S. 6: *Pause! Freisein einmal ... – Als Pause begann's.* [Parodistische Festschrift zu einem Gesellschaftsabend des Germanistischen Seminars der Univ. Berlin].

169 Stephan Vajda: Die Weise von Leid und Tod des Obsthändlers Isaak Festinger / In memoriam Christoph Rilke aus Langenau, Cornet *etc.* In: Wort in der Zeit. Österreichische Literatur-Zeitschrift, Jg. 9, Folge 8/9 (Graz-Wien, August/September 1963), S. 27–36.

170 Dieter Höß: ... an ihren Büchern sollt ihr sie erkennen. 35 Spottlieder. Frankfurt a. M. (Bärmeier & Nikel) 1966, S. 41: Insel (nach Rilke/Cornet).

171 Hans Weigel: Götterfunken mit Fehlzündung. Zürich 1971, S. 107–109.

- a) Die Übersetzungen des ›Cornet‹ in fremde Sprachen sind aufgeführt im Mises-Katalog, S. 363. Hinzuweisen bleibt auf die unveröffentlichte Übertragung von Paule Levy und Robert Derche (LB Bern, Ms. D 38) und die von Louis-Ed. Roulet (siehe: Zellweger, S. 14). Eine rumänische Übersetzung von Ion Pillat und O. W. Cisek ist erschienen in: Revista germanistilor români, Anul 6, Bucaresti 1937, S. (272)-280.

- b) Die Vertonungen von Paul von Klenau (1921), Frank Martin (1943) und Casimir von Pászthorý (1914/18) sind im Mises-Katalog aufgeführt unter den Nummern 1544, 1550 und 1562. Die von Hermann Reutter (opus 31) erschien 1947 als ›Edition Schott 3852‹. Nicht veröffentlicht sind die Partituren von Will Eisenmann (1936) und Henri Sauguet (Le Cornette, Kantate für Baß und Orchester, 1951). Über die Vertonungen von Max von Schillings (Aufführung am 21. November 1918 in Berlin), Kurt Weill (Aufführung 1918 in Berlin?) und Hans Krása ließen sich keine bibliographischen Daten ermitteln.

- c) Mehrere illustrierte Ausgaben und Illustrationen zum ›Cornet‹, die sich in der Sammlung Richard von Mises befinden, sind im genannten Katalog, S. 363 verzeichnet. Außerdem sind zu erwähnen:

  1) René Beeh: Zeichnung zu Rilke, Die Weise von Liebe und Tod. In: Insel-Almanach auf das Jahr 1917, Leipzig [1916], S. 49.

  2) Manuskript eines unbekannten Künstlers: Mit schwarzer Tusche geschriebener Text des ›Cornet‹ auf 30 Pergamentpapier-Blättern, mit 7 ganzseitigen Original-Kreidezeichnungen [um 1920]. Handgebundener roter Maroquinband, 4⁰. – Siehe: Max Perl, Lagerkatalog 116, Berlin 1937, Nr. 170.

  3) Emil Bräkl: R. M. Rilke, Die Weise von Liebe und Tod des Cornets Christoph Rilke. 1 Titelblatt, 3 farbige Holzschnitte (vom Künstler signiert) $9,5 \times 11$ cm auf $10,5 \times 11,5$ cm; [Wien] 1922-1926.

  4) H. Scheck: Ein Zyklus (6 Bilder) zum ›Cornet‹. Holzschnitte (Handabzüge) auf Japanpapier; $6,3 \times 8,2$ cm auf $12,5 \times 15$ cm; signiert und datiert: 1924. In Zugmappe.

  5) Mari Alexander Jacques Bauer: Illustrierte Ausgabe des

›Cornet‹ im Hubertus Verlag, Hoenderloo, 1929. Einband von Henri van de Velde. Druck: Enschedé en Zonen, Haarlem. Auflage: 200 Exemplare.

6) Joachim Gilowy: 8 Federzeichnungen in einem Privatdruck des ›Cornet‹ [um 1942], mit einem Nachwort von Dr. Wilhelm Richter. 32 S., Kl. - 8⁰ rotes Leinen.

7) Emil Hungerbühler: 12 mehrfarbige Holzschnitte (Handabzüge) zu Rilkes ›Cornet‹. Chur, Sommer 1972; 35 × 30 cm auf 50 × 45 cm (Japanpapier), jedes Blatt signiert und numeriert. Auflage: 30 Exemplare, in handgefertigter Leinenmappe. – Preis: Fr. 1800.

8) Herbert Ott: ›Der Cornet‹. Eine Folge von 8 signierten Holzschnitten (11 × 8,5 cm) und 3 Holzschnittvignetten; entstanden 1970, mit einem Begleitwort von Norbert Ott, erschienen 1971 im Verlag Refugium Walter Koch, Hannover, Volgersweg 19 als 1. bibliophiler Druck in einer Auflage von 235 und XV Exemplaren; Mappe in Schuber, DM 175.-.

9) Viktor Stürmer: 10 Zeichnungen zu Rilkes ›Weise von Liebe und Tod‹ (Kugelschreiber und grüner Filzstift). Die Originale befinden sich in Privatbesitz, 3 davon sind reproduziert in der Zeitschrift für die Buchillustration ›Illustration 63‹, Jg. 11, Heft 2 (Memmingen, August 1974), S. 64–66.

10) Rafaello Busoni: Privatdruck des ›Cornet‹ in einmaliger Auflage von 25 Exemplaren mit handkolorierten Lithographien; Berlin, im November 1922.

11) Hermann Schardt: Text des ›Cornet‹ mit Holzschnitten, geschnitten im Jahre 1933; gebunden in weißes Leder, auf dem vorderen Deckel eingelegte Metallsilhouette.

12) Jahresgabe der Ges. Schweizer Maler, Bildhauer und Architekten, St. Gallen 1927: Text (Tiemann-Mediäval) in Rot und Schwarz auf Japanpapier. 14 sign. Lithographien Schweizer Künstler. Orig.-Halbpergamentmappe.

13) Jan Mensinga: 9 Radierungen auf Whatman Papier. Für 100 Mitglieder der bibliophilen Gesellschaft De Blauwe Reiger zu Amsterdam. Einband des Textes: Proost & Brandt, 1959.

14) Hans Pingsmann: 9 Radierungen, 1931 (?).

15) Hans Sauerbruch (Konstanz): Holzschnitte. Daphnis-Verlag, Erlenbach-Zürich (in Vorbereitung).

Nachwort

Der Text der drei ›Cornet‹-Fassungen beruht auf den oben S. 70-71 angegebenen Handschriften und Ausgaben. Als verschollen muß die Satzvorlage für den Buchdruck von 1906 (C) gelten, – vermutlich ein Sonderdruck der Zeitschriftenfassung (B) mit handschriftlichen Korrekturen und eingelegten Blättern (siehe den Brief an Axel Juncker vom 12. VI. 06). Über die Textkonstitution geben die Lesarten (oben S. 72-74) Rechenschaft.

Die Briefe Rilkes und seiner Briefpartner wurden meist gekürzt wiedergegeben, wobei Auslassungen durch (. . .) kenntlich gemacht sind. Die Angabe von Empfänger, Ort und Datum ermöglicht ohne weiteres das Auffinden schon veröffentlichter Briefe in den zahlreichen, sich im Bestand oft überschneidenden Ausgaben, so daß auf die Angabe des ersten Druckortes jeweils verzichtet werden konnte. Bisher unveröffentlicht sind die Briefe Rilkes an den Verleger Axel Juncker, die Anton Kippenbergs an Rilke sowie die Nummern 26 a, 76, 91, 93 und 135. Diese Stücke wurden unter Wahrung ihrer orthographischen Eigenarten abgedruckt; Tilgungen von Schreiberhand stehen dabei in eckigen Klammern [–], Zusätze des Herausgebers in Winkelklammern ⟨–⟩. Die Vermehrung des bisher bekannten Materials hat die Klärung mancher noch offener Fragen gebracht, aber auch neue Fragen aufgetan, die sich vielleicht lösen lassen, wenn Ungedrucktes aus dem Nachlaß zugänglich wird. – Die in die zeitliche Folge der Briefe eingereihten Widmungsgedichte Rilkes wurden, wenn nicht anders vermerkt, dem Zweiten Band der ›Sämtlichen Werke‹ (SW) entnommen.

Der Auswahl der in der Bibliographie (oben S. 383-397) verzeichneten Titel war durch den vorgegebenen Umfang eines Taschenbuches Beschränkung auferlegt. Es fiel daher nicht immer leicht, auf diese oder jene Stimme zu verzichten. Ausschlaggebend für die Aufnahme eines Textes war sein gehaltliches ›Gewicht‹, zuweilen auch sein entlegener Druckort, der seine Vergessenheit bedingt hatte. Auch hier blieb der Wortlaut im großen und ganzen unangetastet, – nur offensichtliche Druckversehen und entstellte Zitate wurden berichtigt.

Im Literaturverzeichnis ist Vollständigkeit bei der Erfassung aller Urteile über den ›Cornet‹ angestrebt, von der beiläufigen Äußerung bis hin zur ausführlichen Untersuchung wissenschaftlichen Charakters: an Hand *eines* Gegenstandes wird ein Rückblick gegeben über die Literaturgeschichtsschreibung der letzten sechzig Jahre, deren Auswahl in unserem Band dem Leser erneut deutlich machen kann, daß auch ein Kritiker nur »dem Geist gleicht, den er begreift«.

Den Inhabern von Autorenrechten danke ich für freundliches Entgegenkommen, für vielfache Hilfe namentlich Herrn Horst Gutermann (Biberach an der Riß), Herrn Dr. Rätus Luck (Schweizerische Landesbibliothek Bern), Herrn Wolfgang Paul (Berlin), Herrn und Frau Christoph Sieber-Rilke (Gernsbach) und Herrn Dr. Joachim W. Storck (Deutsches Literaturarchiv Marbach am Neckar). Herr Professor Dr. Ernst Zinn (Tübingen) hat die Anregung zu dieser Arbeit gegeben und stets mit seinem Rat begleitet.

Tübingen, im Juni 1974.   Walter Simon

Die zweite Auflage wurde um einen Anhang meist ungedruckter Briefzeugnisse (Nr. 142–183) erweitert; auch das ›Literaturverzeichnis‹ wurde ergänzt (Nr. 141–171). Dieser Zuwachs hat eine Neubearbeitung des ›Verzeichnisses der Eigennamen‹ notwendig gemacht.

Tübingen, im Januar 1976.   W. S.

142 *Rilke an Axel Juncker* (Viareggio, 23. IV. 03)

(...) Das Manuscript, von dem Wilhelm Michel in seinem
(so einseitigen) Aufsatz* in der ›Zeit‹ spricht, heißt der ›Cornet‹, ist ein längeres, selbständiges Gedicht, das eine Episode aus unserer Familien-Geschichte zur Grundlage hat.
Es ist vielleicht 1897 entstanden und heißt »der Cornet«.
– Ich schreibe augenblicklich nichts; (...).

143 *Marie Gräfin Neidhardt von Gneisenau an Rilke*
(Charlottenburg, 3. I. 07)

(...) Ich habe jetzt den ›Cornet‹ gelesen und diese fremdartige, neue Form, die Sie fanden sein Leben zu geben, hat
mich ungemein gefesselt – ich werde es oft lesen müssen und
es wird immer wie ein Neues sein, weil es wie Melodien
klingt und dann wie Phantasien eines Traumes, der einen
mitnimmt. Es wird mir vielleicht lieber als Andere werden. –
Und dann fragen Sie nach meinem Buche. Axel J. sang ein
Loblied in schönsten Worten und er wollte es gern verlegen.

---

* Wilhelm Michel. Rainer Maria Rilke. In: Die Zeit / Wiener Wochenschrift für Politik *etc.*, Band 34, Nr. 442 (Samstag, 21. März 1903),
S. 142–143:
Vor mir liegt ein Novellenband, ›Die Letzten‹ – man kann die blassen
Goldlettern des Titels auf dem grauen Umschlag kaum mehr lesen;
daneben das aufgeschlagene Buch der Bilder mit dem Gedicht ›Der
Letzte‹; in den Händen aber halte ich ein drittes, ein Manuscript mit
des Dichters klaren, durchaus unproblematischen Schriftzügen, handelnd
von Liebe und Tod des blutjungen Cornets Otto Rilke, Herrn auf
Langenau, der 1664 gegen die Türken in Ungarn kämpfte und fiel.

144 *Gräfin Freda von der Schulenburg an Rilke* (Berlin, 10. I. 07)

Geehrter Herr Rilke!
Sie haben mich mit der freundlichen Sendung des neuen Büchleins, das meiner lieben Baronin Uexküll gewidmet ist, nicht nur erfreut, sondern auch sehr beschämt und ich habe ganz besonders für Ihre Großmuth zu danken. Ich fühlte mich wirklich sehr in Ihrer Schuld, da ich Ihren gütigen Brief nach dem Tode unserer gemeinsamen Freundin, der Gräfin Schwerin, und die Absicht, mich zu besuchen, nicht beantwortet hatte. Zuerst war ich krank gewesen (...).
Vielleicht ist dieses kleine Büchlein auch noch mit der Verklärten besprochen. Sie hatte so besonders viel Sinn für alte Chroniken und malte sich so gern das Leben vergangener Jahrhunderte aus.

145 *Marie Gräfin Neidhardt von Gneisenau an Rilke* (Charlottenburg, 28. I. 07)

(...) Ich las neulich Ihren ›Cornet‹ auf Schloß Lauenstein vor – man war sehr entzückt und ergriffen von dem Werk. Es reißt einen so sehr mit. Ich sende Ihnen alle guten Grüße,

Ihre Maria Gneisenau

146 *Marie Gräfin Neidhardt von Gneisenau an Rilke* (Charlottenburg, 10. IV. 07)

(...) Und dann wollen Sie wissen, was ich alles tat – der Winter ist etwas schnell vergangen – mein Buch träumt immer noch in irgend einem Winkel bei Bard – dann entstand noch eine kleine Arbeit – eine kleine ferne Schwester dem Cornet sollte es sein, aber ist noch nicht wie ich es dachte.

(...) Es haben sich gerade um das Liebesgedicht in meinem
Geiste noch mehr Gedichte ähnlichen Charakters herumge-
stellt. Vielleicht schreibe ich sie zu einer Zeit starker ge-
mütlicher Angeregtheit einmal nieder. Es müßte dies eine
Sammlung von Gedichten geben, in der die reiche Erschei-
nungsweise der Liebe, die Einzigkeit jeder Liebschaft (»Und
wieder erst lernen, was Frauen sind. Und wie die weißen
tun und wie die blauen sind«), letztlich die Weite und Un-
terschiedlichkeit des Liebesempfindens illustriert würden.

148 *Hermin von Riess an Rilke* (Wien, 2. II. 13)

Sehr geehrter Herr!
Ich bekomme soeben aus Buenos-Aires einen Brief, darin
sie von Ihren Werken schwärmt und mich inständigst bittet,
ihr eine Fotografie des Dichters zu schicken. Diese habe ich
natürlich nirgends auftreiben können – doch hat mir Buchhändler Gerold Ihre Adresse gegeben und ich wage es, Sie
zu bitten, den warmen Wunsch meiner Freundin selbst zu
erfüllen. Bitte, machen Sie ihr doch die große Freude, da
sie sogar behauptet – Sie in St. Pölten gesehen zu haben.
Ich wiederhole genau den Wortlaut ihres Briefes und begehe
damit wohl keine Indiskretion, da ich weiß, daß Sie mich
nicht verraten werden. Also hören Sie:
»Ich las jetzt gerade etwas vom ›Cornet Christoph Rilke‹
und bin ganz bezaubert von dieser Kunst. Also unser kleiner Rilke ist ein unsterblicher Dichter. Mit so abgemessen
wenig Worten diese Bilder zu malen! Ich bitt' Dich, lies
das. Wenn Du eine Ansichtskarte oder Fotografie von Rainer Maria Rilke findest, schicke sie mir oder bring sie mit
– ich möchte gerne sehen, wie er jetzt aussieht. Ich sehe ihn
vor mir, schmalbrüstig und zwölfjährig in der St. Pöltner
Militärzöglings-Uniform, wie er mit seiner Mutter im An-

staltspark auf- und abging. Ist es nicht seltsam, daß mir unter hunderten von Zöglingen dieser in Erinnerung blieb mit dem ich nie ein Wort gesprochen habe? Es war ein häßliches, unscheinbares Kind. Mein Jenseitiges muß den Genius gefühlt haben, ohne daß mein irdischer geringer Verstand sich dessen bewußt geworden!«

(...) Verzeihen Sie diesen Überfall einer Ihnen ganz Fremden – Soldatenkinder haben ja Mut und da ich auch ein solches bin, würde mich auch ein Mißerfolg nicht abschrecken! Aber soweit werden Sie es hoffentlich nicht kommen lassen und vertrauensvoll lege ich gleich die Adresse bei. (...)

149 *Helene von Nostitz an Rilke* (Saßnitz, 4. VIII. 13)

Lieber Herr Rilke
gleich schicke ich Ihnen diese Übersetzung doch zurück da, soweit ich sie überhaupt beurteilen kann, es sich so verhält: (...)*

150 *Margaret Drake-Brockman an Rilke* (Bonn, 27. II. 14)

(...) I have received permission from your publishers to translate ›Die Weise von Liebe und Tod des Cornets Christoph Rilke‹. I have finished it, but there are certain places where I cannot be sure that I am right, and as I wished to translate the author's thoughts and not *mine,* I asked the publishers if they thought you would be kind enough to tell me if my translation of these two or three passages is correct. They never answered, and therefore I venture to write to you. It would naturally be extremely disagreeable

---

* Es handelt sich um eine engl. Übersetzung des ›Cornet‹ (siehe S. 109 und 111 dieses Bandes); der vollständige Brief wird in der von Oswald von Nostitz vorbereiteten Ausgabe des Briefwechsels H. v. N./Rilke im Insel Verlag 1976 erscheinen.

to me to feel that I had read my *own* ideas into another's work.

I am told by many people – almost all whom I consulted – that my translation of the following two passages is quite incorrect:

1. (p. 9): »Zu Lust? Zu Leide?« I have given it the meaning »wird seine Erzählung noch trauriger stimmen, oder wird sie aufmuntern, erheitern?« I am told it means »was für ein Ende wird seine Erzählung haben? Traurig oder lustig?«

2. (p. 31): »Es ist wie ein Schrei« which I interpret: Sein Tun, seine Flucht ist wie ein Schrei – (his dashing past the others). You see, if it does *not* mean that, I cannot use the word ›scream‹, and if it does, I can. So I must know.

3. (p. 20): How ought I to translate: »Wie die *weißen* tun und wie die *blauen* sind«? The adjectives alone sound terrible with the English ›ones‹. And if I put (for ex.) ›fair‹, it may be wrong.

But for a foreigner, the worst sentence to translate is (p. 20): »Der Mut ... muß sich in sich selber überschlagen«. I cannot pretend to understand the word ›sich überschlagen‹ – could you possibly suggest a word? Dictionaries help not at all! I say ›Mut‹ is ›courage‹, and my father says it is ›animus‹. I think the *sound* of ›courage‹ is too ugly, so ⟨I⟩ must paraphrase.

I hope very much that you will not be annoyed at my writing.

With renewed apologies for troubling you, I remain Yours faithfully

(Miss) Margaret Drake-Brockman

P. S. Is »Sie haben sich ja gefunden« (p. 26) they have found *themselves,* or they have found *each other*? The first I suppose.

(...) Ich wohne in einer mir völlig inkommensurabeln Welt und warte das Ergebnis ihrer Einflüsse ab, stehend, wie einer der eben nur noch wartet. Sollte ich überlegen, was etwa von meinen eigenen Sachen vorzulesen wäre, ich käme zu keinem Entschluß; denn Unbezügliches zu bringen hätte ebenso wenig Sinn, als es mir gezwungen und falsch erscheint, etwas ungefähr Passendes nachträglich auf Umstände anzuwenden, mit denen es doch in Wirklichkeit nichts gemein hat. Selbst der ›Cornet‹, wie zufällig und oberflächlich ist sein Anklang an [den ?] einen heutigen Krieg – ich würde nicht die rechte Stimme finden, ihn zu lesen.

152 *Rilke an Philipp v. Schey* (Frankfurt, Englischer Hof, 18. XI. 14)

Mein lieber Baron Schey,
es ist die größte Nachsicht von seiten der Baronin und von Ihrer Seite, wenn Sie mirs nicht nachtragen, daß ich gestern abend ein so stumpfer teilnahmsloser Gast war: aber ich fühlte nichts als Müdigkeit und Freude, Ihnen begegnet zu sein: dazu reichte es, aber *zeigen* konnte ich kaum mehr irgendwas.
Auf dem Rückweg stellte sich noch in recht reizender Weise heraus, daß Herr v. Mosch den ›Cornet‹ kannte (dieses kleine Buch verwöhnt mich!). Nun möcht ich ihn ihm gern, zum Gedenken an unsere Erkennungsszene, geben: schreib ich seinen Namen recht und *Ober*leutnant: nichtwahr? Bitte ein Wort *her ins Hotel,* daß ichs abends, wenn ich von Wiesbaden zurückkomme, finde. Möglichst auch mit Ihrer Feldpostadresse, daß wir einander erreichbar bleiben. Und alles herzlich Gute.

Ihr R.

(...) Was die Musik zum ›Cornet‹ angeht, so kannst Du Dir denken, daß ich der Absicht, sie in Leipzig mit Kurt Stieler aufzuführen, nicht entgegen bin; ja, ich kann sagen, ich bin dafür. Denn ob ich gleich, vom Zusammenschluß von Text und Musik nicht überzeugt bin und das Melodram für ein Ding mit doppeltem Boden halte, so hat doch Pászthorý's Musik eine schöne und glückliche Ergreifung an sich, sowohl gegen das Gedicht als gegen die Hörer zu, und [so dürfte ?] der Versuch einer Aufführung würde, besonders in diesen Zeiten, durchaus gerechtfertigt sein. Willst Du ihn also durchsetzen, so hast Du meine Zustimmung und die Vollmacht, Herrn v. Pászthorý zu schreiben, wie sehr ich wünschte, sein Werk einmal durch Dich und Stieler wirkend zu wissen.

(...) Kommt es denn zur Aufführung des ›Cornets‹ in Wien? Sollte es der Fall sein, so hab ich die Bitte, Du möchtest an die untenstehende Adresse (in meinem Namen und für meine Kosten) 2 Billette – gute – senden lassen. Du thust mir einen herzlichen Gefallen. – (...)
Für meine Rechnung u. in meinem Auftrag, bitte 2 gute Plätze an:

> Fräulein Henriette Löbl
> Beamtin der Assic. Generali
> Wien I. Bauernmarkt 2/III

(...) Was eigene Hervorbringung angeht, so hab ich kein Absehen dafür, ob sie in dieser Weltzeit möglich sei. Wo mir aber etwas gelänge, da würd ich mich eher dazu angehalten fühlen, es nicht auszugeben, in keiner Weise. (Der ›Cornet‹ ist allerdings etwas lebhaft vor die Leute gebracht worden, aber, so wie es geschah, war es gegen meinen Willen, und überdies ist das Gedicht vor siebzehn Jahren geschrieben also fast nur noch historisch meines).

156 *Rilke an Kurt Stieler* (München, 15. VI. 15)

Mein lieber Herr Stieler,
nach so viel Jahren Ihren Herrn Vater wiederzusehen! jetzt aber im vegetarischen Restaurant ›Ceres‹. Aber ich muß Ihnen vorwerfen, daß Sie ihm (scheint es) die unverhältnismäßigste Mühe bereitet haben, mich auszufinden. Warum? Da wir doch durch unsere gemeinsamen Freunde uns leicht hätten verbinden lassen können. Oder durch den Insel-Verlag?
Nun Ihr verehrter Vater hatte die Güte, mich auf die Anfrage vorzubereiten, die Sie mir zu schreiben gedachten. Ich wollte ihm, der am Ende seiner Mühe angekommen war, nicht sagen, daß mir eine nochmalige Aufführung des melodramatisch begleiteten ›Cornet‹ durchaus zuwider ist; und wie soll ichs Ihnen dann beibringen, der mir doch damit Liebes zu erweisen gedenkt, wie er mirs, im Stillen, durch Vortrag meiner Arbeiten, oft herzlich und überzeugt erwiesen hat?
Lieber, Guter (ich schrieb das alles schon Magda v. Hattingberg), wenn's irgend geht, erspart mit, bitte, weitere Vorführungen des ›Cornet‹ (eine hiesige wäre mir besonders lästig); denn, erstens, mir ist dieses Nebeneinander von Musik und Wort *keine* Kunstform; denn, zweitens, bringt man sie jetzt und *so*, so ergiebt sich das Mißverständnis, als ob jene Jugend-Dichtung mit der Zeit, die ist, irgendwie zusammenklänge (was sie nicht thut; nein nein; unter wie anderen Voraussetzungen ist sie einst, in einer einzigen

Mond-Sturm-Nacht entstanden –); denn, drittens, mag ich in dieser entstellten Welt nicht genannt werden, nirgends, kein Augenmerk auf Einen, der sie vorderhand weder begreift noch bewundert, sondern nur fühlt, daß die Stunde da ist, sich zu entsetzen.

Laßt also, bitte, alles Unternehmen und versucht zu verstehen und nachsichtig hinzunehmen

Eueren herzlichen Rilke.

(Ihnen und Ihrer Frau viele Grüße!)

157 *Karl Kraus an Sidonie Nádherný* (28. III. 16)

(. . .) Gestern war Maria, im neuen Kleid, bei mir im Café I⟨mperial⟩. Erzählte, daß sie günstige Aussichten habe. Ich rieth, doch den fortwährenden Vortrag des ›Cornets‹ zu verbieten, da ihre heutige erlebte Auffassung von diesen Dingen und Sphären doch eine so ganz andere sei und sich ein schmerzlicher Widerspruch in ihr begeben müsse. Sie gab mir sehr recht.

158 *Karl Kraus an Sidonie Nádherný* (10. IV. 16)

(. . .) Die Sache mit dem ›Cornet‹ dauert fort, *täglich,* und der Nachkomme ist viel zu schwach, es abzustellen. Der Cornet hätte sich zu helfen gewußt. Der Nachkomme gieng heute zweimal an mir vorüber – (. . .).

159 *Georg Rülke an Rilke* (Brand-Erbisdorf, 20. VI. 19)

Hochverehrter und lieber Herr R. M. Rilke!
Wie ich aus Ihrem dankenswerten Briefe entnommen habe, suchen Sie einen unterstützenden Aufenthalt. Sie machen vielleicht hierzu schon in Ihrer Vorbereitung zeitraubende

Reisen. Es bietet sich Ihnen aber schon seit Jahren als ein ganz fördersamer Wohnsitz das Rittergut Niederlangenau an, das sich – schon für sich ein schönes Schloßgut – durch den Glanz, der vom ›Cornet‹ her auf es fiel, verklärt fühlt.

Gerade in den letzten Wochen hat Herr Hauptmann Braun auf Niederlangenau an mich in dem Sinne geschrieben, daß für Sie ein Weilen an der Stätte ältester Familienerinnerungen mit Anregungen innerster Art verknüpft sein müsse. Er hat mich gebeten, ihm Ihre Adresse behufs eigener persönlicher Einladung mitzuteilen (. . .).

160 *E. Wenckheim an Rilke* (L'Ermitage, Nyon, 26. VI. 19)

Sehr geehrter Herr Rilke.

Kann Ihnen garnicht sagen, was für eine Freude ich über das reizende Buch* und Ihre guten Wünsche hatte, und danke ich Ihnen aus ganzem Herzen dafür.

Heute sind wir alle ganz traurig, es ist kalt, es regnet, und – Sidi verläßt uns, damit ist eine wunderschöne Zeit abgeschlossen.

Es tut mir so leid, daß ich Sie in der Ermitage nicht mehr sehen werde, ich reise Samstag nach Luzern und in etwa 8 Tagen nach Zürich.

Nochmals will ich Ihnen sehr, sehr danken, und auch für die Verse, die Sie mir in den ›Cornet‹ schrieben und verbleibe ich mit vielen Grüßen, Ihre

Elisabeth Wenckheim

Sidi läßt sehr danken für das Telegramm** und die guten Wünsche, und schickt tausend Grüße.

* Exemplar des ›Cornet‹, das bisher noch nicht aufgetaucht ist; das eingeschriebene Widmungsgedicht ist als Entwurf bekannt (siehe: SW II, S. 237 und S. 148 dieses Bandes).
** Siehe: R. M. Rilke / Briefe an Sidonie Nádherný von Borutin. Insel Verlag 1973, S. 290.

161 *Otto Braun an Rilke* (Niederlangenau, 3. VII. 19)

Hochzuverehrender Herr!
Nachdem Herr Seminaroberlehrer Rülke die Güte hatte,
mir Ihre Adresse zu vermitteln, gestatte ich mir den jahrelang gehegten Wunsch, Sie einzuladen, den Stammsitz Ihrer
Väter zu besuchen, zur Ausführung zu bringen. Rittergut
Niederlangenau mit den Seinen würde es sich zur besonderen Ehre schätzen, den Dichter des herrlichen Werkes ›Die
Weise von Liebe und Tod des Cornets Christoph Rilke‹ bei
sich empfangen zu können. Durch Herrn Oberlehrer Rülke
ist meiner Frau und mir hinlänglich bekannt, daß auch Sie,
hochverehrter Herr, unserer Anregung von vornherein nicht
ablehnend gegenübergestanden haben (. . .).

162 *Prinz H. Schönburg an Rilke* (Wallerstein, 7. XII. 19)

(. . .) Was liegt nicht Alles zwischen unserer Begegnung in
der Victorgasse und heute! Man wäre versucht, auch das
durch drei dichterische Worte zu verdolmetschen: »Reiten!
. . . . . Reiten! . . . Reiten!« Damals ritten wir noch auf Hoffnungen, dann ritten wir – auf Pferden gewiß nicht (die sind
ja nur mehr, präpariert, in Weltkriegsmuseen zu sehen) –
auf Phrasen, und jetzt, seit einem Jahre, auf Sorgen.

163 *Freiherr Leopold von Schlözer an Rilke* (Meran, Schloß
Winkl, Weihnachtsabend 1919)

Verehrter Herr Rilke.
Hierher zurückgekehrt – nach 5 Jahren – wie die Schwal-
be: alles ist anders worden. Da fällt mir ein Brief von
Ihnen in die Hand, der lag im Cornet Rilke, diesem kleinen
und doch so *großartigen* Kriegslied. Welch ein Feuer hat

seit jenem Frühjahrstag 1914, als ich es hier vorlas, die Welt entzündet! Wie wirkt die Dichtung gerade jetzt! Wer tiefer durch die Schwüle der Zeit bewegt wurde, der ahnte ja lange vor dem August 1914 das Nahen von etwas Furchtbarem – dem kam die Menschheit vor wie im Taumel, ein danse macabre am Rand des Abgrunds. Doch *was* kommen würde, das konnte man nicht ahnen! Die Franzosen sprachen 1871 von débacle. (...)

164 *Rilke an N. von Escher* (Muzot, vor dem 13. XII. 21)

(...) Sie haben des ›Cornets‹ gedacht: das kleine, nun schon so alte Büchlein, hat kürzlich sein 200stes Tausend überstiegen –, man hat, dies zu feiern, die Exemplare 201.000– 230.000 in einer eigenen alterthümlichen Schrift gedruckt und mir das erste davon zugeschickt: wollen Sie mir erlauben, es* Ihnen zuzueignen? Im Gedächtnis an jenen, dem Cornet zeitgenössischen Kammerjunker aus dem Hause der Escher von Berg, mit dem Sie ihn, liebevoll träumend, befreundet haben.

165 *Aurelia Gallarati Scotti an Rilke* (Madonna di Campiglio, 31. VIII. 22)

Cher ami,
J'ai été très touchée de l'envoi que vous m'avez fait de votre livre et de la traduction italienne.

---

* Die Widmung, die Rilke in das Jubiläums-Exemplar (siehe S. 71 dieses Bandes) eintrug, lautet: »In gemeinsamer Ehrfurcht vor der innen lebendigen und zu innerst verpflichtenden Vergangenheit«. – In einem noch ungedruckten Brief an Nanny Wunderly-Volkart vom 13. XII. 21 spricht Rilke vom Widmungs-Exemplar für Nanny von Escher und deren Aufsatz (›Cornet‹-Imitation!) für die Beilage der ›Neuen Zürcher Zeitung‹ vom 25. XII. 1921.

Si j'ai tardé à vous écrire, je n'ai tardé cependant pas un seul instant à vous lire. Je suis enchantée de votre ouvrage! Que de fraîcheur! Quelle délicieuse œuvre d'art! Vous conduisez le lecteur à rêver longuement sur des traces que vous avez voulu réduire aux lignes essentielles.

La traduction … Elle a été extrêmement interessante pour moi, parce qu'elle m'a été une guide, et avec elle j'ai pu lire le texte allemand, mais je dois bien vous dire que tandis qu'elle est – il me semble – fidèle littéralment, elle est artistiquement inférieure, elle ne rend nullement la musique (comment m'exprimer) de votre prose. Je voudrais avoir des talents littéraires et connaître parfaitement l'allemand pour solliciter de vous la joie de m'y essayer, et je dois bien vous confesser que j'ai souffert de mon incapacité absolue.

(…) Je suis très heureuse que votre voyage en Italie soit prochaine et de penser de vous y revoir! Je vous renverrai alors le manuscrit mais avant de m'en séparer je vais le relire encore une fois!

166 *Rilke an Aurelia Gallarati Scotti* (Muzot, 15. I. 23)

(…) Mon livre de correspondance, un peu négligé, comme d'ailleurs la correspondance même, pendant quelques semaines de l'été et presque tous les mois d'automne, ne m'indique pas si et quand je vous ai remercié de votre lettre du dernier août (de Madonna di Campiglio) …; je suis pourtant *sûr* de l'avoir fait, car j'étais très sensible à tout ce que vos lignes contenaient d'aimable. Par contre je ne suis pas tout à fait sûr de vous avoir accusé le retour de cette traduction italienne qui m'est revenue un peu plus tard. A cette époque je me trouvais dans un tourbillon de projets (…).

(...) Je pense bien souvent à ce délicieux petit poème que vous m'avez envoyé, et dont vous m'avez aussi joint une traduction italienne. Et bien, justement il y a peu de jours nous avons parlé de vous avec un ami de mon mari, M^r. Sacchi. C'est un des meilleurs correspondants du ›Corriere della Sera‹, mais cela ne va pas vous dire grand' chose en sa faveur; il est surtout un bon écrivain dans un sens de finesse et de compréhension des œuvres d'art. Il connait parfaitement l'allemand, il connait vos livres et serait très heureux de traduire le petit poème en question. Je pense qu'il serait digne de la tâche et mon mari qui le connait beaucoup m'encourage à vous en parler.

(...) Nous voilà donc encore une fois devant le petit bouquin qui colporte des pages écrites il y a vingt-cinq ans, que je ne voudrais pas renier, certes, puisqu'elles contiennent un peu de l'élan de ma jeunesse ..., mais pourtant je me trouve presque confondu de voir qu'un petit travail sans importance continue à occuper tout le monde et à éveiller toujours des sympathies nouvelles. Non seulement qu'on a dû imprimer des centaines de milliers d'exemplaires du texte original, on nous offre, à l'éditeur et à moi, tous les jours des traductions; bientôt il y en aura dans toutes les langues européennes! J'ai eu dans la main des versions russes, polonaises, tchèques, danoises, anglaises, hongroises, espagnoles, françaises et italiennes ..., et voilà que, recevant l'aimable demande de M. Sacchi, je dois, avant de l'accepter, vous annoncer, pour être juste, que depuis la traduction que vous avez bien voulu lire l'année dernière, il nous en a été communiqué une autre. Je ne la connais pas, et je ne me crois pas capable de me prononcer sur sa valeur; me pardonnerez-vous si j'ose la joindre à ces lignes, en vous priant de la faire passer devant votre jugement tout comme cette autre, la première? Après, vous me donnerez votre conseil que je suivrai aveuglément; vous me direz si cette version suffit et si je dois l'autoriser, d'accord avec mon éditeur; ou, si vous ne la trouvez pas assez exacte, ou pas assez vivante, nous allons prier M. Sacchi d'entreprendre la tâche définitive. Je suis désolé de vous imposer ce second examen, mais vous verrez sans doute, après avoir parcouru quelques lignes, ce qu'il faut en penser. Il me semble que je n'ai pas le droit de répudier cet essai et de m'engager ailleurs, sans en avoir pris connaissance, et je vous prie, chère Comtesse, d'être un instant *ma* conscience à moi, en examinant ce manuscrit. S'il vous semble que, cette fois, on est arrivé à donner tout ce qu'on peut, peut-être M. Sacchi, puisqu'il connaît mes travaux, se déciderait-il, un jour ou l'autre, de s'occuper de quelque *autre* de mes livres qui pourrait l'attirer et qui mérite encore davantage la sollicitude d'un écrivain sensible et initié à l'intimité des œuvres d'art. Je le désirerais vivement, et je serais navré de perdre une si bonne et valable complaisance.

169 *Aurelia Gallarati Scotti an Rilke* (Milano, 6. II. 23)

Cher ami,
La traduction que vous m'avez envoyée, m'a apparu au premier abord tellement supérieure à la précédente que j'allais vous écrire de ne point penser à d'autres traducteurs.
Mais je n'ai pas voulu m'arrêter là; j'ai demandé l'avis d'une personne compétente, c'est une femme extrêmement intelligente, professeur à l'Académie. – Elle connaissait depuis longtemps l'ouvrage et elle connait toutes vos œuvres.
Et bien; la traduction est assez fidèle, mais ce qui n'est pas rendu c'est la poésie qui émane du petit poème. Vous avez

le secret de révéler par un mot tout un monde de sentiments et de sensibilitées et de voir en vrai poète les évènements dans leur raccourci. Or cette admirable concision et musicalité est rendue très très médiocrement dans la traduction. En outre il y a vraiment des images qui ne sont pas considérées dans leur réalité.

Peut-être le traducteur pourrait-il porter des modifications à son ouvrage, mais tel qu'il est actuellement, il ne donnerait certainement l'impression de *votre* œuvre. Voilà ce que je dois vous dire. Et je le dis avec regret puisque ce serait été vraiment une grande joie que de voir vivantes en italien ces pages; tout ce qui doit encore naître est si incertain et je sens toute la responsabilité de vous avoir parlé du qui pourrait accomplir la tâche. En sera-t-il digne? Oh! que je voudrais lire ces »fragments« traduits par Gide!

170 *Rilke an Aurelia Gallarati Scotti* (Muzot, 9. II. 23)

Chère Comtesse,
Comment vous remercier de cette parfaite et délicate conscience! Je suis confondu de vous avoir tant occupée avec cette affaire des traductions: on les refusera donc l'une et l'autre, et on attendra celui qui fera mieux, peut-être se montrera-t-il un jour …

171 *Baronin von der Goltz an Rilke* (Massagno, 11. IV. 23)

(…) Daß Sie mir die ›Sonette an Orpheus‹ selbst senden wollen, ist sehr, sehr reizend und wird mir eine wirkliche Freude machen. Da werde ich wieder einmal die sein, »welche ihr Gesicht versenkte aus dem Sein zu einem Zweiten, das nur das schnelle Wenden voller Seiten manchmal gewaltsam unterbricht«.

Das wird schön sein. Und ich werde gewiß Neues und Schönes zum Vortrag in Freundes Kreis darin finden, denn ich meine, Dichtungen müßten immer laut gelesen werden, wie Musik zum Vortrag bestimmt. Wie häufig habe ich durch Ihren unsterblichen ›Cornet‹ den Beifall hervorgerufen und kann immer des Erfolges sicher sein, wenn ich das ›Bildnis‹ der Duse, die ›Dame vor dem Spiegel‹ oder den ›Herbst‹ lese, dessen Schluß stets ein andächtiges Schweigen folgt.

172 *Beatrice Steiger-v. Mülinen an Rilke* (Bern, 7. VII. 23)

(...) Vielleicht wären Sie dann in der Stimmung, den ›Cornet‹ zu hören. Gerade habe ich das Büchlein neben mir liegen, denn ich suchte nach den »sanften Rosen«, die die Frauen darin brechen. Die sind gewiß rot, wie die, die Sie mir sandten, der Klangfarbe nach. Während die »kleine Rose« des Marquis für mein Gefühl rosa ist.

173 *Beatrice Steiger-v. Mülinen an Rilke* (Bern, 30. IV. 24)

Sehr geehrter Herr Rilke,
Halten Sie mich nicht für undankbar, daß ich Ihnen bis heute noch nicht gedankt habe für Ihren liebenswürdigen Brief und Ihre Bücher. Ich freue mich unendlich, sie zu besitzen und habe mich gleich in die mir unbekannten Sonette vertieft. Eigentümlich war es, daß Ihr Päckchen von unserer Ältesten hereingetragen wurde im Augenblick, als ich mich anschickte, Ihren Cornet zu rezitieren mit der improvisierten Klavierbegleitung (schrecklich! werden Sie denken) eines befreundeten Balten. Von den aufgezeichneten ›Melodramen‹ bin ich ganz zurückgekommen, aber die Improvisation laß ich gelten, wenn Spieler und Vortragender sich gut einander anzupassen wissen.
Nach dem Vortrag kam Ihr Brief, sodaß der ganze Nachmittag mit Ihnen verlebt wurde. – Diesen Winter einmal trug ich einige Elegien und den Cornet in kleinem Freundes-

kreise vor. Es war ein sehr glücklicher Abend und Sie waren uns ganz nahe, ohne es zu wissen.

174 *Rilke an Gertrud von Mumm* (Muzot, 3. V. 24)

(...) Ich schreibe ein paar Zeilen* auf, Ihnen jenes bevorzugte Buch nun besonders und endgültig anzueignen. Sie können sich vorstellen, wie weit ich von ihm getrennt bin ... Etwas wehmüthig und etwas lächelnd getrennt, wie von der Jugend selbst, – da ja die paar Vorzüge und die Mängel dieser Improvisation mit denen des Jungseins ungefähr zusammenfallen.

175 *Rilke an Jon Pillat* (Muzot, 10. XI. 24)

(...) Les fascicules de votre Revue me montrent le résultat de votre grand et aimable effort: je suis heureux d'y figurer. Quant à mes facultés linguistiques, vous les exagérez, hélas! Je devine cependant que vous vous êtes rapproché de mon texte avec une insistance heureuse et une obéissance de poète. Si je regrette une chose c'est que ce soit ce travail de jeunesse qui accapare l'honneur d'entrer à peu près dans toutes les langues européennes; écrites, autrefois, dans une seule nuit d'automne, ces pages n'ont d'autre mérite que celui de leur prime-sautière allure juvénile .... Mais il faut croire que la jeunesse a raison sous toutes les formes –, et que c'est elle qui, à travers de ces rythmes ingénument sincères, s'impose à tant de lecteurs bienveillants. N'étant pas étranger au métier de traducteur, je crains d'ailleurs qu'avec mes travaux plus mûrs je m'éloigne de plus en plus de la possibilité des équivalents. (...)

N'oubliez pas, je vous prie, de transmettre, à monsieur votre collaborateur un peu de cette reconnaissance que je

---

* Siehe S. 157 dieses Bandes. – I. Schnack: ›Chronik‹, Frankfurt 1975, S. 918.

vous porte; et prenez pour vous-même, Monsieur et cher
Poète, l'expression de ma sympathie dévouée

Rainer Maria Rilke.

176 *A. M. Silbermann an Rilke* (Pultusk, 8. XI. 25)

Hochverehrter Herr Rilke!
Ich erlaube mir, Ihnen folgende Mitteilung zu machen: Ich
wurde von Ihren Werken 1. ›Die Weise von Liebe und Tod
des Cornets Christoph Rilke‹ und 2. ›Die Liebe der Magdalena‹ so tief erregt und angeregt, daß ich mich innerlich
veranlaßt fühlte, die obigen Werke in meine Muttersprache, ins Jüdische, zu übertragen, da man in unseren Leser-
und Dichterkreisen sich sehr viel davon verspricht. Dadurch
ermuntert, übersetzte ich bereits Ihre zwei Werke: ›Cornet‹
und ›Magdalena‹ und bitte Sie höflichst um die Erlaubnis
diese Werke ins Jüdische veröffentlichen zu dürfen. Ich
hoffe, Sie werden meine mühevolle Arbeit nicht außer Acht
lassen und mir Ihrer Genehmigung nicht entheben. In er-
wähnter Sprache wartet auf diese Werke ein großes, von
Ihren Werken unberührtes Leserpublikum in Europa und
Amerika. – (. . .)

177 *Paul Haß an Rilke* (Berlin, 10. XII. 25)

Verehrter Dichter!
Nehmen Sie bitte diesen Aufsatz* als ein verspätetes Ge-
burtstagsgeschenk von einem jungen Menschen, der Ihnen
viel verdankt und glaubt, auf dem Wege zu den Brüdern
und damit zu sich selbst zu sein.

In Ehrfurcht Paul Haß

---

* *Der ›Cornet‹ wird in dem beiliegenden, handgeschriebenen Aufsatz
folgendermaßen charakterisiert:*
Dieselbe melancholische Stimmung (*scil.* wie im ›Stundenbuch‹) lebt auch
in der ›Weise von Liebe und Tod des Cornets Christoph Rilke‹. Die

En cet appartement, – si loin de rappeler la rue des Gentils-hommes 41, mais si proche de la rue Toullier, – Monique, depuis trois semaines, est penchée sur des rideaux, sur des tentures et, le soir, sur les Cahiers de Malte Laurids Brigge. – Je voudrais savoir vous dire combien il nous est cher d'assister au second séjour de Malte à Paris, de le rencontrer sur les visages et aux devantures qui l'ont accueilli avec tant de ferveur. C'est un peu de votre présence qui nous est ainsi donnée.

Ce livre nous a suivis pendant nos vacances, sans atténuer le regret de ne pouvoir vous rencontrer. Mais vous comprendrez, n'est-ce pas, qu'ayant vécu de ces pages et avec ces pages, il me soit venu, à moi aussi, le désir d'apporter quelques unes de vos pages à ceux qui ne connaissent de vous que les Cahiers. Vous allez me trouver bien audacieux et vous allez peut être me refuser tout net quand vous saurez qu'il s'agit de ›l'Amour et la Mort du Cornet Christophe Rilke‹. D'autant que je ne suis pas certain d'être le premier à vous adresser cette demande. Mais, en tous cas, je me soumets d'avance et sans la moindre objection à tout ce que vous déciderez. Et si vous deviez me permettre cette joie, rien ne sera fait, rien ne paraîtra qui n'ait eu votre approbation.

Vous voudrez bien pardonner à la maladresse de ma prière et n'y voir qu'un trop grand désir et le sentiment de ma prétention et de ma hardiesse.

melodischen Rhythmen steigern sich in straffen Versen zum Rausch; in wenigen Worten zeichnet der Dichter Landschaften, wiegt uns in eine Stimmung ein und läßt uns das ganze Geschehen, das im Schlusse der Dichtung wie eine Katastrophe hereinbricht, in raschen Folgen schauen. Die Verdichtung des Wortes kann nicht mehr übertroffen werden. Rilke stellt sich hier neben die großen Impressionisten, zu denen er aber nicht gehört. In seinen Träumen und Gedichten kündet sich schon der Expressionismus an.

Je laisse à Monique le soin de vous dire notre pensée toujours émue à votre souvenir.

Blaise Briod

179 *Dr. Marc Landolt an Rilke* (Paris, 14. III. 26)

(...) Vous me direz aussi qui est Christoph Rilke, et ce qu'il a fait.
Encore merci, cher monsieur, et bien à vous, en sincère admiration
Marc Landolt

180 *Suzanne Kra an Rilke* (Todtmoos, 29. VIII. 26)

À monsieur Rainer Maria Rilke,
une lettre n'est pas possible. Les autres voies auraient moins de sécheresse mais de vous à moi moins de liberté.
Voici brièvement: J'ai connu ici ›Die Weise von Liebe und Tod des Cornets Christoph Rilke‹, et sur le champ traduit par nécessité. Le besoin de clamer, de dédier, de répandre que font tous les bonheurs.
Un premier état est venu. Le travail d'orfèvrerie et de musique qu'il reste à faire, je suis trop malade pour l'entreprendre en vain c'est-à-dire sans votre consentement. Et plus tard je n'aimerais publier qu'avec votre adhésion totale.
Votre nom est parmi nos gages les plus vivants, nos plus précieux refuges, je le salue profondément.

Suzanne Kra.

181 *Rilke an Suzanne Kra* (Ouchy-Lausanne, 4. IX. 26)

Mademoiselle,
votre lettre m'arrive à l'instant après avoir fait quelques détours. Comment vous en remercier?

J'ai à la maison quatre ou cinq traductions françaises manu-
scrites de ›Die Weise . . .‹; si je n'ai autorisé aucune, était-ce
pour consentir un jour à la vôtre? Je le crois après vous
avoir lue.
Vous aimez ce petit ouvrage surgi d'emblée en une seule
nuit, autrefois, de ma jeune jeunesse. Je n'ose pas, malgré
tout mon écart, vous en médire. Ses imperfections sont de
son âge et puis il y a cet élan qui les entraîne, qui les
arrache à elles-mêmes.
Faites, je vous prie, selon votre bon sentiment qui m'est
cher, comme chacune de vos paroles: la moindre, sur votre
feuille, se présente en profondeur. Croyez-moi, Mademoiselle, heureux de vous être reconnaissant

Rainer Maria Rilke

182 *Suzanne Kra an Rilke* (Todtmoos, 6. IX. 26)

(. . .) Dès que je serai mieux, dans un mois j'espère, à toutes petites étapes je commencerai le dernier travail. Et enfin,
plus tard, quand je vous l'enverrai, s'il vous plaît d'y sou-
scrire, je vous prierai de me marquer jusqu'aux moindres
froissements.
D'ici là, je ne lirai dans votre lettre qu'une possible pro-
messe. Pour elle déjà, avant elle, vous aviez ma gratitude,
celle que tient toute ferveur.

Suzanne Kra

183 *Rilke an Suzanne Kra* (Ouchy-Lausanne, 9. IX. 26)

Chère Mademoiselle,
cela reste donc entendu: que vous reviendrez, quelque jour
reposé⟨e⟩, sur ce premier jet de votre texte . . .
Je ne regrette qu'une chose: que c'est un délai de souffrance
physique qui vous sépare de la reprise de ce travail.

Pourquoi je suis enclin de croire votre version définitive, celle que vous établirez tôt ou tard, meilleure que les quelques versions existentes (à peine)? Parce que votre prose de lettre me paraît d'un modelé immédiat et singulièrement expressif; parce que vous me semblez apporter à la tâche choisie une sympathie qui naît et qui se nourrit de l'aptitude; parce que votre lettre (la première déjà) m'a touché comme une rencontre inattendue, mais préparée de loin. Et quelques autres ›parce que‹ dont je ne sais que la somme.

Maintenant, je voudrais que ce travail à faire vous attende comme un jeu léger sur la douce pelouse d'une prochaine convalescence. N'en ayez, je vous prie, aucune hâte, aucune inquiétude; dans toutes ces choses le temps ne compte pas: le moment seul compte, celui que nous portons en nous vers l'avenir. Que ce ne soit pour vous qu'une active joie remise, qu'un voyage promis à vos forces. (...)

Verzeichnis der Eigennamen

Erfaßt werden alle in diesem Band vorkommenden Namen. Kursive Seitenzahlen geben Anspielungen wieder.

nennet) zu Freyberg im Jahr 1507 aufgezeichnet, in welchem Jahre Wolffgang Rülcke auf Grahla in der Neumarck Brandenburg floriret, sein Bruder aber Caspar auf Linda, Langenau, Gränitz &c. verstorben, (auf welchen beyden damahls das gantze Geschlecht beruhet) und 5 Söhne hinterlassen, als 1) Dietrichen zur Linde, Chur-Sächsischen Capitain, der im Jahr 1583 mit Tode abgegangen, 2) Otten auf Langenau, der im 30jährigen Kriege zu unterschiedenen wichtigen Commißionen gebraucht worden, 3) Casparn, 4) Apollo und 5) Christophen, von welchen man nichts weiter aufgezeichnet gefunden, und ob wohl dieses Adeliche Geschlecht in Meissen nicht mehr begütert, so kan man doch vor gewiß nicht sagen, daß es abgestorben sey.
(J. H. Zedler, Universal Lexicon, Bd. 32, 1742, Spalte 1765)
Rülke, Georg Paul (geb. 9. 12. 1883 Erbisdorf), promovierte 1923 in Leipzig mit einer Arbeit über Kant 405, 411, 413
Rzach, Edith 95, 97

Sacchi, Filippo (geb. 1887), italien. Publizist und Romancier 416–417
Sacher, Paul 307
Saint-Hélier, siehe: Briod
Salis, Jean Rodolphe von 144, 339, 355, 391–392
Salis-Seewis, Guido von (9. 9. 1888 – 1. 8. 1947), schweizerischer Offizier, lebte in Genf, seit 1924 in Zürich 149
Salzer, Anselm 264, 387
Samter, Hans 268, 388
Sarkasmus 349, 391
Sauer, August (12. 10. 1855 Wiener Neustadt – 17. 9. 1926 Prag), Prof. an der Prager Universität 97, 222
Sauer, Hedda (24. 9. 1875 Prag – 21. 3. 55), Schriftstellerin, Tochter des Universitätsprof. Alois Rzach, seit 1892 verheiratet mit dem Germanisten August Sauer; sie stand im Briefwechsel mit Rilke, M. Mell, F. v. Saar u. a. 95, 97
Sauguet, Henri (geb. 18. 5. 1901 Bordeaux), franz. Komponist, vertonte auch Rilkes Gedicht ›Herbst‹ 390, 399
Schardt, Hermann 400
Scharffenberg, Renate 100
Schaukal, Richard von 217
Scheck, H. 399
Schenkendorf, Max von 317
Scherer, Wilhelm 184, 253
Schey-Rothschild, Philipp Freiherr von (geb. 1881), österr. Offizier 408
Schiller, Friedrich von 226, 228, 233, 300, 302

Verzeichnis der Abbildungen

Zeittafel

1875 Am 4. Dezember in Prag geboren. Eltern: Josef Rilke und Sophie (Phia), geb. Entz.

1882 Eintritt in die von Piaristen geleitete Deutsche Volksschule.

1886 Als ›Landesstipendiat‹ in die Militärunterrealschule von St. Pölten. Die Eltern trennen sich.

1890 Militäroberrealschule Mährisch-Weißkirchen.

1891 Ende der Militärschulzeit, Besuch der Handelsakademie in Linz.

1892 Private Vorbereitung auf das Abitur in Prag.

1894 ›Leben und Lieder‹ (Gedichte).

1895 Abitur. Beginn des Studiums in Prag. Mitarbeit an vielen Zeitschriften; ›Wegwarten‹ (3 Hefte), ›Larenopfer‹ (Gedichte).

1896 Studium in München. Wilhelm v. Scholz, Jacob Wassermann.

1897 Begegnung mit Lou Andreas-Salomé; im Herbst Fortsetzung des Studiums in Berlin: George und die Brüder Carl und Gerhart Hauptmann. ›Traumgekrönt‹ (Gedichte); das Drama ›Im Frühfrost‹ wird in Prag aufgeführt.

1898 Berlin, Florenz, Zoppot, Berlin. ›Advent‹ (Gedichte), ›Am Leben hin‹.

1899 Berlin. Wien: Schnitzler, Hofmannsthal. Um Ostern erste russische Reise mit dem Ehepaar Andreas. Besuche bei Leonid Pasternak und Tolstoi in Moskau. ›Mir zur Feier‹. Im Herbst Urfassung des ›Cornet‹.

1900 Zweite Reise nach Rußland mit Lou-Andreas-Salomé. Besuch bei Tolstoi in Jasnaja Poljana; Moskau, Kiew, Wolgafahrt, Petersburg. Nach der Rückkehr Einladung Heinrich Vogelers nach Worpswede, Begegnung mit Paula Becker und Clara Westhoff. ›Vom lieben Gott und Anderes‹ (Novellen).

1901 Heirat mit der Bildhauerin Clara Westhoff, Wohnsitz Westerwede. Geburt der Tochter Ruth. ›Das tägliche Leben‹ wird in Berlin aufgeführt.

1902 Westerwede, Haseldorf, Paris. ›Worpswede‹ (Künstlermonographie), ›Das Buch der Bilder‹ (Gedichte), ›Die Letzten‹ (Erzählungen).

1903 Paris: bei Rodin; Arbeit an der Monographie ›Auguste Rodin‹. Viareggio, Worpswede, Rom.

1904 Rom; Kopenhagen, Süd-Schweden: Zweite Fassung des

›Cornet‹. Oberneuland bei Bremen. ›Geschichten vom lieben Gott‹. (Neuausgabe der Erzählungen von 1900).

1905 Oberneuland, Dresden, Göttingen, Berlin: S. Fischer, Friedelhausen (Hessen). Zu Rodin nach Meudon bei Paris. Erste Vortragsreise. ›Das Stunden-Buch‹.

1906 Paris. Zweite Vortragsreise, Tod des Vaters in Prag. Trennung von Rodin. Reise nach Flandern und in Deutschland. Capri. ›Das Buch der Bilder‹ (erweiterte Neuausgabe), ›Die Weise von Liebe und Tod des Cornets Christoph Rilke‹: Endgültige Fassung.

1907 Capri, Paris: dritte Vortragsreise; Wien: Rudolf Kassner. Venedig. Oberneuland. ›Neue Gedichte‹, ›Auguste Rodin‹ (erweiterte Neuausgabe).

1908 Oberneuland. Capri. Paris: Verhaeren, Gide. ›Der Neuen Gedichte anderer Teil‹. ›Elizabeth Barrett-Browning; Sonette nach dem Portugiesischen‹ (Übertragung).

1909 Paris. Reisen in die Provence. Bad Rippoldsau. Paris: Begegnung mit der Fürstin Marie von Thurn und Taxis. ›Requiem‹, ›Die frühen Gedichte‹.

1910 Paris. Vortrag in Elberfeld, Besuch bei Kippenberg in Leipzig; Jena, Weimar, Berlin, Rom. Schloß Duino bei Triest. Oberneuland. Besuch der Fürstin Taxis in Lautschin und S. v. Nádhernýs in Janovič in Böhmen. Paris; Reise nach Nordafrika: Algier, Tunis. ›Die Aufzeichnungen des Malte Laurids Brigge‹ (Roman).

1911 Neapel. Ägypten, Nilfahrt bis Assuan. Venedig, Paris. Besuch in Deutschland. Paris. Winter 1911/12: auf Schloß Duino. ›Maurice de Guérin: Der Kentaur‹ (Übertragung).

1912 Erste Elegien in Duino. Venedig: Eleonora Duse. München, Paris, Reise nach Spanien: Winter 1912/13 in Toledo und Ronda. ›Die Liebe der Magdalena‹ (Übertragung).

1913 Ronda, Madrid, Paris. Reisen in Deutschland: Werfel. Paris. ›Das Marien-Leben‹, ›Erste Gedichte‹, ›Portugiesische Briefe‹ (Übertragung).

1914 Paris. Berlin, Paris, Duino, Paris. Bei Kriegsausbruch in Deutschland, verliert R. seine Habe in Paris. Leipzig, München, Berlin. ›André Gide: Die Rückkehr des verlorenen Sohnes‹ (Übertragung).

1915 München, wo auch Clara und Ruth R. leben, wird Rilkes Wohnsitz. Zum Freundeskreis gehören Loulou Albert-Lasard, Regina Ullmann, Annette Kolb, Norbert von Hellingrath, Wilhelm Hausenstein, Hans Carossa. Begegnung mit Walther Rathenau. November: Musterung und Einberufung. Berlin, Wien.

1916 Wien. Januar bis Juni Militärdienst, seit Februar im Kriegsarchiv. Rodaun: Umgang mit Hofmannsthal, Zweig, Kassner. München.

1917 München. Berlin: Graf Kessler, Richard von Kühlmann.
München: Hofmannsthal.

1918 München: Wiedersehen mit Kippenberg, Beziehungen zu
Eisner und Toller. ›Die vierundzwanzig Sonette der Louïze
Labé‹ (Übertragung).

1919 München: Besuch Lou Andreas-Salomés. Juni: Vortragsreise
in die Schweiz. Zürich, Winterthur: Die Brüder Reinhart,
Begegnung mit Nanny Wunderly-Volkart. Genf, Soglio.
Locarno. ›Ur-Geräusch‹.

1920 Locarno. Basel und Schönenberg bei Basel: Familien Burck-
hardt und von der Mühll. Wiedersehen mit der Fürstin
Taxis in Venedig. Genf: Baladine Klossowska. Paris. Berg
am Irchel.

1921 Berg: Lese-Begegnung mit Paul Valéry. Von Sierre aus
Entdeckung des Château de Muzot.

1922 Château de Muzot: im Februar Vollendung der ›Duineser
Elegien‹, Niederschrift der ›Sonette an Orpheus‹. Besucher:
Fürstin Taxis, Kippenbergs. In Deutschland Heirat Ruth
Rilkes mit Dr. Carl Sieber.

1923 Muzot. Reisen in der Schweiz, Arbeit an den Valéry-Über-
tragungen. ›Duineser Elegien‹, ›Die Sonette an Orpheus‹.

1924 Valmont sur Territet: Erster Klinik-Aufenthalt. Gedichte
in französischer Sprache. Muzot: Besucher Paul Valéry,
Clara Rilke-Westhoff. Mit der Fürstin in Bad Ragaz. Lausanne, Muzot, Valmont.

1925 Valmont. Von Januar bis August: Paris. Ragaz, Bern,
Muzot: R. schreibt sein Testament und verbringt seinen
50. Geburtstag allein in Muzot. Valmont. ›Paul Valéry:
Gedichte‹ (Übertragung).

1926 Valmont bis Anfang Juni. Muzot, Ragaz, Lausanne, Anthy:
Treffen mit Valéry. Muzot. ›Vergers‹ (ein französischer Ge-
dichtband) erscheint. 30. November: Valmont. 29. Dezember: R. stirbt an Leukämie.

1927 Am 2. Januar Beisetzung in Raron. ›Les Roses‹, ›Les Fenê-
tres‹, ›Paul Valéry: Eupalinos oder Über die Architektur . . .‹
(Übertragung). ›Gesammelte Werke‹, Bd. 1-6.

Zur dritten Auflage

Seit der zweiten Auflage dieses Bandes (1976) sind im Insel Verlag drei Briefbände erschienen, die weitere Zeugnisse über den ›Cornet‹ zugänglich gemacht haben: Rilkes Briefe an Nanny Wunderly-Volkart (1977) mit mehreren gelegentlichen Erwähnungen (Register, S. 1313), dann der Briefwechsel mit Helene von Nostitz (1977), in dem die Vertonung durch Casimir von Pászthorý nochmals zur Sprache kommt (S. 87–90), und schließlich die Briefe an Axel Juncker (1979), welche die Drucklegung der Buchausgabe von 1906 (C) lückenlos dokumentieren.

Ein bisher unbekanntes Widmungsgedicht Rilkes für Käthe Winter, eingeschrieben in den ›Cornet‹ (Wien 1916), hat Joseph Peter Stern mitgeteilt in ›The New Review‹, Vol. 3, No. 27 (London, June 1976), S. 67:

> Einem unbekannten jungen Mädchen /
>
> Das ist der Sinn von etwas, was geschieht:
> daß es vergeht. Was aber ist ein Lied?
> Vergehn in uns von was uns nicht geschah.
> Und weils nicht ist, sind wir unendlich da.

Das Literaturverzeichnis ist auf S. 398 durch folgende Nachträge und Neuerscheinungen zu ergänzen:

1) Camill Hoffmann: Neues von Rainer Maria Rilke. In: Die Zeit, Nr. 1581, Wien, 1. Februar 1907.
2) Egon Kaftan: Rilke und die nordische Welt. Diss. masch. Berlin vom 26. Mai 1941, S. 256–260.
3) Peter Dettmering: Dichtung und Psychoanalyse. München 1969 (= Sammlung Dialog 33), S. 101–102.
4) Elaine E[mesette] Boney: Love's Door to Death in Rilke's ›Cornet‹ and other Works. In: Modern Austrian Literature, Vol. 10, No. 1, Binghamton 1977, S. (18)–30.
5) Hildburg Herbst: Die Weise von Liebe und Tod des Cornets

Christoph Rilke. Ein Vergleich der Urfassung mit dem endgültigen Text. In: The German Quarterly, Vol. I, No. 1 (Appleton,
Wis., January 1977), S. 21–31.

6)   Joachim W[olfgang] Storck: Rilke in den Massenmedien. In:
Blätter der Rilke-Gesellschaft, Heft 5, 1978, S. 49–50.

7)   Brigitte von Witzleben: Rilke och Finland. In: Meddelanden
från stiftelsens för Åbo Akademi Forskningsinstitut, Nr 44, Åbo
1979, S. (267)–272 (Brief Rilkes an Olly Donner vom 29. IV. 26
bezüglich einer schwedischen Übersetzung des ›Cornet‹).

8)   Carly Emerson: Rilke, Russia and the Igor Tale. In: German
Life and Letters, NS Vol. 33, No. 3 (Oxford, April 1980), S. 223.

9)   Walter Simon: R. M. Rilke ›Der Fahnenträger‹. Eine Interpretation. In: Blätter der Rilke-Gesellschaft, Heft 7, 1980.

Wenngleich die dritte Auflage einen unveränderten Abdruck
der zweiten darstellt, war dennoch die Möglichkeit gegeben,
auf den Seiten 173–174 zwei Texte einzufügen, die u. a. die
eidliche Verpflichtung eines Fahnenträgers der Landsknecht-
zeit wiedergeben. Aus der Fülle solcher Bezeugungen über
›des Fändrichs Eyd, Ampt vnd Beruff‹, wie sie in den Ämter-
büchern, den Kriegsartikeln und dem Corpus iuris militaris
erhalten sind, habe ich je einen Auszug aus Leonhart Fronsperger (1555) und Adam Junghans von der Olßnitz (1590)
ausgewählt, da deren Werke weite Verbreitung gefunden
und bis ins letzte Jahrhundert fortgewirkt haben.

Tübingen, im Herbst 1980   W. S.

Alphabetisches Gesamtverzeichnis
der suhrkamp taschenbücher

1/16/8.86